四部備要書目提要

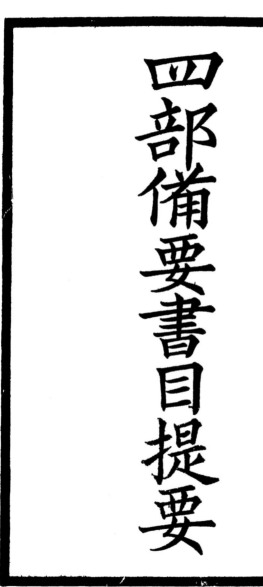

四部備要書目提要總目

卷一　經部（第一冊）

卷二　史部（第二冊）

二十四史

編年

卷四　集部（第四冊）

清別集

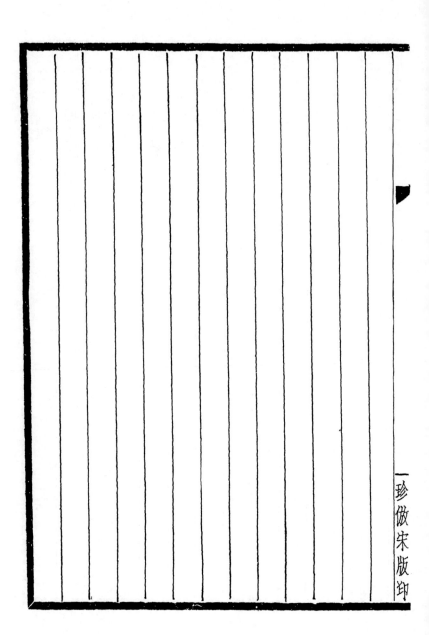

四部備要書目提要卷一（經部）

周易王韓注十卷

（著者小傳）王弼三國魏山陽人字輔嗣少知名好論儒道游才逸辨注易及老子爲尙書郎年二十餘卒　韓伯晉長社人字康伯幼穎悟及長清和有思理留心文藝其舅殷浩稱爲出羣之器仕至吏部尙書領軍將軍改太常未拜而卒　邢璹（見四庫提要）

（四庫提要）上下經註及略例魏王弼撰繫辭傳說卦傳序卦傳雜卦傳註晉韓康伯撰隋書經籍志以王韓之書各著錄故易註作六卷略例作一卷繫辭註作三卷舊唐書經籍志新唐書藝文志皆載弼註七卷蓋合略例計之今本作十卷則併韓書計之也考王儉七志已稱弼易註十卷（案七志今不傳此據陸德明經典釋文所引）則併王韓爲一書其來已久矣自鄭玄傳費直之學始析易傳以附經至弼又更定之說者謂鄭本如今之乾卦其坤卦以下又弼所割裂然鄭氏易註至北宋

尙存一卷崇文總目稱存者爲文言說卦序卦雜卦四篇則鄭本尙以文言自爲一傳所割以附經者不過彖傳象傳今本乾坤二卦各附文言知全經皆弼所更定非鄭氏之舊也每卷所題乾傳第一泰傳第二噬嗑傳第三咸傳第四夬傳第五豐傳第六各以卷首第一卦爲名據王應麟玉海此目亦弼增標蓋因毛氏詩傳之體例相沿既久今亦仍舊文錄之惟經典釋文以泰傳爲需傳以噬嗑傳爲隨傳與今本不同證以開成石經一一與陸氏所述合當由後人以篇頁不均爲之移併以非宏旨之所繫今亦不復追改焉其略例之註爲唐邢璹撰璹里籍無攷其結銜稱四門助教案唐書王鉷傳稱爲鴻臚少卿邢璹子縡以謀反誅則終於鴻臚少卿也六平廣記載其奉使新羅賊殺賈客百餘人掠其珍貨貢於朝其人殊不足道其註則至今附弼書以行陳振孫書錄解題稱蜀本略例有璹所註止有篇首釋略例二字文與此同餘皆不然是宋代尙有一別本今則惟

此本存所謂蜀本者已久佚矣弼之說易源出費直直易今不可見然荀爽易卽費氏學李鼎祚書尚頗載其遺說大抵究爻位之上下辨卦德之剛柔已與弼註略近但弼全廢象數又變本加厲耳平心而論闡明義理使易不雜於術數者弼與康伯深爲有功祖尚虛無使易竟入於老莊者弼與康伯亦不能無過瑕瑜不掩是其定評諸儒偏好偏惡皆門戶之見不足據也

（卷目）（一）上經乾傳（二）上經泰傳（三）上經噬嗑傳（四）下經咸傳（五）下經夬傳（六）下經豐傳（七）繫辭上（八）繫辭下（九）說卦（十）略例序

尚書孔傳十三卷

（著者小傳）孔安國漢人孔子後字子國受詩於申公受尚書於伏生魯共王壞孔子舊宅於壁中得古文尚書及論語孝經皆科斗文字當時無能知者安國以今文讀之承詔作書傳定爲五十八篇以

授都尉朝謂之古文尚書之學又爲古文孝經傳論語訓解武帝朝
官諫大夫臨淮太守

〔本書略述〕見尚書正義內四庫提要

〔卷目〕（一）（二）虞書（三）夏書（四）（五）商書（六至十三）周書

毛詩鄭箋二十卷

〔著者小傳〕毛亨漢魯人作詩訓詁傳以授毛萇時人謂亨爲大毛萇爲小毛　毛萇漢趙人受毛亨詩訓詁傳之學爲河間獻王博士官至北海太守是時言詩者有齊魯韓三家毛詩未得列於學官後三家皆廢而毛詩乃大行　鄭玄後漢高密人字康成事扶風馬融三年辭歸融喟然曰鄭生今去吾道東矣既歸客耕東萊門徒千數百人建寧初黨禍作杜門修業孔融爲北海相深敬之建安中徵爲大司農尋卒唐貞觀中從祀孔廟所著書凡百餘萬言今存者有毛詩箋周禮儀禮禮記注其易注及春秋之箴膏肓發墨守起廢疾駁

五經異義皆後人所輯佚書殘缺不完矣經學家稱鄭衆爲先鄭玄爲後鄭

（本書略述）見毛詩正義內詩譜序及四庫提要

（卷目）（一至八）國風（九至十五）小雅（十六至十八）大雅（十九）周頌（二十）魯頌

周禮鄭注 四十二卷

（著者小傳）鄭玄（見前）

（本書略述）見本書原序及周禮注疏內四庫提要

（卷目）（一）天官冢宰第一（二至八）冢宰治官之職（九）地官司徒第二（十至十六）司徒教官之職（十七）春官宗伯第三（十八至二十七）宗伯禮官之職（二十八）夏官司馬第四（二十九至三十三）司馬政官之職（三十四）秋官司寇第五（三十五至三十八）司寇刑官之職（三十九）冬官考工記第六（四十至四十二）

考工記之職

儀禮鄭注十七卷

（著者小傳）鄭玄（見前）

（本書略述）見本書原序及儀禮注疏內四庫提要

（卷目）（一）士冠禮（二）士昏禮（三）士相見禮（四）鄉飲酒禮（五）鄉射禮（六）燕禮（七）大射（八）聘禮（九）公食大夫禮（十）覲禮（十一）喪服（十二）士喪禮（十三）既夕（十四）士虞禮（十五）特牲饋食禮（十六）少牢饋食禮（十七）有司徹

禮記鄭注二十卷

（著者小傳）鄭玄（見前）

（本書略述）見禮記正義內原序及四庫提要

（卷目）（一）曲禮（二）（三）檀弓（四）王制（五）月令（六）曾子問文王世子（七）禮運禮器（八）郊特牲內則（九）玉藻明堂位（十）喪

服小記大傳少儀（十一）學記樂記（十二）雜記（十三）喪大記（十四）祭法祭義祭統（十五）經解哀公問仲尼燕居孔子閒居坊記（十六）中庸（十七）表記緇衣（十八）奔喪問喪服問閒傳三年問深衣（十九）投壺儒行大學（二十）冠義昏義鄉飲酒義射義燕義聘義喪服四制

春秋左氏傳杜氏集解

三十卷附名號歸一圖及年表

（著者小傳）杜預晉杜陵人字元凱博學多通泰始中爲河南尹秦州刺史拜度支尚書嗣拜鎮南大將軍都督荊州諸軍事以平吳功封當陽縣侯功成之後耽思經籍爲春秋左氏經傳集解又參考衆家譜第謂之釋例又作盟會圖春秋長曆備成一家之學嘗對武帝言曰臣有左傳癖卒贈征南大將軍謚成

（本書略述）見本書原序及春秋左傳正義內四庫提要

（卷目）（一）隱公（二）桓公（三）莊公（四）閔公（五至七）僖公（八）

（九）文公（十）（十一）宣公（十二）（十三）成公（十四至十九）襄公（二十至二十六）昭公（二十七）（二十八）定公（二十九）（三十）哀公首附名號歸一圖及年表

春秋公羊傳何氏解詁 二十八卷

（著者小傳）何休後漢樊人字邵公質樸訥口而雅有心思精研六經善曆算尤好公羊春秋爲太傅陳蕃所辟蕃敗坐廢錮乃作春秋公羊解詁覃思不闚門者十七年世傳爲何氏學又有公羊墨守左氏膏肓穀梁廢疾等書黨禁解拜議郎光和中卒

（本書略述）見本書原序及春秋公羊傳注疏內四庫提要

（卷目）（一至三）隱公（四）（五）桓公（六至八）莊公（九）莊公閔公（十至十二）僖公（十三）（十四）文公（十五）（十六）宣公（十七）（十八）成公（十九至二十一）襄公（二十二至二十四）昭公（二十五）（二十六）定公（二十七）（二十八）哀公

春秋穀梁傳范氏集解 二十卷

（著者小傳）范甯晉順陽人字武子少篤學官至豫章太守勤學不輟以春秋穀梁未有善釋沈思積年爲之集解其義精審爲世所重

（本書略述）見本書原序及穀梁注疏內四庫提要

（卷目）（一）（二）隱公（三）（四）桓公（五）莊公（六）莊公閔公（七至九）僖公（十）（十一）文公（十二）宣公（十三）（十四）成公（十五）（十六）襄公（十七）（十八）昭公（十九）（二十）哀公

孝經唐玄宗御注 九卷

（著者小傳）玄宗唐睿宗第三子名隆基封臨淄王英武有才略値韋氏之亂密謀匡復起兵誅韋氏奉父睿宗即位旋受禪以姚崇宋璟爲相開元之治比於貞觀天寶後安祿山作亂避難奔蜀太子即位靈武尊帝爲上皇天帝在位四十四年

（本書略述）見本書原序及孝經注疏內御製序暨四庫提要

〔卷目〕（一）開宗明義天子（二）諸侯卿大夫士（三）庶人三才（四）孝治（五）聖治（六）紀孝行五刑廣要道（七）廣至德廣揚名諫諍（八）感應事君（九）喪親

論語何氏等集解二十卷

〔著者小傳〕見本書古註論語姓氏考

〔本書略述〕見本書原序及論語注疏內四庫提要

〔卷目〕（一）學而（二）爲政（三）八佾（四）里仁（五）公冶長（六）雍也（七）述而（八）泰伯（九）子罕（十）鄉黨（十一）先進（十二）顏淵（十三）子路（十四）憲問（十五）衞靈公（十六）季氏（十七）陽貨（十八）微子（十九）子張（二十）堯曰

孟子趙注十四卷

〔著者小傳〕趙岐後漢長陵人初名嘉字臺卿後改名字邠卿永興初辟司空掾爲皮氏長時河東太守爲中常侍左悺兄以耻疾宦官

西歸京兆尹延篤辟爲功曹嘗與兄襲得罪中常侍唐衡避厭變姓名賣餅北海市衡死乃出徵拜議郎擢太常年九十餘建安中卒有孟子章句三輔決錄

（本書略述）見本書原序及孟子注疏內孟子題辭解暨四庫提要

（卷目）（一）（二）梁惠王（三）（四）公孫丑（五）（六）滕文公（七）（八）離婁（九）（十）萬章（十一）（十二）告子（十三）（十四）盡心

爾雅郭注 十一卷

（著者小傳）郭璞晉聞喜人字景純博學高才詞賦爲東京之冠嘗從郭公受青囊書由是洞知五行天文卜筮之術所占多奇驗避地過江元帝重之以爲著作佐郎後爲王敦所殺嘗注爾雅山海經三蒼方言穆天子傳楚辭子虛上林賦又有葬書及玉照定真經都數十萬言

（本書略述）見本書原序及爾雅注疏內四庫提要

〔卷目〕（一）釋詁（二）釋言（三）釋訓釋親（四）釋宮釋器（五）釋樂
釋天（六）釋地釋丘（七）釋山釋水（八）釋草（九）釋木釋蟲（十）
釋魚釋鳥（十一）釋獸釋畜

周易正義 九卷附經典釋文一卷

〔著者小傳〕王弼（見前） 韓伯（見前） 孔穎達唐衡水人字仲達少聰敏記誦日千餘言隋末舉明經煬帝召天下儒官集東都詔國子祕書學士與論議穎達爲冠又年最少老師宿儒恥出其下陰遣客刺之匿楊玄感家得免入唐累官國子司業遷祭酒嘗受太宗命撰五經正義即今注疏本之五經疏也卒謚憲 陸德明唐吳縣人名元朗以字行善名理歷仕陳隋高祖時爲國子博士封吳縣男卒著有經典釋文諸經音讀多恃以爲依據

〔四庫提要〕魏王弼晉韓康伯註唐孔穎達疏易本卜筮之書故末派寖流於讖緯王弼乘其極敝而攻之遂能排擊漢儒自標新學然

隋書經籍志載晉揚州刺史顧夸等有周易難王輔嗣義一卷冊府元龜又載顧悅之（案悅之即顧夸之字）難王弼易義四十餘條京口閔康之又申王難顧是在當日已有異同王儉顏延年以後此揚彼抑互詰不休至穎達等奉詔作疏始專崇王註而衆說皆廢故隋志易類稱鄭學寖微今殆絕矣蓋長孫無忌等作志之時在正義既行之後也今觀其書如復彖七日來復王偶用六日七分之說則推明鄭義之善乾九二利見大人王不用利見九五之說則駁詰鄭義之非於見龍在田時舍也則曰經但云時舍註曰必以時之通舍者則輔嗣以通解舍舍是通義也而不疏舍之何以訓通於天玄而地黃則曰恐莊氏之言非王本意今所不取而不言莊說之何以未允如斯之類皆顯然偏祖至說卦傳之分陰分陽韓註二四爲陰三五爲陽則曰輔嗣以爲初上無陰陽定位此註用王之說帝出乎震韓氏無註則曰益卦六二王用享于帝吉輔嗣註云帝者生物之主興益之宗出震

而齊巽者也則輔嗣之意以此帝爲天帝也是雖弼所未註者亦委曲旁引以就之然疏家之體主於詮解註文不欲有所出入故皇侃禮疏或乖鄭義穎達至斥爲狐不首丘葉不歸根其墨守專門固通例然也至於詮釋文句多用空言不能如諸經正義根據典籍源委粲然則由王註掃棄舊文無古義之可引亦非考證之疏矣此書初名義贊後詔改正義然卷端又題曰兼義未喻其故序稱十四卷唐志作十八卷書錄解題作十三卷此本十卷乃與王韓註本同殆後人從註本合併歟

（卷目）（一）上經乾傳（二）上經需傳（三）上經隨傳（四）下經咸傳（五）下經夬傳（六）下經豐傳（七）繫辭上（八）繫辭下（九）說卦序卦雜卦附經典釋文一卷

尚書正義二十卷

（著者小傳）孔安國（見前）孔穎達（見前）

〔四庫提要〕舊本題漢孔安國傳其書至晉豫章內史梅賾始奏於朝唐貞觀十六年孔穎達等爲之疏永徽四年長孫無忌等又加刊定孔傳之依託自朱子以來遞有論辯至國朝閻若璩作尚書古文疏證其事愈明其灼然可據者梅鷟尚書考異攻其注禹貢瀍水出河南北山一條積石山在金城西南羌中一條地名皆在安國後朱彝尊經義考攻其注書序東海駒驪扶餘馯貊之屬一條謂駒驪王朱蒙至漢元帝建昭二年始建國安國武帝時人亦不及見若璩則攻其注泰誓雖有周親不如仁人與所注論語相反又安國傳有湯誓而注論語予小子履一節乃以爲墨子所引湯誓之文（案安國論語注今佚此條乃何晏集解所引）皆證佐分明更無疑義至若璩謂定從孔傳以孔穎達之故則不盡然考漢書藝文志敘古文尚書但稱安國獻之遭巫蠱事未立於學官不云作傳而經典釋文敘錄乃稱藝文志云安國獻尚書傳遭巫蠱事未立於學官始增入一傳字以證實其事又稱今

以孔氏爲正則定從孔傳者乃陸德明非自穎達惟德明於舜典下注云孔氏傳亡舜典一篇時以王肅注頗類孔氏故取王注從慎徽五典以下爲舜典以續孔傳又云曰若稽古帝舜曰重華協于帝十二字是姚方興所上孔氏傳本無阮孝緒七錄亦云方興本或此下更有濬哲文明温恭允塞玄德升聞乃命以位凡二十八字異聊出之於王注無施也則開皇中雖增入此文尚未增入孔傳中故德明云爾今本二十八字當爲穎達增入耳梅賾之時去古未遠其傳實據王肅之注而附益以舊訓故釋文稱王肅亦注今文所解大與古文相類或肅私見孔傳而祕之乎此雖以末爲本未免倒置亦足見其根據古義非盡無稽矣穎達之疏晁公武讀書志謂因梁費甝疏廣之然穎達原序稱爲正義者蔡大寶巢猗費甝顧彪劉焯劉炫六家而以劉焯劉炫最爲詳雅其書實因二劉非因費氏公武或以經典釋文所列義疏僅甝一家故云然歟朱子語錄謂五經疏周禮最

好詩禮記次之易書爲下其言良允然名物訓故究賴之以有考亦何可輕也

（卷目）（一）序（二至四）虞書（五至七）夏書（八至十）商書（十一至二十）周書

毛詩正義七十卷

（著者小傳）毛亨（見前） 毛萇（見前） 鄭玄（見前） 孔穎達（見前）

（四庫提要）漢毛亨傳鄭玄箋唐孔穎達疏案漢書藝文志毛詩二十九卷毛詩故訓傳三十卷然但稱毛公不著其名後漢書儒林傳始云趙人毛長傳詩是爲毛詩其長字不從艸隋書經籍志載毛詩二十卷漢河閒太守毛萇傳鄭氏箋於是詩傳始稱毛萇然鄭玄詩譜曰魯人大毛公爲訓詁傳於其家河閒獻王得而獻之以小毛公爲博士陸璣毛詩草木蟲魚疏亦云孔子刪詩授卜商商爲之序以

授魯人曾申申授魏人李克克授魯人孟仲子仲子授根牟子根牟子授趙人荀卿荀卿授魯國毛亨毛亨作訓詁傳以授趙國毛萇時人謂亨爲大毛公萇爲小毛公據是二書則作傳者乃毛亨非毛萇故孔氏正義亦云大毛公爲其傳由小毛公而題毛也隋志所云殊爲舛誤而流俗沿襲莫之能更朱彝尊經義考乃以毛詩二十九卷題毛亨撰注曰佚毛詩訓故傳三十卷題毛萇撰注曰存意主調停尤爲於古無據今參稽衆說定作傳者爲毛亨以鄭氏後漢人陸氏三國吳人併傳授毛詩淵源有自所言必不誣也鄭氏發明毛義自命曰箋博物志曰毛公嘗爲北海郡守康成是此郡人故以爲敬推張華所言蓋以爲公府用記郡將用箋之意然康成生於漢末乃修敬於四百年前之太守殊無所取按說文曰箋表識書也鄭氏六藝論云注詩宗毛爲主毛義若隱略則更表明如有不同卽下己意使可識別案此論今佚此據正義所引然則康成特因毛傳而表識其傍如今人之

箋記積而成帙故謂之箋無庸別曲說也自鄭箋既行齊魯韓三家遂廢（案此陸德明經典釋文之說）然箋與傳義亦時有異同魏王肅作毛詩注毛詩義駁毛詩奏事毛詩問難諸書以申毛難鄭歐陽修引其釋衛風擊鼓五章謂鄭不如王（見詩本義）王基又作毛詩駁以申鄭難王王應麟引其駁芣苢一條謂王不及鄭（見困學紀聞亦載經典釋文）晉孫毓作毛詩異同評復申王說陳統作難孫氏毛詩評又明鄭義（並見經典釋文）袒分左右垂數百年至唐貞觀十六年命孔穎達等因鄭箋爲正義乃論歸一定無復歧塗毛傳二十九卷隋志附以鄭箋作二十卷疑爲康成所併穎達等以疏文繁重又析爲四十卷其書以劉焯毛詩義疏劉炫毛詩述義爲稾本故能融貫羣言包羅古義終唐之世人無異詞惟王讜唐語林記劉禹錫聽施士匄講毛詩所說維鵜在梁陟彼岵兮勿翦勿拜維北有斗四義稱毛未注然未嘗有所詆排也至宋鄭樵恃其才辨無故而發難端南渡諸儒始以掊擊毛鄭爲能事元延祐科

舉條制詩雖兼用古注疏其時門戶已成講學者迄不遵用沿及明代胡廣等竊劉瑾之書作詩經大全著爲令典於是專宗朱傳漢學遂亡然朱子從鄭樵之說不過攻小序耳至於詩中訓詁用毛鄭者居多後儒不考古書不知小序自小序傳箋自傳箋鬨然佐鬬遂併毛鄭而棄之是非惟不知毛鄭爲何語殆併朱子之傳亦不辨爲何語矣我國家經學昌明一洗前明之固陋乾隆四年皇上特命校刊十三經注疏頒布學宮鼓篋之儒皆駸駸乎研求古學今特錄其書與小序同冠詩類之首以昭六義淵源其來有自孔門師授端緒炳然終不能以他說掩也

（卷目）（一之一至八之三）國風（九之一至十五之三）小雅（十六之一至十八之五）大雅（十九之一至十九之四）周頌（二十之一之二）魯頌（二十之三之四）商頌

周禮注疏四十二卷

〔著者小傳〕鄭玄（見前）　賈公彥唐永年人永徽中官至太學博士有周禮及儀禮義疏周禮疏尤極博核足以發揮鄭學

〔四庫提要〕漢鄭玄注唐賈公彥疏玄有易注已著錄公彥洺州永年人永徽中官至太學博士事蹟具舊唐書儒學傳周禮一書上自河閒獻王於諸經之中其出最晚其眞僞亦紛如聚訟不可縷舉惟橫渠語錄曰周禮是的當之書然其閒必有末世增入者鄭樵通志引孫處之言曰周公居攝六年之後書成歸豐而實未嘗行蓋周公之爲周禮亦猶唐之顯慶開元禮預爲之以待他日之用其實未嘗行也惟其未經行故僅述大略俟其臨事而損益之故建都之制不與召誥洛誥合封國之制不與武成孟子合設官之制不與周官合九畿之制不與禹貢合云云（案此條所云惟召誥洛誥孟子顯相舛異至禹貢乃唐虞之制武成周官乃梅賾古文尙書王制乃漢文帝博士所追述者皆不足以爲難其說蓋離合參半）其說差爲近之然亦未盡也夫周禮作於周初而周事之可考者不過春秋以後其東遷以前三

百餘年官制之沿革政典之損益除舊布新不知凡幾其初去成康未遠不過因其舊章稍爲改易而改易之人不皆周公也於是以後世之法竄入之其書遂雜其後去之愈遠時移勢變不可行者漸多其書遂廢此亦如後世律令條格率數十年而一脩脩則必有所附益特世近者可考年遠者無徵其增刪之迹遂靡所稽統以爲周公之舊耳迨乎法制既更簡編猶在好古者留爲文獻故其書閱久而仍存此又如開元六典政和五禮在當代已不行用而今日尚有傳本不足異也使其作僞何不全僞六官而必闕其一至以千金購之不得哉且作僞者必剽取舊文借真者以實其贗古文尚書是也劉歆宗左傳而左傳所云禮經皆不見於周禮儀禮十七篇皆在七略所載古經七十篇中禮記四十九篇亦在劉向所錄二百十四篇中而儀禮聘禮賓行饔餼之物禾米芻薪之數籩豆簠簋之實鉶壺鼎甕之列與掌客之文不同又大射禮天子諸侯侯數侯制與司射之

文不同禮記雜記載子男執圭與典瑞之文不同禮器天子諸侯席數與司几筵之文不同如斯之類與二禮多相矛盾歆果贗託周公爲此書又何難牽就其文使與經傳相合以相證驗而必留此異同以啓後人之攻擊然則周禮一書不盡原文而非出依託可概睹矣考工記稱鄭之刀又稱秦無廬鄭封於宣王時秦封於孝王時其非周公之舊典已無疑義南齊書稱文惠太子鎭雍州有盜發楚王冢獲竹簡書青絲編簡廣數分長二尺有奇得十餘簡以示王僧虔僧虔曰是科斗書考工記則其爲秦以前書亦灼然可知雖不足以當冬官然百工爲九經之一共工爲九官之一先王原以制器爲大事存之尚稍見古制俞庭椿以下紛紛割裂五官均無知妄作耳鄭注隋志作十二卷賈疏文繁乃析爲五十卷新舊唐志竝同今本四十二卷不知何人所併玄於三禮之學本爲專門故所釋特精惟好引緯書是其一短歐陽脩集有請校正五經劄子欲删削其書然緯書

不盡可據亦非盡不可據在審別其是非而已不必竄易古書也又好改經字亦其一失然所注但曰當作某耳尚不似北宋以後連篇累牘動稱錯簡則亦不必苛責於玄矣公彥之疏亦極博核足以發揮鄭學朱子語錄稱五經疏中周禮疏最好蓋宋儒惟朱子深於禮故能知鄭賈之善云

（卷目）（一）天官冢宰第一（二至八）冢宰治官之職（九）地官司徒第二（十至十六）司徒教官之職（十七）春官宗伯第三（十八至二十七）宗伯禮官之職（二十八）夏官司馬第四（二十九至三十三）司馬政官之職（三十四）秋官司寇第五（三十五至三十八）司寇刑官之職（三十九）冬官考工記第六（四十至四十二）考工記之職

儀禮注疏五十卷

（著者小傳）鄭玄（見前）　賈公彥（見前）

〔四庫提要〕漢鄭玄注唐賈公彥疏儀禮出殘闕之餘漢代所傳凡有三本一曰戴德本以冠禮第一昏禮第二相見第三士喪第四既夕第五士虞第六特牲第七少牢第八有司徹第九鄉飲酒第十鄉射第十一燕禮第十二大射第十三聘禮第十四公食第十五覲禮第十六喪服第十七一曰戴聖本亦以冠禮第一昏禮第二相見第三其下則鄉飲第四鄉射第五燕禮第六大射第七士虞第八喪服第九特牲第十少牢第十一有司徹第十二士喪第十三既夕第十四聘禮第十五公食第十六覲禮第十七一曰劉向別錄本卽鄭氏所注賈公彥疏謂別錄尊卑吉凶次第倫序故鄭用之二戴尊卑吉凶雜亂故鄭不從之也其經文亦有二本高堂生所傳者謂之今文魯恭王壞孔子宅得亡儀禮五十六篇其字皆以篆書之謂之古文玄注參用二本其從今文而不從古文者則今文大書古文附注士冠禮闑西閾外句注古文闑爲槷閾爲蹙是也從古文而不從今文

者則古文大書今文附注士冠禮醴辭孝友時格句注今文格爲嘏
是也其書自玄以前絕無注本玄後有王肅注十七卷見於隋志然
賈公彥序稱周禮注者則有多門儀禮所注後鄭而已則唐初肅書
已佚也爲之義疏者有沈重見於北史又有無名氏二家見於隋志
然皆不傳故賈公彥僅據齊黃慶隋李孟悊二家之疏定爲今本其
書自明以來刻本舛譌殊甚顧炎武日知錄曰萬曆北監本十三經
中儀禮脫誤尤多士昬禮脫壻授綏姆辭曰未教不足與爲禮也一
節十四字賴有長安石經據以補此一節而其注疏遂亡鄉射禮脫
士鹿中翿旌以獲七字士虞禮脫哭止告事畢賓出七字特牲饋食
禮脫舉觶者祭卒觶拜長者答拜十一字少牢饋食禮脫以授尸坐
取簞興七字此則秦火之所未亡而亡於監刻矣云云蓋由儀禮文
古義奧傳習者少注釋者亦代不數人寫刻有譌猝不能校故紕漏
至於如是也今參考諸本一一釐正著於錄焉

〔卷目〕〔一至三〕士冠禮第一〔四至六〕士昏禮第二〔七〕士相見禮第三〔八至十〕鄉飲酒禮第四〔十一至十三〕鄉射禮第五〔十四〕〔十五〕燕禮第六〔十六至十八〕大射第七〔十九至二十四〕聘禮第八〔二十五至二十六上〕公食大夫禮第九〔二十六下〕〔二十七〕覲禮第十〔二十八至三十四〕喪服第十一〔三十五至三十七〕士喪禮第十二〔三十八至四十一〕既夕禮第十三〔四十二〕〔四十三〕士虞禮第十四〔四十四至四十六〕特牲饋食禮第十五〔四十七〕〔四十八〕少牢饋食禮第十六〔四十九〕〔五十〕有司第十七

禮記正義六十三卷

〔著者小傳〕鄭玄〔見前〕孔穎達〔見前〕

〔四庫提要〕漢鄭玄注唐孔穎達疏隋書經籍志曰漢初河閒獻王得仲尼弟子及後學者所記一百三十一篇獻之時無傳之者至劉

向考校經籍檢得一百三十篇第而敘之又得明堂陰陽記三十三篇孔子三朝記七篇王史氏記二十一篇樂記二十三篇凡五種合二百十四篇戴德刪其煩重合而記之爲八十五篇謂之大戴記而戴聖又刪大戴之書爲四十六篇謂之小戴記漢末馬融遂傳小戴之學融又益月令一篇明堂位一篇樂記一篇合四十九篇云云其說不知所本今考後漢書橋元傳云七世祖仁著禮記章句四十九篇號曰橋君學仁卽班固所謂小戴授梁人橋季卿者成帝時嘗官大鴻臚其時已稱四十九篇無四十六篇之說又孔疏稱別錄禮記四十九篇樂記第十九四十九篇之首疏皆引鄭目錄鄭目錄之末必云此於劉向別錄屬某門月令目錄云此於別錄屬明堂陰陽記明堂位目錄云此於別錄屬明堂陰陽記樂記目錄云此於別錄屬樂記蓋十一篇今爲一篇則三篇皆劉向別錄所有安得以爲馬融所增疏又引玄六藝論曰戴德傳記八十五篇則大戴禮是也戴聖

傳禮四十九篇則此禮記是也玄爲馬融弟子使三篇果融所增玄不容不知豈有以四十九篇屬於戴聖之理況融所傳者乃周禮若小戴之學一授橋仁一授楊榮後傳其學者有劉祐高誘鄭玄盧植融絕不預其授受又何從而增三篇乎知今四十九篇實戴聖之原書隋志誤也元延祐中行科舉法定禮記用鄭玄注故元儒說禮率有根據自明永樂中敕修禮記大全始廢鄭注改用陳澔集說禮學遂荒然研思古義之士好之者終不絕也爲之疏義者唐初尚存皇侃熊安生二家（案明北監本以皇侃爲皇甫侃以熊安生爲熊安二人姓名並誤足徵校刊之疎謹附訂於此）貞觀中敕孔穎達等修正義乃以皇氏爲本以熊氏補所未備穎達序稱熊則違背本經多引外義猶之楚而北行馬雖疾而去愈遠又欲釋經文惟聚難義猶治絲而棼之手雖繁而絲益亂也皇氏雖章句詳正微稍繁廣又既遵鄭氏乃時乖鄭義此是木落不歸其本狐死不首其邱此皆二家之弊未爲得也故其書務伸鄭注未免有附會之

處然採摭舊文詞富理博說禮之家鑽研莫盡譬諸依山鑄銅煮海爲鹽即衞湜之書尚不能窺其涯涘陳澔之流益如莛與楹矣

（卷目）（一至三）曲禮上（四）（五）曲禮下（六至八）檀弓上（九）（十）檀弓下（十一至十三）王制（十四至十七）月令（十八）（十九）曾子問（二十）文王世子（二十一）（二十二）禮運（二十三）（二十四）禮器（二十五）（二十六）郊特牲（二十七）（二十八）內則（二十九）（三十）玉藻（三十一）明堂位（三十二）（三十三）喪服小記（三十四）大傳（三十五）少儀（三十六）學記（三十七至三十九）樂記（四十）（四十一）雜記上（四十二）（四十三）雜記下（四十四）喪大記（四十五）喪服大記（四十六）祭法（四十七）（四十八）祭義（四十九）祭統（五十）經解哀公問仲尼燕居（五十一）孔子閒居坊記（五十二）（五十三）中庸（五十四）表記（五十五）緇衣（五十六）奔喪問喪（五十七）服問閒傳（五十八）

三年問深衣投壺(五十九)儒行(六十)大學(六十一)冠義昏義
鄉飲酒(六十二)射義燕義(六十三)聘義喪服四制

春秋左傳正義 六十卷

(著者小傳)杜預(見前) 孔穎達(見前)

(四庫提要)周左丘明傳晉杜預注唐孔穎達疏自劉向劉歆桓譚班固皆以春秋傳出左丘明左丘明受經於孔子魏晉以來儒者更無異議至唐趙匡始謂左氏非丘明蓋欲攻傳之不合經必先攻作傳之人非受經於孔子與王柏欲攻毛詩先攻毛詩不傳於子夏其智一也宋元諸儒相繼竝起王安石有春秋解一卷證左氏非丘明者十一事陳振孫書錄解題謂出依託今未見其書不知十一事者何據其餘辨論惟朱子謂虞不臘矣爲秦人之語葉夢得謂紀事終於智伯當爲六國時人似爲近理然考史記秦本紀稱惠文君十二年始臘張守節正義稱秦惠文王始效中國爲之明古有臘祭秦至

是始用非至是始創閻若璩古文尚書疏證亦駁此說曰史稱秦文公始有史以記事秦宣公初志閏月豈亦中國所無待秦獨創哉則臘爲秦禮之說未可據也左傳載預斷禍福無不徵驗蓋不免從後傅合之惟哀公九年稱趙氏其世有亂後竟不然是未見後事之證也經止獲麟而弟子續至孔子卒傳載智伯之亡殆亦後人所續史記司馬相如傳中有揚雄之語不能執是一事指司馬遷爲後漢人也則載及智伯之說不足疑也今仍定爲左丘明作以袪衆惑至其作傳之由則劉知幾躬爲國史之言最爲確論疏稱大事書於策者經之所書小事書於簡者傳之所載觀晉史之書趙盾齊史之書崔杼及甯殖所謂載在諸侯之籍者其文體皆與經合墨子稱周春秋載杜伯燕春秋載莊子儀宋春秋載祏觀辜齊春秋載王里國中里觳其文體皆與傳合經傳同因國史而修斯爲顯證知說經去傳爲舍近而求諸遠矣漢志載春秋古經十二篇經十一卷注曰公羊穀

梁二家則左氏經文不著於錄然杜預集解序稱分經之年與傳之年相附比其義類各隨而解之陸德明經典釋文曰舊夫子之經與丘明之傳各異杜氏合而釋之則左傳又自有經考漢志之文旣曰古經十二篇矣不應復云經十一卷觀公穀二傳皆十一卷與經十一卷相配知十一卷爲二傳之經故有是注徐彥公羊傳疏曰左氏先著竹帛故漢儒謂之古學則所謂古經十二篇卽左傳之經故謂之古刻漢書者誤連二條爲一耳今以左傳經文與二傳校勘皆左氏義長知手錄之本確於口授之本也言左傳者孔奇孔嘉之說久佚不傳賈逵服虔之說亦僅偶見他書今世所傳惟杜注孔疏爲最古杜注多強經以就傳孔疏亦多左杜而右劉案劉炫作規過以攻杜解凡所駁正孔疏皆以爲非是皆篤信專門之過不能不謂之一失然有注疏而後左氏之義明左氏之義明而後二百四十二年內善惡之跡一一有徵後儒妄作聰明以私臆談褒貶者猶得據傳文以知其謬則漢晉以來藉

左氏以知經義宋元以後更藉左氏以杜臆說矣傳與注疏均謂有
大功於春秋可也

（卷目）（一）春秋序（二至四）隱公（五至七）桓公（八至十）莊公（十一）閔公（十二至十七）僖公（十八至二十）文公（二十一至二十四）宣公（二十五至二十八）成公（二十九至四十）襄公（四十一至五十三）昭公（五十四至五十六）定公（五十七至六十）哀公

春秋公羊傳注疏二十八卷

（著者小傳）何休（見前）徐彥時代無可考四庫提要從董逌之說定爲唐人

（四庫提要）漢公羊壽傳何休解詁唐徐彥疏案漢書藝文志公羊傳十一卷班固自注曰公羊子齊人（案漢藝文志不題顏師古名者皆固之自注）顏師古注曰名高（案此據春秋說題詞之文見徐彥疏所引）徐彥疏引戴宏序曰子夏傳與公羊

高高傳與其子平平傳與其子地地傳與其子敢敢傳與其子壽至漢景帝時壽乃與齊人胡母子都著於竹帛何休之注亦同休說見隱公二年紀子伯莒子盟於密條下今觀傳中有子沈子曰子司馬子曰子女子曰子北宮子曰又有高子曰魯子曰蓋皆傳授之經師不盡出於公羊子定公元年傳正棺於兩楹之閒二句穀梁傳引之直稱沈子不稱公羊是併其不著姓氏者亦不盡出公羊子且併有子公羊子曰尤不出於高之明證知傳確爲壽撰而胡母子都助成之舊本首署高名蓋未審也又羅璧識遺稱公羊穀梁自高亦作傳外更不見有此姓萬見春謂皆姜字切韻脚疑爲姜姓假託案鄒爲邾婁披爲勃鞮木爲彌年殖爲舌職記載音譌經典原有是事至弟子記其先師子孫述其祖父必不至竟迷本字別用合聲璧之所言殊爲好異至程端學春秋本義竟指高爲漢初人則講學家臆斷之詞更不足與辨矣三傳與經文漢志皆各爲卷帙以左傳附經始於杜預公羊傳附經則

不知始自何人觀何休解詁但釋傳而不釋經與杜異例知漢末猶自別行今所傳蔡邕石經殘字公羊傳亦無經文足以互證今本以傳附經或徐彥作疏之時所合併歟彥疏文獻通考作三十卷今本乃止二十八卷或彥本以經文併爲二卷別冠於前後人又散入傳中故少此二卷亦未可知也彥疏唐志不載崇文總目始著錄稱不著撰人名氏或云徐彥董逌廣川藏書志亦稱世傳徐彥不知時代意其在貞元長慶之後考疏中邲之戰一條猶及見孫炎爾雅注完本知在宋以前又葬桓王一條全襲用楊士勛穀梁傳疏知在貞觀以後中多自設問答文繁語複與邱光庭兼明書相近亦唐末之文體董逌所云不爲無理故今從逌之說定爲唐人焉

(卷目)(一至三)隱公(四)(五)桓公(六至八)莊公(九)莊公閔公(十至十二)僖公(十三)(十四)文公(十五)(十六)宣公(十七)(十八)成公(十九至二十一)襄公(二十二至二十四)昭公 (二

十五）（二十六）定公（二十七）（二十八）哀公

春秋穀梁傳注疏 二十卷

（著者小傳）范甯（見前） 楊士勛時代無可考四庫提要定爲唐貞觀時人

（四庫提要）晉范甯集解唐楊士勛疏其傳則士勛疏稱穀梁子名俶字元始一名赤受經於子夏爲經作傳則當爲穀梁子所自作徐彥公羊傳疏又稱公羊高五世相授至胡母生乃著竹帛題其親師故曰公羊傳穀梁亦是著竹帛者題其親師故曰穀梁傳則當爲傳其學者所作案公羊傳定公卽位一條引子沈子曰何休解詁以爲後師（案此注在隱公十一年所引子沈子條下）此傳定公卽位一條亦稱沈子曰公羊穀梁既同師子夏不應及見後師又初獻六羽一條稱穀梁子曰傳既穀梁自作不應自引己說且此條又引尸子曰尸佼爲商鞅之師鞅既誅佼逃於蜀其人亦在穀梁後不應預爲引據疑徐彥之言爲得

其實但誰著於竹帛則不可考耳漢書藝文志載公羊穀梁二家經十一卷傳亦各十一卷則經傳初亦別編范甯集解乃併經注之疑即甯之所合定公元年春王三月一條發傳於春王二字之下以三月別屬下文頗疑其割裂然考劉向說苑稱文王似元年武王似春王周公似正月向受穀梁春秋知穀梁經文以春王二字別爲一節故向有此讀至公觀魚于棠一條葬桓王一條杞伯來逆叔姬之喪以歸一條曹伯盧卒于師一條天王殺其弟佞夫一條皆冠以傳曰字惟桓王一條與左傳合餘皆不知所引何傳疑甯以傳附經之時每條皆冠以傳曰字如鄭玄王弼之易有象曰象曰之例後傳寫者刪之此五條其削除未盡者也甯注本十二卷以兼載門生故吏子弟之說各列其名故曰集解晉書本傳稱甯此書爲世所重既而徐邈復爲之注世亦稱之今考書中乃多引邈注未詳其故又自序有商略名例之句疏稱甯別有略例百餘條此本不載然注中時有傳

例曰字或士勛割裂其文散入注疏中歟士勛始末不可考孔穎達左傳正義序稱與故四門博士楊士勛參定則亦貞觀中人其書不及穎達書之賅洽然諸儒言左傳者多言公穀者少既乏憑藉之資又左傳成於衆手此書出於一人復鮮佐助之力詳略殊觀固其宜也其疏長狄眉見於軾一條連綴於身橫九畝句下與注相離蓋邢昺刊正之時又多失其原第亦不盡士勛之舊矣

（卷目）（一）（二）隱公（三）（四）桓公（五）（六）莊公閔公（七至九）僖公（十）（十一）文公（十二）宣公（十三）（十四）成公（十五）（十六）襄公（十七）（十八）昭公（十九）定公（二十）哀公

孝經注疏 九卷

（著者小傳）玄宗（見前） 邢昺宋濟陰人字叔明太宗時擢九經及第真宗時召昺與杜鎬孫奭等校定三禮三傳孝經論語爾雅等書義疏官終禮部尙書

〔四庫提要〕唐玄宗明皇帝御註宋邢昺疏案唐會要開元十年六月上註孝經頌天下及國子學天寶二年五月上重註亦頒天下舊唐書經籍志孝經一卷玄宗註唐書藝文志今上孝經制旨一卷註曰玄宗其稱制旨者猶梁武帝中庸義之稱制旨實一書也趙明誠金石錄載明皇註孝經四卷陳振孫書錄解題亦稱家有此刻爲四大軸蓋天寶四載九月以御註刻石於太學謂之石臺孝經今尚在西安府學中爲碑凡四故拓本稱四卷耳玄宗御製序末稱一章之中凡有數句一句之內義有兼明具載則文繁略之則義闕今存於疏用廣發揮唐書元行沖傳稱玄宗自註孝經詔行沖爲疏立於學官唐會要又載天寶五載詔孝經書疏雖麤發明未能該備今更敷暢以廣闕文令集賢院寫頒中外是註凡再修疏亦再修其疏唐志作二卷宋志則作三卷殆續增一卷歟宋咸平中邢昺所修之疏卽據行沖書爲藍本然孰爲舊文孰爲新說今已不可辨別矣孝經有

今文古文二本今文稱鄭玄註其說傳自荀昶而鄭志不載其名古
文稱孔安國註其書出自劉炫而隋書已言其僞至唐開元七年三
月詔令羣儒質定右庶子劉知幾主古文立十二驗以駁鄭國子祭
酒司馬貞主今文摘閨門章文句凡鄙庶人章割裂舊文妄加子曰
字及註中脫衣就功諸語以駁孔其文具載唐會要中厥後今文行
而古文廢元熊禾作董鼎孝經大義序遂謂貞去閨門一章卒啓玄
宗無禮無度之禍明孫本作孝經辨疑併謂唐宮闈不肅貞削閨門
一章乃爲國諱夫削閨門一章遂啓幸蜀之衅使當時行用古文果
無天寶之亂乎唐宮闈不肅誠有之至於閨門章二十四字則絕與
武韋不相涉指爲避諱不知所避何諱也况知幾與貞兩議並上會
要載當時之詔乃鄭依舊行用孔註傳習者稀亦存繼絕之典是未
因知幾而廢鄭亦未因貞而廢孔迨時閱三年乃有御註太學刻石
署名者三十六人貞不預列御註既行孔鄭兩家遂併廢亦未聞貞

更建議廢孔也禾等徒以朱子刊誤偶用古文遂以不用古文爲大罪又不能知唐時典故徒聞中興書目有議者排毀古文遂廢之語遂沿其誤說憒憒然歸罪於貞不知以註而論則孔佚鄭亦佚孔佚罪貞鄭佚又罪誰乎以經而論則鄭存孔亦存古文並未因貞一議亡也貞又何罪焉今詳考源流明今文之立自玄宗此註始玄宗此註之立自宋詔邢昺等修此疏始衆說喧呶皆揣摩影響之談置之不論不議可矣

（卷目）（一）開宗明義章天子章（二）諸侯章卿大夫章士章（三）庶人章三才章（四）孝治章（五）聖治章（六）紀孝行章五刑章廣要道章（七）廣至德章廣揚名章諫諍章（八）感應章事君章（九）喪親章

論語注疏二十卷

（著者小傳）何晏（見前）　邢昺（見前）

〔四庫提要〕魏何晏註宋邢昺疏昺字叔明曹州濟陰人太平興國中擢九經及第官至禮部尚書事蹟具宋史本傳是書蓋咸平二年詔昺改定舊疏頒列學官至今承用而傳刻頗譌集解所引十三家今本各題曰某氏皇侃義疏則均題其名案奏進序中稱集諸家之善記其姓名侃疏亦曰何集註皆呼人名惟包獨言氏者包名咸何家諱咸故不言也與序文合知今本爲後來刊版之省文然周氏與周生烈遂不可分殊不如皇本之有別考邢昺疏中亦載皇侃何氏諱咸之語其疏記其姓名句則云註但記其姓而此連言名者以著其姓所以名其人非謂名字之名也是昺所見之本已惟題姓故有是曲說七經孟子考文稱其國皇侃義疏本爲唐代所傳是亦一證矣其文與皇侃所載亦異同不一大抵互有短長如學而篇不患人之不己知章皇疏有王肅註一條里仁篇君子之於天下也章皇疏有何晏註一條今本皆無觀顧炎武石經考以石經儀禮校監版或

併經文全節漏落則今本集解傳刻亦脫蓋所不免然蔡邕石經論語於而在蕭牆之內句兩本並存見於隸釋陸德明經典釋文於諸本同異亦皆並存蓋唐以前經師授受各守專門雖經文亦不能畫一無論註文固不必以此改彼亦不必以彼改此今仍從今本錄之所以各存其舊也昺疏宋志作十卷今本二十卷蓋後人依論語篇第析之晁公武讀書志稱其亦因皇侃所採諸儒之說刊定而成今觀其書大抵翦皇氏之枝蔓而稍傳以義理漢學宋學茲其轉關是疏出而皇疏微迨伊洛之說出而是疏又微故中興書目曰其書於章句訓詁名物之際詳矣蓋微言其未造精微也然先有是疏而後講學諸儒得沿溯以窺其奧祭先河而後海亦何可以後來居上遂盡廢其功乎

(卷目)(一)學而(二)爲政(三)八佾(四)里仁(五)公冶長(六)雍也(七)述而(八)泰伯(九)子罕(十)鄉黨(十一)先進(十二)顏

淵（十三）子路（十四）憲問（十五）衞靈公（十六）季氏（十七）陽貨（十八）微子（十九）子張（二十）堯曰

孟子注疏十四卷

（著者小傳）趙岐（見前）　孫奭宋博平人字宗古九經及第累官龍圖閣待制奭以經術進守道自處有所言未嘗阿附嘗掇五經切於治道者爲經典徽言又撰崇祀錄樂記圖五經節解五服制度諸篇以太子少傅致仕卒謚宣

（四庫提要）漢趙岐註其疏則舊本題宋孫奭撰岐字邠卿京兆長陵人初名嘉字臺卿永興二年辟司空掾遷皮氏長延熹元年中常侍唐衡兄玹爲京兆尹與岐夙隙岐避禍逃避四方乃自改名字後遇赦得出拜幷州刺史又遭黨錮十餘歲中平元年徵拜議郎舉燉煌太守後還太僕終太常事蹟具後漢書本傳奭字宗古博平人太宗端拱中九經及第仁宗時官至兵部侍郎龍圖閣學士事蹟具宋

史本傳是註卽岐避難北海時在孫賓家夾柱中所作漢儒註經多
明訓詁名物惟此註箋釋文句乃似後世之口義與古學稍殊然孔
安國馬融鄭玄之註論語今載於何晏集解者體亦如是蓋易書文
皆最古非通其訓詁則不明詩禮語皆徵實非明其名物亦不解論
語孟子詞旨顯明惟闡其義理而止所謂言各有當也其中如謂宰
予子貢有若緣孔子聖德高美而盛稱之孟子知其太過故貶謂之
汚下之類紕繆殊甚以屈原憔悴爲徵於色以甯戚扣角爲發於聲
之類亦比擬不倫然朱子作孟子集註或問於岐說不甚掊擊至於
書中人名惟盆成括告子不從其學於孟子之說季孫子叔不從其
二弟子之說餘皆從之書中字義惟折枝訓按摩之類不取其說餘
亦多取之蓋其說雖不及後來之精密而開闢荒蕪俾後來得循途
而深造其功要不可泯也胡爌拾遺錄據李善文選註引孟子曰墨
子兼愛摩頂致於踵趙岐曰致至也知今本經文及註均與唐本不

同今證以孫奭音義所音岐註亦多不相應語詳孟子音義條下蓋已非舊本至於盡心下篇夫子之設科也註稱孟子曰夫我設教授之科云云則顯爲予字今本乃作夫子又萬子曰句註稱萬子萬章也則顯爲子字今本乃作萬章是又註文未改而經文誤刊者矣其疏雖稱孫奭作而朱子語錄則謂邵武士人假託蔡季通識其人今考宋史邢昺傳稱昺於咸平二年受詔與杜鎬舒雅孫奭李慕清崔偓佺等校定周禮儀禮公羊穀梁春秋傳孝經論語爾雅義疏不云有孟子正義涑水紀聞載奭所定著有論語孝經爾雅正義亦不云有孟子正義其不出奭手確然可信其疏皆敷衍語氣如鄉塾講章故朱子語錄謂其全不似疏體不曾解出名物制度只繞纏趙岐之說至岐註好用古事爲比疏多不得其根據如註謂非禮之禮若陳質娶妻而長拜之非義之義若藉交報讎此誠不得其出典案藉交報讎似謂藉交游之力以報讎如朱家郭解非有人姓藉名交也疑不能明謹附識於此至於單豹養其內而虎食其外事出

莊子亦不能舉則弇陋太甚朱彝尊經義考摘其欲見西施者人輸金錢一文事詭稱史記今考註以尾生爲不虞之譽以陳不瞻爲求全之毁疏亦竝稱史記尾生事實見莊子陳不瞻事實見說苑（案說苑作陳不占蓋古字同音假借）皆史記所無如斯之類益影撰無稽矣以久列學官姑仍舊本錄之爾

（卷目）（一上至二下）梁惠王（三上至四下）公孫丑（五上至六下）滕文公（七上至八下）離婁（九上至十下）萬章（十一上至十二下）告子（十三上至十四下）盡心

爾雅注疏十卷

（著者小傳）郭璞（見前）邢昺（見前）

（四庫提要）晉郭璞註宋邢昺疏璞字景純河東聞喜人官至弘農太守事蹟具晉書本傳昺有孝經疏已著錄案大戴禮孔子三朝記稱孔子教魯哀公學爾雅則爾雅之來遠矣然不云爾雅爲誰作據

張揖進廣雅表稱周公著爾雅一篇案經典釋文以揖所稱一篇爲釋詁今俗所傳三篇案漢志爾雅三卷此三篇謂三卷也或言仲尼所增或言子夏所益或言叔孫通所補或言沛郡梁文所考皆解家所說疑莫能明也於作書之人亦無確指其餘諸家所說小異大同今參互而考之郭璞爾雅註序稱豹鼠既辨其業亦顯邢昺疏以爲漢武帝時終軍事七錄載犍爲文學爾雅註三卷案七錄久佚此據隋志所稱梁有某書亡知爲七錄所載陸德明經典釋文以爲漢武帝時人則其書在武帝以前曹粹中放齋詩說曰案此書今未見傳本此據永樂大典所引爾雅毛公以前其文猶略至鄭康成時則加詳如學有緝熙于光明毛公云光廣也康成則以爲學於有光明者而爾雅曰緝熙光明也又齊子豈弟康成以爲猶言發夕也而爾雅曰豈弟發也薄言觀者毛公無訓振古如茲毛公云振自也康成則以觀爲多以振爲古其說皆本於爾雅使爾雅成書在毛公之前顧得爲異哉則其書在毛亨以後案詩傳乃毛亨作非毛萇作語詳詩正義條下大抵小學家綴緝舊文遞相增

益周公孔子皆依託之詞觀釋地有鶼鶼釋鳥又有鶼鶼同文複出知非纂自一手也其書歐陽修詩本義以爲學詩者纂集博士解詁高承事物紀原亦以爲大抵解詁詩人之旨然釋詩者不及十之一非專爲詩作揚雄方言以爲孔子門徒解釋六藝王充論衡亦以爲五經之訓故然釋五經者不及十之三四更非專爲五經作今觀其文大抵採諸書訓詁名物之同異以廣見聞實自爲一書不附經義如釋天云暴雨謂之涷釋艸云卷施艸拔心不死此取楚辭之文也釋天云扶搖謂之猋釋蟲云蒺蔾蝍蛆此取莊子之文也釋詁云嫁往也釋水云濮大出尾下此取列子之文也釋地四極云西王母釋畜云小領盜驪此取穆天子傳之文也釋地云東方有比目魚焉不比不行其名謂之鰈鰈南方有比翼鳥焉不比不飛其名謂之鶼鶼此取管子之文也又云邛邛岠虛負而走其名謂之蟨此取呂氏春秋之文也又云北方有比肩民焉迭食而迭望釋地云河出崑崙虛

此取山海經之文也釋詁云天帝皇王后辟公侯又云洪廓宏溥介純夏幠釋天云春爲青陽至謂之醴泉此取尸子之文也釋鳥曰爰居雜縣此取國語之文也如是之類不可殫數蓋亦方言急就之流特說經之家多資以證古義故從其所重列之經部耳璞時去漢未遠如遂幠大東稱詩釗我周王稱逸書所見尚多古本故所註多可據後人雖迭爲補正然宏綱大旨終不出其範圍昺疏亦多能引證如尸子廣澤篇仁意篇皆非今人所及睹其犍爲文學樊光李巡之註見於陸氏釋文者雖多所遺漏然疏家之體惟明本註註所未及不復旁搜此亦唐以來之通弊不能獨責於昺惟既列註文而疏中時復述其文但曰郭註云云不異一字亦更不別下一語殆不可解豈其初疏與註別行歟今未見原刻不可復考矣

（卷目）（一）（二）釋詁（三）釋言（四）釋訓釋親（五）釋宮釋器釋樂（六）釋天（七）釋地釋丘釋山釋水（八）釋草（九）釋木釋蟲釋魚

(十)釋鳥釋獸釋畜

周易述二十一卷

〔著者小傳〕惠棟清元和人字定宇號松崖人稱小紅豆元和學生員自幼篤志向學於經史諸子稗官野乘及七經毖緯之學無所不通家貧課徒自給行義至高乾隆中大臣薦經明行修索所著書未及進呈罷歸卒年六十二棟於諸經熟洽貫串尤邃於易嘗追考漢儒易學發明易之本例撰易漢學周易述易微言易例又以古音古字非經師不能辨撰九經古義又有明堂大道錄禘說古文尚書考後漢書補注王士禛精華錄訓纂九曜齋筆記松崖文鈔諸史會最竹南漫錄諸書錢大昕謂擬諸前儒當在何休服虔之閒馬融趙岐輩不及也

〔四庫提要〕國朝惠棟撰棟字定宇號松崖元和人其書主發揮漢儒之學以荀爽虞翻為主而參以鄭玄宋咸干寶諸家之說融會其

義自爲注而自疏之其目錄凡四十卷自一卷至二十一卷皆訓釋經文二十二卷二十三卷爲易微言皆雜鈔經典論易之語二十四卷至四十卷凡載易大義易例易法易正譌明堂大道錄禘說六名皆有錄無書其注疏尚闕下經十四卷及序卦雜卦兩傳蓋未完之書其易微言二卷亦皆雜錄舊說以備參考他時蕆事則此爲當棄之糟粕非欲別勒一篇附諸注疏之末故其文皆未詮次棟歿之後其門人過尊師說幷未定殘藁而刻之實非棟本意也自王弼易行漢學遂絶宋元儒者類以意見揣測去古寖遠中閒言象數者又歧爲圖書之說其書愈衍愈繁而未必皆四聖之本旨故說經之家莫多於易與春秋而易尤叢雜棟能一一原本漢儒推闡考證雖掇拾散佚未能備睹專門授受之全要其引據古義具有根柢視空談說經者則相去遠矣

（卷目）（一至四）上經（五至七）下經（八）彖上傳（九）彖下傳（十）

（十一）象上傳（十二）（十三）象下傳（十四）（十五）繫辭上傳（十六）（十七）繫辭下傳（十八）文言傳（十九）說卦傳（二十）易微言上（二十一）易微言下

周易述補 江本四卷　李本五卷

（著者小傳）江藩清甘泉人字子屏號鄭堂監生少受學於惠棟余蕭客江聲三人博綜羣經尤熟於史事有國朝漢學師承記經師經義目錄甄錄清代諸儒及諸家撰述一以篤守漢儒家法者爲斷又有國朝宋學淵源記周易述補隸經文爲文自言無八家氣有炳燭室雜文　李林松清上海人字仲熙號心庵嘉慶進士官戶部員外郎母卒不復出經術邃深尤精漢學有周易述補通韻便覽

（本書略述）惠氏棟撰周易述闕下經十五卦及序卦雜卦二傳江李二氏先後補之淩氏廷堪序江氏周易述補言惠氏猶不免用王弼之說江氏則悉無之有過之無不及云云可謂篤論而李氏所附

讀易述札記一字一句具有淵源尤足以闡發惠氏遺蘊其功亦可與江氏約略相亞矣

（卷目）（江氏本）（一）周易下經（二）彖下傳（三）象下傳（四）序卦傳雜卦傳（李氏本）（一）鼎震艮漸歸妹豐各卦（二）旅巽隨兌渙節各卦（三）中孚小過旣濟未濟各卦（四）序卦傳雜卦傳（五）劄記

尚書今古文注疏三十卷

（著者小傳）孫星衍清陽湖人字淵如乾隆進士歷官山東督粮道引疾歸累主鍾山書院深究經史文字音訓之學旁及諸子百家皆心通其義硏精金石碑版工篆隸尤精校勘輯刊平津館叢書岱南閣叢書世稱善本文在六朝漢魏閒與同里洪亮吉齊名有尚書今古文注疏周易集解夏小正傳校正魏三體石經殘字考倉頡篇孔子集語史記天官書考證寰宇訪碑錄平津館金石萃編孫氏家藏

書目內外編續古文苑問字堂岱南閣五松園平津館文稿芳茂山人詩錄

（本書略述）漢學家今古文之說以尚書最爲複雜此書之作意在網羅放失舊聞故錄漢魏人佚說爲多內容完善優於江聲尚書集注音疏及王鳴盛尚書後案二書治尚書者先取是書悉心研究明通大義篤守其說庶可不惑於岐趨矣

（卷目）（一）堯典（二）皐陶謨（三）禹貢（四）甘誓（五）湯誓（六）盤庚（七）高宗肜日（八）西伯戡黎（九）微子（十）泰誓（十一）牧誓（十二）洪範（十三）金縢（十四）大誥（十五）康誥（十六）酒誥（十七）梓材（十八）召誥（十九）洛誥（二十）多士（二十一）無逸（二十二）君奭（二十三）多方（二十四）立政（二十五）顧命（二十六）費誓（二十七）呂刑（二十八）文侯之命（二十九）秦誓（三十）書序

毛詩傳箋通釋 三十二卷

（著者小傳）馬瑞辰清桐城人字元伯嘉慶進士官工部員外郎博綜經學洪楊之難居鄉不屈死有毛詩傳箋通釋

（本書略述）毛詩傳箋通釋三十二卷其中徵引古書甚爲賅博皮氏錫瑞謂此書不及陳奐詩毛氏傳疏能專爲毛氏一家之學然陳疏合明堂路寢爲一鍾文烝嘗詆爲新奇繆戾馬氏則篤守古義絕無此武斷之弊是在好學深思之士知所擇取而已

（卷目）（一）雜釋（二）周南（三）召南（四）邶（五）鄘（六）（七）衞（八）鄭（九）齊（十）魏（十一）唐（十二）秦（十三）陳（十四）檜（十五）曹（十六）豳（十七至二十三）小雅（二十四至二十七）大雅（二十八至三十）周頌（三十一）魯頌（三十二）商頌

周禮正義 八十六卷

（著者小傳）孫詒讓清瑞安人字仲容同治舉人官刑部主事不久

即引疾歸窮經著書垂四十年有周禮正義墨子閒詁古籀拾遺名原古籀餘論契文舉例九旂古通義周書斠補尚書駢枝大戴禮記斠補六曆甄微廣韻姓氏刊誤經迻札迻述林周禮政要永嘉郡記證繹以發鄭注之耑輿補賈疏之遺闕於古制古義疏通證明甚爲詳備至近今歐洲政治多與此經冥符而遙契以致富強此又古之政教必可行於今者之明效大驗孫氏特於此經發其端而別著周禮政要以闡明其說學者茍取此二書參互而研究之其由此而博古通今不難矣

（本書略述）此書博采漢唐宋以來迄於清乾嘉諸經儒舊詁互相

（卷目）（一至八）天官冢宰第一上（九至十六）天官冢宰第一下（十七至二十三）地官司徒第二上（二十四至三十一）地官司徒第二下（三十二至四十一）春官宗伯第三上（四十二至五十三）春官宗伯第三下（五十四至五十八）夏官司馬第四上（五十九

至六十四）夏官司馬第四下（六十五至六十九）秋官司寇第五上（七十至七十三）秋官司寇第五下（七十四至七十九）冬官考工記第六上（八十至八十六）冬官考工記第六下

儀禮正義 四十卷

（著者小傳）胡培翬清績溪人字載屏一字竹村嘉慶進士官戶部主事居鄉創立東山書院其學長於禮經閱數十年成儀禮正義一書又有燕寢考研六室文鈔

（本書略述）胡氏培翬輯儀禮正義四十卷致力四十餘年實爲一生心血所注自述義例有四曰補注曰申注曰附注曰訂注原稿已佚僅見於羅氏惇衍序中其士昏禮鄉飲酒禮鄉射禮燕禮大射儀五篇因尚未卒業遽歸道山爲及門楊氏大堉及族姪肇昕補綴而成此書上推周孔子夏垂絕之恉發明鄭賈得失旁逮鴻儒經生之所議闡發無遺誠爲二千餘年以來絕學治禮者不可不讀之書至

楊氏等所補之處亦能篤守師訓不失家法云
（卷目）（一）（二）冠（三）昏（四）相見（五至七）鄉飲（八至十）鄉射（十一）（十二）燕（十三至十五）大射（十六至十八）聘（十九）公食（二十）覲（二十一至二十五）喪服（二十六至二十八）士喪（二十九至三十一）既夕（三十二）（三十三）士虞（三十四至三十六）特牲（三十七）（三十八）少牢（三十九）（四十）有司

禮記訓纂四十九卷

（著者小傳）朱彬清寶應人字武曹號郁甫乾隆舉人少與劉台拱齊名從事經傳訓詁聲音文字之學性方正人不敢干以私有經傳考證禮記訓纂游道堂詩文集

（本書略述）朱氏彬著有經傳考證八卷阮文達公采入皇清經解至晚年復著禮記訓纂四十九卷廣摭羣言於郊社樂舞以及月令內則諸名物皆一一辯訂卽諸子百家可以參攷古制者亦博引無

遺其大學中庸二篇仍依鄭注列經文於次足以正陳澔妄刪古經之謬至訓纂中於前著經傳攷證各條時有改正亦足見學邃心虛不矜創解林文忠則徐序中已詳言之茲不贅列

（卷目）（一）（二）曲禮（三）（四）檀弓（五）王制（六）月令（七）曾子問（八）文王世子（九）禮運（十）禮器（十一）郊特牲（十二）內則（十三）玉藻（十四）明堂位（十五）喪服小記（十六）大傳（十七）少儀（十八）學記（十九）樂記（二十）（二十一）雜記（二十二）喪大記（二十三）祭法（二十四）祭義（二十五）祭統（二十六）經解（二十七）哀公問（二十八）仲尼燕居（二十九）孔子閒居（三十）坊記（三十一）中庸（三十二）表記（三十三）緇衣（三十四）奔喪（三十五）問喪（三十六）服問（三十七）閒傳（三十八）三年問（三十九）深衣（四十）投壺（四十一）儒行（四十二）大學（四十三）冠禮（四十四）昏義（四十五）鄉飲酒義（四十六）射義（四十七）

燕義(四十八)聘義(四十九)喪服四制

春秋左傳詁 二十卷

(著者小傳)洪亮吉清陽湖人字稚存號北江少孤資館穀以養母舉乾隆進士授編修督學貴州嘉慶時以上書指斥戍伊犂尋赦還自號更生居士於書無所不窺尤精輿地學詩文有奇氣其後沈研經史與孫星衍論學相長時稱孫洪有北江全集

(本書略述)洪氏亮吉精於春秋之學此編能參互諸家所長一事之疑一辭之異皆貫串全經以折衷之詁解亦極明顯洪氏又有春秋十論載更生齋文集中雖時有創解而無附會牽合之論特附列之以備學者參考

(卷目)(一至四)經(五至二十)傳

公羊義疏 七十六卷

(著者小傳)陳立清句容人字卓人道光進士官曲靖知府受業於

淩曙劉文淇通許氏說文鄭氏禮而於公羊用力尤深有公羊義疏
爾雅舊注白虎通疏證說文諧聲孳生述句溪雜著
（本書略述）陳氏少所受學皆名師江都梅氏植之授詩古文詞得其義法儀徵劉氏文淇江都淩氏曙授公羊春秋許氏說文鄭氏禮陳氏兼通之而於公羊用力尤深盡見魏晉以來春秋諸家學說深念春秋之義存於公羊而徐疏簡奧難讀莫得會通乃博稽旁討梳字櫛句成公羊義疏七十六卷雖引徵不免太繁而大義微言多藉以復明於世皮氏錫瑞謂治公羊者當先觀淩曙所注繁露以求董子大義及劉逢祿所作釋例以求何氏條例然後再讀此書以求大備此指示求學門徑之說亦學者所不可不知者也
（卷目）（一至九）隱公（十至十六）桓公（十七至二十六）莊公（二十七）閔公（二十八至三十七）僖公（三十八至四十三）文公（四十四至四十九）宣公（五十至五十五）成公（五十六至六十）襄

公（六十一至六十七）昭公（六十八至七十二）定公（七十三至七十五）哀公（七十六）序

穀梁補注二十四卷

（著者小傳）鍾文烝清嘉善人字殿才道光舉人性孝友學問博洽初治鄭氏三禮通小學後專精春秋有穀梁補注

（本書略述）鍾氏崇尚經學尤究心春秋謂穀梁子獨得麟經遺意范注楊疏於本傳無所發明乃網羅折衷成穀梁補注二十四卷凡春秋中不決之疑今悉決之其於禘祫祖禰謚法數大端時有未經人道者全書薈粹衆長斷以新義沈潛反復至二十餘年始出而問世足成爲一家之言

（卷目）（首）序論傳論經（一）（二）隱公（三）（四）桓公（五至八）莊公閔公（九至十二）僖公（十三）（十四）文公（十五）（十六）宣公（十七）（十八）成公（十九）（二十）襄公（二十一）（二十二）昭公

（二十三）定公（二十四）哀公

孝經鄭注疏 二卷

（著者小傳）鄭玄（見前） 皮錫瑞淸善化人號鹿門名所居曰師伏堂學者稱師伏先生光緒舉人工詩及駢文治經於今古文無所不通篤信公羊改制之說有經學通論尙書大傳疏證今文尙書考證春秋講義王制箋師伏堂駢文詩艸

（本書略述）此書意在駁正後儒疑非鄭注之說曾於六藝疏證內論之甚詳實足以闡發高密一家之學至采漢以前徵引孝經者附列於後以證孝經非漢儒僞作尤有功於聖經不淺比之邢疏之依經衍繹度越遠矣

（卷目）（上）開宗明義章至孝治章（下）聖治章至喪親章

論語正義 二十四卷

（著者小傳）劉寶楠淸寶應人字楚楨道光進士歷文安三河知縣

以循良稱於時有論語正義釋穀漢石例寶應圖經愈愚錄詩文集

（本書略述）劉氏寶楠嘗病論語皇邢疏蕪陋蒐輯漢儒舊說益以近世諸家及宋人長義爲論語正義一書計二十四卷未卒業命子恭冕成之全書義例具見恭冕所述凡例書中採擇各家學說頗爲不苟故斷截衆流而大義已皆該括無遺良以淵源有自知之確故擇之精也

（卷目）（一）學而（二）爲政（三）（四）八佾（五）里仁（六）公冶長（七）雍也（八）述而（九）泰伯（十）子罕（十一至十三）鄉黨（十四）先進（十五）顏淵（十六）子路（十七）憲問（十八）衛靈公（十九）季氏（二十）陽貨（二十一）微子（二十二）子張（二十三）堯曰（二十四）序

孟子正義三十卷

（著者小傳）焦循清甘泉人字理堂乾隆舉人不應禮部試閉戶著

書於經無所不治其說易以卦爻經文比例爲主不拘守漢魏師法尤推精詣有易章句易通釋易圖略周易補疏孟子正義尚書補疏毛詩補疏禮記補疏春秋左傳補疏論語補疏諸書又精天文算術著天元一釋開方通釋諸書文學柳宗元有雕菰樓集

（本書略述）此書疏趙岐之注兼採近儒數十家之說而以己意折衷合孔孟相傳之正旨梁氏啓超謂考證最精審且能發明大義爲現行各注疏所不能及誠碻論也

（卷目）（一）題辭（二）（三）梁惠王上（四）（五）梁惠王下（六）（七）公孫丑上（八）（九）公孫丑下（十）（十一）滕文公上（十二）（十三）滕文公下（十四）（十五）離婁上（十六）（十七）離婁下（十八）（十九）萬章上（二十）（二十一）萬章下（二十二）（二十三）告子上（二十四）（二十五）告子下（二十六）（二十七）盡心上（二十八）（二十九）盡心下（三十）敘

爾雅義疏二十卷

（著者小傳）郝懿行清棲霞人字恂九號蘭皋嘉慶進士官戶部主事潛心著述深於名物訓詁之學有易說書說鄭氏禮記箋爾雅義疏春秋說略春秋比山海經箋疏竹書紀年校正晉宋書故荀子補注記海錯燕子春秋蜂衙小記

（本書略述）邵氏晉涵曾以爾雅邢疏淺陋乃別撰正義兼采諸家之註有未詳者摭他書補之至郝氏懿行又以邵氏蒐輯雖廣然聲音訓詁之原尙多壅閡復別撰義疏於字借聲轉處輒反復引伸其說以明其所以然又郝氏田居多年遇艸木蟲魚必詳詢其名詳察其形考之古書以徵其然否凡疏中名物異於舊說者皆經目驗非憑胸臆蓋郝氏一生學問用力於爾雅最久稿凡數易垂歿始成其所造之深實非邵氏所能及也

（卷目）（上之一）釋詁上（上之又一）釋詁下（上之二）釋言 （上之

三）釋訓（上之四）釋親（中之一）釋宮（中之二）釋器（中之三）釋樂（中之四）釋天（中之五）釋地（中之六）釋丘（中之七）釋山（中之八）釋水（下之一）釋草（下之二）釋木（下之三）釋蟲（下之四）釋魚（下之五）釋鳥（下之六）釋獸（下之七）釋畜

四書集注十九卷

（著者小傳）朱熹宋婺源人字元晦一字仲晦登紹興進士第歷事高孝光寧四朝官至寶文閣待制慶元中致仕旋卒嘉泰初謚文寶慶中贈太師追封信國公自稱雲谷老人亦曰晦翁晚卜築於建陽之考亭爲講學之所朱學因稱考亭學派其學出於李侗羅從彥盡得程氏之傳大抵窮理以致其知反躬以踐其實而以居敬爲主所著有易本義啓蒙著卦考誤詩集傳大學中庸章句或問論語孟子集注太極圖通書西銘解楚辭集注辨證韓文考異晦庵集所編次有論孟集義孟子指要中庸輯略孝經刊誤小學書通鑑綱目宋名

臣言行錄家禮近思錄河南程氏遺書伊洛淵源錄淳祐時從祀孔
廟清康熙中升位於十哲之次
〔四庫提要〕大學章句一卷論語集註十卷孟子集註七卷中庸章
句一卷宋朱子撰案論語自漢文帝時立博士孟子據趙岐題詞文
帝時亦嘗立博士以其旋罷故史不載中庸說二篇見漢書藝文志
戴顒中庸傳二卷梁武帝中庸講疏一卷見隋書經籍志惟大學自
唐以前無別行之本然書錄解題載司馬光有大學廣義一卷中庸
廣義一卷已在二程以前均不自洛閩諸儒始為表章特其論說之
詳自二程始定著四書之名則自朱子始耳原本首大學次論語次
孟子次中庸書肆刊本以大學中庸篇頁無多併為一冊遂移中庸
於論語前明代科舉命題又以作者先後移中庸於孟子前然非宏
旨所關不必定復其舊也大學古本為一篇朱子則分別經傳顛倒
其舊次補綴其闕文中庸亦不從鄭註分節故均謂之章句論語孟

子融會諸家之說故謂之集註猶何晏註論語裒八家之說稱集解也惟晏註皆標其姓朱子則或標或不標例稍殊焉大學章句諸儒頗有異同然所謂誠其意者以下並用舊文所特掀者不過補傳一章要非增於八條目外既於理無害又於學者不爲無裨何必分門角逐歟中庸雖不從鄭註而實較鄭註爲精密蓋考證之學宋儒不及漢儒義理之學漢儒亦不及宋儒言豈一端要各有當況鄭註之善者如戒慎乎其所不睹四句未嘗不採用其意雖有其位一節又未嘗不全襲其文觀其去取具有鑒裁尤不必定執古義以相爭也論語孟子亦頗取古註如論語瑚璉一條與明堂位不合孟子曹交一註與春秋傳不合論者或以爲疑不知瑚璉用包咸註曹交用趙岐註非朱子杜撰也又如夫子之牆數仞註七尺曰仞掘井九軔註八尺曰仞論者尤以爲矛盾不知七尺亦包咸註八尺亦趙岐註也是知鎔鑄羣言非出私見苟不詳考所出固未可槩目以師心矣大

抵朱子平生精力殫於四書其剖析疑似辨別毫釐實遠在易本義詩集傳上讀其書者要當於大義微言求其根本明以來攻朱子者務摭其名物度數之疎尊朱子者又併此末節而回護之是均門戶之見烏識朱子著書之意乎

〔卷目〕大學一卷　中庸一卷　論語十卷　孟子七卷

說文解字真本十五卷

〔著者小傳〕許慎後漢汝南召陵人字叔重官至太尉南閣祭酒性淳篤少博學經籍馬融嘗推敬之時人語曰五經無雙許叔重著說文解字十四篇推究六書之義分部類從至爲精密後世言小學者多宗之嘗爲洨長故亦稱洨長或稱南閣祭酒

〔四庫提要〕漢許慎撰慎字叔重汝南人官至太尉南閣祭酒是書成於和帝永元十二年凡十四篇合目錄一篇爲十五篇分五百四十部爲文九千三百五十三重文一千一百六十三註十三萬三千

四百四十字推究六書之義分部類從至爲精密而訓詁簡質猝不易通又音韻改移古今異讀諧聲諸字亦每難明故傳本往往譌異宋雍熙三年詔徐鉉葛湍王惟恭句中正等重加刊定凡字爲說文註義序例所載而諸部不見者悉爲補錄又有經典相承時俗要用而說文不載者亦皆增加別題之曰新附字其本有正體而俗書譌變者則辨於註中其違戾六書者則別列卷末或註義未備更爲補釋亦題臣鉉等案以別之音切則一以孫愐唐韻爲定以篇帙繁重每卷各分上下卽今所行毛晉刊本是也明萬曆中宮氏刻李燾說文五音韻譜陳大科序之誤以爲卽鉉校本陳啓源作毛詩稽古編顧炎武作日知錄並沿其謬豈毛氏所刊國初猶未盛行歟書中古文籀文李燾據唐林罕之說以爲晉㡐令呂忱所增考愼自序云今序篆文合以古籀其語甚明所記重文之數亦復相應又法書要錄載後魏江式論書表曰晉世義陽王典祠令任城呂忱表上字林六

卷尋其況趣附託許慎說文而按偶章句隱别古籀奇惑之字文得
正隸不差篆意則忱書並不用古籀亦有顯證如罕之所云呂忱字
林多補許慎遺闕者特廣說文未收字耳其書今雖不傳然如廣韻
一東部峒字箜字四江部噥字之類云出字林者皆說文所無亦大
略可見熹以說文古籀爲忱所增誤之甚矣自魏晉以來言小學者
皆祖慎至李陽冰始曲相排斥未協至公然慎書以小篆爲宗至於
隸書行書艸書則各爲一體孳生轉變時有異同不悉以小篆相律
故顏元孫干祿字書曰自改篆行隸漸失其真若總據說文便下筆
多礙當去泰去甚使輕重合宜徐鉉進說文表亦曰高文大冊則宜
以篆籀著之金石至於常行簡牘則艸隸足矣二人皆精通小學而
持論如是明黃諫作从古正文一切以篆改隸豈識六書之旨哉至
其所引五經文字與今本多不相同或往往自相違異顧炎武日知
錄嘗摭其汜下作江有汜洍下又作江有洍巹下作赤舃已已擧下

又作赤舄掔掔是所云詩用毛氏者亦與今本不同蓋雖一家之學而支派既別亦各不相合好奇者或據之以改經則謬戾殊甚能通其意而又能不泥其迹庶乎爲善讀說文矣

（卷目）全書十五卷各分上下

說文繫傳 四十卷 附校勘記三卷

（著者小傳）徐鍇南唐廣陵人鉉弟字楚金四歲而孤母方教鉉未暇及鍇能自知書中主李景見其文以爲祕書省正字累官右內史舍人李穆使江南見其兄弟文章歎曰二陸不能及也善小學李氏失德國勢日蹙鍇憂憤卒有說文繫傳說文解字韻語

（四庫提要）南唐徐鍇撰鍇字楚金廣陵人官至右內史舍人宋兵下江南卒於圍城之中事蹟具南唐書本傳是書凡八篇首通釋三十卷以許慎說文解字十五篇篇析爲二凡鍇所發明及徵引經傳者悉加臣鍇曰及臣鍇案字以別之繼以部敘二卷通論三卷祛妄

類聚錯綜疑義系述各一卷祛妄斥李陽冰臆說疑義舉說文偏旁所有而闕其字及篆體筆畫相承小異者部敘擬易序卦傳以明說文五百四十部先後之次類聚則舉字之相比爲義者如一二三四之類錯綜則旁推六書之旨通諸人事以盡其意終以系述則猶史記之自敘也鍇嘗別作說文篆韻譜五卷宋孝宗時李燾因之作說文解字五音譜燾自序有曰韻譜當與繫傳並行今韻譜或刻諸學官而繫傳迄莫光顯余蒐訪歲久僅得其七八闕卷誤字無所是正每用太息則繫傳在宋時已殘闕不完矣今相傳僅有鈔本錢曾讀書敏求記至詫爲驚人祕笈然脫誤特甚卷末有熙寧中蘇頌記云舊闕二十五三十共二卷俟別求補寫此本卷三十不闕或續得之以補入卷二十五則直錄其兄鉉所校之本而去其新附之字殆後人求其原書不獲因撫鉉書以足之猶之魏書佚天文志以張太素書補之也其餘各部闕文亦多取鉉書竄入考鉉書用孫愐唐韻而

鍇書則朝散大夫行祕書省校書郎朱翱別爲反切鉉書稱某某切而鍇書稱反今書內音切與鉉書無異者其訓釋亦必無異其移掇之迹顯然可見至示部竄入鉉新附之祧祆祚三字尤鑿鑿可證者鍇編篇末其文亦似未完無可採補則竟闕之矣此書成於鉉書之前故鉉書多引其說然亦時有同異如鉉本禍祜也此作備也鉉本莱耕多艸此作耕名鉉本迹前頡也此作前頓也鉉本鶃大鷂也此從爾雅作天鷂也又鉉本禜字下引禮記禂字下引詩之類此作臣鍇案禮記曰臣鍇案詩曰則鍇所引而鉉本淆入許氏者甚多又如譻字下云闕此作家本無注臣鍇案疑許愼子許沖所言也是鉉直刪去家本無注四字改用一闕字矣其憑臆刪改非賴此書之存何以證之哉此書本出蘇頌所傳篆文爲監察王聖美翰林祗候劉允恭所書卷末題子容者卽頌字也乾道癸巳尤袤得於葉夢得家寫以與李燾詳見袤跋書中有稱臣次立案者張次立也次立官至殿

中丞嘗與寫嘉祐二字石經陶宗儀書史會要載其始末云
（卷目）（一至三十）通釋（三十一）（三十二）部敘（三十三至三十五）通論（三十六）袪妄（三十七）類聚（三十八）錯綜（三十九）疑義（四十）系述附校勘記上中下三卷

說文解字段注 三十卷附六書音韻表二卷

（著者小傳）段玉裁清金壇人字若膺一字懋堂乾隆舉人官巫山知縣引疾歸師休寧戴震講求古義尤精小學有說文解字注六書音韻表周禮漢讀考儀禮漢讀考古文尚書撰異毛詩詁訓傳經韻樓集等書

（本書略述）經以載道而所以明道者辭所以成辭者字故未有不通聲音訓詁而能治經者金壇段氏玉裁爲戴東原先生高第弟子博覽周秦兩漢以及諸家小學之書積數十年精力成說文解字注三十卷六書音韻表二卷以鼎臣之本頗有更改不若楚金爲不失

許氏之舊顧其中尚有爲後人竄易及遺漏失次之處乃一一考而
復之引證詳碻不同肊造匪特爲祭酒之功臣而有益於經訓者厥
功尤大附表二卷足供研究古音部類參考誠爲治說文者入門最
要之書也
（卷目）全書三十卷附六書音韻表二卷

說文通檢十四卷附部目及疑字

（著者小傳）黎永椿清番禺人爲陳蘭甫先生弟子
（本書略述）此書專爲繙檢說文而設極便初學檢查之法見黎氏
自述凡例遠勝於毛謨說文檢字因毛書祇能檢汲古本也
（卷目）共十四卷各分上下首附部目末附疑字

玉篇三十卷

（著者小傳）顧野王陳吳人字希馮於天文地理卜筮占候蟲篆奇
字無所不通又善丹青與王褒同爲梁宣城王賓客梁亡入陳天嘉

初補撰史學士仕終黃門侍郎光祿卿有玉篇輿地志符瑞圖分野
樞要續洞冥記玄象表文集
〔四庫提要〕梁大同九年黃門侍郎兼太學博士顧野王撰唐上元
元年富春孫強增加字宋大中祥符六年陳彭年吳銳邱雍等重修
凡五百四十二部今世所行凡三本一爲張士俊所刊前有野王序
一篇啓一篇後有神珙反紐圖及分毫字樣朱彝尊序之稱上元本
一爲曹寅所刊與張本一字無異惟前多大中祥符敕牒一道稱重
修本一爲明內府所刊字數與二本同而每部之中次序不同註文
稍略亦稱大中祥符重修本案文獻通考載玉篇三十卷引晁公武
讀書志曰梁顧野王撰唐孫強又嘗增字釋神珙反紐圖附於後又
載重修玉篇三十卷引崇文總目曰翰林學士陳彭年與史館校刊
吳銳直集賢院邱雍等重加刊定是宋時玉篇原有二本彭年等進
書表稱肅奉詔條俾從詳閱譌謬者悉加刊定膚淺者仍事討論其

敕牒後所列字數稱舊一十五萬八千六百四十一言新五萬一千
一百二十九言新舊總二十萬九千七百七十言註四十萬七千五
百有三十字是彭年等大有增刪已非孫強之舊故明內府本及曹
本均稱重修張本旣與曹本同則亦重修本矣乃刪去重修之牒詭
稱上元本而大中祥符所改大廣益會之名及卷首所列字數仍未
及削改可謂拙於作僞彝尊序乃謂勝於今行大廣益本殆亦未見
所刊而以意漫書歟元陸友研北雜志稱顧野王玉篇惟越本最善
末題會稽吳氏三一孃寫楷法殊精又考永樂大典每字之下皆引
顧野王玉篇云云又引宋重修玉篇云云二書並列是明初上元本
猶在而其篇字韻中所載玉篇全部乃仍收大廣益會本而不收上
元舊本顧孫原帙遂不可考殆以重修本註文較繁故以多爲貴耶
當時編纂之無識此亦一端矣卷末所附沙門神珙五音聲論及四
聲五音九弄反紐圖爲言聲韻者所祖近時休寧戴氏作聲韻攷力

辯反切始魏孫炎不始神珙其說良是至謂唐以前無字母之說神珙字母乃剽竊儒書而託詞出於西域則殊不然攷隋書經籍志稱婆羅門書以十四音貫一切字漢明帝時與佛經同入中國則遠在孫炎前又釋藏譯經字母自晉僧伽婆羅以下可攷者尚十二家亦遠在神珙前蓋反切生於雙聲雙聲生於字母此同出於喉吻之自然華不異梵梵不異華者也中國以雙聲取反切西域以字母統雙聲此各得於聰明之自悟華不襲梵梵不襲華者也稽其源流具有端緒特神珙以前自行於彼教神珙以後始流入中國之韻書亦如利瑪竇後推步測驗參用西法耳豈可謂歐羅巴書全剽竊洛下鮮于之舊術哉戴氏不究其本徒知神珙在唐元和以後遂據其末而與之爭欲以求勝於彼教不知聲音之學西域實爲專門儒之勝於釋者別自有在不必爭之於此也

（卷目）（一至十）爲上（十一至二十）爲中（二十一至三十）爲下

廣韻五卷附校札

（著者小傳）陳彭年宋南城人字永年幼好學年十三著皇綱論萬餘言爲文師事徐鉉中雍熙進士第仕至兵部侍郎深爲真宗所倚任卒謚文僖所著有文集百卷唐紀四十卷嘗奉勅與丘雍重修廣韻　丘雍（未詳）

（四庫提要）重修廣韻五卷宋陳彭年邱雍等奉勅撰初隋陸法言以呂靜等六家韻書各有乖互因與劉臻顏之推魏淵盧思道李若蕭該辛德源薛道衡八人撰爲切韻五卷書成於仁壽元年唐儀鳳二年長孫訥言爲之註後郭知元關亮薛峋王仁煦祝尙邱遞有增加天寶十載陳州司法孫愐重爲刊定改名唐韻後嚴寶文裴務齊陳道固又各有添字宋景德四年以舊本偏旁差譌傳寫漏落又註解未備乃命重修大中祥符四年書成賜名大宋重修廣韻卽是書也舊本不題撰人以丁度集韻考之知爲彭年雍等爾其書二百六

韻仍陸氏之舊所收凡二萬六千一百九十四字考唐封演聞見記載陸法言韻凡一萬二千一百五十八字則所增凡一萬四千三十六字矣此本爲蘇州張士俊從宋槧翻雕中閒已闕欽宗諱蓋建炎以後重刊朱彝尊序之力斥劉淵韻合殷於文合隱於吻合焮於問之非然此本實合殷隱焮於文吻問彝尊未及檢也註文凡一十九萬一千六百九十二字較舊本爲詳而冗漫頗甚如公字之下載姓氏至千餘言殊乏翦裁東字之下稱東宮得臣爲齊大夫亦多紕繆考孫愐唐韻序稱異聞奇怪傳說姓氏原田土地物產山河草木禽獸蟲魚備載其閒已極蔓引彭年等又從而益之宜爲丁度之所譏潘耒序乃以註文繁複爲可貴是將以韻書爲類書也著書各有體例豈可以便於剽剟遂推爲善本哉流傳既久存以備韻書之源流可矣

〔卷目〕上平下平上聲去聲入聲各一卷附校札

集韻十卷

（著者小傳）丁度宋晉陵人字公雅大中祥符中登服勤詞學科仁宗時累官至端明殿學士尚書左丞卒謚文簡有邇英聖覽龜鑑精義編年總錄武經總要集韻附釋文互注禮部韻略貢舉條式

（四庫提要）舊本題宋丁度等奉敕撰前有韻例稱景祐四年太常博士直史館宋祁太常丞直史館鄭戩等建言陳彭年邱雍等所定廣韻多用舊文繁略失當因詔祁戩與國子監直講賈昌朝王洙同加修定刑部郎中知制誥丁度禮部員外郎知制誥李淑爲之典領晁公武讀書志亦同然考司馬光切韻指掌圖序稱仁宗皇帝詔翰林學士丁公度李公淑增崇韻學自許叔重而降凡數十家總爲集韻而以賈公昌朝王公洙爲之屬治平四年余得旨繼纂其職書成上之有詔頒焉嘗因討究之暇科別清濁爲二十圖云云則此書奏於英宗時非仁宗時成於司馬光之手非盡出丁度等也其書凡平

聲四卷上聲去聲入聲各二卷共五萬三千五百二十五字視廣韻增二萬七千三百三十一字案廣韻凡二萬六千一百九十四字應增二萬七千三百三十一字於數乃合原本誤以二萬為一萬今改正熊忠韻會舉要稱舊韻但作平聲一二三四集韻乃改爲上下平今檢其篇目乃舊韻作上下平此書改爲平聲一二三四忠之所言殊爲倒置惟廣韻所註通用獨用封演聞見記稱爲唐許敬宗定者改併移易其舊部則實自此書始東齋記事稱景祐初以崇政殿說書賈昌朝言詔度等改定韻窄者十三處許令附近通用是其事也今以廣韻互校平聲併殷於文併嚴於鹽添併凡於咸銜上聲併隱於吻去聲併廢於隊代併焮於問入聲併迄於物併業於葉帖併乏於洽狎凡得九韻不足十三然廣韻平聲鹽添咸銜嚴凡與入聲葉帖洽狎業乏皆與本書部分相應而與集韻互異惟上聲併儼於琰忝併范於豏檻去聲併釅於豔㮇併梵於陷鑑皆與本書部分不應而乃與集韻相同知此四韻亦集韻所併而重刊廣韻

者誤據集韻以校之遂移其舊第耳其駁廣韻註凡姓望之出廣陳名系既乖字訓復類譜牒誠爲允協至謂兼載他切徒釀細文因併刪其字下之互註則音義俱別與義同音異之字難以遽明殊爲省所不當省又韻主審音不主辨體乃篆籀兼登雅俗竝列重文複見有類字書亦爲繁所不當繁其於廣韻蓋亦互有得失故至今二書竝行莫能偏廢焉

（卷目）（一至四）平聲（五）（六）上聲（七）（八）去聲（九）（十）入聲

小爾雅義證十三卷

（著者小傳）胡承珙清涇人字景孟號墨莊嘉慶進士官至臺灣兵備道究心經術有毛詩後箋儀禮古今文疏義小爾雅義證爾雅古義求是堂詩文集

（本書略述）小爾雅原本不傳今存孔叢子中世多謂爲僞書胡氏初亦疑其僞後始斷以爲真乃著義證十三卷其大略詳自序中又

取東原戴氏所疑四條一一辨釋具載本書蓋先生致力漢學而於六書訓詁尤爲專長故能援引博洽推闡精鑿以執後儒之訾議也

（卷目）（一）廣詁（二）廣言（三）廣訓（四）廣義（五）廣名（六）廣服（七）廣器（八）廣物（九）廣鳥（十）廣獸（十一）廣度（十二）廣量（十三）廣衡

方言疏證十三卷

（著者小傳）揚雄漢成都人字子雲少好學不爲章句訓詁博覽無所不見爲人簡易佚蕩口吃不能劇談好深湛之思奏甘泉河東長楊等賦多仿司馬相如後仕於王莽朱子綱目稱莽大夫所著有太玄法言方言等書　戴震清休寧人字東原乾隆舉人精研漢儒傳注及說文諸書四庫館開薦充纂修賜同進士出身授庶吉士旋以積勞卒官有詩經二南補注毛鄭詩考正考工記圖孟子字義疏證方言疏證原善原象句股割圜記策算聲韻考聲類表儀禮正誤爾

雅文字考屈原賦注九章補圖古曆考曆問水地記東原文集等書
所校大戴禮記水經注尤精核
〔本書略述〕方言十三卷舊本題漢揚雄撰晉郭璞註已見四庫著錄略稱考晉書郭璞傳有註方言之文而漢書揚雄傳備列所著之書不及方言一字藝文志亦惟小學有雄訓纂一篇儒家有雄所序三十八篇註云太玄十九法言十三樂四箴二雜賦有雄賦十二篇皆無方言東漢一百九十年中亦無稱雄作方言者至漢末應劭風俗通義序始稱周秦常以歲八月遣輶軒之使求異代方言還奏籍之藏於祕室及嬴氏之亡遺棄脫漏無見之者蜀人嚴君平有千餘言林閭翁孺才有梗概之法揚雄好之天下孝廉衛卒交會周章質問以次注續二十七年爾乃治正凡九千字又劭注漢書亦引揚雄方言一條是稱雄作方言實自劭始魏晉以後諸儒轉相沿述皆無異詞惟宋洪邁容齋隨筆始考證漢書斷非雄作然邁所摘劉歆與

雄往返書中既稱在成帝時不應稱孝成皇帝一條及東漢明帝始諱莊不應西漢之末即稱莊遵爲嚴君平一條則未深中其要領考書首成帝時云云乃後人題下標注之文傳寫舛譌致與書連爲一實非歆之本詞文義尚釐然可辨書中載揚莊之名不作嚴字實未嘗預爲明帝諱其嚴君平字或後人傳寫追改亦未可知皆不足斷是書之僞惟後漢許愼說文解字多引雄說而其文皆不見於方言又愼所注字義與今方言相同者不一而足而皆不標揚雄方言字知當愼之時此書尚不名方言亦尚不以方言爲雄作故馬鄭諸儒未嘗稱述至東漢之末應劭始有是說魏孫炎註爾雅莫貈螳蜋蛑字晉杜預註左傳授師孑焉句始遞相徵引沿及東晉郭璞遂註其書後儒稱揚雄方言蓋由於是然劭序稱方言九千字而今本乃一萬一千九百餘字則字數較原本幾溢三千雄與劉歆往返書皆稱方言十五卷郭璞序亦稱三五之篇而隋志唐志乃並載揚雄方言

十三卷與今本同則卷數較原本闕其二均爲抵牾不合考雄荅歆書稱語言或交錯相反方復論思詳悉集之如可寬假延期必不敢有愛云云疑雄本有此未成之書歆借觀而未得故七略不載漢志亦不著錄後或侯芭之流收其殘稾私相傳述閱時既久不免於輾轉附益如徐鉉之增說文故字多於前厥後傳其學者以漢志無方言之名恐滋疑竇而小學家有别字十三篇不著撰人名氏可以假借影附證其實出於雄遂併爲一十三卷以就其數故卷減於昔歟反覆推求其眞僞皆無顯據姑從舊本仍題雄名亦疑以傳疑之義也雄及劉歆二書據李善文選注引懸諸日月不刊之書句已稱方言則自隋唐以來原附卷末今亦仍之其書世有刊本然文字古奧訓義深隱校讎者猝不易詳故斷爛譌脫幾不可讀錢曾讀書敏求記嘗據宋槧駁正其誤然曾家宋槧今亦不傳惟永樂大典所收猶爲完善檢其中秦有㯳娥之臺一條與錢曾所舉相符知卽從宋本

錄入今取與近本相校始知明人妄行改竄顛倒錯落全失其初不止錢曾所舉之一處是書雖存而實亡不可不亟爲釐正謹參互考訂凡改正二百八十一字刪衍文十七字補脫文二十七字神明煥然頓還舊觀併逐條援引諸書一一疏通證明具列案語庶小學訓詁之傳尚可以具見崖略併以糾坊刻之謬俾無迷誤後來舊本題曰輶軒使者絕代語釋別國方言其文冗贅故諸家援引及史志著錄皆省文謂之方言舊唐書經籍志則謂之別國方言實即一書又容齋隨筆稱此書爲輶軒使者絕域語釋別國方言以代爲域其文獨異然諸本竝作絕代書中所載亦無絕域重譯之語洪邁所云蓋偶然誤記今不取其說焉以上四庫提要語　此本係清戴震廣搜羣籍之引用方言及注者交互參訂計改正譌字二百八十一補脫字二十七刪衍字十七其詮釋處多據古義推闡亦極精鑿爲治經讀史及研究文學小學者不可不備之書

〔卷目〕原書十三卷不分目

廣雅疏證十卷

〔著者小傳〕張揖魏清河人字稚讓太和中爲博士　王念孫清高郵人字懷祖學者稱石臞先生乾隆進士官至永定河道少受業於休寧戴震其分古韻爲二十一部按之羣經楚辭斬然不紊說者謂段顧諸家所未及通聲音文字訓詁之學撰廣雅疏證尤精於校讎著讀書雜志正古書傳寫之誤

〔本書略述〕廣雅疏證十卷魏張揖撰已見四庫著錄略稱後魏江式論書表曰魏初博士清河張揖著埤倉廣雅古今字詁究諸埤廣增長事類抑亦於文爲益者也然其字詁方之許篇或得或失矣是式謂埤倉廣雅勝於字詁今埤倉字詁皆久佚惟廣雅存其書因爾雅舊目博採漢儒箋註及三蒼說文諸書以增廣之於揚雄方言亦備載無遺隋祕書學士曹憲爲之音釋避煬帝諱改名博雅故至今

二名竝稱實一書也前有揖進表稱凡萬八千一百五十文分爲上中下隋書經籍志亦作三卷與表所言合然註曰梁有四卷唐志亦作四卷館閣書目又云今逸但存音三卷憲所註本隋志作四卷唐志則作十卷卷數各參錯不同蓋揖書本三卷七錄作四卷者由後來傳寫析其篇目憲註四卷卽因梁代之本後以文句稍繁析爲十卷又嫌十卷煩碎復併爲三卷觀諸家所引廣雅之文皆具在今本無所佚脫知卷數異而書不異矣然則館閣書目所謂逸者乃逸其無註之本所謂存音三卷者卽憲所註之本揖原文實附註以存未嘗逸亦未嘗闕惟今本仍爲十卷則又後人析之以合唐志耳考唐元度九經字樣序稱音字改反爲切實始於唐開成閒憲雖自隋入唐至貞觀時尚在然遠在開成以前今本乃往往云某字某切頗爲疑竇殆傳刻臆改又非憲本之舊歟以上四庫提要語 此本係清王念孫疏證先生精通文字聲音訓詁之學官御史時注釋廣雅日以三字爲

率積十年而成書名曰廣雅疏證原書字之譌者五百八十脫者四百九十衍者三十九失次者百二十三正文誤入音內者十九音內誤入正文者五十七皆隨條補正詳舉所由其涉於漢以前倉雅古訓復搜括而通證之說者比諸酈道元注水經注優於經段氏懋堂亦謂讀疏證如入武陵桃源取徑幽深而其中曠朗講明經義不取鑿空之談亦不爲株守之見惟其義之平允而已

〔卷目〕（一上至四下）釋詁（五上）（五下）釋言（六上）釋訓（六下）釋親（七上）釋宮（七下）（八上）釋器（八下）釋樂（九上）釋天（九下）釋地釋丘釋山釋水（十上）釋草釋木（十下）釋蟲釋魚釋鳥釋獸釋畜

春秋繁露 十七卷 附附錄

〔著者小傳〕董仲舒漢廣川人少治春秋下帷講授三年不窺園武帝時以賢良對天人三策爲江都相後爲膠西王相以病免仲舒學

有源委嘗言仁人正其誼不謀其利明其道不計其功爲漢醇儒有

春秋繁露及文集

〔四庫提要〕漢董仲舒撰繁或作蕃蓋古字相通其立名之義不可解中興館閣書目謂繁露冕之所垂有聯貫之象春秋比事屬辭立名或取諸此亦以意爲說也其書發揮春秋之旨多主公羊而往往及陰陽五行考仲舒本傳蕃露玉杯竹林皆所著書名而今本玉杯竹林乃在此書之中故崇文總目頗疑之而程大昌攻之尤力今觀其文雖未必全出仲舒然中多根極理要之言非後人所能依託也是書宋代已有四本多寡不同至樓鑰所校乃爲定本鑰本原闕三篇明人重刻又闕第五十五篇及第五十六篇首三百九十八字第七十五篇中一百七十九字第四十八篇中二十四字又第二十五篇顚倒一頁遂不可讀其餘譌脫不可勝舉蓋海內藏書之家不見完本三四百年於茲矣今以永樂大典所存樓鑰本詳爲勘訂凡補

一千一百二十一字刪一百二十一字改定一千八百二十九字神明煥然頓還舊笈雖曰習見之書實則絕無僅有之本也倘非幸遇聖朝右文稽古使已湮舊籍復發幽光則此十七卷者竟終沈於蠹簡中矣豈非萬世一遇哉

（卷目）（一）楚莊王第一玉杯第二（二）竹林第三（三）玉英第四精華第五（四）王道第六（五）滅國上第七至重政第十三（六）服制象第十四至保位權第二十（七）考功名第二十一至服制第二十六（八）度制第二十七至必仁且知第三十（九）身之養第三十一至奉本第三十四（十）深察名號第三十五至闕文第四十（十一）爲人者天第四十一至陰陽位第四十七（十二）陰陽終始第四十八至闕文第五十四（十三）四時之副第五十五至治水五行第六十一（十四）治亂五行第六十二至郊語第六十五（十五）郊義第六十六至郊事對第七十一（十六）執贄第七十二至循天之道第

七十七（十七）天地之行第七十八至天道施第八十二附附錄

經義考三百卷

（著者小傳）朱彝尊清秀水人字錫鬯號竹垞又號醧舫晚稱小長蘆釣魚師少肆力古學博極羣書康熙中舉鴻博授檢討與修明史體例多從其議引疾罷歸其學長於考證工古文詩與王士禎稱南北兩大宗又好爲詞與陳維崧稱朱陳卒年八十一著有曝書亭全集又輯有經義考明詩綜詞綜日下舊聞等書

（四庫提要）國朝朱彝尊撰彝尊字錫鬯號竹垞秀水人康熙己未薦舉博學鴻詞召試授檢討入直內廷彝尊文章淹雅初在布衣之內已與王士禎聲價相齊博識多聞學有根柢復與顧炎武閻若璩頡頏上下凡所撰述具有本原是編統考歷朝經義之目初名經義存亡考惟列存亡二例後分例曰存曰闕曰佚曰未見因改今名凡御注敕撰一卷易七十卷書二十六卷詩二十二卷周禮十卷儀禮

八卷禮記二十五卷通禮四卷樂一卷春秋四十三卷論語十一卷孝經九卷孟子六卷爾雅二卷羣經十三卷四書八卷逸經三卷毖緯五卷擬經十三卷承師五卷宣講立學共一卷刊石五卷書壁鏤版著錄各一卷通說四卷家學自述各一卷其宣講立學家學自述三卷皆有錄無書蓋撰輯未竟也每一書前列撰人姓氏書名卷數其卷數有異同者則註某書作幾卷次列存佚闕未見字次列原書序跋諸儒論說及其人之爵里彝尊有所考正者卽附列案語於末雖序跋諸篇與本書無所發明者連篇備錄未免少冗又隋志著錄凡於全經之內專說一篇者如易類之繫辭註乾坤義書類之洪範五行傳古文舜典禮類之夏小正月令章句中庸傳等皆與說全經者通敘先後俾條貫易明彝尊是書乃以專說一篇者附錄全經之末遂令時代參錯於例亦爲未善然上下二千年閒元元本本使傳經原委一一可稽亦可以云詳贍矣至所註佚闕未見今以四庫所

錄校之往往其書具存彝尊所言不盡可據然冊府儲藏之祕非人閒所得盡窺又恭逢我皇上稽古右文蒐羅遺逸嫏嬛異笈宛委珍函莫不乘時畢集圖書之富曠古所無儒生株守殘編目營掌錄窮一生之力不能測學海之津涯其勢則然固不足爲彝尊病也

（卷目）（一）御注敕撰（二至七十一）易（七十二至九十七）書（九十八至一百十九）詩（一百二十至一百二十九）周禮（一百三十至一百三十七）儀禮（一百三十八至一百六十二）禮記（一百六十三至一百六十六）通禮（一百六十七）樂（一百六十八至二百十）春秋（二百十一至二百二十一）論語（二百二十二至二百三十）孝經（二百三十一至二百三十六）孟子（二百三十七）（二百三十八）爾雅（二百三十九至二百五十一）羣經（二百五十二至二百五十九）四書（二百六十至二百六十二）逸經（二百六十三至二百六十七）毖緯（二百六十八至二百八十）擬經（二百八

十一至二百八十五）承師（二百八十六）闕（二百八十七至二百九十一）刊石（二百九十二）書壁（二百九十三）鏤板（二百九十四）著錄（二百九十五至二百九十八）通說（二百九十九）（三百）闕

經義述聞 三十二卷

（著者小傳）王引之淸高郵人字伯申念孫子嘉慶進士有經義述聞經傳釋詞等書累官工部尚書卒謚文簡

（本書略述）高郵王氏父子以精通訓詁著稱此書係文簡述過庭所聞日積月累編成三十二卷分易書詩周官儀禮大小戴記春秋內外傳公羊穀梁傳爾雅而殿以通說時有觸類旁通之處凡經中諸說並列則求其是字有叚借則改其讀蓋熟於漢學之門戶而能不囿於漢學之藩籬者其精博實與惠戴二家並峙

（卷目）（一）（二）周易（三）（四）尚書（五至七）毛詩（八）（九）周官

（十）儀禮（十一至十三）大戴禮記（十四至十六）禮記（十七至十九）春秋左傳（二十）（二十一）國語（二十二）（二十三）春秋名字解詁（二十四）春秋公羊傳（二十五）春秋穀梁傳（二十六至二十八）爾雅（二十九）（三十）太歲考（三十一）（三十二）通說

四部備要書目提要卷二（史部）

史記 一百三十卷

〔著者小傳〕司馬遷漢夏陽人談子字子長生龍門耕牧河山之陽年十歲誦古文二十而南游江淮上會稽探禹穴窺九疑浮沅湘北涉汶泗講學齊魯之邦過梁楚以歸仕爲郎中奉使巴蜀還爲太史令李陵降匈奴武帝怒甚遷極言陵忠下腐刑乃紬金匱石室之書上起黃帝下止漢武作史記一百三十篇序事辨而不華質而不俚劉向揚雄皆稱爲良史之材　裴駰南朝宋聞喜人松之子字龍駒仕至南中郎參事嘗採九經諸史幷漢書音義著史記集解一百三十卷所引證多先儒舊說　司馬貞唐河內人字子正官朝散大夫弘文館學士撰史記索隱及補三皇紀三十卷自號小司馬以別之張守節唐玄宗時人官諸王侍讀率府長史其學長於地理所著史記正義極賅博

〔四庫提要〕漢司馬遷撰褚少孫補遷事蹟具漢書本傳少孫據張守節正義引張晏之說以爲頴川人元成閒博士又引褚顗家傳以爲梁相褚大弟之孫宣帝時爲博士寓居沛事大儒王式故號先生二說不同然宣帝末距成帝初不過十七八年其相去亦未遠也案遷自序凡十二本紀十表八書三十世家七十列傳共爲百三十篇漢書本傳稱其十篇闕有錄無書張晏注以爲遷歿之後亡景帝紀武帝紀禮書樂書兵書漢興以來將相年表日者列傳三王世家龜策列傳傅靳列傳劉知幾史通則以爲十篇未成有錄而已駁張晏之說爲非今考日者龜策二傳並有太史公曰又有褚先生曰是爲補綴殘稿之明證當以知幾爲是也然漢志春秋家載史記百三十篇不云有闕蓋是時官本已以少孫所續合爲一編觀其日者龜策二傳並有臣爲郎時云云是必嘗經奏進故有是稱其褚先生曰字殆後人追題以爲別識歟周密齊東野語摘司馬相如傳贊中有揚

雄以爲靡麗之賦勸百而諷一之語又摘公孫弘傳中有平帝元始中詔賜弘子孫爵語焦竑筆乘摘賈誼傳中有賈嘉最好學至孝昭時列爲九卿語皆非遷所及見王懋竑白田雜著亦謂史記止紀年而無歲名今十二諸侯年表上列一行載庚申甲子等字乃後人所增則非惟有所散佚且兼有所竄易年祀緜邈今亦不得而考矣然字句竄亂或不能無至其全書則仍遷原本焦竑筆乘據張湯傳贊如淳註以爲續之者有馮商孟柳又據後漢書楊經傳以爲嘗刪遷書爲十餘萬言指今史記非本書則非其實也其書自晉唐以來傳本無大同異惟唐開元二十三年敕升史記老子列傳於伯夷列傳上錢曾讀書敏求記云尚有宋刻今未之見南宋廣漢張材又嘗刊去褚少孫所續趙山甫復病其不全取少孫書別刊附入今亦均未見其本世所通行惟此本耳至僞孫奭孟子疏所引史記西子金錢事今本無之蓋宋人詐託古書非今本之脫漏又學海類編中載僞

洪遵史記眞本凡例一卷於原書臆爲刊削稱卽還藏在名山之舊
稿其事與梁鄱陽王漢書眞本相類益荒誕不足爲據矣註其書者
今惟裴駰司馬貞張守節三家尚存其初各爲部帙北宋始合爲一
編明代國子監刊版頗有刊除點竄南監本至以司馬貞所補三皇
本紀冠五帝本紀之上殊失舊觀然彙合羣說檢尋較易故今錄合
併之本以便觀覽仍別錄三家之書以存其完本焉
史記集解宋裴駰撰駰以徐廣史記音義粗有發明殊恨省略乃採
九經諸史幷漢書音義及衆書之目別撰此書其所引證多先儒舊
說張守節正義嘗備述所引書目次然如國語多引虞翻注孟子多
引劉熙注韓詩多引薛君注而守節未著於目知當日援據浩博守
節不能徧數也原本八十卷隋唐志著錄並同此本爲毛氏汲古閣
所刊析爲一百三十卷原第遂不可考然註文猶仍舊本自明代監
本以索隱正義附入其後又妄加刪削訛舛遂多如五帝本紀昔高

陽氏有才子八人句下高辛氏有才子八人句下俱脫名見左傳四字秦始皇本紀輕車重馬東就食句下脫徐廣曰一無此重字八字項羽本紀其九月會稽守句下脫徐廣曰爾時未言太守九字武帝紀祠上帝明堂句下脫徐廣曰常五年一修耳今適二年故但祀明堂十八字然其效可覩矣句下脫又數本皆無可字七字河渠書岸善崩句下脫如淳曰河水岸六字司馬相如傳徬徨乎海外句下此引郭璞云青邱山名上有田亦有國出九尾狐在海外太史公自序易大傳句下此引張晏曰謂易繫辭監本均誤作正義至於字句異同前後互見如夏本紀九江入賜大龜句下孔安國曰出於九江水中監本作山中孝文本紀昌至渭橋句下引蘇林曰在長安北三里監本多渭橋二字祁侯賀爲將軍句下引徐廣曰姓繒監本多一賀字當有玉英見句下引瑞應圖云玉英五帝並修則見監本作五常案五帝並修語不可解似當以監本爲是屬國悍爲將屯將軍句下引徐廣曰姓徐監本

多一悍字孝景本紀封故御史大夫周苛孫平爲繩侯句下引徐廣
曰一作應監本多一平字武帝紀自太主句下引徐廣曰武帝姑也
監本多太主二字龜策列傳蝟辱於鵲句下引郭璞曰蝟憎其意心
惡之也監本作而心惡之凡此之類當由古注簡質後人以意爲增
益已失其舊至坊本流傳脫誤尤甚如夏本紀澧水所同句下引孔
安國曰澧水所同同於渭也坊本闕一同字項羽本紀乃封項伯爲
射陽侯句下脫徐廣曰項伯名纏字伯九字是又出監本下矣惟貨
殖傳蘖麴鹽豉千瓨句下監本引孫叔敖云瓨瓦器受斗六升合爲
瓨音貽當是孫叔然之訛此本亦復相同是校讎亦不免有疎然終勝
明人監本也

史記索隱唐司馬貞撰貞初受史記於崇文館學士張嘉會病褚少
孫補司馬遷書多傷踳駁又裴駰集解舊有音義年遠散佚諸家音
義延篤音隱鄒誕生柳顧言等書亦失傳而劉伯莊許子儒等又多

疎漏乃因裴駰集解撰爲此書首注駰序一篇載其全文其注司馬
遷書則如陸德明經典釋文之例惟標所注之字蓋經傳別行之古
法凡二十八卷末二卷爲述贊一百三十篇及補史記條例欲降秦
本紀項羽本紀爲系家而呂后孝惠各爲本紀補曹許邾吳芮吳濞
淮南系家而降陳涉於列傳蕭何曹參張良周勃五宗三王各爲一
傳而附國僑羊舌肸於管晏附尹喜莊周於老子附韓非於商鞅附
魯仲連於田單附宋玉於屈原附鄒陽枚乘於賈生又謂司馬相如
汲鄭傳不宜在西南夷後大宛傳不合在游俠酷吏之閒欲更其次
第其言皆有條理至謂司馬遷述贊不安而別爲之則未喻言外之
旨終以三皇本紀自爲之註亦未合闕疑傳信之意也此書本於史
記之外別行及明代刊刻監本合裴駰張守節及此書散入句下恣
意刪削如高祖本紀母媪母温之辨有關考證者乃以其有異舊說
除去不載又如燕世家啓攻益事貞註曰經傳無聞未知其由雖失

於考據竹書案今本竹書不載此事此據晉書束晳傳所引亦當存其原文乃以爲冗句亦刪汰之此類不一漏略殊甚然至今沿爲定本與成祖所刊朱子周易本義人人明知其非而積重不可復返此單行之本爲北宋祕省刊板毛晉得而重刻者錄而存之猶可以見司馬氏之舊而正明人之疎舛焉

史記正義唐張守節撰是書據自序三十卷晁公武陳振孫二家所錄則作二十卷蓋其標字列注亦必如索隱後人散入句下已非其舊至明代監本採附集解索隱之後更多所刪節失其本旨如守節所長在於地理故自序曰郡國城邑委曲詳明而監本於周本紀子帶立爲王句下脫左傳云周與鄭人蘇忿生十二邑温其一也十七字秦本紀反秦於淮南句下脫楚淮北之地盡入於秦九字項羽本紀項王自立爲西楚霸王句下脫孟康云舊名江陵爲南楚吳爲東楚彭城爲西楚十九字呂后本紀呂平爲扶柳侯句下脫漢扶柳縣

也有澤七字孝景本紀遂西圍梁句下脫梁孝王都睢陽今宋州九字立楚元王子平陸侯句下脫應劭云平陸西河縣八字孝武本紀見五時句下脫或曰在雍州雍縣南孟康曰時者神靈上帝也十八字晉世家是爲晉侯句下脫其城南半入州城中削爲坊城牆北半見在十七字趙世家吾國東有河薄洛之水句下脫案安平縣屬定州也八字餓死沙邱宮句下脫括地志云趙武靈王墓在蔚州靈邱縣東三十里應說是也二十三字韓世家得封於韓原句下脫古今地名云韓武子食采於韓原故城也十六字淮陰侯列傳家在伊盧句下脫韋昭及括地志皆說之也十字貨殖列傳殷人都河西句下脫盤庚都殷墟地屬河西也十字周人都河南句下脫周自平王以後都洛陽九字自序戹困鄱句下脫漢末陳蕃子逸爲魯相改音皮田褒魯記曰靈帝末汝南陳子游爲魯相陳蕃子也國人爲諱而改焉三十九字又如秦本紀樗里疾相韓句下此本作福昌縣東十四

里監本脫十四里三字貨殖傳夫燕亦勃碣之閒句下此本作碣石渤海在西北監本脫北字又守節徵引故實頗爲賅博故自序曰古典幽微竊探其美而監本夏本紀皋陶作士句下脫士若大理卿也六字於是夔行樂句下脫若今太常卿也六字周本紀作臩命句下脫應劭云太僕周穆王所置蓋大御衆僕之長中大夫也二十一字以應爲太后養地句下脫太后秦昭之母宣太后芈氏十一字秦始皇本紀爲我遺鎬池君句下脫張晏云武王居鎬鎬池君則武王也伐商故神云始皇荒淫若紂矣今武王可伐矣三十二字敘論孝明皇帝句下脫班固典引云後漢明帝永平十七年詔問班固太史遷贊語中寧有非耶班固上表陳秦過失及賈誼言奏之四十二字項羽本紀會稽守句下脫守音狩景帝中二年七月更郡守爲太守十六字孝景本紀伐馳道樹殖蘭池句下脫案馳道天子道秦始皇作之丈而樹十四字孝武本紀是時上求神君句下脫漢武帝故事云

起柏梁臺以處神君長陵女子也先是嫁爲人妻生一男數歲死女
子悼痛之歲中亦死而靈宛若祠之遂聞言宛若爲主民人多往請
福說家人小事有驗平原君亦祠之至後子孫尊貴及上卽位太后
延於宮中祭之聞其言不見其人至是神君求出爲營柏梁臺舍之
初霍去病微時自禱神君及見其形自修飾欲與去病交接去病不
肎謂神君曰吾以神君清潔故齋戒祈福今欲婬此非也自絕不復
往神君慙之乃去也一百七十字見安期生句下脫列仙傳云安期
生瑯琊阜鄉亭人也賣藥海邊秦始皇請語三夜賜金數千萬出於
阜鄉亭皆置去留書以赤玉舄一量爲報曰後千歲求我於蓬萊山
下五十九字李少君病死句下脫漢書起居注云李少君將去武帝
夢與共登嵩高山半道有使乘龍時從雲中云太一請少君帝謂左
右將舍我去矣數月而少君病死又發棺看惟衣冠在也六十一字
史寬舒受其方句下脫姓史名寬舒五字禮書疏房牀笫句下脫疏

謂窗也四字律書其於十二支爲丑句下脫徐廣曰此中闕不說大
呂及丑也案此下闕文或一本云丑者紐也言陽氣在上未降萬物
厄紐未敢出也四十一字天官書氐爲天根句下脫星經云氐四星
爲露寢聽朝所居其占明大則臣下奉度合誠圖云氐爲宿宮也三
十一字其內五星五帝坐句下脫羣下從謀也五字楚世家伐申過
鄧句下脫服虔云鄧曼姓也七字趙世家事有所止句下脫爲人君
止於仁爲人臣止於敬爲人子止於孝爲人父止於慈與國人交止
於信三十一字封廉頗爲信平君句下脫言篤信而平和也七字韓
世家公何不爲韓求質於楚句下脫質子蟣蝨四字又脫公叔嬰知
秦楚不以蟣蝨爲事必以韓合於秦楚王聽入質子於韓二十六字
又脫次下云知秦楚不以蟣蝨爲事重明脫不字十七字田叔列傳
相常從入苑中句下脫堵牆也三字田蚡列傳其春武安侯病句下
脫然夫子作春秋依夏正九字衞將軍列傳平陽人也句下脫漢書

云其父鄭季河東平陽人以縣吏給事平陽侯之家也二十三字至守節於六書五音至爲詳審故書首有論字例論音例二條而監本於周本紀懽太子釗之不任句下脫釗音招又吉堯反任而針反十一字秦始皇本紀彗星復見句下脫復扶富反見行見反八字以發縣卒句下脫子忽反下同五字佐弋竭句下脫弋音翊三字二十人皆梟首句下脫梟古堯反懸首於木上曰梟十一字體解軻以徇句下脫紅賣反三字東收遼東而王之句下脫王于放反四字故歸其質子句下脫質音致三字衣服旌旄節旗句下脫旌音精旄音毛旗音其九字祇誦功德句下脫祇音脂三字赭其山句下脫赭音者三字僕射周青臣句下脫音夜二字上樂以刑殺爲威句下脫五孝反三字二世紀以安邊竟句下脫音境二字敘論爲君討賊句下脫于僞反三字項羽本紀將秦軍爲前行句下脫胡郎反三字高祖本紀時時冠之正義音館句下脫下同二字孝景紀天下乂安句下脫乂

音魚廢反五字龍顉拔墮句下脫徒果反三字攀龍胡顉號句下脫戶高反下同五字爲且用事泰山句下脫爲于僞反將爲封禪也九字鄭世家段出奔鄢句下脫音偃二字田叔列傳喜游諸公句下脫喜許記反諸公謂丈人行也十一字其他一兩字之出入殆千有餘條九不可毛舉苟非震澤王氏刊本具存無由知監本之妄刪也

（卷目）（一至十二）本紀（十三至二十二）年表（二十三至三十八）書（三十九至六十）世家（六十一至一百三十）列傳

漢書 一百二十卷

（著者小傳）班固後漢安陵人彪子字孟堅九歲能屬文及長博貫載籍明帝奇之以爲郎典校祕書續父所著漢書積思二十餘年至建初中乃成當世甚重其書後遷玄武司馬帝會諸儒講論五經作白虎通德論令固撰集其事竇憲出征匈奴以固爲中護軍行中郎將事憲敗洛陽令种兢捕繫固死獄中　顏師古唐萬年人之推孫

字籀少博覽精訓詁學善屬文嘗受詔於祕書省考定五經文字多所釐正又譔定五禮爲太子承乾注漢書時謂顏祕書爲孟堅忠臣與所注急就章俱大顯於時卒謚戴永徽中其子表上所著匡謬正俗八篇考據極爲精密

〔四庫提要〕漢班固撰其妹班昭續成之始末具後漢書本傳是書歷代寶傳咸無異論惟南史劉之遴傳云鄱陽嗣王範得班固所撰漢書眞本獻東宮皇太子令之遴與張纘到漑陸襄等參校異同之遴錄其異狀數十事以今考之則語皆謬妄據之遴云古本漢書稱永平十年五月二十日己酉郎班固上而今本無上書年月日子案固自永平受詔修漢書至建初中乃成又班昭傳云八表并天文志未竟而卒和帝詔昭就東觀藏書踵成之是此書之次第續成事隔兩朝撰非一手之遴所見古本旣有紀表志傳乃云總於永平中表上殆不考成書之年月也之遴又云古本敘傳號爲中篇今本爲敘

傳又今本敘傳載班彪事行而古本云彪自有傳夫古書敘皆載於卷末固自述作書之意故謂之敘追溯祖父之事迹故謂之傳後代史家皆沿其例之遴謂原作中篇文繫篇末中字竟何義也至云彪自有傳語尤荒誕彪在光武之世舉茂才爲徐令以病去官後數應三公之召實爲東漢之人惟附於敘傳故可於況伯斿穉之後詳其生平若自爲一傳列於西漢則斷限之謂何奚不考敘傳所云起元高祖終於孝平王莽之誅乎之遴又云今本紀及表志列傳不相合爲次而古本相合爲次總成三十八卷案固自言紀表志傳凡百篇篇即卷也是不爲三十八卷之明證又言述紀十二述表八述志十述列傳七十是各爲次第之明證且隋志作一百十五卷今本作一百二十卷皆以卷帙太重故析爲子卷今本紀分一子卷表分二子卷志分八子卷傳分九子卷若併爲三十八卷則卷帙更重古書著之竹帛殆恐不可行也之遴又云今本外戚在西域後古本次帝紀下又今本高五子文三王景

十三王孝武六子宣元六王雜在諸傳中古本諸王悉次外戚下在陳項傳上夫紀表志傳之序固自言之如之遴所述則傳次於紀而表志反在傳後且諸王既以代相承宜總題諸王傳何以敘傳作高五王傳第八文三王傳第十七景十三王傳第二十三武五子傳第三十三宣元六王傳第五十耶且漢書始改史記之項羽本紀陳勝世家爲列傳自應居列傳之首豈得移在諸王之後其述外戚傳第六十七元后傳第六十八王莽傳第六十九明以王莽之勢成於元后史家微意寓焉若移外戚傳次於本紀是惡知史法哉之遴又引古本述云淮陰毅毅仗劍周章邦之傑子實惟彭英化爲侯王雲起龍驤然今芮尹江湖句有張晏注是晏所見者卽是今本況之遴傳所云獻太子者謂昭明太子也文選載漢書述贊云信惟餓隸布實黥徒越亦狗盜芮尹江湖雲起龍驤化爲侯王與今本同是昭明亦知之遴所謂古本者不足信矣自漢張霸始撰僞經至梁人於漢書

復有僞撰古本然一經考證紕繆顯然顏師古註本冠以指例六條
歷述諸家不及之遴所說蓋當時已灼知其僞李延壽不訊端末遽
載於史亦可云愛奇嗜博茫無裁斷矣固作是書有受金之謗劉知
幾史通尙述之然文心雕龍史傳篇曰徵賄鬻筆之愆公理辨之究
矣是無其事也又有竊據父書之謗然韋賢翟方進元后三傳俱稱
司徒掾班彪曰顏師古注發例於韋賢傳曰漢書諸贊皆固所爲其
有叔皮先論述者固亦顯以示後人而或者謂固竊盜父名觀此可
以免矣是亦無其事也師古注條理精密實爲獨到然唐人多不用
其說故猗覺寮雜記稱師古注漢書魁梧音悟票姚皆音去聲杜甫
用魁梧票姚皆作平聲楊巨源詩請問漢家誰第一麒麟閣上識酇
侯亦不用音讚之說殆貴遠賤近自古而然歟要其疏通證明究不
愧班固功臣之目固不以一二字之出入病其大體矣

〔卷目〕(一上至十二)帝紀(十三至二十)表(二十一上至三十)志

（三十一至九十九下）列傳（一百上）（一百下）敘傳

後漢書 一百二十卷

（著者小傳）范曄南朝宋南陽順陽人泰子字蔚宗博涉經史善屬文能隸書曉音律始爲尚書吏部郎左遷宣城太守不得志乃刪衆家後漢書成一家之作嘗自言所作漢書雜傳論皆有精意深旨至於循吏以下及六夷諸論筆勢縱横實天下之奇作時以爲實錄嗣與魯國孔熙先謀逆伏誅　李賢唐高宗六子字明允上元初皇太子卒遂立賢爲太子俄詔監國處決明審又詔集諸儒共注後漢書時明崇儼以左道爲武后所信調露中帝在中都崇儼爲盜所殺后疑出賢謀遣人發太子陰事廢爲庶人及后得政迫令自殺睿宗立追贈皇太子謚章懷　司馬彪晉人字紹統少篤學不倦然好色薄行爲父所責故不得爲嗣彪由是不交人事而專精學習遂博覽羣籍終其綴集之務泰始中爲祕書丞注莊子作九州春秋續漢書

劉昭梁高唐人字宣卿幼清警通老莊義及長勤學善屬文爲剡令卒官有幼童傳文集後漢書集注

〔四庫提要〕後漢書本紀十卷列傳八十卷宋范蔚宗撰唐章懷太子賢注蔚宗事蹟具宋書本傳賢事蹟具唐書本傳考隋志載范書九十七卷新舊唐書則作九十二卷互有不同惟宋志作九十卷與今本合然此書歷代相傳無所亡佚考舊唐志又載章懷太子注後漢書一百卷今本九十卷中分子卷者凡十是章懷作注之時始併爲九十卷以就成數唐志析其子卷數之故云一百宋志合其子卷數之故仍九十其實一也又隋唐志均別有蔚宗後漢書論贊五卷宋志始不著錄疑唐以前論贊與本書別行亦宋人散入書內然史通論贊篇曰馬遷自序傳後歷寫諸篇各敘其意旣而班固變爲詩體號之曰述蔚宗改彼述名呼之以贊固之總述合在一篇使其條貫有序蔚宗後書乃各附本事書於卷末篇目相離斷絕失序夫每

卷立論其煩已多而嗣論以贊爲贖彌甚亦猶文士製碑序終而續
以銘曰釋氏演法義盡而宣以偈言云云則唐代范書論贊已綴卷
末矣史志別出一目所未詳也范撰是書以志屬謝瞻范敗後瞻悉
蠟以覆車遂無傳本今本八志凡三十卷別題梁剡令劉昭注據陳
振孫書錄解題乃宋乾興初判國子監孫奭建議校勘以昭所注司
馬彪續漢書志與范書合爲一編案隋志載司馬彪續漢書八十三
卷唐書亦同宋志惟載劉昭補注後漢志三十卷而彪書不著錄是
至宋僅存其志故移以補後漢書之闕其不曰續漢志而曰後漢志
是已併入范書之稱矣或謂酈道元水經注嘗引司馬彪州郡志疑
其先已別行又謂杜佑通典述科舉之制以後漢書續漢志連類而
舉疑唐以前已併八志入范書似未確也自八志合併之後諸書徵
引但題後漢書某志儒者或不知爲司馬彪書故何焯義門讀書記
曰八志司馬紹統之作（案紹統彪之字也）本漢末諸儒所傳而述於晉初劉

昭注補別有總敘緣諸本或失載劉敘故孫北海藤陰劄記亦誤出蔚宗志律曆之文云云考洪邁容齋隨筆已誤以八志爲范書則其誤不自孫承澤始今於此三十卷並題司馬彪名庶以祛流俗之譌焉

〔卷目〕（一上至九）帝紀（十上）（十下）后紀（十一至四十）志（四十一至一百二十）列傳

三國志六十五卷

〔著者小傳〕陳壽晉漢安人字承祚少好學師事同郡譙周仕蜀爲觀國令史入晉舉孝廉除著作郎終御史治書撰三國志其書以魏爲正統宋以後人多非之又丁廙丁儀有盛名於魏壽謂其子曰可覓千斛米見與當爲尊公作佳傳丁不與竟不爲立傳又諸葛亮嘗髡其父諸葛瞻亦輕壽遂謂亮將略非長無應敵之才言瞻惟工書名過其實凡此之類均以私廢公褒譏失當有乖直筆又撰古國志

益都耆舊傳　裴松之南朝宋聞喜人字世期博覽墳籍立身簡素宋國初建召爲太子洗馬累轉中書侍郎文帝使注陳壽三國志松之鳩集傳記廣增異聞既成奏上帝曰裴世期爲不朽矣使續何承天國史未及撰述而卒有文論及晉紀

（四庫提要）晉陳壽撰宋裴松之注壽事蹟具晉書本傳松之事蹟具宋書本傳凡魏志三十卷蜀志十五卷吳志二十卷其書以魏爲正統至習鑿齒作漢晉春秋始立異議自朱子以來無不是鑿齒而非壽然以理而論壽之謬萬萬無辭以勢而論則鑿齒帝漢順而易壽欲帝漢逆而難蓋鑿齒時晉已南渡其事有類乎蜀爲偏安者爭正統此孚於當代之論者也壽則身爲晉武之臣而晉武承魏之統僞魏是僞晉矣其能行於當代哉此猶宋太祖篡立近於魏而北漢南唐蹟近於蜀故北宋諸儒皆有所避而不僞魏高宗以後偏安江左近於蜀而中原魏地全入於金故南宋諸儒乃紛紛起而帝蜀此

皆嘗論其世未可以一格繩也惟其誤沿史記周秦本紀之例不託始於魏文而託始曹操實不及魏書敘紀之得體是則誠可已不已耳宋元嘉中裴松之受詔爲注所注雜引諸書亦時下己意綜其大致約有六端一曰引諸家之論以辨是非一曰參諸書之說以核譌異一曰傳所有之事詳其委曲一曰傳所無之事補其闕佚一曰傳所有之人詳其生平一曰傳所無之人附以同類其中往往嗜奇愛博頗傷蕪雜如袁紹傳中之胡母班本因爲董卓使紹而見乃注曰班嘗見太山府君及河伯事在搜神記語多不載斯已贅矣鍾繇傳中乃引陸氏異林一條載繇與鬼婦狎昵事蔣濟傳中引列異傳一條載濟子死爲泰山伍伯迎孫阿爲泰山令事此類鑿空語怪凡十餘處悉與本事無關而深於史法有礙殊爲瑕纇又其初意似亦欲如應劭之注漢書考究訓詁引證故實故於魏志武帝紀沮授字則注沮音菹獷平字則引續漢書郡國志注獷平縣名屬漁陽甬道字

則引漢書高祖二年與楚戰築甬道贅旒字則引公羊傳先正字則引文侯之命釋位字則引左傳致居字則引詩綏爰字率俾字昏作字則皆引書糾虔天刑字則引國語至蜀志郤正傳釋誨一篇句句引古事爲注至連數簡又如彭羕傳之革不訓老華佗傳之專本似專秦宓傳之棘革異文少帝紀之叟更異字亦閒有所辨證其他傳文句則不盡然然如蜀志廖立傳首忽注其姓曰補救切魏志涼茂傳中忽引博物記注一繈字之類亦閒有之蓋欲爲之而未竟又惜所已成不欲刪棄故或詳或略或有或無亦頗爲例不純然網羅繁富凡六朝舊籍今所不傳者尚一一見其厓略又多首尾完具不似酈道元水經注李善文選注皆翦裁割裂之文故考證之家取材不竭轉相引據者反多於陳壽本書焉

(卷目)(一至三十)魏志(三十一至四十五)蜀志(四十六至六十五)吳志

晉書一百三十卷附音義三卷

〔著者小傳〕太宗唐高祖次子名世民年十八首勸高祖起兵初封趙公進爵秦王高祖平定天下皆帝之功嗣位以後勤於政事郅治之隆媲美成康貞觀十八年詔房玄齡（字喬）與褚遂良重撰晉書以許敬宗等八人分功撰錄李淳風修天文律曆五行三志最可觀太宗自著宣武二帝陸機王羲之四論於是總題曰御撰凡一百三十卷貞觀二十三年四月崩年五十三　何超唐東京人字令升撰有晉書音義三卷

〔四庫提要〕唐房喬等奉敕撰劉知幾史通外篇謂貞觀中詔前後晉史十八家未能盡善敕史官更加纂撰自是言晉史者皆棄其舊本競從新撰然唐人如李善注文選徐堅編初學記白居易編六帖於王隱虞預朱鳳何法盛謝靈運臧榮緒沈約之書與夫徐廣干寶鄧粲王韶曹嘉之劉謙之之紀孫盛之晉陽秋習鑿齒之漢晉陽秋

檀道鸞之續晉陽秋並見徵引是舊本實未嘗棄毋乃書成之日卽有不愜於衆論者乎考書中惟陸機王羲之兩傳其論皆稱制曰蓋出於太宗之御撰夫典午一朝政事之得失人材之良楛不知凡幾而九重掞藻宣王言以彰特筆者僅一工文之士衡一善書之逸少則全書宗旨大槪可知其所褒貶略實行而獎浮華其所採擇忽正典而取小說波靡不返有自來矣卽如文選注馬汧督誄引臧榮緒王隱書稱馬汧立功孤城死於非罪後加贈祭而晉書不爲立傳亦不附見於周處孟觀等傳又太平御覽引王隱書云武帝欲以郭琦爲佐著作郎問尚書郭彰彰憎琦不附己荅以不識上曰若如卿言烏丸家兒能事卿卽堪郎也及趙王倫篡位又欲用琦琦曰我已爲武帝吏不能復爲今世吏終於家琦蓋始終亮節之士也而晉書亦削而不載其所載者大抵宏獎風流以資談柄取劉義慶世說新語與劉孝標所注一一互勘幾於全部收入是直稗官之體安得目曰

史傳乎黃朝英緗素雜記詆其引世說和嶠峨峨如千丈松磊砢多節目既載入和嶠傳中又以嶠字相同並載入温嶠傳中顛倒舛迕竟不及檢猶其枝葉之病非其根本之病也正史之中惟此書及宋史後人紛紛改撰其亦有由矣特以十八家之書並亡考晉事者舍此無由故歷代存之不廢耳音義三卷唐何超撰超字令升自稱東京人楊齊宣爲之序其審音辨字頗有發明舊本所載今仍附見於末焉

〔卷目〕（一至十）帝紀（十一至三十）志（三十一至一百）列傳（一百一至一百三十）載記（附音義三卷）

宋書 一百卷

〔著者小傳〕梁沈約武康人字休文篤志好學博通羣籍善屬文仕宋及齊累官司徒左長史武帝受禪爲尚書僕射遷尚書令卒謚隱約歷仕三代藏書至二萬卷該悉舊章博物洽聞當世取則著有晉

書宋書齊紀梁武紀邇言諡例宋文章志及文集百卷又撰四聲譜
窮其妙旨爲聲韻學上一大發明顧炎武謂約作譜不能上據雅南
旁摭騷子以成不刊之典而僅按班張以下諸人之賦曹劉以下諸
人之詩所用之音撰爲定本於是今音行而古音亡
〔四庫提要〕梁沈約撰約事蹟具梁書本傳約表上其書謂本紀列
傳繕寫已畢合志表七十卷所撰諸志須成續上今此書有紀志傳
而無表劉知幾史通謂此書爲紀十志三十列傳六十合百卷不言
其有表隋書經籍志亦作宋書一百卷與今本卷數符合或唐以前
其表早佚今本卷帙出於後人所編次歟以志序考之稱凡損益前
史諸志爲八門曰律曆曰禮曰樂曰天文曰五行曰符瑞曰州郡曰
百官是律曆未嘗分兩門今本總目題卷十一志第一志序卷十二
志第二曆上卷十三志第三曆下而每卷細目作志第一律志序志
第二曆上志第三曆下則出於後人編目强爲分劃非約原本之舊

次此其明證矣八志之中惟符瑞實爲宂贅州郡惟據太康地志及
何承天徐爰原本於僑置刱立併省分析多不詳其年月亦爲疎略
至於禮志合郊祀祭祀朝會輿服總爲一門以省支節樂志詳述八
音衆器及鼓吹鐃歌諸樂章以存義訓如鐸舞曲聖人制禮樂篇有
聲而詞不可詳者每一句爲一斷以存其節奏義例尤善若其追述
前代晁公武讀書志雖以失於限斷爲譏然班固漢書增載地理上
敘九州創設五行演明鴻範推原溯本事有前規且魏晉並皆短祚
宋承其後歷時未久多所因仍約詳其沿革之由未爲大失亦未可
遽用糾彈也觀徐爰傳述當時修史議爲桓玄等立傳約則謂桓玄
盧循等身爲晉賊非關後代吳隱謝混等義止前朝不宜濫入劉毅
何無忌等志在興復情非造宋並爲刊除歸之晉籍其申明史例又
何嘗不謹嚴乎其書至北宋已多散失崇文總目謂闕趙倫之傳一
卷陳振孫書錄解題謂獨闕到彥之傳今本卷四十六有趙倫之王

懿張卲傳惟彥之傳獨闕與陳振孫所見本同卷後有臣穆附記謂此卷體同南史傳末無論疑非約書其言良是蓋宋初已闕此一卷後人雜取高氏小史及南史以補之取盈卷帙然南史有到彥之傳獨舍而不取又張卲傳後附見其兄子暢直用南史之文而不知此書卷五十九已有張暢傳忘其重出則補綴者之疎矣臣穆當即鄭穆宋史有傳嘉祐中嘗校勘宋書其所考證僅見此條蓋重刊之時削除偶賸亦足見明以來之刊本隨意竄改多非古式云

（卷目）（一至十）帝紀（十一至四十）志（四十一至一百）列傳

南齊書五十九卷

（著者小傳）蕭子顯齊高帝孫字景陽封寧都縣侯梁天監初降爲子偉容貌好學工文嘗著鴻序賦尚書令沈約見而稱之累遷吏部尚書加侍中子顯性凝簡負才氣及掌選見九流賓客不與交言但舉扇一撝而已人皆恨之大同間出爲吳興太守卒及葬請謚武帝

手詔特才傲物宜謚曰驕有後漢書南齊書貴儉傳等書
〔四庫提要〕梁蕭子顯撰子顯事蹟附載梁書蕭子恪傳章俊卿山堂考索引館閣書目云南齊書本六十卷今存五十九卷亡其一劉知幾史通會肇敘錄則皆云八紀十一志四十列傳合爲五十九卷不言其有闕佚然梁書及南史子顯本傳實俱作六十卷則館閣書目不爲無據考南史載子顯自序似是據其敘傳之詞又晁公武讀書志載其進書表云天文事祕戶口不知不敢私載疑原書六十卷爲子顯敘傳末附以表與李延壽北史例同至唐已佚其敘傳而其表至宋猶存今又併其表佚之故較本傳闕一卷也又史通序例篇謂令升先覺遠述丘明史例中興於是爲盛沈宋之志序蕭齊之序錄雖以序爲名其實例也子顯雖文傷蹇躓而義甚優長爲序例之美者今考此書良政高逸孝義倖臣諸傳皆有序而文學傳獨無敘殆亦宋以後所殘闕歟齊高好用圖讖梁武崇尚釋氏故子顯於高

帝紀卷一引太乙九宮占祥瑞志附會緯書高逸傳論推闡禪理蓋牽於時尚未能釐正又如高帝紀載王蘊之撫刀袁粲之郊飲連綴瑣事殊乖紀體至列傳尤爲宂雜然如紀建元創業諸事載沈攸之書於張敬兒傳述顏靈寶語於王敬則傳直書無隱尚不失是非之公高十二王傳引陳思之表曹冏之論感懷宗國有史家言外之意焉未嘗無可節取也自李延壽之史盛行此書誦習者尠日就譌脫州郡志及桂陽王傳中均有闕文無從補正其餘字句舛誤如謝莊傳南史作詔從越巂此書作越州崔懷愼傳南史作臣子兩遂此書作兩節者又不可勝乙今裒合諸本參核異同正其灼然可知者其或無考則從闕疑之義焉

〔卷目〕（一至八）本紀（九至十九）志（二十至五十九）列傳

梁書 五十六卷

〔著者小傳〕姚思廉唐武康人本名簡以字行寡嗜慾惟一於學初

仕隋爲代王侍讀高祖定京師府僚皆奔亡獨思廉侍太宗時累官弘文館學士與魏徵同撰梁陳書拜散騎常侍卒謚康

〔四庫提要〕唐姚思廉奉敕撰唐書思廉本傳稱貞觀三年詔思廉同魏徵撰藝文志亦稱梁書陳書皆魏徵同撰舊本惟題思廉蓋徵本監修不過參定其論讚（案此據史通古今正史篇魏徵總知其務凡有論讚徵多預焉之文）獨標思廉不沒秉筆之實也是書舊唐書經籍志及思廉本傳俱云五十卷新唐書作五十六卷考劉知幾史通謂姚察有志撰勒施功未周其子思廉憑其舊稿加以新錄述爲梁書五十六卷則新唐書所據爲思廉編目之舊舊唐書誤脫六字審矣思廉本推其父意以成書每卷之後題陳吏部尚書姚察者二十五篇題史官陳吏部尚書姚察者一篇蓋仿漢書卷後題班彪之例其專稱史官者殆思廉所續纂歟思廉承藉家學既素有淵源又貞觀二年先已編纂及詔入祕書省論撰之後又越七年其用力亦云勤篤中如簡文紀載大寶二年

四月丙子侯景襲郢州執刺史蕭方諸而元帝紀作閏四月丙午則兩卷之内月日參差侯景傳上云張彪起義下云彪寇錢塘則數行之閒書法乖舛趙與旹賓退錄譏其於江革傳中則稱何敬容掌選序用多非其人於敬容傳中則稱其銓序明審號爲稱職尤是非矛盾其餘事蹟之複互者前後錯見證以南史亦往往牴牾蓋著書若是之難也然持論多平允排整次第猶具漢晉以來相傳之史法要異乎取成衆手編次失倫者矣

陳書 三十六卷

〔卷目〕（一至六）本紀（七至五十六）列傳

〔著者小傳〕姚思廉（見前）

〔四庫提要〕唐姚思廉奉敕撰劉知幾史通謂貞觀初思廉奉詔撰成二史彌歷九載方始畢功而曾鞏校上序謂姚察錄梁陳之事其書未就屬子思廉繼其業武德五年思廉受詔爲陳書貞觀三年論

撰於祕書內省十年正月壬子始上之是思廉編輯之功固不止於
九載矣知幾又謂陳史初有顧野王傅縡各爲撰史學士太建初中
書郎陸瓊續撰諸篇姚察就加刪改是察之修史實兼採三家考隋
書經籍志有顧野王陳書三卷傅縡陳書三卷陸瓊陳書四十二卷
殆卽察所據之本而思廉爲傅縡陸瓊傳詳述撰著獨不言其修史
篇第殊爲疎略至顧野王傳稱其撰國史紀傳二百卷與隋志卷帙
不符則疑隋志舛譌思廉所記得其真也察傳見二十七卷載其撰
梁陳二史事甚詳是書爲奉詔所修不同私撰故不用序傳之例無
庸以變古爲嫌惟察陳亡入隋爲祕書丞北絳郡開國公與同時江
總袁憲諸人並稽首新朝歷踐華秩而仍列傳於陳書揆以史例失
限斷矣且江總何人乃取與其父合傳尤屬自污觀李商隱贈杜牧
詩有前身應是梁江總句乃借以相譽豈總之爲人唐時尚未論定
耶書中惟二卷三卷題陳吏部尚書姚察他卷則俱稱史臣蓋察先

纂梁書此書僅成二卷其餘皆思廉所補撰今讀其列傳體例秩然出於一手不似梁書之參差亦以此也惟其中紀傳年月閒有牴牾不能不謂之疵累然諸史皆然亦不能獨責此書矣

魏書

〔卷目〕（一至六）本紀（七至三十六）列傳一百十四卷

〔著者小傳〕魏收北齊鉅鹿人字伯起小字助佛機警能文與温子昇邢卲齊名號北朝三才子收天才煥發在二子之右以文才顯然性褊見當途貴游每以顏色相悅初在洛京輕薄尤甚人號驚蛺蝶著有魏書

〔四庫提要〕北齊魏收奉敕撰收表上其書凡十二紀九十二列傳分爲一百三十卷今所行本爲宋劉恕范祖禹等所校定恕等序錄謂隋魏澹更撰後魏書九十二卷唐又有張太素後魏書一百卷今皆不傳魏史惟以魏收書爲主校其亡逸不完者二十九篇各疏於

逐篇之末然其據何書以補闕則恕等未言崇文總目謂澹書纔存紀一卷太素書存志二卷陳振孫書錄解題引中興書目謂收書闕太宗紀以魏澹書補之志闕天象二卷以張太素書補之又謂澹太素之書既亡惟此紀志獨存不知何據是振孫亦疑未能定也今考太平御覽皇王部所載後魏書帝紀多取魏收書而芟其字句重複太宗紀亦與今本首尾符合其中轉增多數語永興四年宴羣臣於西宮使各獻直言下多弗有所諱四字泰常八年廣西宮起外牆垣周回二十里下多是歲民饑詔所在開倉賑給十一字按此數語北史有之然北史前後之文與御覽所引者絕異夫御覽引諸史之文有刪無增而此紀獨異其爲收書之原本歟抑補綴者取魏澹書而間有節損歟然御覽所引後魏書實不專取一家如此書卷十二孝靜帝紀亡後人所補而御覽所載孝靜紀與此書體例絕殊又有西魏孝武紀文帝紀廢帝紀恭帝紀則疑其取諸魏澹書隋書魏澹傳自道武下及恭帝爲十二紀劉知幾史通云澹以西魏爲真故文帝稱紀又此書卷十三皇后傳亡亦後人所補今以御覽相校則字句多同惟

中有刪節而末附西魏五后當亦取澹書以足成之蓋澹書至宋初尚不止僅存一卷故爲補綴者所取資至澹書亦闕始取北史以補之如崔彧蔣少游及西域傳故崇文總目謂魏澹魏史李延壽北史與收史相亂卷第殊舛是宋初已不能辨定矣惟所補天象志二卷爲唐太宗避諱可信爲唐人之書無疑義耳收以是書爲世所詬厲號爲穢史今以收傳考之如云收受爾朱榮子金故減其惡其實榮之凶悖收未嘗不書於冊至論中所云若修德義之風則韓彭伊霍夫何足數反言見意正史家之微詞指以虛褒似未達其文義又云楊愔高德正勢傾朝野收遂爲其家作傳其預修國史得陽休之之助因爲休之父固作佳傳案愔之先世爲楊椿楊津德正之先世爲高允高祐椿津之孝友亮節允之名德祐之好學實爲魏代聞人寧能以其門祚方昌遂引嫌不錄況北史陽固傳稱固以譏切聚歛爲王顯所嫉因奏固剩請米麥免固官從征硤石李平奇固勇敢軍中大事悉與謀

之不云固以貪虐先爲李平所彈也李延壽書作於唐代豈亦媚陽休之乎又云盧同位至儀同功業顯著不爲立傳崔綽位止功曹本無事蹟乃爲首傳夫盧同希元乂之旨多所誅戮後以乂黨罷官不得云功業顯著綽以卑秩見重於高允稱其道德固當爲傳獨行者所不遺觀盧文訴辭徒以父位儀同綽僅功曹較量官秩之崇卑爭專傳附傳之榮辱（魏書初定本盧同附見盧元傳崔綽自有傳後奉敕更審同立專傳綽改入附傳）是亦未足服收也蓋收恃才輕薄有驚蛺蝶之稱其德望本不足以服衆又魏齊世近著名史籍者並有子孫孰不欲顯榮其祖父旣不能一一如志遂譁然羣起而攻平心而論人非南董豈信其一字無私但互考諸書證其所著亦未甚遠於是非穢史之說無乃已甚之詞乎李延壽修北史多見館中墜簡參核異同每以收書爲據其爲收傳論云勒成魏籍婉而有章繁而不蕪志存實錄其必有所見矣今魏澹等之書俱佚而收書終列於正史殆亦恩怨併盡而後是非乃明歟

收敘事詳贍而條例未密多爲魏澹所駁正北史不取澹書而澹傳
存其敘例絕不爲掩其所短則公論也
〔卷目〕(一至十二)帝紀(十三至一百四)列傳(一百五至一百一
十四)志

北齊書五十卷

〔著者小傳〕李百藥唐安平人字重規初仕隋後歸唐高宗時累官
宗正卿晉子爵嘗侍父母喪還鄉徒跣數千里服雖除容貌癯瘠者
累年性疎脫喜劇飲翰藻沈鬱尤長於詩樵廝皆能諷之卒謚康輯
有北齊書
〔四庫提要〕唐李百藥奉敕撰蓋承其父德林之業纂緝成書猶姚
思廉之繼姚察也大致仿後漢書之體卷後各繫論贊然其書自北
宋以後漸就散佚故晁公武讀書志已稱殘闕不完今所行本蓋後
人取北史以補亡非舊帙矣今核其書本紀則文襄紀晉集冗雜文

宣紀孝昭紀論辭重複列傳則九卷十卷十一卷十四卷十五卷二十六卷二十七卷二十九卷至四十卷俱無論贊二十八卷有贊無論十二卷四十六卷四十七卷四十八卷四十九卷有論無贊又史通引李百藥齊書論魏收云若使子孫有靈竊恐未挹高論又云足以入相如之室游尼父之門志存實錄詆訐姦私今魏收傳無此語皆掇拾者有所未及也至如庫狄干傳之連及其子士文元斌傳之稱齊文襄則又掇拾者刊削未盡之辭矣北齊立國本淺文宣以後綱紀廢弛兵事俶擾既不及後魏之整飭疆圉復不及後周之修明法制其倚任爲國者亦鮮始終貞亮之士均無奇功偉節資史筆之發揮觀儒林文苑傳敘去其已見魏書及見周書者寥寥數人聊以取盈卷帙是其文章萎苶節目叢脞固由於史材史學不及古人要亦其時爲之也然一代興亡當有專史典章之沿革政事之得失人材之優劣於是乎有徵焉未始非後來之鑒也

〔卷目〕（一至八）本紀（九至五十）列傳

周書五十卷

〔著者小傳〕令狐德棻唐燉煌人世居華原博涉文史早歲知名高祖時爲秘書丞時經籍散逸德棻奏請購募遺書數年間羣書略備貞觀中修梁陳周齊隋五史其議亦自德棻發之德棻自領周書高宗朝官弘文館學士累遷國子祭酒國家凡有修撰無不參預暮年著述尤勤卒謚憲

〔四庫提要〕唐令狐德棻等奉敕撰貞觀中修梁陳周齊隋五史其議自德棻發之而德棻專領周書與岑文本崔仁師陳叔達唐儉同修晁公武讀書志稱宋仁宗時出太清樓本合史館秘閣本又募天下書而取夏竦李巽家本下館閣是正其文字其後林希王安國上之是北宋重校尚不云有所散佚今考其書則殘闕殊甚多取北史以補亡又多有所竄亂而皆不標其所移掇者何卷所削改者何篇

遂與德棻原書混淆莫辨今案其文義粗尋梗槩則二十五卷二十六卷三十一卷三十二卷三十三卷俱傳後無論其傳文多同北史惟更易北史之稱周文者爲太祖韋孝寬傳連書周文周孝閔帝則更易尚有未盡至王慶傳連書大象元年開皇元年不言其自周入隋尤剽取北史之顯證矣又如韋孝寬傳末刪北史兄敻二字則韋敻傳中所云與孝寬並馬者事無根源盧辯傳中刪去其曾事節閔帝事則傳中所云及帝入關者語不可曉是皆率意刊削遂成疎漏至於遺文脫簡前後疊出又不能悉爲補綴蓋名爲德棻之書實不盡出德棻且名爲移掇李延壽之書亦不盡出延壽特大體未改而已劉知幾史通曰今俗所行周史是令狐德棻等所撰其書文而不實雅而不檢真迹甚寡客氣尤繁尋宇文開國之初事由蘇綽軍國詞令皆準尚書太祖敕朝廷他文悉準於此蓋史臣所記皆稟其規柳虬之徒從風而靡案綽文雖去彼淫麗存茲典實而陷於矯枉過

正之失乖乎適俗隨時之義苟記言若是則其謬愈多爰及牛宏彌
尚儒雅即其舊事因而勒成務累清言罕逢佳句而令狐不能別求
他述用廣異聞惟憑本書重加潤色遂使周氏一代之史多非實錄
又議其以王劭蔡允恭蕭韶蕭大圜裴政杜臺卿之書中有俚言故
致遺略其詆諆德棻甚力然文質因時紀載從實周代既文章爾雅
仿古製言載筆者勢不能易彼妍辭改從俚語至於敵國詆謗里巷
諺謠削而不書史之正體豈能用是爲譏議哉況德棻旁徵簡牘意
在摭實故元偉傳後於元氏戚屬事迹湮沒者猶考其名位連綴附
書固不可槩斥爲疎略庾信傳論仿宋書謝靈運傳之體推論六義
源流於信獨致微辭良以當時儷偶相高故有意於矯時之弊亦可
見其不尚尚虛辭矣知幾所云非篤論也晁公武讀書志祖述其語
掩爲己說聽聲之見尤無取焉

（卷目）（一至八）本紀（九至五十）列傳

隋書八十五卷

〔著者小傳〕魏徵唐曲城人字玄成好讀書多所通涉隋亂詭爲道士初從李密入京見高祖自請安輯山東乃擢祕書丞太宗時拜諫議大夫檢校侍中令狐德棻孔穎達等撰周隋各史徵總加撰定多所損益時稱良史

〔四庫提要〕唐魏徵等奉敕撰貞觀三年詔徵等修隋史十年成紀傳五十五卷十五年又詔修梁陳齊周隋五代史志顯慶元年長孫無忌上進據劉知幾史通所載撰紀傳者爲顏師古孔穎達案集古錄據穎達墓碑謂碑稱與魏鄭公同修隋書而傳不著蓋但據舊唐書言之未考知幾書也撰志者爲于志寧李淳風韋安仁李延壽令狐德棻案宋刻隋書之後有天聖中校正舊跋稱同修紀傳者尚有許敬宗同修志者尚有敬播至每卷分題舊本十志內惟經籍志題侍中鄭國公魏徵撰五行志序或云褚遂良作紀傳亦有題太子少師許敬宗撰者今從衆本所載紀傳題以徵志題

以無忌云云是此書每卷所題撰人姓名在宋代已不能畫一至天聖中重刊始定以領修者爲主分題徵及無忌也其紀傳不出一手閱有異同如文帝本紀云善相者趙昭而藝術傳則作來和又本紀云以賀若弼爲楚州總管而弼本傳則作吳州蓋卷帙浩繁牴牾在所不免至顧炎武日知錄所摘突厥傳中上言沙鉢略可汗擊阿波破擒之下言雍虞閭以隋所賜旗鼓西征阿波敵人以爲隋兵所助多來降附遂生擒阿波一條則疑上文本言擊阿波破之傳寫誤衍一擒字炎武以爲一事重書似未必然也其十志最爲後人所推而或疑其失於限斷考史通古今正史篇稱太宗以梁陳及齊周隋氏並未有書乃命學士分修仍以祕書監魏徵總知其務始以貞觀三年創造至十八年方就合爲五代紀傳幷目錄凡二百五十二卷書成下於史閣惟有十志斷爲三十卷尋擬續奏未有其文太宗崩後刊勒始成其篇第編入隋書其實別行俗呼爲五代史志云云是當

時梁陳齊周隋五代史本連爲一書十志卽爲五史而作故亦通括五代其編入隋書特以隋於五史居末非專屬隋也後來五史各行十志遂專稱隋志實非其舊乃議其兼載前代是全不核始末矣惟其時晉書已成而律曆志所載備數和聲審度嘉量衡權五篇天文志所載地中晷影漏刻經星中宮二十八舍十煇諸篇皆上溯魏晉與晉志複出殊非史體且同出李淳風一人之手亦不應自剿己說殆以晉書不在五史之數故不相避歟五行志體例與律曆天文三志頗殊不類淳風手作疑宋時舊本題褚遂良撰者未必無所受之地理志詳載山川以定疆域百官志辨明品秩以別差等能補蕭子顯魏收所未備惟經籍志編次無法述經學源流每多舛誤如以尚書二十八篇爲伏生口傳而不知伏生自有書教齊魯閒以詩序爲衛宏所潤益而不知傳自毛亨以小戴禮記有月令明堂位樂記三篇爲馬融所增益而不知劉向別錄禮記已載此三篇在十志中爲

最下然後漢以後之藝文惟藉是以考見源流辨別真僞亦不以小疵爲病矣

〔卷目〕（一至五）帝紀（六至三十五）志（三十六至八十五）列傳

南史八十卷

〔著者小傳〕李延壽唐相州人字遐齡官御史臺主簿直國史遷符璽郎作南北史一百八十篇刪繁補闕過本史遠甚又撰太宗政典高宗賜帛褒之

〔四庫提要〕唐李延壽撰延壽事蹟附載新唐書令狐德棻傳延壽承其父大師之志爲北史南史而南史先成就正於令狐德棻其乖失者嘗爲改定宋人稱延壽之書刪煩補闕爲近世佳史顧炎武日知錄又摘其李安民諸傳一事兩見爲紀載之疎以今考之本紀刪其連綴諸臣事蹟列傳則多刪詞賦意存簡要殊勝本書然宋齊梁陳四朝九錫之文符命之說告天之詞皆沿襲虛言無關實證而備

書髣髴陳陳相因是芟削未盡也且合累朝之書勒爲通史發凡起
例宜歸畫一今延壽於循吏儒林隱逸傳旣遞載四朝人物而文學
一傳乃因宋書不立此目遂始於齊之邱靈鞠豈宋無文學乎孝義
傳搜綴湮落以備闕文而蕭矯妻羊氏衞敬瑜妻王氏先後互載男
女無別將謂史不當有列女傳乎況北史謂周書無文苑傳遂取列
傳中之庾信王褒入於文苑則宋之謝靈運顏延之何承天裴松之
諸人何難移冠文苑之前北史謂魏隋有列女傳齊周並無此篇今
又得趙氏陳氏附備列女則宛陵女子等十四人何難取補列女之
闕書成一手而例出兩岐尤以矛陷盾萬萬無以自解者矣蓋延壽
當日專致力於北史南史不過因其舊文排纂刪潤故其減字節句
每失本意閒有所增益又緣飾爲多如宋路太后傳較宋書爲詳然
沈約修史工於詆毀前朝而不載路太后飲酒置毒之事當亦揆以
前後恩慈不應存此異說也延壽採雜史爲實錄又豈可盡信哉然

自宋略齊春秋粱典諸書盡亡其僃宋齊粱陳四史之參校者獨賴此書之存則亦何可盡廢也

〔卷目〕（一至十）本紀（十一至八十）列傳

北史 一百卷

〔著者小傳〕李延壽（見前）

〔四庫提要〕唐李延壽撰延壽表進其書稱本紀十二卷列傳八十八卷爲北史與今本卷數符合文獻通考作八十卷者誤也延壽既與修隋書十志又世居北土見聞較近參覈同異於北史用力獨深故敘事詳密首尾典贍如載元韶之姦利彭樂之勇敢郭琬沓龍超諸人之節義皆具見特筆出酈道元於酷吏附陸法和於藝術離合編次亦深有別裁視南史之多仍舊本者迥如兩手惟其以姓爲類分卷無法南史以王謝分支北史亦以崔盧繫派故家世族一例連書覽其姓名則同爲父子稽其朝代則各有君臣參錯混淆殆難辨

別甚至長孫儉附長孫嵩傳薛道衡附薛辨傳遙遙華胄下逮雲仍隔越抑又甚矣考延壽之敘次列傳先以魏宗室諸王次以魏臣又次以齊宗室及齊臣下逮周隋莫不皆然凡以勒一朝始末限斷分明乃獨於一二高門自亂其例深所未安至於楊素父子有關隋室興亡以其系出弘農遂附見魏臣楊敷傳後又魏收及魏長賢諸人本非父子兄弟以其同爲魏姓遂合爲一卷尤爲舛迕觀延壽敘例凡累代相承者皆謂之家傳豈知家傳之體不當施於國史哉且南北史雖曰二書實通爲一家之著述故延壽於裴蘊傳云祖之平父忌南史有傳王頒傳云父僧辯南史有傳即互相貫通之旨也乃南史既有晉熙王昶傳矣北史復有劉昶傳南史既有鄱陽王寶寅傳矣北史復有蕭寶夤傳南史既有豫章王綜樂良王大圜傳矣北史復有蕭贊（蕭綜入魏改名贊）蕭大圜傳朱修之薛安都諸人南史則取諸宋書北史則取諸魏書不爲刪併殆專意北史無暇追刪南史以致有

此誤乎然自宋以後魏書北齊書周書皆殘闕不全惟此書僅麥鐵杖傳有闕文荀濟傳脫去數行其餘皆卷帙整齊始末完具徵北朝之故實者終以是書爲依據故雖八書具列而二史仍並行焉

〔卷目〕〔一至十二〕本紀〔十三至一百〕列傳

舊唐書 二百卷

〔著者小傳〕劉昫後晉歸義人字曜遠神采秀拔文學優贍與兄暄弟皡知名燕薊間唐莊宗以爲翰林學士明宗愛其風韻遷端明殿學士未幾入相時人榮之末帝時監修國史與李愚相詬詆罷爲右僕射天福中爲東都留守開運中拜司空平章事以目疾乞休罷爲太保卒撰有舊唐書

〔四庫提要〕晉劉昫等奉敕撰五代史記昫本傳不言昫撰此書史漏略也自宋嘉祐後歐陽修宋祁等重撰新書此書遂廢然其本流傳不絕儒者表昫等之長以攻修祁等之短者亦不絕今觀所述大

抵長慶以前本紀惟書大事簡而有體列傳敘述詳明贍而不穢頗
能存班范之舊法長慶以後本紀則詩話書序婚狀獄詞委悉具書
語多支蔓如文宗紀云上每誦杜甫曲江行云江頭宮殿鏁千門細柳新蒲爲誰綠乃知天寶以前曲江四岸皆有行宮臺殿百司廨署又云戶部侍郎判度支王彥威進所撰供軍圖略其序云云武宗紀云右庶子呂讓進狀亡兄温女太和七年嫁左衛兵曹蕭敏生二男開成三年敏心疾乖忤因而離婚今敏日愈却乞與臣姪女配合又云御史臺奏據三司推勘吳湘獄謹具逐人罪狀如後揚州都虞候盧行立劉羣於會昌二年五月十四日於阿顏家喫酒云云列傳則多敘官資曾無事實或
但載寵遇不具首尾如夏侯孜傳祗載歷官所至及責讓詔詞不及一事朱朴傳祗載其相昭宗而不及其始末
所謂繁略不均者誠如宋人之所譏案崇文總目初吳兢撰唐史自
刱業訖於開元凡一百一十卷韋述因兢舊本更加筆削刊去酷吏
傳爲紀志列傳一百十二卷至德乾元以後史官于休烈又增肅宗
紀二卷史官令狐峘等復於紀志傳隨篇增輯而不加卷帙爲唐書
一百三十卷是唐書舊稿實出吳兢雖衆手續增規模未改昫等用
爲藍本故具有典型觀順宗紀論題史臣韓愈憲宗紀論題史臣蔣

係此因仍前史之明證也至長慶以後史失其官無復善本眴等自採雜說傳記排纂成之動乖體例良有由矣至於卷一百三十二既有楊朝晟傳卷一百四十四復爲立傳蕭穎士既附見於卷一百二復見於卷一百九十文苑傳宇文韶諫獵表既見於卷六十二復見於卷六十四蔣乂諫張茂宗尚主疏既見於卷一百四十一復見於卷一百四十九輿服志所載條議亦多同列傳之文蓋李嵩賈緯諸人各自編排不相參校眴掌領修之任曾未能鉤稽本末使首尾貫通舛漏之譏亦無以自解平心而論蓋瑕瑜不掩之作黨新書者必謂事事勝舊書黨舊書者又必謂事事勝新書皆偏見也我皇上獨秉睿裁定於正史之中二書並列相輔而行誠千古至公之道論史諸家可無庸復置一議矣

〔卷目〕(一至二十)本紀(二十一至五十)志(五十一至一百五十)列傳

新唐書二百二十五卷

〔著者小傳〕歐陽修宋廬陵人字永叔自號醉翁舉進士甲科累官至參知政事熙寧初與王安石不合以太子少師致仕修博覽羣書得昌黎遺稿苦心探索遂以文章冠天下晚號六一居士卒謚文忠著有新唐書五代史毛詩本義集古錄歸田錄洛陽牡丹記文忠集試筆居士集六一詩話六一詞　宋祁宋安陸人字子京與兄庠同舉進士累遷龍圖閣學士史館脩撰與歐陽修同脩唐書旋出知亳州自是十餘年間出入內外嘗以史稿自隨唐書成遷左丞進工部尙書逾月拜翰林學士承旨卒謚景文有宋景文集益都方物略筆記

〔四庫提要〕宋歐陽修宋祁等奉敕撰其監修者則曾公亮故書首進表以公亮爲首陳振孫書錄解題曰舊例修書止署官高一人名銜歐公曰宋公於我爲前輩且於此書用力久何可沒也遂於紀傳

各著之宋公感其退遜故書中列傳題祁名本紀志表題修名然考隋書諸志已有此例實不始於修與祁又宋史呂夏卿傳稱宰相世系表夏卿所撰而書中亦題修名則仍以官高者爲主特諸史多用一人此用二人爲異耳是書本以補正劉昫之舛漏自稱事增於前文省於舊劉安世元城語錄則謂事增文省正新書之失而未明其所以然今卽其說而推之史官記錄具載舊書今必欲廣所未備勢必蒐及小說而至於猥雜唐代詞章體皆詳贍今必欲減其文句勢必變爲澀體而至於詰屈安世之言所謂中其病源者也若夫史漢本紀多載詔令古文簡質至多不過數行耳唐代王言率崇縟麗駢四儷六累牘連篇宋敏求所輯唐大詔令多至一百三十卷使盡登本紀天下有是史體乎祁一例刊除事非得已過相訾議未見其然至於呂夏卿私撰兵志見晁氏讀書志宋祁別撰紀志見王得臣麈史則同局且私心不滿書甫頒行吳縝糾謬卽踵之而出其所攻駁

亦未嘗不切中其失然一代史書網羅浩博門分類別端緒紛拏出一手則精力難周出衆手則體裁互異爰從三史以逮八書牴牾參差均所不免不獨此書爲然呂宋之書未知優劣吳縝所糾存備考證則可因是以病新書則一隅之見矣

〔卷目〕（一至十）本紀（十一至六十）志（六十一至七十五）表（七十六至二百二十五）列傳

舊五代史 一百五十卷

〔著者小傳〕薛居正宋浚儀人字子平少好學有大志後唐清泰初登第乾德初官兵部侍郎以本官參知政事監修五代史畢進平章事太平興國初進位司空卒謚文惠居正性孝行純爲相任寬簡不好苛察好讀書爲文落筆不能自休子惟吉集爲三十卷上之賜名文惠集

〔四庫提要〕宋薛居正等奉敕撰考晁公武讀書志云開寶中詔修

梁唐晉漢周書盧多遜扈蒙張澹李昉劉兼李穆李九齡同修宰相薛居正等監修玉海引中興書目云開寶六年四月戊申詔修五代史七年閏十月甲子書成凡百五十卷目錄二卷爲紀六十一志十二傳七十七多據累朝實錄及范質五代通錄爲稿本其後歐陽修別撰五代史記七十五卷藏於家修没後官爲刊印學者始不專習薛史然二書猶並行於世至金章宗泰和七年詔學官止用歐陽修史於是薛史遂微元明以來罕有援引其書者傳本亦漸就湮没惟明內府有之見於文淵閣書目故永樂大典多載其文然割裂淆亂已非居正等篇第之舊恭逢聖朝右文稽古網羅放佚零縑斷簡皆次第編摩　臣等謹就永樂大典各韻中所引薛史甄錄條繫排纂先後檢其篇第尚得十之八九又考宋人書之徵引薛史者每條採錄以補其闕遂得依原本卷數勒成一編晦而復彰散而復聚殆實有神物呵護以待時而出者遭逢之幸洵非偶然也歐陽修文章遠出

居正等上其筆削體例亦特謹嚴然自宋時論二史者卽互有所主司馬光作通鑑胡三省作通鑑註皆專據薛史而不取歐史沈括洪邁王應麟輩爲一代博洽之士其所著述於薛歐二史亦多兼採而未嘗有所軒輊蓋修所作皆刊削舊史之文意主斷制不肎以紀載叢碎自貶其體故其詞極工而於情事或不能詳備至居正等奉詔撰述本在宋初其時秉筆之臣尚多逮事五代見聞較近紀傳皆首尾完具可以徵信故異同所在較核事蹟往往以此書爲證雖其文體平弱不免敘次煩冗之病而遺聞瑣事反藉以獲傳實足爲考古者參稽之助又歐史止述司天職方二考而諸志俱闕凡禮樂職官之制度選舉刑法之沿革上承唐典下開宋制者一槩無徵亦不及薛史諸志爲有裨於文獻蓋二書繁簡各有體裁學識兼資難於偏廢昔修與宋祁所撰新唐書事增文省足以括劉昫舊書而昫書仰荷皇上表章今仍得列於正史況是書文雖不及歐陽而事蹟較備

又何可使隱沒不彰哉謹考次舊文釐爲梁書二十四卷唐書五十卷晉書二十四卷漢書十一卷周書二十二卷世襲列傳二卷僭僞列傳三卷外國列傳二卷志十二卷共一百五十卷別爲目錄二卷而蒐羅排纂之意則著於凡例茲不贅列焉

（卷目）（一至二十四）梁書（二十五至七十四）唐書（七十五至九十八）晉書（九十九至一百九）漢書（一百十至一百三十一）周書（一百三十二）（一百三十三）世襲列傳（一百三十四至一百三十六）僭僞列傳（一百三十七）（一百三十八）外國列傳（一百三十九至一百五十）志

新五代史 七十四卷

（著者小傳）歐陽修（見前） 徐無黨宋永康人從歐陽修學古文詞修稱其文日進如水涌山出嘗爲修注五代史得良史筆意皇祐中登進士第爲郡教授以卒

〔四庫提要〕宋歐陽修撰本名新五代史記世稱五代史者省其文
也唐以後所修諸史惟是書爲私撰故當時未上於朝修歿之後始
詔取其書付國子監開雕遂至今列爲正史大致褒貶祖春秋故義
例謹嚴敘述祖史記故文章高簡而事實則不甚經意諸家攻駁散
見他書者無論其特勒一編者如吳縝之五代史纂誤楊陸榮之五
代史志疑引繩批根動中要害雖吹求或過要不得謂之盡無當也
然則薛史如左氏之紀事本末賅具而斷制多疏歐史如公穀之發
例褒貶分明而傳聞多謬兩家之並立當如三傳之俱存尊此一書
謂可兼賅五季是以名之輕重爲史之優劣矣且周官太史掌國之
六典漢法亦天下計書先上太史史之所職兼司掌故八書十志遷
固相因作者沿波遞相撰述使政刑禮樂沿革分明皆所謂國之大
紀也修作是書僅司天職方二考寥寥數頁餘槩從删雖曰世衰祚
短文獻無徵然王溥五代會要蒐輯遺編尚裒然得三十卷何以經

修編錄乃至全付闕如此由信史通之謬談（劉知幾欲廢表志見史通表曆書志二篇）成
茲偏見元纂宋遼金三史明纂元史國朝纂明史皆仍用舊規不從
修例豈非以破壞古法不可以訓乎此書之失此爲最大若不考韓
通之褒贈（案宋太祖褒贈韓通敕今載宋文鑑中）有所諱而不立傳者一節偶疎諸史
類然不足以爲修病也修之文章冠冕有宋此書一筆一削尤具深
心其有裨於風教者甚大惟其考證之疎則有或不盡知者故具論
如右俾來者有所別白其註爲徐無黨作頗爲淺陋相傳已久今仍
並錄之焉

（卷目）（一至十二）本紀（十三至五十七）列傳（五十八至六十）考（六十一至七十一）世家年譜（七十二至七十四）附錄

宋史 四百九十六卷

（著者小傳）脫脫蒙古八隣部人字大用年十五爲皇太子怯憐口怯薛官至元中累遷御史大夫大振綱紀中外肅然時其伯父伯顏

專恣凶虐脫脫與父計逐之至正中進中書右丞相悉更伯顏舊政中外翕然稱爲賢相時詔修遼金元三史命脫脫爲都總裁官又請修至正條格頒天下尋因病辭位召爲太傅會芝蔴李張士誠等反脫脫總制諸省軍討之以出師無功被劾削爵安置淮安尋改流雲南哈麻矯詔鴆殺之

（四庫提要）元托克托等奉敕撰[案托克托原作脫脫今改正]其總目題本紀四十七志一百六十二表三十二列傳二百五十五然卷四百七十八至卷四百八十三實爲世家六卷總目未列蓋偶遺也其書僅一代之史而卷帙幾盈五百檢校既已難周又大旨以表章道學爲宗餘事皆不甚措意故舛謬不能殫數柯維騏宋史新編僅引容齋五筆辨正向敏中李宗諤數事未能旁及其後沈世泊撰宋史就正編綜覈前後多所匡糾如謂高宗紀紹興十三年八月戊戌洪皓至自燕而洪皓傳作七月見於內殿朱倬傳宣和五年登進士第據徽宗紀

則宣和六年策進士是爲甲辰科實非五年此紀傳之互異也宋準傳云李昉知貢舉擢準甲科會貢士徐士廉擊登聞鼓訴昉取舍非當太宗怒召準覆試後遂行殿試據選舉志則開寶六年御殿給紙筆別賜殿試遂爲常制是太祖時事誤作太宗蘇舜欽傳云康定中河東地震舜欽詣匭通疏據五行志則地震在寶元元年康定止一年無地震事此志傳之互異也杜太后傳云母范氏生五子三女太后居長而杜審琦傳則云審琦昭憲皇太后之兄太后昆仲五人審琦居長又太后傳云生太祖太宗秦王廷美據廷美傳則其母爲陳國夫人耿氏張浚傳云浚擢殿中侍御史駕幸東南後軍統制韓世忠所部逼逐諫臣墜水死浚奏奪世忠觀察使據韓世忠傳世忠乃左軍統制非後軍統制案本紀後軍統制爲張煥紀又云後軍將孫琦等作亂逼左正言盧臣中墮水死不言世忠又滕康傳世忠以不能戢所部坐贖金康復論世忠無赫赫功詔降世忠一官是奏奪世忠觀察使者乃滕康非張浚此傳文前後之

互異也譏宋史者謂諸傳載祖父之名而無事實似誌銘之體詳官
階之遷除而無所刪節似申狀之文然好之者或以爲世系官資轉
可藉以有考及證以他書則宋史諸傳多不足憑如晁補之傳云太
子少傅迥五世孫宗慤之曾孫也父端友據黃庭堅爲補之父端友
撰誌銘云晁氏世載遠矣有諱迥者以太子少保致仕謚文元君之
曾王父諱迪贈刑部侍郎王父諱宗簡贈吏部尙書父諱仲偃庫部
員外郎刑部梘文元母弟也是補之實非迥五世孫又晁迥傳云迥
子宗慤據曾鞏南豐集宗慤父名邁是補之實非宗慤曾孫謝絳傳
云祖懿文父濤據范仲淹撰謝濤誌銘懿文生崇禮崇禮生濤濤生
絳是謝絳實爲懿文曾孫然則所述世系豈足盡信哉洪邁傳云乾
道二年知吉州六年知贛州辛卯歲饑十一年知婺州十三年拜翰
林學士淳熙改元進煥章閣學士據本紀淳熙十四年有翰林學士
洪邁言則淳熙改元當作紹熙改元乾道無十三年傳云辛卯歲饑

爲乾道七年則十三年上當加淳熙二字又邁以淳熙十年知太平州今瑞麻讚姑孰帖尚在太平而傳文闕載然則所敘官資又豈可盡信哉至於宋師伐遼高鳳以易州來歸見北盟會編而宋史誤作郭藥師紹興中趙鼎以奉國軍節度使出知紹興府見宰輔編年錄而宋史誤作忠武軍失載王堅之守城不降與林同之題壁自盡忠義之士尚多闕落尤爲疎漏之大者矣其所攻駁皆一一切中其失然其前後復沓牴牾尚不止此世泊亦不能悉舉也蓋其書以宋人國史爲稿本宋人好述東都之事故史文較詳建炎以後稍略理度兩朝宋人罕所紀載故史傳亦不具首尾文苑傳止詳北宋而南宋止載周邦彥等數人循吏傳則南宋更無一人是其明證至於南唐劉仁贍之死節歐陽修五代史記司馬光通鑑俱爲之證明而此書仍作以城降李瀚終於遼未嘗入宋見遼史本傳而此書仍附於李濤傳是於久列學官之書共在史局之稿尚不及互相勘證則其他

抑可知矣自柯維騏以下屢有改修然年代緜邈舊籍散亡仍以是書爲稿本小小補苴亦終無以相勝故考兩宋之事終以原書爲據迄今竟不可廢也

〔卷目〕（一至四十七）本紀（四十八至二百九）志（二百十至二百四十二）表（二百四十三至四百九十六）列傳

遼史一百十六卷

〔著者小傳〕脫脫（見前）

〔四庫提要〕元托克托等奉敕撰至正三年四月詔儒臣分撰於四年三月書成爲本紀三十卷志三十一卷表八卷列傳四十六卷國語解一卷考遼制書禁甚嚴凡國人著述惟聽刊行於境內有傳於鄰境者罪至死（見沈括夢溪筆談僧行均龍龕手鏡條下）蓋國之虛實不以示敵用意至深然以此不流播於天下迨五京兵燹之後遂至舊章散失澌滅無遺觀袁桷修三史議蘇天爵三史質疑知遼代載籍可備修史之資

者寥寥無幾故當時所據惟耶律儼陳大任二家之書見聞既隘又蒇功於一載之內無暇旁搜潦草成編實多疏略其閒左支右詘痕迹灼然如每年遊幸既具書於本紀矣復爲遊幸表一卷部族之分合既詳述於營衞志矣復爲部族表一卷屬國之貢使亦具見於本紀矣復爲屬國表一卷義宗之奔唐章肅之爭國既屢見於紀志表矣復屢書於列傳文學僅六人而分爲兩卷伶官宦官本無可紀載而強綴三人此其重複瑣碎在史臣非不自知特以無米之炊足窮巧婦故不得已而縷割分隸以求卷帙之盈勢使之然不足怪也然遼典雖不足徵宋籍非無可考東都事略載遼太宗建國號大遼聖宗卽位改大遼爲大契丹國道宗咸雍二年復改國號大遼考重熙十六年釋迦佛舍利鐵塔記石刻今尚在古爾板蘇巴爾漢其文稱維大契丹國興中府重熙十五年丙戌歲十一月丁丑朔云云與王偁所記合而此書不載是其於國號之更改尚未詳也文獻通考稱

遼道宗改元壽昌洪遵泉志引李季興東北諸蕃樞要云契丹主天祚年號壽昌又引北遼通書云天祚卽位壽昌七年改爲乾統而此書作壽隆殊不思聖宗諱隆緒道宗爲聖宗之孫何至紀元而犯祖諱考今興中故城卽古爾板蘇巴爾漢譯言三塔也故土人亦稱三座塔云東南七十里柏山有安德州靈巖寺碑稱壽昌初元歲次乙亥又有玉石觀音像倡和詩碑稱壽昌五年九月又易州有興國寺太子誕聖邑碑稱壽昌四年七月均與洪遵所引合又老學菴筆記載聖宗改號重熙後避天祚嫌名追稱重熙曰重和考興中故城鐵塔旁記有天慶二年釋迦定光二佛舍利塔記稱重和十五年鑄鐵塔與陸游所記亦合而此書均不載是其於改元之典章多舛漏也潛研堂金石文跋尾又稱據太子誕聖邑碑諸人結銜知遼制有知軍州事通判軍州事知縣事之名而百官志亦不載是其於制度有遺闕也至厲鶚遼史拾遺所摭更不可以僕數此則考證未詳不得委之文獻無徵矣然其書以

實錄爲憑無所粉飾如宋史載太平興國七年戰於豐州據此書則云宋使請和宋史忠義傳有康保裔據此書則云保裔被擒而降後爲昭順軍節度使審其事勢遼史較可徵信此三史所由並行而不可偏廢歟

（卷目）（一至三十）本紀（三十一至六十二）志（六十三至七十）表（七十一至一百十六）列傳

金史 一百三十五卷

（著者小傳）脫脫（見前）

（四庫提要）元托克托等奉敕撰凡紀十九卷志三十九卷表四卷列傳七十三卷金人肇基東海奄有中原制度典章彬彬爲盛徵文考獻具有所資即如大金弔伐一錄自天輔七年交割燕雲及天會三年再舉伐宋五年廢宋立楚至康王南渡所有國書誓誥冊表文狀指揮牒檄以載於故府案牘者具有年月得以編次成書是自開

國之初卽已遺聞不墜文藝傳稱元好問晚年以著作自任以金源氏有天下典章法制幾及漢唐國亡史作己所當任時金國實錄在順天張萬戸家乃言於張願爲撰述旣因有阻而止乃搆野史亭著述其上凡金源君臣遺言往行採摭所聞有所得輒以片紙細字爲記錄至百餘萬言纂修金史多本其所著又稱劉祁撰歸潛志於金末之事多有足徵是相承纂述復不乏人且考托克托等進書表稱張柔歸金史於其前王鶚輯金事於其後是以纂修之命見諸敷遺之謀延祐申舉而未遑天曆推行而弗竟是元人之於此書經營已久與宋遼二史取辦倉卒者不同故其首尾完密條例整齊約而不疎贍而不蕪在三史之中獨爲最善如載世紀於卷首而列景宣帝睿宗顯宗於世紀補則酌取魏書之例曆志則採趙知微之大明曆而兼考渾象之存亡禮志則掇韓企先等之大金集禮而兼及雜儀之品節河渠志之詳於二十五埽百官志之首敘建國諸官咸本本

元元具有條理食貨志則因物力之微而歎其初法之不愼選舉志則因令史之正班而推言仕進之末弊交聘表則數宋人三失而惜其不知守險不能自強皆切中事機意存殷鑒卓然有良史之風惟其列傳之中頗多疎舛如楊朴佐太祖開基見於遼史而不爲立傳晉王宗翰之上書乞免見北盟會編瀋王宗弼之遺令處分見建炎以來繫年要錄皆有關國政而本傳不書海陵之失德旣見於本紀而諸嬖之猥褻復詳述於后妃傳王倫以奉使被留未嘗受職而傳列於酈瓊李成之後張邦昌傳旣云宋史有傳事具宗翰等傳而復引本紀之文列於劉豫之前皆乖體例至昌本之南走施宜生之泄謀宇文虛中之謗訕傳聞異辭皆未能核定亦由於祇據實錄未暇旁考諸書然宋史載兩國兵事多採摭宋人所記不免浮詞如采石之戰其時海陵士卒聞大定改元離心自潰虞允文攘以爲功殊非事實此書所載獨得其真泰和以後諸臣傳尤能悉其情事蓋好

閒等得諸目覩與傳聞異詞者殊也卷三十三卷七十六中有闕文蓋明代監版之脫誤今以內府所藏元版校補仍爲完帙云

（卷目）（一至十九）本紀（二十至五十八）志（五十九至六十二）表（六十三至一百三十五）列傳

元史二百十卷

（著者小傳）宋濂明浦江人字景濂元至正中薦授翰林院編修以親老辭不赴隱東明山著書歷十餘年明初以書幣徵除江南儒學提舉命授太子經修元史累轉至翰林學士承旨知制誥以老致仕長孫愼坐法舉家謫茂州道遇疾卒正統中追諡文憲濂博極羣書孜孜聖學爲文醇深演迤與古作者並一代禮樂制作多所裁定有宋學士全集龍門子浦陽人物記篇海類編

（四庫提要）明宋濂等奉敕撰洪武二年得元十三朝實錄命修元史以濂及王褘爲總裁二月開局天寧寺八月書成而順帝一朝史

猶未備乃命儒士歐陽佑等往北平採其遺事明年二月詔重開史局閱六月書成爲紀四十七卷志五十三卷表六卷列傳九十七卷書始頒行紛紛然已多竊議迨後來遞相考證紕漏彌彰顧炎武日知錄摘其趙孟頫諸傳備書上世贈官仍誌銘之文不知芟削河渠志言耿參政祭祀志言田司徒引案牘之語失於翦裁朱彝尊曝書亭集又謂其急於成書故前後複出因舉其一人兩傳者條其篇目爲倉猝失檢之病然元史之舛駁不在於蒇事之速而在於始事之驟以後世論之元人載籍之存者說部文集尚不下一二百種以訂史傳時見牴牾不能不咎考訂之未密其在當日則重開史局距元亡二三年耳後世所謂古書皆當日時人之書也其時有未著者有著而未成者有成而未出者勢不能裒合衆說參定異同考徐一夔始豐稿有重開史局時與王褘書云近代論史者莫過於日曆日曆者史之根柢也至起居注之設亦專以甲子起例蓋紀事之法無踰

此也元則不然不置日曆不置起居注獨中書置時政科遣一文學
掾掌之以事付史館及易一朝則國史院據所付修實錄而已其於
史事固甚疎略幸而天曆閒虞集倣六典法纂經世大典一代典章
文物粗備是以前局之史既有十三朝實錄又有經世大典可以參
稽釐而成書若順帝二十六年之事既無實錄可據又無參稽之書
惟憑採訪以足成之竊恐事未必覈言未必馴首尾未必貫穿也云
云則是書之疎漏未經屬草以前一夔已預知之非盡濂等之過矣
惟是事蹟雖難以遽詳其體例則不難自定其譌脫則不難自校也
今觀是書三公宰相分爲兩表禮樂合爲一志又分祭祀輿服爲兩
志列傳則先及釋老次以方技皆不合前史遺規而刪除藝文一志
收入列傳之中遂使無傳之人所著皆不可考尤爲乖迕又帝紀則
定宗以後憲宗以前闕載者三年未必實錄之中竟無一事其爲漏
落顯然至於姚燧傳中述其論文之語殆不可曉證以元文類則引

其送暢純甫序而互易其問答之辭殊爲顛倒此不得委諸無書可檢矣是則濂等之過無以解於後人之議者耳解縉集有與吏部侍郎董倫書稱元史舛誤承命改修云云其事在太祖末年豈非太祖亦覺其未善故有是命歟若夫曆志載許衡郭守敬之曆經李謙之曆議而幷及庚午元曆之未嘗頒用者以證其異同地理志附載潘昂霄河源考而取朱思本所譯梵字圖書分註於下河渠志則北水兼及於盧溝河御河南水兼及於鹽官海塘龍山河道並詳其繕濬之宜未嘗不可爲考古之證讀者參以諸書而節取其所長可也

(卷目)(一至四十七)本紀(四十八至一百五)志(一百六至一百十三)表(一百十四至二百一十)列傳

明史三百三十二卷

(著者小傳)張廷玉清安徽桐城人字衡臣一字硯齋康熙三十九年進士雍正間官至保和殿大學士封三等勤宣伯加太保世宗遺

詔配享太廟立朝五十年富貴壽考爲有清一代之最雍正時初立
軍機與鄂爾泰同爲軍機大臣政務極繁廷玉強記愼密故世宗時
恩遇最渥奉敕撰明史卒謚文和有傳經堂集
〔四庫提要〕國朝保和殿大學士張廷玉等奉敕撰乾隆四年七月
二十五日書成表進凡本紀二十四卷志七十五卷表一十三卷列
傳二百二十卷目錄四卷其進表有曰仰惟聖祖仁皇帝搜圖書於
金石羅耆俊於山林創事編摩寬其歲月蓋康熙十八年始詔修明
史並召試彭孫遹等五十人入館纂修以記載浩繁異同岐出遞相
考證未遽定也又曰我世宗憲皇帝重申公愼之旨載詳討論之功
臣等於時奉敕充總裁官率同纂修諸臣開館排輯十五年之內幾
經同事遷流三百餘卷之書以次隨時告竣蓋雍正二年詔諸臣續
蕆其事至是乃成書也又曰鐵帙雖多牴牾互見惟舊臣王鴻緒之
史稿經名人三十載之用心進在彤幃頒來祕閣首尾略具事實頗

詳爰卽成編用爲初稿蓋康熙中戶部侍郎王鴻緒撰明史稿三百
十卷惟帝紀未成餘皆排比粗就較諸家爲詳贍故因其本而增損
成帙也其閒諸志一從舊例而稍變其例者二曆志增以圖以曆生
於數數生算算法之句股面線今密於古非圖則分刌不明藝文志
惟載明人著述而前史著錄者不載其例始於宋孝王關中風俗傳
劉知幾史通又反覆申明於義爲允唐以來弗能用今用之也表從
舊例者四曰諸王曰功臣曰外戚曰宰輔刱新例者一曰七卿蓋明
廢左右丞相而分其政於六部而都察院糾核百司爲任亦重故合
而七也列傳從舊例者十三刱新例者三曰閹黨曰流賊曰土司蓋
貂璫之禍雖漢唐以下皆有而士大夫趨勢附羶則惟明人爲最夥
其流毒天下亦至酷別爲一傳所以著亂亡之源不但示斧鉞之誅
也闖獻二寇至於亡明勦撫之失足爲炯鑒非他小醜之比亦非劇
據羣雄之比故別立之至於土司古謂羈縻州也不內不外釁隙易

萌大抵多建置於元而滋蔓於明控馭之道與牧民殊與禦敵國又殊故自爲一類焉若夫甲申以後仍續載福王之號乙酉以後仍兼載唐王桂王諸臣則頒行以後宣示綸綍特命改增聖人大公至正之心上洞三光下昭萬禩尤自有史籍以來所未嘗聞見者矣

（卷目）（一至二十四）本紀（二十五至九十九）志（一百至一百十二）表（一百十三至三百三十二）列傳

資治通鑑二百九十四卷

（著者小傳）司馬光宋夏陽人字君實七歲聞講左氏春秋即了其大旨寶元初進士歷同知諫院仁宗時請定國嗣英宗時議濮王典禮均力持正論神宗時與王安石不合去居洛十五年絕口不論時事哲宗初起爲門下侍郎拜尚書左僕射悉去新法之爲民害者在相位八月卒贈太師溫國公謚文正以居涑水鄉故世稱涑水先生著有資治通鑑及獨樂園集書儀等書　胡三省元天台人字身之

號梅磵宋寶祐進士仕至朝奉郎宋亡隱居不仕有資治通鑑音註及釋文辯誤百餘卷

〔四庫提要〕宋司馬光撰元胡三省音注光以治平二年受詔撰通鑑以元豐七年十二月戊辰書成奏上凡越十九年而後畢光進表稱精力盡於此書其採用之書正史之外雜史至三百二十二種其殘稿在洛陽者尚盈兩屋旣非掇拾殘賸者可比又助其事者史記前後漢書屬劉攽三國南北朝屬劉恕唐五代屬范祖禹又皆通儒碩學非空談性命之流故其書網羅宏富體大思精爲前古之所未有而名物訓詁浩博奧衍亦非淺學所能通光門人劉安世嘗撰音義十卷世已無傳南渡後注者紛紛而乖謬彌甚至三省乃匯合羣書訂譌補漏以成此注元袁桷清容集載先友淵源錄稱三省天台人寶祐進士賈相館之釋通鑑三十年兵難稿三失乙酉歲留袁氏家塾日手鈔定注己丑寇作以書藏窖中得免案三省自序稱乙酉

徹編與楠所記正合惟楠稱定注而今本題作音注疑出三省所自
改三省又稱初依經典釋文例爲廣注九十七卷後失其書復爲之
注始以考異及所注者散入通鑑各文之下曆法天文則隨目錄所
書而附注焉此本惟考異散入各文下而目錄所有之曆法天文書
中並未附注一條當爲後人所刪削或三省有此意而未及爲歟通
鑑文繁義博貫穿最難三省所釋於象緯推測地形建置制度沿革
諸大端極爲賅備故唐紀開元十二年內注云溫公作通鑑不特紀
治亂之迹而已至於禮樂曆數天文地理尤致其詳讀者如飲河之
鼠各充其量蓋本其命意所在而於此特發其凡可謂能見其大矣
至通鑑中或小有牴牾亦必明著其故如周顯王紀秦大良造伐魏
條注云大良造下當有衛鞅二字唐代宗紀董晉使回紇條注云此
韓愈狀晉之辭容有溢美又嚴武三鎮劍南條注云武只再鎮劍南
蓋因杜甫詩語致誤唐穆宗紀冊回鶻嗣君條注云通鑑例回鶻新

可汗未嘗稱嗣君文宗紀鄭注代杜悰鎮鳳翔條注云如上卷所書杜悰鎮忠武不在鳳翔凡若此類並能參證明確而不附會以求其合深得注書之體較尹起莘綱目發明附和回護如諧臣媚子所爲者心術之公私學術之真僞尤相去九牛毛也雖徵撫既廣不免檢點偶疏如景延廣之名出師表敗軍之事庾亮此手何可著賊之語沈懷珍之軍洋水阿那瓌之趨下口烏丸軌字文孝伯之誤句周太祖詔令兄之作令兄顧炎武日知錄並糾其失近時陳景雲亦摘地理譌舛者作舉正數十條然以二三百卷之書而蹉失者僅止於此則其大體之精密益可概見黃溥簡籍遺聞稱是書元末刊於臨海洪武初取其版藏南京國學其見重於後來固非偶矣

（卷目）（一至五）周紀（六至八）秦紀（九至六十八）漢紀（六十九至七十八）魏紀（七十九至一百十八）晉紀（一百十九至一百三十四）宋紀（一百三十五至一百四十四）齊紀（一百四十五至一

百六十六)梁紀(一百六十七至一百七十六)陳紀(一百七十七至一百八十四)隋紀(一百八十五至二百六十五)唐紀(二百六十六至二百七十一)後梁紀(二百七十二至二百七十九)後唐紀(二百八十至二百八十五)後晉紀(二百八十六至二百八十九)後漢紀(二百九十至二百九十四)後周紀

通鑑目錄 三十卷

(著者小傳)司馬光(見前)

(四庫提要)宋司馬光撰此書亦與通鑑同奏上卽進書表所謂略舉事目以備檢閱者也其法年經國緯著其歲陽歲名於上而各標通鑑卷數於下又以劉羲叟長曆氣朔閏月及列史所載七政之變著於上方復撮書中精要之語散於其閒次第釐然具有條理蓋通鑑一書包括宏富而篇帙浩繁光恐讀者倦於披尋故於編纂之時提綱挈要併成斯編使相輔而行端緒易於循覽其體全仿年表用

史記漢書舊例其標明卷數使知某事在某年某年在某卷兼用目錄之體則光之創例通鑑爲紀志傳之總會此書又通鑑之總會矣至五星淩犯之類見於各史天文志者通鑑例不備書皆具列上方亦足補本書所未及書錄解題稱光患本書浩大難領略而目錄無首尾晚著通鑑舉要歷八十卷其稿在晁說之以道家紹興初謝克家任伯得而上之今其本不傳讀書志又別載通鑑節文六十卷亦稱光所自鈔今亦不傳惟此書以附通鑑得存尙足爲全書之綱領云

（卷目）（一）（二）周紀秦紀（三至六）漢紀（七）魏紀（八至十二）晉紀（十三）宋紀（十四）宋紀齊紀梁紀（十五）（十六）梁紀（十七）陳紀隋紀（十八）隋紀唐紀（十九至二十五）唐紀（二十六）後梁紀（二十七）後梁紀後唐紀（二十八）後唐紀後晉紀（二十九）後晉紀後漢紀（三十）後周紀

續資治通鑑二百二十卷

〔著者小傳〕畢沅淸鎭洋人字纕蘅一字秋帆自號靈巖山人乾隆進士官至湖廣總督好著書經史小學金石地理之學無所不通嘗謂經義當宗漢儒說文當宗許氏編年之史莫善於涑水因有傳經表經典辨正續資治通鑑之作其他著述有墨子山海經晉書地理志校注靈巖山人詩文集等

〔本書略述〕編年之史莫善於涑水續之者有薛王徐三家徐雖優於薛王而所見書籍猶未完備且有詳南略北之病畢氏博稽羣書考證正史與史家宿學王西莊錢竹汀邵二雲諸人往返商搉手自裁定始宋迄元爲續資治通鑑二百二十卷凡四易稿而後成卷帙豐富敘事縝密詳贍幷別爲考異各附於本條下在編年史中涑水後當以此爲最善本矣

〔卷目〕（一至八）宋紀太祖（九至十九）太宗（二十至三十五）眞宗

（三十六至六十一）仁宗（六十二至六十五）英宗 （六十六至七十八）神宗（七十九至八十六）哲宗（八十七至九十五）徽宗（九十六）（九十七）欽宗（九十八至一百三十七）高宗（一百三十八至一百五十一）孝宗（一百五十二）（一百五十三）光宗（一百五十四至一百六十二）寧宗（一百六十三至一百七十七）理宗（一百七十八至一百八十） 度宗（一百八十一）（一百八十二）帝㬎（一百八十三至一百九十一）元紀世祖 （一百九十二至一百九十五）成宗（一百九十六）（一百九十七）武宗（一百九十八至二百） 仁宗（二百一）英宗（二百二至二百四）泰定帝（二百五）明宗（二百六）文宗（二百七至二百二十）順帝

明紀六十卷

（著者小傳） 陳鶴清元和人字鶴齡號稽亭嘉慶元年進士官工部主事性廉潔善古文詞熟悉史事有明紀六十卷手輯至五十二卷

而卒後八卷其孫克家續成之　克家道光二十四年舉人官內閣中書少爲桐城姚瑩所器重婁縣姚椿稱爲唐魏文貞公一流人物詩學黃庭堅後入提督張國樑幕咸豐十年殉難詔贈知府銜世襲雲騎尉

〔本書略述〕此書原本正史閱參以王氏明史稿此外說部野史雖偶有采摭亦必旁證覈實而後著之凡新異詭誕之說概置不錄於三百年禮樂刑政治亂成敗忠邪是非之大端瞭如秩如不愧良史後八卷係其孫克家賡續成之體例如一

〔卷目〕（一至六）太祖紀（七）惠帝紀（八至十）成祖紀（十一）仁宗紀（十二）宣宗紀（十三）（十四）英宗紀（十五）（十六）景帝紀（十七）英宗後紀（十八至二十）憲宗紀（二十一至二十三）孝宗紀（二十四至二十七）武宗紀（二十八至三十六）世宗紀（三十七）（三十八）穆宗紀（三十九至四十八）神宗紀（四十九）光宗

紀（五十）（五十一）熹宗紀（五十二至五十七）莊烈紀（五十八）
福王始末（五十九）唐王始末（六十）桂王始末

逸周書 十卷 附附錄校正補遺

（著者小傳）不著撰人名氏　孔晁晉時人

（四庫提要）舊本題曰汲冢周書考隋經籍志唐藝文志俱稱此書以晉太康二年得於魏安釐王冢中則汲冢之說其來已久然晉書武帝紀及荀勗束晳傳載汲郡人不準所得竹書七十五篇具有篇名無所謂周書杜預春秋集解後序載汲冢諸書亦不列周書之目是周書不出汲冢也攷漢書藝文志先有周書七十一篇今本比班固所紀惟少一篇陳振孫書錄解題稱凡七十篇敘一篇在其末京口刊本始以序散入諸篇則篇數仍七十有一與漢志合司馬遷紀武王克商事亦與此書相應許慎作說文引周書大翰若翬雉又引周書豲有爪而不敢以撅馬融註論語引周書月令鄭玄註周禮引

周書王會註儀禮引周書北唐以閭皆在汲冢前知爲漢代相傳之舊郭璞註爾雅稱逸周書李善文選註所引亦稱逸周書知晉至唐初舊本尙不題汲冢其相沿稱汲冢者殆以梁任昉得竹簡漆書不能辨識以示劉顯顯識爲孔子刪書之餘其時南史未出流傳不審遂誤合汲冢竹簡爲一事而修隋志者誤採之耶鄭元祐作大戴禮後序稱文王官人篇與汲冢周書官人解相出入汲冢書出於晉太康中未審何由相似云云殊失之不考文獻通考所引李燾跋及劉克莊後村詩話皆以爲漢時本有此書其後稍隱賴汲冢竹簡出乃得復顯是又心知其非而巧爲調停之說惟舊本載嘉定十五年丁黼跋反覆考證確以爲不出汲冢斯定論矣其書載有太子晉事則當成於靈王以後所云文王受命稱王武王周公私計東伐俘馘殷遺暴殄原獸輦括寶玉動至億萬三發下車懸紂首太白又用之南郊皆古人必無之事陳振孫以爲戰國後人所爲似非無見然左傳

引周志勇則害上不登於明堂又引書愼始而敬終終乃不困又引書居安思危又稱周作九刑其文皆在今書中則春秋時已有之特戰國以後又輾轉附益故其言駁雜耳究厥本始終爲三代之遺文不可廢也近代所行之本皆闕程寤秦陰九政九開劉法文開保開八繁箕子耆德月令十一篇餘亦文多佚脫今考史記楚世家引周書欲起無先主父偃傳引周書安危在出令存亡在所用貨殖傳引周書農不出則乏其食工不出則乏其事商不出則三寶絕虞不出則財匱少漢書引周書無爲創首將受其咎又引周書天予不取反受其咎唐六典引周書湯放桀大會諸侯取天子之璽置天子之座今本皆無之蓋皆所佚十一篇之文也觀李燾所跋已有脫爛難讀之語則宋本已然矣

〔卷目〕(一)度訓命訓常訓文酌糴匡(二)武稱允文大武大明小明大匡程典程寤秦陰九政九開劉法文開保開八繁(三)酆保大開

小開文儆文傳柔武大開武小開武寶典酆謀寤儆武順武穆(四)和寤武寤克殷大匡文政大聚世俘箕子耆德(五)商誓度邑武儆五權成開作雒皇門大戒(六)周月時訓月令謚法明堂嘗麥本典(七)官人王會(八)祭公史記職方(九)芮良夫太子晉王佩殷祝周祝(十)武紀銓法器服周書序(附附錄校正補遺)

國語二十一卷附札記一卷攷異四卷

(著者小傳)左邱明春秋魯太史與孔子同時或曰孔子弟子孔子作春秋邱明述其志而作傳是爲春秋左傳又取其遺事分國纂記是爲國語一稱爲春秋外傳　韋昭三國吳雲陽人字弘嗣少好學能屬文歷遷太子中庶子嘗承令爲博弈論爲時所稱孫皓立爲侍中領國史以持正爲皓所殺有國語注等　黃丕烈清吳縣人字紹武一字蕘圃號復翁又號佞宋居士乾隆舉人官分部主事喜藏書得宋刻百餘種顏其室曰百宋一廛刊士禮居叢書爲藏書家所重

自著有蕘言卬須集　汪遠孫清錢塘人字久也號小米又號借閑
漫士嘉慶舉人官內閣中書所著有詩考補遺漢書地理志校勘記
借閑生詞等
〔四庫提要〕吳韋昭注昭字宏嗣雲陽人官至中書僕射三國志作
韋曜裴松之注謂爲司馬昭諱也國語出自何人說者不一然終以
漢人所說爲近古所記之事與左傳俱迄智伯之亡時代亦復相合
中有與左傳未符者猶新序說苑同出劉向而時復牴牾蓋古人著
書各據所見之舊文疑以存疑不似後人輕改也漢志作二十一篇
其諸家所注隋志虞翻唐固本皆二十一卷王肅本二十二卷賈逵
本二十卷互有增減蓋偶然分併非有異同惟昭所注本隋志作二
十二卷唐志作二十卷而此本首尾完具實二十一卷諸家所傳南
北宋版無不相同知隋志誤一字唐志脫一字也前有昭自序稱兼
采鄭衆賈逵虞翻唐固之注今考所引鄭說虞說寥寥數條惟賈唐

二家援據駁正爲多序又稱凡所發正三百七事今考注文之中昭自立義者周語凡服數一條國子一條虢文公一條常棣一條鄭武莊一條仲任一條叔妘一條鄭伯南也一條請隧一條瀆姓一條楚子入陳一條晉成公一條共工一條大錢一條無射一條魯語朝聘一條刻桷一條命祀一條郊禘一條祖文宗武一條官寮一條齊語凡二十一鄉一條士鄉十五一條良人一條使海於有蔽一條八百乘一條反胙一條大路龍旂一條晉語凡伯氏一條不懼不得一條聚居異情一條貞之無報一條轅田一條二十五宗一條少典一條十月一條嬴氏一條觀狀一條三德一條上軍一條蒲城伯一條三軍一條錞于一條呂錡佐上軍一條新軍一條韓無忌一條女樂一條張老一條鄭語凡十數一條億事一條秦景襄一條楚語聲子一條懿戒一條武丁作書一條屏攝一條吳語官帥一條錞于一條自剄一條王總百執事一條兄弟之國一條來告一條向檐一條越語

乘車一條宰一條德虐一條解骨一條重祿一條不過六十七事合以所正譌字衍文錯簡亦不足三百七事之數其傳寫有誤以六十爲三百歟崇文總目作三百十事又七字轉譌也錢曾讀書敏求記謂周語昔我先世后稷句天聖本先下有王字左右免胄而下句天聖本下下有拜字今本皆脫去然所引注曰云云與此本絕不相同又不知何說也此本爲衍聖公孔傳鐸所刊如魯語公父文伯飲酒一章注中此堵父詞四字當在將使鼈長句下而誤入遂出二字下小小舛譌亦所不免然較諸坊本則頗爲精善自鄭衆解詁以下諸書並亡國語注存於今者惟昭爲最古黃震日鈔嘗稱其簡潔而先儒舊訓亦往往散見其中如朱子注論語無所取材毛奇齡詆其訓材爲裁不見經傳改從鄭康成桴材之說而不知鄭語計億事材兆物句昭注曰計算也材裁也已有此訓然則奇齡失之眉睫閒矣此亦見其多資考證也

〔卷目〕（一至三）周語（四）（五）魯語（六）齊語（七至十五）晉語（十六）鄭語（十七）（十八）楚語（十九）吳語（二十）（二十一）越語（附札記一卷考異四卷）

戰國策三十三卷附札記三卷

〔著者小傳〕高誘後漢涿郡人盧植之弟子建安中辟司空掾歷官東郡濮陽令遷河東監著有戰國策及淮南子註　姚宏宋剡人字令聲一曰伯聲宣和中在上庠南渡後初任監杭州稅調知衢州江山縣山秦檜以宿怨陷之死　黄丕烈（見前）

〔四庫提要〕舊本題漢高誘注今考其書實宋姚宏校本也文獻通考引崇文總目曰戰國策篇卷亡闕第二至第十第三十一至第三十三闕又有後漢高誘注本二十卷今闕第一第五第十一至二十止存八卷曾鞏校定序曰此書有高誘注者二十一篇或曰三十二篇崇文總目存者八篇今存者十篇此爲毛晉汲古閣影宋鈔本雖

三十三卷皆題曰高誘注而有誘注者僅二卷至四卷六卷至十卷與崇文總目入篇數合又最末三十二三十三兩卷合前八卷與曾鞏序十篇數合而其餘二十三卷則但有考異而無注其有注者多冠以續字其偶遺續字者如趙策一鄒疵注雒陽注皆引唐林寶元和姓纂趙策二甌越注引魏孔衍春秋後語魏策三芒卯注引淮南子注衍與寶在誘後而淮南子注即誘所自作其非誘注可無庸置辨蓋鞏校書之時官本所少之十二篇誘書適有其十惟闕第五第三十一誘書所闕則官書悉有之亦惟闕第五第三十一意必以誘書足官書而又於他家書內摭二卷補之此官書誘書合爲一本之由然鞏不言校誘注則所取惟正文也迨姚宏重校之時乃併所存誘注入之故其自序稱不題校人幷題續注者皆余所益知爲先載誘注故以續爲別且凡有誘注復加校正者並於夾行之中又爲夾行與無注之卷不同知校正之時注已與正文並列矣卷端曾鞏李

格王覺孫朴諸序跋皆前列標題各題其字而宏序獨空一行列於末前無標題序中所言體例又一一與書合其爲宏校本無疑其卷卷題高誘名者殆傳寫所增以贗古書耳書中校正稱曾者曾鞏本也稱錢者錢藻本也稱劉者劉敞本也稱集者集賢院本也無姓名者卽宏序所謂不題校人爲所加入者也其點勘頗爲精密吳師道作戰國策鮑注補正亦稱爲善本是元時猶知注出於宏不知毛氏宋本何以全題高誘考周密癸辛雜識稱賈似道嘗刊是書豈其門客廖瑩中等皆媟褻下流昧於檢校一時誤題毛氏適從其本影鈔歟近時揚州所刊卽從此本錄出而仍題誘名殊爲沿誤今於原有注之卷題高誘注姚宏校正續注原注已佚之卷則惟題姚宏校正續注而不列誘名庶幾各存其眞宏字令聲一曰伯聲剡川人嘗爲删定官以伉直忤秦檜瘐死大理獄中蓋亦志節之士不但其書足重也

（卷目）（一）東周（二）西周（三至七）秦（八至十三）齊（十四至十七）楚（十八至二十一）趙（二十二至二十五）魏（二十六至二十八）韓（二十九至三十一）燕（三十二）宋衞（三十三）中山（附札記三卷）

山海經箋疏十八卷附圖讚訂譌各一卷

（著者小傳）郭璞（見經部）郝懿行（見經部）

（本書略述）山海經十八卷晉郭璞註已見四庫著錄略稱卷首有劉秀校上奏稱爲伯益所作案山海經之名始見史記大宛傳司馬遷但云禹本紀山海經所有怪物余不敢言而未言爲何人所作列子稱大禹行而見之伯益知而名之夷堅聞而志之似乎即指此書而不言其名山海經王充論衡別通篇曰禹主行水益主記異物海外山表無所不至以所見聞作山海經趙煜吳越春秋所說亦同惟隋書經籍志云蕭何得秦圖書後又得山海經相傳夏禹所記其文

稍異然似皆因列子之說推而衍之觀書中載夏后啓周文王及秦漢長沙象郡餘暨下巂諸地名斷不作於三代以上殆周秦閒人所述而後來好異者又附益之歟觀楚詞天問多與相符使古無是言屈原何由杜撰朱子楚詞辨證謂其反因天問而作似乎不然至王應麟王會補傳引朱子之言謂山海經記諸異物飛走之類多云東向或曰東首疑本因圖畫而述之古有此學如九歌天問皆其類云云則得其實矣郭璞註是書見於晉書本傳隋唐二志皆云二十三卷今本乃少五卷疑後人併其卷帙以就劉秀奏中一十八篇之數非闕佚也隋唐志又有郭璞山海經圖讚二卷今其讚猶載璞集中其圖則宋志已不著錄知久佚矣舊本所載劉秀奏中稱其書凡十八篇與漢志稱十三篇者不合七略即秀所定不應自相牴牾疑其贗託然璞序已引其文相傳既久今仍併錄焉書中序述山水多參以神怪故道藏收入太玄部競字號中究其本旨實非黃老之言然

道里山川率難考據案以耳目所及百不一真諸家並以爲地理書之冠亦爲未允核實定名實則小說之最古者爾（以上四庫提要語）此本係清郝懿行箋疏先生以吳氏任臣山海經廣注畢氏沅山海經校注徵引雖博而於辨析異同刊正譌謬猶有未詳特採二家所長作爲箋疏箋以補注疏以證經別爲訂譌一卷附於篇末計創通大義者百餘條是正譌文者三百餘條凡所指摘悉有依據足爲考證之資

〔卷目〕（一）南山經（二）西山經（三）北山經（四）東山經（五）中山經（六）海外南經（七）海外西經（八）海外北經（九）海外東經（十）海內南經（十一）海內西經（十二）海內北經（十三）海內東經（十四）大荒東經（十五）大荒南經（十六）大荒西經（十七）大荒北經（十八）海內經（附圖讚訂譌各一卷幷敘錄箋疏敘）

竹書紀年 二卷

〔著者小傳〕不著撰人名氏

〔四庫提要〕案晉書束晳傳晉太康二年汲縣人發魏襄王冢得古書七十五篇中有竹書紀年十三篇今世所行題沈約注亦與隋志相符顧炎武考證之學最爲精核所作日知錄中往往引以爲據然反覆推勘似非汲冢原書考平王東遷以後惟載晉事三家分晉以後惟載魏事是魏承晉史之明驗然晉靈公桃園之事董狐所書明見左傳孔子稱趙盾爲法受惡足知未改史文乃今本所載仍以趙穿蔽獄則非晉史之舊也束晳傳稱竹書夏年多殷益干啓位啓殺之今本皆無此文又杜預注左傳攜王奸命句引服虔說以爲伯服疏併引束晳以爲伯盤今本乃有余臣之說使竹書原有此文不應二人皆未睹則非束晳杜預所見本也郭璞注穆天子傳引紀年七條以今本核之相同者三條璞稱紀年而今在注中者三條璞時不應先有注且三條併爲一條文亦不屬其穆天子見西王母西王母止之曰有鳥䳺人一條今本無之則非郭璞所見本也隋書經籍志

曰紀年皆用夏正建寅之月爲歲首今本自入春秋以後時月並與
經同全從周正則非隋時所見本也水經注引竹書七十六條皆以
晉國紀年如春秋之爲魯史而此本晉國之年皆附周下又所引出
公六年荀瑤成宅陽梁惠王元年鄴師邯鄲師次于平陽魏襄王六
年秦取我焦及齊師伐趙東鄙圍中牟諸條今本皆無其他年月亦
多舛異則非酈道元所見本也史通引竹書文王殺季歷今本作文
丁又引竹書鄭桓公厲王之子今本錫王子多父命居洛在宣王二
十二年王子多父爲鄭公在幽王二年皆不云厲王子則非劉知幾
所見本也文選注引竹書五條今惟有太甲殺伊尹一條則非李善
所見本也開元占經引竹書四條今本皆無則非瞿曇悉達所見本
也史記索隱引竹書晉出公二十三年奔楚乃立昭公之孫是爲敬
公今本作出公薨又引秦與衛戰岸門惠王後元十一年會齊于平
阿十三年會齊于甄齊桓公君母齊宣王后宋易成肝廢君自立楮

里疾圍蒲七條今本皆無則非司馬貞所見本也穀梁傳疏引竹書紀年周昭王膠舟之事以駁呂氏春秋今本但曰王陟無膠舟事則非楊士勛所見本也元豐九域志引竹書陰司馬敗燕公子翌于武垣一條今本亦無則非王存所見本也路史引竹書周武王年五十四辨武王非年九十三今本乃作九十三又注引竹書夏后不降六十九年證世紀五十九年之異今本乃亦作五十九路史又引梁惠成八年雨骨于赤鞞注又引夏桀末年社坼裂今本並無則非羅泌羅苹所見本也戰國策注引竹書魏救中山塞集胥口今本無之則非鮑彪所見本也廣川書跋引竹書秦穆公十一年取靈邱今本無之則非董逌所見本也雖其他證以竹書往往相合然胤征稱辰弗集于房說命稱舊學于甘盤均出梅賾古文尚書在西晉之後不應先見竹書豈亦明人鈔合諸書以爲之如十六國春秋類歟觀其以春秋合夏正斷斷爲胡傳盛行以後書也沈約注外又有小字夾行

之注不知誰作中殷小庚一條稱約案史記作太庚則亦當爲約說考元和郡縣志魏武定七年始置海州隋煬帝時始置衞縣而注舜在鳴條一條稱今海州夏啓十一年放武觀一條稱今頓丘衞縣則非約語矣又所注惟五帝三王最詳他皆寥寥而五帝三王皆全鈔宋書符瑞志語約不應既著於史又不易一字移而爲此本之注然則此注亦依託耳自明以來流傳已久姑錄之以備一說其僞則終不可掩也

（卷目）（上）黃帝軒轅氏至帝辛（下）周武王至隱王

穆天子傳 六卷附錄一卷

（著者小傳）不著撰人名氏　郭璞（見經部）

（四庫提要）晉郭璞註前有荀勖序案束晳傳云太康二年汲縣人不準盜發魏襄王墓得竹書穆天子傳五篇又雜書十九篇周食田法周書論楚事周穆王美人盛姬事案今盛姬事載穆天子傳第六

卷蓋卽束晳傳所謂雜書之一篇也尋其文義應歸此傳束晳傳別出之非也此書所紀雖多夸言寡實然所謂西王母者不過西方一國君所謂縣圃者不過飛鳥百獸之所飲食爲大荒之圃澤無所謂神仙怪異之事所謂河宗氏者亦僅國名無所謂魚龍變見之說較山海經淮南子猶爲近實郭璞註爾雅於西至西王母句不過曰西方昏荒之國於河出崑崙墟句雖引大荒西經而不言其靈異其註此書乃頗引志怪之談蓋釋經不敢不謹嚴而箋釋雜書則務矜博洽故也

〔卷目〕(一至六)皆古文(附錄一卷)

家語十卷

〔著者小傳〕王肅三國魏郯人字子雍仕至中領軍散騎常侍善賈馬之學而不好鄭氏采會同異爲尙書詩論語三禮左氏解及撰定父朗所作易傳皆列於學官其所論駁朝廷典制郊祀宗廟喪紀輕

重凡百餘篇卒謚景有孔子家語注

（四庫提要）魏王肅註肅字子雍東海人官至中領軍散騎常侍事蹟具三國志本傳是書肅自序云鄭氏學行五十載矣義理不安違錯者多是以奪而易之孔子二十二世孫有孔猛者家有其先人之書昔相從學頃還家方取以來與予所論有若重規疊矩云云是此本自肅始傳也考漢書藝文志有孔子家語二十七卷顏師古註云非今所有家語禮樂記稱舜彈五弦之琴以歌南風鄭註其詞未聞孔穎達疏載肅作聖證論引家語阜財解慍之詩以難康成又載馬昭之說謂家語王肅所增加非鄭所見故王柏家語考曰四十四篇之家語乃王肅自取左傳國語荀孟二戴記割裂織成之孔衍之序亦王肅自爲也獨史繩祖學齋佔畢曰大戴一書雖列之十四經然其書大抵雜取家語之書分析而爲篇目其公冠篇載成王冠祝辭內有先帝及陛下字周初豈曾有此家語止稱王字當以家語爲正

云云今考陛下離顯先帝之光曜已下篇內已明云孝昭冠辭縄祖誤連爲祝雍之言殊未之考蓋王肅襲取公冠篇爲冠頌已誤合孝昭冠辭於成王冠辭故删去先帝陛下字竄改王字家語襲大戴非大戴襲家語就此一條亦其明證其割裂他書亦往往類此反覆考證其出於肅手無疑特其流傳已久且遺文軼事往往多見於其中故自唐以來知其僞而不能廢也其書至明代傳本頗稀故何孟春所註家語自云未見王肅本王鏊震澤長語亦稱家語今本爲近世妄庸所删削惟有王肅註者今本所無多具焉則亦僅見之也明代所傳凡二本閩徐𤊹家本中缺二十餘頁海虞毛晉家本稍異而首尾完全今徐本不知存佚此本則毛晉所校刊較之坊刻猶爲近古者矣

〔卷目〕（一）相魯始誅王言解大婚解儒行解問禮五儀解（二）致思三恕好生（三）觀周弟子行賢君辯政（四）六本辯物哀公問政

（五）顏回子路初見在厄入官困誓五帝德（六）五帝執轡本命解論禮（七）觀鄉郊問五刑解刑政禮運（八）冠頌解廟制解辯樂問玉屈節解（九）七十二弟子解本姓解終記解正論解（十）曲禮子貢問曲禮子夏問曲禮公西赤問

晏子春秋七卷附音義二卷校勘二卷

（著者小傳）晏嬰春秋齊大夫弱子字平仲事靈公莊公相景公節儉力行食不重肉妾不衣帛一狐裘三十年名顯諸侯後人采嬰行事及其諫諍之言爲晏子春秋　孫星衍（見經部）　黄以周清定海人字元同號儆季同治舉人官分水訓導事親孝爲學不拘漢宋門戶尤達三禮撰禮書通故百卷博采衆說而折衷之俞樾稱其精核光緒間主講南菁書院十五年晚選處州教授以特薦授內閣中書卒年七十有二

（四庫提要）舊本題齊晏嬰撰晁公武讀書志嬰相景公此書著其

行事及諫諍之言崇文總目謂後人採嬰行事爲之非嬰所撰然則是書所記乃唐人魏徵諫錄李絳論事集之流特失其編次者之姓名耳題爲嬰者依託也其中如王士禎池北偶談所摘齊景公圉人一事鄙倍荒唐殆同戲劇則妄人又有所竄入非原本矣劉向班固俱列之儒家中惟柳宗元以爲墨子之徒有齊人者爲之其旨多尚兼愛非厚葬久喪者又往往言墨子聞其道而稱之薛季宣浪語集又以爲孔叢子詰墨諸條今皆見晏子書中則嬰之學實出於墨蓋嬰雖略在墨翟前而史角止魯實在惠公之時見呂氏春秋仲春紀當染篇故嬰能先宗其說也其書自史紀管晏列傳已稱爲晏子春秋故劉知幾史通稱晏子虞卿呂氏陸賈其書篇第本無年月而亦謂之春秋然漢志惟作晏子隋志乃名春秋蓋二名兼行也漢志隋志皆作八篇至陳氏晁氏書目乃皆作十二卷蓋篇帙已多有更改矣此爲明李氏綿眇閣刻本內篇分諫上諫下問上問下雜上雜下

六篇外篇分上下二篇與漢志八篇之數相合若世所傳烏程閔氏刻本以一事而內篇外篇複見所記大同小異者悉移而夾註內篇下殊爲變亂無緒今故仍從此本著錄庶幾猶略近古焉

（卷目）（一）內篇諫上（二）內篇諫下（三）內篇問上（四）內篇問下（五）內篇雜上（六）內篇雜下（七）外篇（附音義校勘各二卷）

越絕書 十五卷

（著者小傳）不著撰人名氏

（四庫提要）不著撰人名氏書中吳地傳稱勾踐徙瑯琊到建武二十八年凡五百六十七年則後漢初人也書末敘外傳記以廋詞隱其姓名其云以去爲姓得衣乃成是袁字也厥名有米覆之以庚是康字也禹來東征死葬其疆是會稽人也又云文詞屬定自于邦賢以口爲姓承之以天是吳字也楚相屈原與之同名是平字也然則此書爲會稽袁康所作同郡吳平所定也王充論衡按書篇曰東番

鄒伯奇臨淮袁太伯袁文術會稽吳君高周長生之輩位雖不至公卿誠能知之囊橐文雅之英雄也觀伯奇之玄思太伯之易童句（按童疑作章）文術之箴銘君高之越紐錄長生之洞曆劉子政揚子雲不能過也所謂吳君高殆即平字所謂越紐錄殆即此書歟楊慎丹鉛錄胡侍珍珠船田藝蘅留青日札皆有是說核其文義一一脗合隋唐志皆云子貢作非其實矣其文縱橫曼衍與吳越春秋相類而博麗奧衍則過之中如計倪內經軍氣之類多雜術數家言皆漢人專門之學非後來所能依託也此本與吳越春秋皆大德丙午紹興路所刊卷末一跋諸本所無惟申明復仇之義不著姓名詳其詞意或南宋人所題耶鄭明選秕言引文選七命注引越絕書大翼一艘十丈中翼九丈六尺小翼九丈又稱王鏊震澤長語引越絕書風起震方云云謂今本皆無此語疑更有全書惜未之見按崇文總目稱越絕書舊有內記八外傳十七今文題闕舛裁二十篇是此書在北宋之

初已佚五篇選注所引蓋佚篇之文王鏊所稱亦他書所引佚篇之文以爲此本之外更有全書則明選誤矣別有續越絕書二卷上卷曰內傳本事吳內傳德序記子游內經外傳越絕後語西施鄭旦外傳下卷曰越外傳雜事別傳變越上別傳變越下經內雅琴考序傳後記朱彝尊經義考謂爲錢㲄僞撰詭云得之石匣中㲄與彝尊友善所言當實今未見傳本其僞妄亦不待辨以其續此書而作又即託於撰此書之人恐其幸而或傳久且亂真又恐其或不能傳而好異者耳聞其說且疑此書之真有續編故附訂其僞於此釋來者之惑焉

（卷目）（一）外傳本事荊平王內傳（二）外傳記吳地傳（三）吳內傳（四）計倪內經（五）請糴內傳（六）外傳紀策考（七）外傳記范伯內傳陳成恆（八）外傳記地傳（九）外傳計倪（十）外傳記吳王占夢（十一）外傳記寶劍（十二）內經九術（十三）外傳枕中（十四）

外傳春申君（十五）篇敘外傳記

吳越春秋十卷

〔著者小傳〕趙曄漢山陰人字長君少爲縣吏奉檄迎督郵曄恥爲廝役遂棄車馬去詣犍爲從杜撫受韓詩究竟其術積二十年乃歸州召補從事不就後舉有道卒於家著吳越春秋詩細歷神淵蔡邕讀詩細而歎息以爲長於論衡邕還京師傳之學者咸誦習焉

〔四庫提要〕漢趙曄撰曄山陰人見後漢書儒林傳是書前有舊序稱隋唐經籍志皆云十二卷今存者十卷殆非全書又云楊方撰吳越春秋削繁五卷皇甫遵撰吳越春秋傳十卷此二書今人罕見獨曄書行於世史記注有徐廣所引吳越春秋語而索隱以爲今無此語他如文選注引季札見遺金事吳地記載闔閭時夷亭事及水經注嘗載越事數條類皆援據吳越春秋今曄本咸無其文云云考證頗爲詳悉然不著名姓漢魏叢書所載合十卷爲六卷而削去此序

倂注亦不題撰人彌失其初此本爲元大德十年丙午所刊後有題
識云前有文林郞國子監書庫官徐天祜音注然後知注中稱徐天
祜曰者卽注者之自名非援引他書之語惟其後又列紹興路儒學
學錄留堅學正陳昺伯教授梁相正議大夫紹興路總管提調學校
官劉克昌四人不知序出誰手耳聵所述雖稍傷曼衍而詞頗豐蔚
其中如伍尙占甲子之日時加於巳范蠡占戊寅之日時加日出有
騰蛇青龍之語文種占陰畫六陽畫三有玄武天空天關天梁天一
神光諸神名皆非三代卜筮之法未免多所附會至於處女試劍老
人化猿公孫聖三呼三應之類尤近小說家言然自是漢晉閒稗官
雜記之體徐天祜以爲不類漢文是以馬班史法求之非其倫也天
祜注於事迹異同頗有考證其中如季孫使越子期私與吳爲市之
類雖猶有未及詳辨者而原書失實之處能糾正者爲多其旁核衆
說不徇本書猶有劉孝標注世說新語之遺意焉

〔卷目〕（一）吳太伯傳（二）吳王壽夢傳（三）王僚使公子光傳（四）闔閭內傳（五）夫差內傳（六）越王無余外傳（七）句踐入臣外傳（八）句踐歸國外傳（九）句踐陰謀外傳（十）句踐伐吳外傳

列女傳 八卷

〔著者小傳〕劉向漢楚元王之後字子政本名更生初爲諫大夫宣帝招選名儒俊材向以通達能屬文與焉爲人簡易無威儀專積思於經術晝誦書傳夜觀星宿或不寐達旦數上封事以陰陽休咎論時政得失語甚切直元帝時爲中壘校尉時外戚王氏擅權帝數欲用爲九卿爲王氏及諸大臣所持官終不遷所著有洪範五行傳列女傳列仙傳新序說苑等書　梁端清錢唐人適同邑汪遠孫

〔本書略述〕列女傳八卷漢劉向撰已見四庫著錄略稱漢書藝文志儒家類載向所序六十七篇註曰新序說苑世說列女傳頌圖也隋書經籍志雜傳類載列女傳十五卷註曰劉向撰曹大家註其書

屢經傳寫至宋代已非復古本故曾鞏序錄稱曹大家所註離其七篇爲十四與頌義凡十五篇而益以陳嬰母及東漢以來凡十六事非向本書然也嘉祐中集賢校理蘇頌始以頌義編次復定其書爲八篇與十五篇者並藏於館閣是鞏校錄時已有二本也又王回序曰此書有母儀賢明仁智貞順節義辨通孽嬖等目而各頌其義圖其狀總爲卒篇傳如太史公記頌如詩之四言而圖爲屏風然世所行向書乃分傳每篇上下併頌爲十五卷其十二傳無頌三傳同時人五傳其後人通題曰向撰題其頌曰向子歆撰與漢史不合故崇文總目以陳嬰母等十六傳爲後人所附予以頌考之每篇皆十五傳耳則凡無頌者宜皆非向所奏書不特自陳嬰母爲斷也向所序書多散亡獨此幸存而復爲他手所亂故併錄其目而以頌證之删爲八篇號古列女傳餘十二傳其文亦奧雅可喜故又以時次之別爲一篇號續列女傳又稱直祕閣呂縉叔集賢校理蘇子容象山令

林次中各言嘗見母儀賢明四傳於江南人家其畫爲古佩服而各題其頌像側是回所見一本所聞一本所刪定又一本也錢曾讀書敏求記曰此本始於有虞二妃至趙悼后號古列女傳周郊婦人至東漢梁嫕等以時次之別爲一篇號續列女傳頌義大序列於目錄前小序七篇散見目錄中間頌見各人傳後而傳各有圖卷首標題晉大司馬參軍顧愷之圖畫蘇子容嘗見江南人家舊本其畫爲古佩服各題其頌像側者與此恰相符合定爲古本無疑云云此本即曾家舊物題識印記並存驗其版式紙色確爲宋槧誠希覯之珍笈惟蘇頌等所見江南本在王回刪定以前而此本八篇之數與回本合古列女傳續列女傳之目亦與回本合即嘉祐八年回所重編之本曾據以爲江南舊本則稍失之耳其頌本向所作曾鞏及回所言不誤而晁公武讀書志乃執隋志之文詆其誤信顏籀之註不知漢志舊註凡稱師古曰者乃籀註其不題姓氏者皆班固之自註以頌

圖屬向乃固說非籀說也考顏氏家訓稱列女傳劉向所造其子歆又作頌是譌傳頌爲歆作始於六朝修隋志時去之推僅四五十年襲其誤耳豈可遽以駁漢書乎續傳一卷曾鞏以爲班昭作其說無證特以意爲之晁公武竟以爲項原作則舛謬彌甚隋志載項原列女後傳十卷非一卷也必牽引旁文曲相附會則隋志又有趙母注列女傳七卷高氏列女傳八卷皇甫謐列女傳六卷綦母邃列女傳七卷又有曹植列女傳頌一卷繆襲列女讚一卷將續傳亦可牽爲趙母等頌亦可牽爲曹植等矣又豈止劉歆班昭項原乎今前七卷及頌題向名續傳一卷則不署撰人庶幾核其實而闕所疑焉以上四庫

提要語 此本係清汪遠孫妻梁端所校釋而刻之振綺堂者臚舉同異音義並述張之洞書目答問特爲著錄亦可見其校釋之詳核矣

（卷目）（一）母儀傳（二）賢明傳（三）仁智傳（四）貞順傳（五）節義傳（六）辯通傳（七）孽嬖傳（八）續列女傳

說苑二十卷

（著者小傳）劉向（見前）

（四庫提要）漢劉向撰是書凡二十篇隋唐志皆同崇文總目云今存者五篇餘皆亡曾鞏校書序云得十五篇於士大夫家與舊爲二十篇晁公武讀書志云劉向說苑以君道臣術建本立節貴德復恩政理尊賢正諫法誡善說奉使權謀至公指武談叢雜言辨物修文爲目陽嘉四年上之闕第二十卷曾子固所得之二十篇正是析十九卷作修文上下篇耳今本第十法誡篇作敬愼而修文篇後有反質篇陸游渭南集記李德芻之言謂得高麗所進本補成完書則宋時已有此本晁公武偶未見也其書皆錄遺聞佚事足爲法戒之資者其例略如詩外傳葉大慶考古質疑摘其趙襄子賞晉陽之功孔子稱之一條諸御已諫楚莊王築臺引伍子胥一條晏子使吳見夫差一條晉太史屠餘與周桓公論晉平公一條晉勝智氏後闔閭襲

郢一條楚左史倚相論越破吳一條晏子送曾子一條晉昭公時戰郯一條孔子對趙襄子一條皆時代先後邈不相及又介子推舟之僑並載其龍蛇之歌而之僑事尤舛黃朝英緗素雜記亦摘其固桑對晉平公論養士一條新序作舟人古乘對趙簡子又楚文王爵筦饒一條新序作楚共王爵筦蘇二書同出向手而自相矛盾殆捃拾衆說各據本文偶爾失於參校也然古籍散佚多賴此以存如漢志河閒獻王八篇隋志已不著錄而此書所載四條尚足見其議論醇正不愧儒宗其他亦多可採擇雖閒有傳聞異詞固不以微瑕累全璧矣

（卷目）（一）君道（二）臣術（三）建本（四）立節（五）貴德（六）復恩（七）政理（八）尊賢（九）正諫（十）敬慎（十一）善說（十二）奉使（十三）權謀（十四）至公（十五）指武（十六）叢談（十七）雜言（十八）辨物（十九）修文（二十）反質

東觀漢記二十四卷附東觀漢記范書異同

（著者小傳）清乾隆四十二年敕諸史臣校補此書之沿革具詳原書卷首史臣所上表文內

（四庫提要）案東觀漢記隋書經籍志稱長水校尉劉珍等撰今考之范書珍未嘗爲長水校尉且此書創始在明帝時不可題珍等居首案范書班固傳云明帝始詔班固與睢陽令陳宗長陵令尹敏司隸從事孟異共成世祖本紀固又撰功臣平林新市公孫述事作列傳載紀二十八篇此漢記之初創也劉知幾史通古今正史篇云安帝詔史官謁者僕射劉珍諫議大夫李尤雜作紀表名臣節士儒林外戚諸傳起建武訖永初范書劉珍傳亦稱鄧太后詔珍與劉騊駼作建武以來名臣傳此漢記之續也史通又云珍尤繼卒復命侍中伏無忌與諫議大夫黃景作諸王王子功臣恩澤侯表與單于西羌傳地理志元嘉元年復令大中大夫邊韶大軍營司馬崔實議郎

朱穆曹壽雜作孝穆崇二皇及順烈皇后傳又增外戚傳入安思等
后儒林傳入崔篆諸人實壽又與議郎延篤雜作百官表順帝功臣
孫程郭願鄭衆蔡倫等傳凡百十有四篇號曰漢記范書伏湛傳亦
云元嘉中桓帝詔伏無忌與黃景崔實等共撰漢記延篤傳亦稱篤
與朱穆邊韶共著作東觀此漢記之再續也蓋至是而史體粗備乃
肇有漢記之名史通又云熹平中光祿大夫馬日磾議郎蔡邕楊彪
盧植著作東觀接續紀傳之可成者而邕別有朝會車服二志後坐
事徙朔方上書求還續成十志董卓作亂舊文散逸及在許都楊彪
頗存註紀案范書蔡邕傳邕在東觀與盧植韓說等撰補後漢記所
作靈紀及十意又補諸列傳四十二篇因李傕之亂多不存盧植傳
亦稱熹平中植與邕說並在東觀補續漢記又劉昭補註司馬書引
袁崧書云劉洪與蔡邕共述律曆紀又引謝承書云胡廣博綜舊儀
蔡邕因以爲志又引謝沈書云蔡邕引中興以來所修者爲祭祀志

章懷太子范書註稱邕上書云臣科條諸志所欲删定者一所當接續者四前志所無臣欲著者五此漢記之三續也其稱東觀者後漢書註引雒陽宮殿名云南宮有東觀范書竇章傳云永初中學者稱東觀爲老氏藏室道家蓬萊山蓋東漢初著述在蘭臺至章和以後圖籍盛於東觀修史者皆在是焉故以名書隋志稱書凡一百四十三卷而新舊唐書志則云一百二十六卷又錄一卷蓋唐時已有闕佚隋志又稱是書起光武訖靈帝今考列傳之文閒紀及獻帝時事蓋楊彪所補也晉時以此書與史記漢書爲三史人多習之故六朝及初唐人隸事釋書類多徵引自唐章懷太子集諸儒註范書盛行於代此書遂微北宋時尚有殘本四十三卷趙希弁讀書附志邵博聞見後錄並稱其書乃高麗所獻蓋已罕得南宋中興書目則止存鄧禹吳漢賈復耿弇寇恂馮異祭遵景丹蓋延九傳共八卷有蜀中刊本流傳而錯誤不可讀上蔡任滂始以祕閣本讎校羅願爲序行

之刻版於江夏又陳振孫書錄解題稱其所見本卷第凡十二而闕第七第八二卷卷數雖似稍多而核其列傳之數亦止九篇則固無異於書目所載也自元以來此書已佚永樂大典於鄧吳賈耿諸韻中並無漢記一語則所謂九篇者明初即已不存矣本朝姚之駰撰後漢書補逸曾蒐集遺文析爲八卷然所採祇據劉昭續漢書十志補註後漢書註虞世南北堂書鈔歐陽詢藝文類聚徐堅初學記五書又往往掇拾不盡挂漏殊多今謹據姚本舊文以永樂大典各韻所載參考諸書補其闕逸所增者幾十之六其書久無刻版傳寫多譌姚本隨文鈔錄謬戾百出且漢記目錄雖佚而紀表志傳載記諸體例史通及各書所載梗概尚一一可尋姚本不加考證隨意標題割裂顛倒不可殫數今悉加釐正分爲帝紀三卷年表一卷志一卷列傳十七卷載記一卷其篇第無可考者别爲佚文一卷而以漢紀與范書異同附錄於末雖殘珪斷璧零落不完而古澤斑爛罔非瑰

寶書中所載如章帝之詔增修羣祀杜林之議郊祀東平王蒼之議廟舞並一朝大典而范書均不詳載其文他如張順預起義之謀王常贊昆陽之策楊政之嚴正趙勤之潔清亦復概從闕如殊爲疏略惟賴茲殘笈讀史者尚有所稽則其有資考證良非淺鮮尤不可不亟爲表章矣

（卷目）（一至三）帝紀（四）年表（五）志（六至二十二）列傳（二十三）載記（二十四）佚文（附東觀漢記范書異同）

晉略 六十卷附表及序目

（著者小傳）周濟清荊溪人字保緒一字介存號未齋晚號止庵嘉慶進士官淮安府教授少與同郡李兆洛涇縣包世臣以經世學相切劘兼通兵家言潛心著述所著書以晉略爲最著又有說文字系韻原介存齋詩味儁齋詞史義

（本書略述）周氏好讀史尤好觀古將帥兵略暇則兼習騎射擊刺

洞曉兵機隱然負用世志一腔蘊蓄磅礴無寄乃著爲晉略一書體例精深識議英特其諸論贊中於攻取防守地勢必反覆曲折確有指歸俾覽者得所依據自言此書爲一生精力所聚實亦一生志略所寓也其行文亦雅潔簡練篇幅略於晉書而事實之詳贍則過之

（卷目）本紀（一至六）表（一至五）列傳（一至三十六）國傳（一至十二）彙傳（一至七）（附序目）

貞觀政要 十卷

（著者小傳）吳兢唐浚儀人少厲志貫知經史詔直史館修國史累遷起居郎明皇時屢陳得失帝頗納之封長與縣男卒兢敍事簡核號良史初與劉子玄撰武后實錄敍張昌宗誘張說誣執魏元忠事及說爲相屢以情懇改辭曰徇公則何名實錄卒不改世稱董狐云又撰貞觀政要大唐春秋樂府古題要解

（四庫提要）唐吳兢撰兢汴州浚儀人以魏元忠薦直史館累官太

子左庶子貶荊州司馬歷洪舒二州刺史入爲恆王傅天寶初年八十卒事蹟具唐書本傳宋中興書目稱兢於太宗實錄外采其與羣臣問答之語作爲此書用備觀戒總四十篇新唐書著錄十卷均與今本合考舊唐書曹確傳載確奏臣覽貞觀故事太宗初定官品云云其文與此書擇官篇第一條相同而唐志所錄別無貞觀故事豈即此書之別名歟其書在當時嘗經表進而不著年月惟兢自序所稱侍中安陽公者乃源乾曜中書令河東公者乃張嘉貞考玄宗本紀乾曜爲侍中嘉貞爲中書令皆在開元八年則兢成此書又在八年以後矣書中所記太宗事蹟以唐書通鑑參考亦頗見牴牾如新舊唐書載太宗作威鳳賦賜長孫無忌而此作賜房玄齡通鑑載張蘊古以救李好德被誅而此謂其與囚戲博漏洩帝旨事狀迥異又通鑑載皇甫德參上書賜絹二十匹拜監察御史而此但作賜帛二十段又通鑑載宗室諸王降封由封德彝之奏貞觀初放宮人由

李百藥之奏而此則謂出於太宗獨斷俱小有異同史稱兢敘事簡
核號良史而晚節稍疎牾此書蓋出其耄年之筆故不能盡免滲漏
然太宗為一代令辟其良法善政嘉言懿行臚具是編洵足以資法
鑒前代經筵進講每多及之故中興書目稱歷代寶傳至今無闕伏
讀皇上御製樂善堂集開卷首篇卽邀褒詠千年舊籍榮荷表章則
是書之有裨治道亦概可見矣書中之注為元至順四年臨川戈直
所作又採唐柳芳晉劉昫宋宋祁孫甫歐陽脩曾鞏司馬光孫洙范
祖禹馬存朱黼張九成胡寅呂祖謙唐仲友葉適林之奇真德秀陳
惇脩尹起莘程奇及呂氏通鑑精義二十二家之說附之名曰集論
吳澄郭思貞皆為之序直字伯敬卽澄之門人也
（卷目）（一）論君道論政體（二）論任賢論求諫論納諫（三）論君臣
鑒戒論擇官論封建（四）論太子諸王定分論尊敬師傅論教戒太
子諸王論規諫太子（五）論仁義論忠義論孝友論公平論誠信

（六）論儉約論謙讓論仁惻愼所好愼言語杜讒邪論悔過論奢縱論貪鄙（七）崇儒學論文史論禮樂（八）論務農論刑法論赦令辯興亡論貢賦（九）議征伐議安邊（十）論行幸論畋獵論災祥論愼終

摭言十五卷

（著者小傳）王定保南漢南昌人唐光化進士劉隱辟爲幕屬劉龑時累官中書侍郎同平章事善文辭有唐摭言

（四庫提要）五代王定保撰舊本不題其里貫其序稱王溥爲從翁則溥之族也陳振孫書錄解題謂定保爲吳融之壻光化三年進士喪亂後入湖南五代史南漢世家稱定保爲邕管巡官遭亂不得還劉隱辟置幕府至劉龑僭號之時尚在其所終則不得而詳矣考定保登第之歲距朱温篡唐僅六年又序中稱溥爲丞相則是書成於周世宗顯德元年以後故題唐國號不復作內詞然定保生於咸通

庚寅至是年八十五矣是書蓋其暮年所作也同時南唐鄉貢士何晦亦有唐摭言十五卷與定保書同名今晦書未見而定保書刻於商氏稗海者刪削大半殊失其真此本爲松江宋賓王所錄末有跋語稱以汪士鋐本校正較稗海所載特爲完備近日揚州新刻即從此本錄出惟是晁公武讀書志稱是書分六十三門而此本實一百有三門數目差舛不應至是豈商濬之前已先有刪本耶是書述有唐一代貢舉之制特詳多史志所未及其一切雜事亦足以覘名場之風氣驗士習之淳澆法戒兼陳可爲永鑒不似他家雜錄但記異聞已也據定保自述蓋聞之陸扆吳融李渥顏蕘王溥王渙盧延讓楊贊圖崔籍若等所談云

（卷目）共十五卷

宣和遺事 二卷

（著者小傳）係宋人所撰惟不知撰人姓名

〔本書略述〕此書似係南宋憤世之士所著故隱其名全書始王安石爲相迄秦檜掌權定都臨安而止於小人之誤國著之特詳以明徽欽蒙塵既有由來末謂高宗失恢復之機有二建炎之初黃潛善汪伯彥偷安目前誤之紹興以後秦檜爲虜用間誤之以致君父之大讎未報國家之大恥未雪尤屬扼要之論足爲後來殷鑑至書中純用當時通俗文字俚而不傷於雅非特爲稗史中之佳著並可爲今日之治語體文者通其郵也

〔卷目〕分前後兩集

靖康傳信錄 三卷

〔著者小傳〕李綱宋邵武人字伯紀政和進士靖康初爲兵部侍郎金人來侵力主迎戰被謫高宗即位首召爲相修內治整邊防講軍政力圖恢復黃潛善等沮之七十餘日而罷卒謚忠定綱負天下重望以一身用舍爲社稷人民安危每宋使至燕山必問李綱趙鼎安

否其爲遠人畏服如此詩文雄深雅健以喜談佛理爲南宋諸儒所不道有易傳內外篇論語詳說梁溪集

（本書略述）靖康和戰之議實爲當時朝野聚訟之一大端時李綱方整率義旅以援王室凡朝廷論議靡不躬預其事屢以奏對不合求去此書卽錄其事之本末皆翔實可信自序言致寇之由有二失其所以戰並失其所以和以致賊志益侈無所忌憚又言以後非內外大小同心協力扶持宗社雖使寇退亦難支吾蓋痛當時士大夫溺於媮惰苟安娼嫉挑撥之習足以亡國語長心重不媿爲良史之紀載也

路史 四十七卷

（卷目）共三卷

（著者小傳）羅泌宋廬陵人字長源著路史遠涉皇古多採緯書及道家言不免龐雜然引據浩博文采瑰麗其國名紀考證尤精核

羅苹泌子

〔四庫提要〕宋羅泌撰泌字長源廬陵人是書成於乾道庚寅凡前紀九卷述初三皇至陰康無懷之事後紀十四卷述太昊至夏履癸之事國名紀八卷述上古至三代諸國姓氏地理下逮兩漢之末發揮六卷餘論十卷皆辨難考證之文其國名紀第八卷載封建後論一篇究言一篇必正劉子一篇國姓衍慶紀原一篇蓋以類相附惟歸愚子大衍數一篇天衍說一篇四象說一篇與封建渺無所涉考發揮第一卷之首有論太極一篇明易彖象一篇易之名一篇與大衍等三篇爲類疑本發揮之文校刊者以卷帙相連誤竄入國名紀也泌自序謂皇甫謐之世紀譙周之史考張愔之系譜馬總之通曆諸葛耽之帝錄姚恭年之歷帝紀小司馬之補史劉恕之通鑑外紀其學淺狹不足取信蘇轍古史第發明索隱之舊未爲全書因著是編餘論之首釋名書之義引爾雅訓路爲大所謂路史蓋曰大史也

句下註文題其子莘所撰核其詞義與泌書詳略相補似出一手殆自註而嫁名於子與皇古之事本爲茫昧泌多採緯書已不足據至於太平經洞神經丹壺記之類皆道家依託之言乃一一據爲典要殊不免龐雜之譏發揮餘論皆深斥佛教而說易數篇乃義取道家其青陽遺珠一條論大惑有九以貪仙爲材者之惑諛物爲不材之惑尤爲偏駁然引據浩博文采瑰麗劉勰文心雕龍正緯篇曰羲農軒皞之源山瀆鍾律之要白魚赤烏之符黃金紫玉之瑞事豐奇偉詞富膏腴無益經典而有助文章是以後來詞人採摭英華泌之是書殆於此類至其國名紀發揮餘論考證辨難語多精核亦頗有裨

惑持正之論固未可盡以好異斥矣

(卷目)前紀(一至九)後紀(一至十三)餘論(一至十)發揮(一至六)(國名記甲乙丙丁戊己信各一卷)

長春眞人西遊記二卷附附錄

〔著者小傳〕邱處機元棲霞人自號長春子年十九爲全眞學於寧海之崑崙山師重陽王眞人宋金之季俱遣使召不赴元太祖召之乃與弟子十八人往見於雪山以不嗜殺人及敬天愛民清心寡欲爲言太祖深契之賜宮名曰長春稱爲神仙卒贈長春演道主教眞人其往返雪山時弟子李志常著西游記二卷

〔阮元四庫未收書目提要〕元李志常撰是編志常記其師邱處機西遊事蹟孫錫序云凡山川道里之險易水土風氣之差殊與夫衣服飲食百果草木禽蟲之別靡不畢載卷末附錄則載當時詔勅等篇處機字通密又號長春子棲霞人自幼住蟠溪龍門者十有三年金大定時嘗自終南召令赴闕賜以巾冠待詔天長觀後放還山及元太祖時常召至雪山之陽眷渥倍至後復居燕之天長觀年八十餘著有磻溪集六卷此冊所載足資考證即處機各詩亦清眞平淡多可誦云

〔卷目〕分上下兩卷〔附附錄〕

聖武記十四卷

〔著者小傳〕魏源清湖南邵陽人字默深道光二十四年進士官高郵州知州文筆奧衍熟於掌故尤精輿地之學治經以西漢今文爲宗與仁和龔自珍並稱龔魏有曾子章詩句古微書古微公羊微春秋繁露注聖武記海國圖志古微堂文集清夜齋詩集賀長齡所著皇朝經世文編亦源襄輯之力居多

〔本書略述〕魏氏源有良史才此書經三次修訂爲紀事本末體裁敘述綏服蒙古平定準回勘定金川撫循西藏諸役於一事之原因結果及其中間進展之次序若指諸掌實爲罕見之名著至後四卷所載武事餘記熟於有清一代掌故故持論具有本末其文筆健鍊尤爲餘事云

〔卷目〕〔一〕開創〔二〕藩鎮〔三至六〕外藩〔七〕土司苗猺回民〔八〕

海寇民變兵變(九)(十)教匪(十一至十四)武事餘記

華陽國志十二卷附錄一卷

(著者小傳)常璩晉江原人字道將於成漢嘉寧間官散騎常侍有華陽國志漢之書南中志

(四庫提要)晉常璩撰璩字道將江原人李勢時官至散騎常侍晉書載勸勢降桓温者卽璩蓋亦譙周之流也隋書經籍志霸史類中載璩撰漢之書十卷華陽國志十二卷漢之書唐志尚著錄今已久佚惟華陽國志存卷數與隋志舊唐志相合新唐志作十三卷疑傳寫誤也其書所述始於開闢終於永和三年首爲巴志次漢中志次蜀志次南中志次公孫劉二牧志次劉先主志次劉後主志次大同志大同者紀漢晉平蜀之後事也次李特雄期壽勢志次先賢士女總讚論次後賢志次序志次三州士女目錄宋元豐中呂大防嘗刻於成都大防自爲之序又有嘉泰甲子李坙序稱呂刻訛闕觀者莫

曉所謂嘗博訪善本以證其誤而莫之或得因撫兩漢史陳壽蜀書益部耆舊傳互相參訂以決所疑凡一事而前後失序本末舛迕者則考正之一意而詞旨重複句讀錯雜者則刊而去之又第九卷末有𡌴附記稱李勢志傳寫脫漏續成以補其闕則是書又於殘闕之餘李𡌴爲之補綴竄易非盡璩之舊矣𡌴刻本世亦不傳今所傳者惟影寫本又有何鏜漢魏叢書吳琯古今逸史及明何宇度所刊三本何吳二家之本多張佳允所補江原常氏士女志一卷而佚去蜀中士女以下至犍爲士女共二卷蓋𡌴本第十卷分上中下鏜等僅刻其下卷也又惟後賢志中二十人有讚其餘並闕𡌴本則蜀郡廣漢犍爲漢中梓潼女士一百九十四人各有讚宇度本亦同蓋明人刻書好以意爲刊削新本既行舊本漸泯原書遂不可覩宇度之本從𡌴本錄出此二卷偶存亦天幸也惟𡌴本以序志置於末而宇度本升於簡端考𡌴序稱首述巴中南中之風土次列公孫述劉二牧

蜀二主之興廢及晉太康之混一以迄於特雄壽勢之僭竊以西漢以來先後賢人梁益寧三州士女總讚序志終焉則序志本在後守度不知古例始誤移之又總讚相續成文至序亦與序志並稱宜別爲一篇而至本亦割冠各傳之首殊不可解殆如毛公之移詩序李鼎祚之分序卦傳乎今姑從至本錄之而附著其改竄之非如右其張佳允所續常氏士女十九人亦併從何鏜吳琯二本錄入以補璩之遺焉

〔卷目〕（一）巴志（二）漢中志（三）蜀志（四）南中志（五）公孫述劉二牧志（六）劉先主志（七）劉後主志（八）大同志（九）李特雄期壽勢志（十）先賢士女總讚（十一）後賢志（十二）序志幷益梁寧三州先漢以來士女目錄（附錄一卷）

十六國春秋 十六卷

〔著者小傳〕崔鴻後魏東清河鄃人字彥鸞博綜經史初爲尙書都

兵郎中後遷中散大夫以本官修輯國史孝昌初拜給事黄門侍郎齊州大中正尋卒鴻弱冠有志著述因劉淵石勒等十六國跨僭一方各有國書未有統一乃撰十六國春秋

〔四庫提要〕舊本亦題魏崔鴻撰載何鏜漢魏叢書中其出在屠喬孫本之前而亦莫詳其所自十六國各爲一錄惟列僭僞之主五十八人其諸臣皆不爲立傳全爲載記之體其非一百二卷之舊已不待言證以晉書載記大致互相出入而不以晉宋紀年與史通所說迥異豈好事者摭類書之語以晉書載記排比之成此僞本耶然考崇文總目有十六國春秋略二卷不著撰人名氏司馬光通鑑考異所引諸書亦有十六國春秋鈔之名則或屬後人節錄鴻書亦未可定也屠氏所刻百卷之本既爲依託此本亦疑以傳疑未能遽廢姑並存之以備參考焉

〔卷目〕(一)前趙錄(二)後趙錄(三)前燕錄(四)前秦錄(五)後秦

錄（六）蜀錄（七）前涼錄（八）西涼錄（九）北涼錄（十）後涼錄（十一）後燕錄（十二）南涼錄（十三）南燕錄（十四）西秦錄（十五）北燕錄（十六）夏錄

高士傳三卷

（著者小傳）皇甫謐晉朝那人字士安年二十餘始就學居貧躬自稼穡帶經而農遂博綜典籍百家之言沉靜寡欲有高尚之志以著述爲務自號玄晏先生後得風痹疾猶手不釋卷武帝時累徵不起自表就帝借書帝送一車書與之所著詩賦誄頌論難甚多又撰帝王世紀年曆高士逸士列女等傳甲乙經玄晏春秋

（四庫提要）晉皇甫謐撰謐字士安自號玄晏先生安定朝那人漢太尉嵩之曾孫嘗舉孝廉不行事蹟具晉書本傳案南宋李石續博物志曰劉向傳列仙七十二人皇甫謐傳高士亦七十二人知謐書本數僅七十二人此本所載乃多至九十六人然太平御覽五百六

卷至五百九卷全收此書凡七十一人其七十人與此本相同又東
郭先生一人此本無而御覽有合之得七十一人與李石所言之數
僅佚其一耳蓋御覽久無善本傳刻偶脫也此外子州支父石戶之
農小臣稷商容榮啓期長沮桀溺荷蓧丈人漢陰丈人顏斶十人皆
御覽所引嵇康高士傳之文閔貢王霸嚴光梁鴻臺佟韓康矯愼法
眞漢濱老父龐公十人則御覽所引後漢書之文惟披衣老聃庚桑
楚林類老商氏莊周六人爲御覽此部所未載當由後人雜取御覽
又稍摭他書附益之耳考讀書志亦作九十六人而書錄解題稱今
自披衣至管寧惟八十七人是宋時已有二本竄亂非其舊矣流傳
既久未敢輕爲刪削然其非七十二人之舊則不可以不知也

國朝先正事略六十卷

〔卷目〕分上中下三卷

〔著者小傳〕李元度清湖南平江人字次青一字笏庭自號天岳山

樵晚更號超然老人道光二十三年舉人官至貴州布政使工文稔掌故地理有四書廣義國朝先正事略南岳志國朝彤史名賢遺事錄天岳山館文鈔詩集

（本書略述）是書就清代先正分名臣名儒經學文苑遺逸循良孝義七門采其勳績論議嘉言懿行各著於篇於道光以前人物略具行文亦有法度其於漢宋學及文章流別不分門戶淵源所在各以類從凡議論之相反者均詳列之不作斷語以俟後人論定亦深合作史體例梁氏啓超謂學者宜取以瀏覽俾知最近二三百年史蹟大概惜咸同以後數十年尙無人能續之以成一代完書耳

（卷目）（一至二十六）名臣（二十七至三十一）名儒（三十二至三十六）經學（三十七至四十四）文苑（四十五至四十八）遺逸（四十九至五十四）循良（五十五至六十）孝義

中興將帥別傳　三十卷

〔著者小傳〕朱孔彰淸長洲人字仲我光緒舉人所著書有說文通訓定聲續補遺釋說文讀若例說文重文箋說文粹論語孝經爾雅孟子古注彙輯三朝聞見錄中山王徐達傳注曾文正祠百詠中興將帥別傳

〔本書略述〕朱氏孔彰從曾文正國藩戎幕甚久一時曾幕人才皆與朱氏稔而戲下材官健兒亦與相狎習從詢兵間瑣事更得其詳乃上下其議論網羅咸同以來名臣將帥之行事參以目擊耳聞者成中興將帥別傳三十二卷兩朝勳臣事蹟略備下逮偏裨外附客將以及軼聞雜事採錄無遺與湘潭王氏闓運所著湘軍志時相驂靳孫氏衣言於當時東南軍事聞見頗悉謂證以此書所紀致多符合乃歎爲文直事覈可以傳信而不疑蓋亦良史才與李氏元度伯仲之閒也

〔卷目〕共三十卷

陸宣公集（即翰苑集）二十二卷 增輯二卷

（著者小傳）陸贄唐嘉興人字敬輿年十八登進士第又中弘辭德宗時爲翰林學士甚見親任雖外有宰相主大議贄常居中參裁可否時號內相從幸奉天日詔書旁午皆出贄手武夫悍卒無不感泣累遷中書侍郎同平章事爲裴延齡所讒貶忠州別駕卒謚宣贄在朝論諫言皆剴切其奏議爲後世所宗有陸宣公翰苑集

（四庫提要）唐陸贄撰贄事蹟具唐書本傳案藝文志載贄議論表疏集十二卷又翰苑集十卷常處厚纂陳振孫書錄解題載陸宣公集二十二卷中分翰苑牓子爲二集其目亦與史志相同惟晁公武讀書志所載乃祇有奏議十二卷且稱舊有牓子集五卷議論集三卷翰苑集十卷元祐中蘇軾乞校正進呈改從今名疑是裒諸集成此書與史志名目全不相合今考尤袤遂初堂書目所列實作翰苑集而錢曾讀書敏求記載所見宋槧大字本二十二卷者亦作翰苑

集則自南宋以後已合議論表疏爲一集而總題以翰苑之名公武所見乃元祐本恐非全冊而今世刊行贄集亦有題作陸宣公奏議者則又沿讀書志而失之者也宋祁作贄傳贊稱其論諫數十百篇譏陳時病皆本仁義炳炳如丹青而惜德宗之不能盡用故新唐書例不錄排偶之作獨取贄文十餘篇以爲後世法司馬光作資治通鑑尤重贄議論採奏疏三十九篇其後蘇軾亦乞以贄文校正進讀蓋其文雖多出於一時匡救規切之語而於古今來政治得失之故無不深切著明有足爲萬世龜鑑者故歷代寶重焉贄尚有詩文別集十五卷久佚不傳全唐詩所錄僅存試帖詩三首及語林所載逸句然經世有用之言悉具是書其所以爲贄重者固不必在雕章繪句之末矣

〔卷目〕（一至十）制誥（十一至十六）奏草（十七至二十二）中書奏議（二十三）（二十四）增輯

王氏合校水經注四十卷附附錄

（著者小傳）酈道元後魏涿鹿人字善長太和中官東荊州刺史威猛為治變民詣闕訟其刻峻坐免官久之復起為河南尹安南將軍御史中尉時雍州刺史蕭寶夤反狀稍露侍中陽城王徽素忌道元因諷朝廷遣道元為關右大使寶夤反力屈被執瞋目叱賊而死道元好學歷覽奇書撰水經注四十卷本志十三篇　王先謙清長沙人字益吾學者稱葵園先生同治進士官至國子監祭酒於學無所不究在史館成東華錄二百卷東華續錄四百十九卷視學江蘇成皇清經解續編一千四百三十卷其著述有尚書孔傳參正三家詩義集疏漢書補注後漢書集解新舊唐書合注元史拾補荀子集解莊子集解五洲地理圖志略日本源流考外國通鑑其撰集有合校水經注續古文辭類纂駢文類纂律賦類纂十家四六文鈔六家詞鈔

〔本書略述〕水經舊題漢桑欽撰後魏酈道元注四庫提要據道元序謂非桑欽所作乃削去舊題以志闕疑提要云自晉以來注水經者凡二家郭璞注三卷杜佑作通典時猶見之今惟道元所注存崇文總目稱其中已佚五卷故元和郡縣志太平寰宇記所引滹沱水洛水涇水皆不見於今書然今書仍作四十卷蓋宋人重刊分析以足原數也是書自明以來絕無善本惟朱謀㙔所校盛行於世而舛謬亦復相仍今以永樂大典所引各案水名逐條參校非惟字句之譌層出疊見其中脫簡錯簡有自數十字至四百餘字者其道元自序一篇諸本皆佚亦惟永樂大典僅存蓋當時所據猶屬宋槧善本也謹排比原文與近代本鉤稽校勘凡補其闕漏者二千一百二十八字刪其妄增者一千四百四十八字正其臆改者三千七百一十五字神明煥然頓還舊觀三四百年之疑竇一旦曠若發蒙是皆我皇上稽古右文經籍道盛瑯嬛宛委之祕響然並臻遂使前代遺編

幸逢昌運發其光於蠹簡之中若有神物撝呵以待聖朝而出者是
亦曠世之一遇矣至於經文注語諸本率多混淆今考驗舊文得其
端緒凡水道所經之地經則云過注則云逕經則統舉都會注則兼
及繁碎地名凡一水之名經則首句標明後不重舉注則文多旁涉
必重舉其名以更端凡書內郡縣經則但舉當時之名注則兼考故
城之迹皆尋其義例一一釐定各以案語附於下方至塞外羣流江
南諸派道元足迹皆所未經故於灤河之正源三藏水之次序白檀
要陽之建置俱不免附會乖錯甚至以浙江妄合姚江尤爲傳聞失
實自我皇上命使履視盡得其脈絡曲折之詳御製熱河考灤源考
證諸篇爲之抉摘舛謬條分縷擘足永訂千秋耳食沿譌謹錄弁簡
永昭定論又水經作者唐書題曰桑欽然班固嘗引欽說與此經文
異道元注亦引欽所作地理志不曰水經觀其涪水條中稱廣漢已
爲廣魏則決非漢時鍾水條中稱晉寧仍曰魏寧則未及晉代推尋

文句大抵三國時人今既得道元原序知並無桑欽之文則據以削去舊題亦庶幾闕疑之義云爾（以上四庫提要語）按酈氏水經注傳寫譌舛由來已久諸家藏本均有校讎其中瑕疵互見而大致不甚相遠四庫著錄之本係戴震預修四庫全書裒集永樂大典就所引水經注排比鉤稽而成卽所稱官校宋本是也此外入著錄者惟趙一清之水經注釋四十卷刊誤十二卷稱爲自官校宋本而外外間諸刻不能不以是爲首此本係長沙王氏先謙合校本大致以官校宋本朱謀㙔箋本趙一清注釋本孫星衍校本爲綱而盧紹弓校宋本董祐誠圖說丁履恆游水疏證謝鍾英洛涇二水補等亦爲博徵采用合諸家所長於一編之中成此鉅製殆汪氏中所謂在於四累之上天下古今無二者也至全氏祖望七校水經注晚出浙中據王氏自稱因林頤山斥其僞造抉摘罅漏至數十事故此編一字不敢闌入

〈卷目〉（一至五）河水（六）汾水等（七）（八）濟水（九）清水等（十）

濁漳水等（十一）易水等（十二）聖水等（十三）㶟水（十四）濕餘水等（十五）洛水等（十六）穀水等（十七至十九）渭水等（二十）漾水等（二十一）汝水（二十二）潁水等（二十三）陰溝水等（二十四）睢水等（二十五）泗水等（二十六）沭水等（二十七至二十九）沔水等（三十）淮水（三十一）滍水等（三十二）漻水等（三十三至三十五）江水（三十六）青衣水等（三十七）淹水等（三十八）資水等（三十九）洭水等（四十）漸江水等（卷末附錄）

洛陽伽藍記五卷附集證一卷

（著者小傳）楊衒之後魏時人官撫軍府司馬著有洛陽伽藍記清光緒間順德李氏文田據廣弘明集第六卷證爲北平人官終秘書監幷謂史通楊作羊當是傳寫之誤通考又誤襲之耳　吳若準清錢塘人字次平

（四庫提要）後魏楊衒之撰劉知幾史通作羊衒之晁公武讀書志

亦同然隋志亦作楊與今本合疑史通誤也其里貫未詳據書中所稱知嘗官撫軍司馬耳魏自太和十七年作都洛陽一時篤崇佛法刹廟甲於天下及永熙之亂城郭邱墟武定五年衒之行役洛陽感念廢興因捃拾舊聞追敘故蹟以成是書以城內及四門之外分敘五篇敘次之後先以東面三門南面三門北面三門各署其新舊之名以提綱領體例絕爲明晰其文穠麗秀逸煩而不厭可與酈道元水經注肩隨其兼敘爾朱榮等變亂之事委曲詳盡多足與史傳參證其他古迹藝文及外國土風道里採摭繁富亦足以廣異聞劉知幾史通云秦人不死驗苻生之厚誣蜀老猶存知葛亮之多枉蜀老事見魏書毛修之傳秦人事卽用此書趙逸一條知幾引據最不苟知其說非鑿空也他如解魏文之苗茨碑糾戴延之之西征記考據亦皆精審惟以高陽王雍之樓爲卽古詩所謂西北有高樓上與浮雲齊者則未免固於說詩爲是書之瑕纇耳據史通補註篇稱除煩

則意有所恡畢載則言有所妨遂乃定彼榛楛列爲子註若蕭大圜淮海亂離志羊衒之洛陽伽藍記是也則衒之此記實有自註世所行本皆無之不知何時佚脫然自宋以來未聞有引用其註者則其刊落已久今不可復考矣

〔卷目〕（一）城內（二）城東（三）城南（四）城西（五）城北（附集證一卷）

荆楚歲時記不分卷

〔著者小傳〕宗懍北周涅陽人居江陵字元懍少聰敏鄉里呼爲小兒學士梁元帝鎮荆州令兼記室遷吏部尚書入周封信安縣侯累拜車騎大將軍明帝時與王褒等在麟趾殿勘定羣書有荆楚歲時記及集

〔四庫提要〕舊本題晉宗懍撰書錄解題作梁人考梁書元帝本紀載承聖三年秋七月甲辰以都官尚書宗懍爲吏部尚書又南史元

帝本紀載武陵之平議者欲因其舟艦還都建鄴宗懍黃羅漢皆楚人不願移此書皆記楚俗當即其人舊本題晉人誤也唐宋志皆作一卷與今本合而通考乃作四卷考書錄解題載懍自序曰傅玄之朝會杜篤之上巳安仁秋興之敘君道娛蜡之述其屬辭則已洽其比事則未宏率爲小說以錄荆楚歲時風物故事自元日至除日凡二十餘事然則必無四卷知通考爲傳寫之譌又檢今本實有三十六事并知陳振孫所記懍序亦以三字譌爲二字然周密癸辛雜識引張騫乘槎至天河見織女得支機石事云出荆楚歲時記今本無之則三十六事尚非完本也其註相傳爲隋杜公瞻作故多引開皇中杜臺卿玉燭寶典然唐志宗懍荆楚歲時記一卷下又出杜公瞻荆楚歲時記二卷豈原書一卷公瞻所註分二卷後人又合之歟

（卷目）不分卷

漢官六種

漢王隆撰胡廣注漢官一卷漢官解詁一卷衞宏漢舊儀二卷補遺二卷應劭漢官一

儀二卷蔡質漢官典職儀式選用一卷吳丁孚漢儀一卷

〔著者小傳〕王隆漢雲陽人字文山王莽時爲郎後避難河西爲竇融左護軍建武中爲新汲令能文章有詩賦銘書凡二十六篇　胡廣漢華容人字伯始安帝時舉孝廉爲天下第一旬月拜尚書郎累遷司徒以定策立桓帝封育陽安樂鄉侯復拜太尉遷太傅卒謚文恭　衞宏漢東海人字敬仲一曰字次仲光武時爲議郎少從九江謝曼卿受毛詩作詩序善得風雅之旨後更受古文尚書於杜林爲作訓旨時濟南徐巡師事宏亦以儒顯由是古學大興宏又作漢舊儀四篇以載西京雜事　應劭漢南頓人字仲遠少博學舉孝廉拜泰山太守連破黃巾郡內以安獻帝遷都於許詔劭爲袁紹軍謀校尉時舊章湮沒書記罕存劭綴集所聞著漢官儀及禮儀故事又撰風俗通以辨物類名號釋時俗嫌疑文雖不典後世服其洽聞卒於鄴　蔡質漢圉人邕叔父字子文官衞尉　丁孚三國吳人官太師

令　孫星衍（見經部）

（本書略述）孫氏星衍所集漢官六種內僅漢舊儀收列四庫書目證明係衛宏所撰惟仍以漢官標題其餘五種不見著錄孫氏搜輯佚書而成裨益後學厥功甚偉張文襄之洞書目答問特採此書入史目政書類蓋以此六種皆有關古制爲歷朝官制之濫觴非特爲研究漢史者所宜亟讀也

（卷目）漢官（一）漢官解詁（一）漢舊儀（二）漢舊儀補遺（二）漢官儀（二）漢官典職儀式選用（一）漢儀（一）

通志二十略　五十二卷

（著者小傳）鄭樵宋莆田人字漁仲博學強記搜奇訪古遇藏書家必借留讀盡乃去初爲經旨禮樂文字天文地理蟲魚草木方書之學皆有論辨紹興中以薦召對授右迪功郎禮兵部架閣言者劾之改監南嶽廟給札歸鈔所著通志書成入爲樞密院編修官樵居夾

漈山學者稱夾漈先生又自號西溪逸民

〔四庫提要〕宋鄭樵撰樵有爾雅註已著錄通史之例肇於司馬遷

故劉知幾史通述二體則以史記漢書共爲一體述六家則以史記

漢書別爲兩家以一述一代之事一總歷代之事也其例綜括千古

歸一家言非學問足以該通文章足以鎔鑄則難以成書梁武帝作

通史六百二十卷不久卽已散佚故後有作者率莫敢措意於斯樵

負其淹博乃網羅舊籍參以新意撰爲是編凡帝紀十八卷皇后列

傳二卷年譜四卷略五十一卷列傳一百二十五卷其紀傳刪錄諸

史稍有移掇大抵因仍舊目爲例不純其年譜仿史記諸表之例惟

間以大封拜大政事錯書其中或繁或漏亦復多岐均非其注意所

在其平生之精力全帙之菁華惟在二十略而已一曰氏族二曰六

書三曰七音四曰天文五曰地理六曰都邑七曰禮八曰諡九曰器

服十曰樂十一曰職官十二曰選舉十三曰刑法十四曰食貨十五

曰藝文十六曰校讎十七曰圖譜十八曰金石十九曰災祥二十曰
草木昆蟲其氏族六書七音都邑草木昆蟲五略爲舊史之所無案
史通書志篇曰可以爲志者其道有三一曰都邑志二曰氏族志三
曰方物志樵增氏族都邑草木昆蟲三略蓋竊據是文至於六書七
音乃小學之支流非史家之本義矜奇炫博泛濫及之此於例爲無
所取矣餘十五略雖皆舊史所有然諡與器服乃禮之子目校讎圖
譜金石乃藝文之子目析爲別類不亦宂且碎乎且氏族略多挂漏
六書略多穿鑿天文略秖載丹元子步天歌地理略則全鈔杜佑通
典州郡總序一篇前雖先列水道數行僅雜取漢書地理志及水經
注數十則卽禹貢山川亦未能一一詳載諡略則別立數門而沈約
扈琛諸家之諡法悉刪不錄卽唐會要所載杲字諸諡亦並漏之器
服略器則所載尊彝爵觶之制制既不詳又與金石略複出服則全
鈔杜佑通典之嘉禮其禮樂職官食貨選舉刑法六略亦但刪錄通

典無所辨證至職官略中以通典註所引之典故悉改爲案語大書更爲草率矣藝文略則分門太繁又韓愈論語解論語類前後兩出張弧素履子儒家道家兩出劉安淮南子道家雜家兩出荊浩筆法記乃論畫之語而列於法書類吳與人物志河西人物志乃傳記之流而列於名家類段成式之玉格乃酉陽雜俎之一篇而列於寶器類尤爲荒謬金石略則鐘鼎碑碣核以博古考古二圖集古金石二錄脫略至十之七八災祥略則悉鈔諸史五行志草木昆蟲略則并詩經爾雅之註疏亦未能詳核蓋宋人以義理相高於考證之學罕能留意樵恃其該洽睥睨一世諒無人起而難之故高視闊步不復詳檢遂不能一一精密致後人多所譏彈也特其採摭既已浩博議論亦多警闢雖純駁互見而瑕不掩瑜究非游談無根者可及至今資爲考鏡與杜佑馬端臨書並稱三通亦有以焉

〔卷目〕（一至六）氏族略（七至十一）六書略（十二）（十三）七音略

（十四）（十五）天文略（十六）地理略（十七）都邑略（十八至二十二）禮略（二十三）謚略（二十四）器服略（二十五）（二十六）樂略（二十七至三十三）職官略（三十四）（三十五）選舉略（三十六）刑法略（三十七）（三十八）食貨略（三十九至四十六）藝文略（四十七）校讎略（四十八）圖譜略（四十九）金石略（五十）災祥略（五十一）（五十二）昆蟲草木略

歷代職官表七十二卷

（著者小傳）永瑢清高宗六子封多羅質郡王善畫山水工詩有九思堂詩鈔此書係永瑢等奉敕修纂

（四庫提要）乾隆四十五年奉敕撰粵自龍烏水火肇建官名然夏商以前書闕有閒遺制不盡可考其可考者惟周禮爲最詳迨秦漢內設九卿外制列郡而官制一變東京以後事歸臺閣雖分置尚書六部而政在中書其權獨重漢魏之制至唐宋而又一變明太祖廢

中書省罷丞相盡歸其職於六部永樂閒復設內閣而參以七卿唐
宋之制至是而又一變矣其閒名號品數改革紛繁大抵勢足以相
維則乾綱不失權有所偏屬則魁柄必移故官制之得失可以知朝
政之盛衰也我國家稽古建官循名核實因革損益時措咸宜我皇
上明照無私權衡獨秉舉直錯枉宮府肅清尤從來史冊所未有復
念歷朝官制典籍具存宜備溯源流明其利弊庶前規可鑑法戒益
昭乃特命四庫全書館總纂官內閣學士今陞兵部右侍郎 臣紀昀
光祿寺卿今陞大理寺卿 臣陸錫熊翰林院編修今陞山東布政使
臣孫士毅總校官詹事府少詹事今陞內閣學士 臣陸費墀等考證
排次輯綴是編分目悉準今制凡長貳僚屬具列焉明綱紀也其兼
官無正員而所掌綦重如軍機處之類亦別有專表崇職守也八旗
及新疆爵秩前所未有者並詳加臚考著聖代之刱建遠邁邃古也
或古有而今無或先置而後廢並為採掇別附於篇備參訂也每門

各冠以表表後詳敘建置首列國朝略如唐六典之例次以歷代則
節引諸書各附案語以疏證其異同上下數千年分職率屬之制元
元本本罔弗具焉考將相及百官公卿之有表始自馬班二史後如
唐書之宰相表宋史之宰輔表明史之內閣七卿表俱沿其例然所
紀僅拜罷年月與官制無關且斷代爲書不相通貫尋檢頗難至鈔
撮故實如孫逢吉職官分紀之類又但供詞藻於實政無裨是書發
凡起例悉稟睿裁包括古今貫串始末旁行斜上援古證今經緯分
明參稽詳密不獨昭垂奕禩爲董正之鴻模卽百爾臣工各明厥職
用以顧名而思義亦益當知所儆勵矣

（卷目）（一）宗人府（二至四）內閣（五）吏部（六）戸部（七）戸部三
庫（八）戸部倉場衙門（九）禮部（十）樂部（十一）禮部會同四譯
館（十二）兵部（十三）刑部（十四）（十五）工部（十六）戸工二部
錢局（十七）理藩院（十八）（十九）都察院（二十）五城（二十一）

通政使司(二十二)大理寺(二十三)翰林院(二十四)經筵日講
起居注官(二十五)文淵閣閣職(二十六)詹事府(二十七)太常
寺(二十八)壇廟各官(二十九)陵寢各官(三十)光祿寺(三十
一)太僕寺(三十二)順天府(三十三)鴻臚寺(三十四)國子監
(三十五)欽天監(三十六)太醫院(三十七)(三十八)內務府
(三十九)內務府上駟院(四十)內務府奉宸院(四十一)內務府
武備院(四十二)鑾儀衛(四十三)領侍衛內大臣(四十四)八旗
都統(四十五)前鋒護軍統領(四十六)步兵統領(四十七)火器
健銳虎鎗各營(四十八)盛京將軍等官(四十九)盛京五部等官
(五十)總督巡撫(五十一)學政(五十二)司道(五十三)知府直
隸州知州等官(五十四)知州知縣等官(五十五)各省駐防將軍
(五十六)提督(五十七)總兵副將(五十八)參將遊擊等官(五
十九)河道各官(六十)漕運各官(六十一)鹽政(六十二)關稅

各官（六十三）各處駐劄大臣（六十四）宗室封爵（六十五）世爵世職（六十六）聖賢後裔（六十七）師傅保加銜（六十八）文武官階（六十九）王府各官（七十）新疆各官（七十一）藩屬各官（七十二）土司各官

吾學錄初編二十四卷

（著者小傳）吳榮光清南海人字荷屋號伯榮嘉慶進士由編修擢御史巡視天津漕務肅清積弊道光間官至湖南巡撫平江華猺有功兼署湖廣總督坐事降福建布政使工書畫精鑑金石有歷代名人年譜筠清館金石錄白雲山人詩稿吾學錄綠珈南館諸集

（本書略述）此書取大清會典通禮刑部律例五部則例學政全書等書於人心風俗之所關政教倫常之衆著者分別節錄內於喪禮律例等門引徵尤詳有清一代制度大略已備於是較之雜採禮書繁而失當者度越遠矣

〔卷目〕（一）典制門（二）政術門（三）風教門（四）學校門（五）貢舉
門（六）戎政門（七）仕進門（八）制度門（九至十一）祀典門（十
二）賓禮門（十三）昏禮門（十四）祭禮門（十五至十九）喪禮門
（二十至二十四）律例門

史通通釋二十卷

〔著者小傳〕劉知幾唐彭城人字子玄與兄知柔俱以善文辭知名
擢進士第領國史垂三十年自負史才著史通內外四十九篇譏評
今古議者高其博嘗言史有三長才學識世罕兼之時以爲篤論會
子貺抵罪知幾請於執事玄宗怒貶安州別駕卒謚文有集　浦起
龍清無錫人字二田雍正進士官蘇州府教授有史通通釋讀杜心
解
〔四庫提要〕國朝浦起龍撰起龍字二田無錫人雍正甲辰進士官
蘇州府教授史通註本舊有郭延年王維儉二家近時又有黃叔琳

註補郭王之所闕遞相增損互有短長起龍是註又在黃註稍後故亦採用黃註數條然頗糾彈其疎舛其中如曲筆篇稱秦人不死驗苻生之厚誣蜀老猶存知葛亮之多枉三家皆不註起龍亦僅引困學紀聞謂王應麟不知所出定爲無考而不知秦人事出洛陽伽藍記蜀老事出魏書毛修之傳又如闇單失力但引盧照鄰賦旁證而不知清異錄實有訓釋不煩假借小小疎漏亦不能無然大致引據詳明足稱該洽惟疑古惑經諸篇更助頽波殊爲好異又輕於改竄古書往往失其本旨如六家篇尚書條中語無可述四字之下若此二字之上顯有脫句而改此字爲止字更臆增一有字又如列傳篇項王立傳而以本紀爲名句立字不誤而乃臆改爲宜字此類至多皆失詳慎至於句解章評參差連寫如坊刻古文之式於註書體例更乖使其一評一註釐爲二書則庶乎離之雙美矣

（卷目）（一至十）內篇（十一至二十）外篇

讀通鑑論三十卷附敘論

〔著者小傳〕王夫之明湖南衡陽人字而農號薑齋年逾冠與兄介之同舉崇禎壬午鄉試後清師下湖南夫之走桂林大學士瞿式耜薦於桂王授行人尋歸隱衡陽之石船山築土室曰觀生居杜門著書學者稱船山先生夫之論學以漢儒爲門戶宋五子爲堂奧尤神契張載之學所著船山全集凡三百二十四卷

〔本書略述〕論史最忌空談尤忌苛論昔王應麟謂胡寅讀史管見但就一事詆斥不究其事之始末又多假借論端自申己說凡所論是非往往枝蔓於本事以外誠屬篤論蓋經世家之史論與文章家之史論不同此書及後宋論皆博通明達高挹羣言往往論一事而闡明其關係至數百年之久卓然爲經世家言其宋論中於和戰之得失君子小人之水火深致憤慨尤足爲後來炯戒至文筆之曲折馳驟猶其餘事耳

（卷目）讀通鑑論（一）秦始皇（二）漢高帝等（三）景帝等（四）昭帝等（五）成帝等（六）漢更始等（七）明帝等（八）順帝等（九）獻帝（十）三國（十一）晉（十二）惠帝等（十三）元帝等（十四）哀帝等（十五）宋武帝等（十六）齊高帝等（十七）梁武帝等（十八）陳高祖等（十九）隋文帝等（二十）唐高祖等（二十一）高宗等（二十二）睿宗等（二十三）肅宗等（二十四）德宗等（二十五）順宗等（二十六）穆宗等（二十七）懿宗等（二十八至三十）五代（附敍論）

宋論十五卷

（著者小傳）王夫之（見前）

（本書略述）見前讀通鑑論

（卷目）（一）太祖（二）太宗（三）眞宗（四）仁宗（五）英宗（六）神宗（七）哲宗（八）徽宗（九）欽宗（十）高宗（十一）孝宗（十二）光宗（十三）甯宗（十四）理宗（十五）度宗等

文史通義 八卷

（著者小傳）章學誠清浙江會稽人字實齋乾隆四十三年進士官國子監典籍性耽墳籍不甘爲章句之學所著有文史通義八卷校讎通義三卷其中倡言立論多前人所未發大抵推原官禮而有得於向歆父子之傳故於古今學術之原輒能條別而得其宗旨自謂卑論仲任俯視子玄未免過詡然亦夾漈之伯仲也又著有實齋文集

（本書略述）章氏學誠以時人讀書如捧散錢苦無貫索乃著文史通義內外篇其論史謂有史才史學尤貴有史德其論文謂有文情文心尤貴有文性外篇專論志書謂方志宜分三書倣紀傳正史之體作志倣律令典例之體作掌故倣文選文苑之體作文徵三書相輔而行闕一不可合而爲一尤不可又謂修志當乘二便盡三長去五難除八忌立四體以歸四要皆切中利病胡氏文虎稱爲有良史

才梁氏啓超亦稱此書雖以文史標題實多論學術源流之語均非
阿諛之詞也
（卷目）（一至五）內篇（六至八）外篇

校讎通義 三卷

（著者小傳）章學誠（見前）
（本書略述）校讎之義始自劉向父子然去古太遠所謂七略別錄久已失傳此書大致在正鄭氏樵之失而折衷諸家正其源委於學術淵源洞然見其本末非僅僅治目錄學者所能望其肩背也此與文史通義皆爲求學最善之門徑書可稱學術界之雙璧
（卷目）共三卷

歷代史表 五十九卷

（著者小傳）萬斯同清鄞縣人字季野號石園其學以慎獨爲主專意古學博通諸史尤熟於明代掌故康熙中薦博學鴻詞科不就後

以布衣參史局明史稿五百卷皆其手定又爲尚書徐乾學纂讀禮通考二百餘卷性不樂榮利見人惟以讀書勵名節相切劘及卒門人私諡貞文先生有歷代史表紀元彙考宋季忠義錄南宋六陵遺事庚申君遺事河源考河渠考儒林宗派石經考石鼓文考羣書辨疑書學彙編周正彙考歷代宰輔彙考石園詩文集

〈四庫提要〉國朝萬斯同撰斯同有廟制圖考已著錄是編以十七史自後漢書以下惟新唐書有表餘皆闕如故各爲補撰宗史記前漢書之例作諸王世表外戚侯表外戚諸王世表異姓諸王世表將相大臣及九卿年表宗新唐書之例作方鎮年表諸鎮年表其宦者侯表大事年表則斯同自創之例也其書自正史本紀志傳以外參考唐六典通典通志通鑑冊府元龜諸書及各家雜史次第彙載使列朝掌故端緒釐然於史學殊爲有助考自宋以前唯後漢書有熊方所補年表他如鄭樵通志年譜僅記一朝大事及正閏始末其於

諸王將相公卿大臣與廢拜罷之由率略而不書近人作十六國年表亦多舛漏其綱羅繁富類聚區分均不及斯同此書之賅備惟晉書既補功臣世表則歷代皆所當補十六國如成趙燕秦既有將相大臣年表則十國如南唐南漢北漢閩蜀不當獨闕又魏將相大臣中不載上大將軍五代諸王世表獨闕後漢註謂後漢子弟未嘗封王然考承訓追封魏王承勳追封陳王與後周鄭杞越吳諸王事同一例何以獨削而不登是皆其偶有脫略者然核其大體則精密者居多亦所謂過一而功十者矣

（卷目）（一至四）東漢（五至十一）三國（十二至二十七）晉（二十八至三十）宋（三十一至三十三）齊（三十四）（三十五）梁（三十六）（三十七）陳（三十八至四十二）魏（四十三）（四十四）北齊（四十五）（四十六）周（四十七）（四十八）隋（四十九至五十九）

五代

歷代帝王年表十四卷

〔著者小傳〕齊召南清天台人字次風號瓊臺晚號息園雍正副貢乾隆初舉鴻博授庶吉士累官禮部侍郎坐事削職召南幼稱神童書一覽即記最精輿地之學嘗以酈道元水經注開於西北闇於東南著水道提綱盛行於時又有史漢侯第考後漢公卿表歷代帝王年表寶綸堂賜硯堂詩文集等書　阮福清儀徵人有孝經義疏補注

〔本書略述〕此書始自三皇迄元代順帝其有明一代阮氏福續之以上敘世系以後敘年簡括明晰略識其治亂得失使數千年之興亡分合展卷瞭如足爲讀正史者檢討之助

〔卷目〕（一）三王五帝三代表（二）秦六國年表（三）秦年表（四）前漢年表（五）後漢年表（六）蜀漢魏吳年表（七）晉東晉十六國年表〔八〕南北朝（南宋齊梁陳　北魏齊周）年表（九）隋年表（十）唐年表（十一）後

五代十國契丹年表（十二）宋南宋遼金蒙古年表（十三）元年表（十四）明
年表

歷代帝王廟謚年諱譜　不分卷

（著者小傳）陸費墀清桐鄉人字丹叔乾隆進士授編修歷充四庫全書館總校及副總裁等官又偕紀文達昀等編纂歷代職官表並編有歷代帝王廟謚年諱譜

（本書略述）此書始漢劉氏迄明福王由崧分廟謚等七類縱橫排列極易繙檢書中於所避之字如改恆農爲宏農改啓蟄爲驚蟄於兼避之字如避詢則改荀子爲孫子避忠則改中國爲神州皆根據羣籍羅列無遺非特研究古書者宜取以考證即研究金石碑版文字者亦可作爲參考書籍以灼知時代證明真僞也

（卷目）不分卷

歷代統紀表疆域表沿革表　十九卷

〔著者小傳〕段長基清偃師人字西崖

〔本書略述〕太史公年表旁行斜上體仿周譜知史表實爲三代之舊法段氏長基邃於史學乃仿太史公表式取二十四史所載世紀疆域及沿革諸大端彙輯成書其義例具詳各表卷首及凡例中翦裁得體敘事亦極明顯誠韓愈所謂紀事必提其要歐陽修所謂春秋之文簡而有法者也讀史者苟能精此一編則津逮孔多矣

〔卷目〕統紀表（一至十三）疆域表上中下三卷沿革表上中下三卷

歷代紀元編 三卷

〔著者小傳〕李兆洛清江蘇武進人字申耆嘉慶十年進士官鳳臺知縣工詩古文精考證尤長於輿地之學罷官後主講暨陽諸書院成就人才甚衆所輯有皇朝文典七十卷大清一統輿地全圖鳳臺縣志地理韻編駢體文鈔舊言集初編次編廣編所著有養一齋文集二十卷

（本書略述）歷代甲子前人每多編輯其編輯之法各有不同而皆不便檢查此書分紀元總載紀元甲子表而殿以紀元編韻彼此互參簡約明瞭使人一檢卽得其總載內所附歷代僭竊年號及外國年號道經雜記所載年號擬議不用年號錢文年號均爲他書所未見

歷代地理志韻編今釋 二十卷

（卷目）（上）紀元總載（中）紀元甲子表（下）紀元編韻（附紀元編韻補）

（著者小傳）李兆洛（見前）

（本書略述）輿地之學爲治史之要義顧史實紛紜驟不可理如京兆南陵師古以爲寧國九江當塗章華謂在姑孰其變亂訛淆之處難以悉舉李氏兆洛精於史地之學爰取正史之有地志者十有四部析其郡縣之名編以歸韻既得實地之所在乃會前代郡縣注之

分隸各韻極便檢查書閱十餘年而後成前人爲其勞而後人享其逸其嘉惠來學之功誠匪淺尠矣

（卷目）（一至五）上平（六至十一）下平（十二至十四）上聲（十五至十七）去聲（十八至二十）入聲

廿二史劄記三十六卷附補遺

（著者小傳）趙翼清江蘇陽湖人字耘松一字雲菘號甌北由直隸商籍舉乾隆十五年鄉試十九年中明通榜用內閣中書入直軍機處進奉文字多出其手二十六年以一甲三名進士授翰林院編修累官至廣西鎮安府知府後因廣州讞獄舊案部議降級奉旨送部引見翼遂以母老乞歸不復出晚歲以著述自娛尤邃於史學所撰廿二史劄記鉤稽同異屬詞比事其於前代弊政一篇之中三致意焉又撰有晐餘叢考甌北詩集皇朝武功紀盛檐曝雜記唐宋十家詩話嘉慶十五年重宴鹿鳴賜三品銜十九年卒年八十八

（本書略述）記稱屬辭比事春秋之教此書深得比事之旨於每一標題下其資料皆由數十處傳中雜采而成其古今風會之變遷政事之沿革凡有關於治亂興衰之故者亦隨所見附著之至書中校勘文字異同之處尤便後學其中如遼金元史人名譯音經清朝官書之改竄者爲之一一臚舉舊譯作某新譯作某可以對照一目瞭然在清代史學書中其實用蓋在錢大昕廿二史考異王鳴盛十七史商榷上也

（卷目）（一至三）史記漢書（四）（五）後漢書（六）三國志（七）三國志晉書（八）晉書（九）宋齊梁陳書（十至十二）宋齊梁陳書并南史（十三至十五）魏齊周隋書并北史（十六至二十）新舊唐書（二十一）（二十二）五代史（二十三）宋遼金史（二十四至二十六）宋史（二十七）遼史金史（二十八）金史（二十九）（三十）元史（三十一至三十六）明史（附補遺）

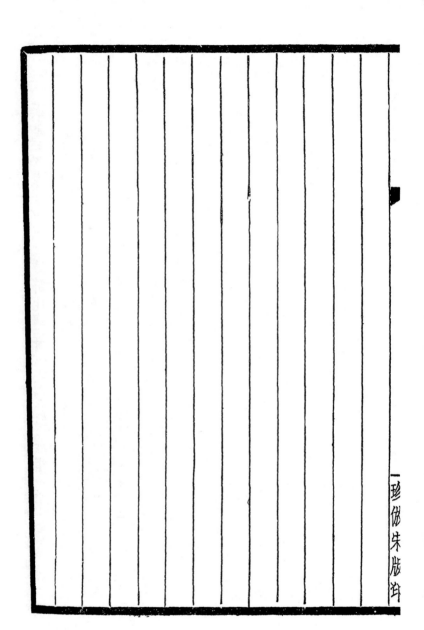

四部備要書目提要卷三（子部）

荀子二十卷

（著者小傳）荀卿戰國趙人名況時人相尊而號爲卿漢人或稱孫卿年五十始游學於齊仕爲祭酒齊人或讒況乃適楚爲蘭陵令況嫉濁世之政遂推儒墨道德之行事著書數萬言其學以孔子爲標準倡性惡之說謂人性皆惡不以禮義矯正之則不能爲善其旨與孟子異有荀子傳於世卒葬蘭陵　楊倞唐號州弘農人汝士子

（四庫提要）周荀況撰況趙人嘗仕楚爲蘭陵令亦曰荀卿漢人或稱曰孫卿則以宣帝諱詢避嫌名也漢志儒家載荀卿三十三篇王應麟考證謂當作三十二篇劉向校書序錄稱孫卿書凡三百二十三篇以相校除重複二百九十篇定著三十三篇爲十二卷題曰新書唐楊倞分易舊第編爲二十卷復爲之註更名荀子卽今本也考劉向序錄卿以齊宣王時來游稷下後仕楚春申君死而卿廢然史

記六國年表載春申君之死上距宣王之末凡八十七年史記稱卿年五十始游齊則春申君死之年卿年當一百三十七矣於理不近晁公武讀書志謂史記所云年五十爲年十五之譌意其或然宋濂荀子書後又以爲襄王時游稷下亦未詳所本總之戰國時人爾其生卒年月已不可確考矣況之著書主於明周孔之教崇禮而勸學其中最爲口實者莫過於非十二子及性惡兩篇王應麟困學紀聞據韓詩外傳所引卿但非十子而無子思孟子以今本爲其徒李斯等所增不知子思孟子後來論定爲聖賢耳其在當時固亦卿之曹偶是猶朱陸之相非不足訝也至其以性爲惡以善爲僞誠未免於理未融然卿恐人恃性善之說任自然而廢學因言性不可恃當勉力於先王之教故其言曰凡性者天之所就也不可學不可事禮義者聖人之所生也人之所學而能所事而成者也不可學不可事而在人者謂之性可學而能可事而成之在人者謂之僞是性僞之分

也其辨白僞字甚明楊倞註亦曰僞爲也凡非天性而人作爲之者皆謂之僞故僞字人旁加爲亦會意字也其說亦合卿本意後人昧於訓詁誤以爲真僞之僞遂譁然掊擊謂卿蔑視禮義如老莊之所言是非惟未睹其全書卽性惡一篇自篇首二句以外亦未竟讀矣平心而論卿之學源出孔門在諸子之中最爲近正是其所長主持太甚詞義或至於過當是其所短韓愈大醇小疵之說要爲定論餘皆好惡之詞也楊倞所註亦頗詳洽唐書藝文志以倞爲楊汝士子而宰相世系表則載楊汝士三子一名知溫一名知遠一名知至無名倞者表志同出歐陽修手不知何以互異意者倞或改名如溫庭筠之一名岐歟

〔卷目〕（一）勸學篇修身篇（二）不苟篇榮辱篇（三）非相篇非十二子篇仲尼篇（四）儒效篇（五）王制篇（六）富國篇（七）王霸篇（八）君道篇（九）臣道篇致仕篇（十）議兵篇（十一）彊國篇天論

篇（十二）正論篇（十三）禮論篇（十四）樂論篇（十五）解蔽篇
（十六）正名篇（十七）性惡篇君子篇（十八）成相篇賦篇（十九）
大略篇（二十）宥坐篇子道篇法行篇哀公篇堯問篇

孔叢子 七卷 附釋文

（著者小傳）孔鮒秦人孔子後字子魚亦字甲博通經史秦始皇併天下召爲魯國文通君遷少傅李斯始議焚書鮒聞之收其家論語尚書孝經等藏於舊宅壁中隱居嵩山教弟子百餘人後陳涉爲楚王聘爲太傅尋託疾而退卒於陳所著書名曰孔叢子

（四庫提要）舊本題曰孔鮒撰所載仲尼而下子上子高子順之言行凡二十一篇又以孔臧所著賦與書上下二篇附綴於末別名曰連叢鮒字子魚孔子八世孫仕陳涉爲博士臧高祖功臣孔藂之子嗣爵蓼侯武帝時官太常其書文獻通考作七卷今本三卷不知何人所併晁公武讀書志云漢志無孔叢子儒家有孔臧十篇雜家有

孔甲盤盂書二十六篇其獨治篇鮒或稱孔甲意者孔叢子卽孔甲
盤盂連叢卽孔臧書案漢書藝文志顏師古註謂孔甲黃帝之史或
云夏后孔甲似皆非則孔叢非盤盂又志於儒家孔臧十篇外詩賦
家別出孔臧賦二十篇今連叢有賦則亦非儒家之孔臧公武未免
附會朱子語類謂孔叢子文氣軟弱不似西漢文字蓋其後人集先
世遺文而成之者陳振孫書錄解題亦謂案孔光傳孔子八世孫鮒
魏相順之子爲陳涉博士死陳下則固不得爲漢人而其書記鮒之
沒則又安得以爲鮒撰其說當矣隋書經籍志論語家有孔叢七卷
註曰陳勝博士孔鮒撰其序錄稱孔叢家語並孔氏所傳仲尼之旨
則其書出於唐以前然家語出王肅依託隋志旣誤以爲眞則所云
孔叢出孔氏所傳者亦未爲確證朱子所疑蓋非無見卽如舜典禋
于六宗何謂也子曰所宗者六皆潔祀之也埋少牢於泰昭所以祭
時也祖迎於坎壇所以祭寒暑也主於郊宮所以祭日也夜明所以

祭月也幽禜所以祭星也雩禜所以祭水旱也禋于六宗此之謂也其說與僞孔傳僞家語並同是亦晚出之明證也其中第十一篇即世所傳小爾雅註疏家往往引之然皆在晉宋以後惟公羊傳疏所引賈逵之說謂俗儒以六兩爲鋝正出此書然謂之俗儒則非漢藝文志之小爾雅矣又水經注引孔叢子曰夫子墓塋方一里在魯城北六里泗水上諸孔氏封五十餘所人名昭穆不可復識有銘碑三所獸碣具存云云今本無此文似非完帙然其文與全書不類且不似孔氏子孫語或酈道元誤證抑或傳寫有譌以他書誤題孔叢歟

〔卷目〕（一）嘉言論書記義（二）刑論記問雜訓居衞（三）巡守公儀抗志小爾雅（四）公孫龍儒服對魏王（五）陳士義論勢執節（六）詰墨獨治問軍禮答問（七）連叢子上下（附釋文）

孫子十三卷曹操等十家註附鄭友賢孫子十家註遺說又畢以珣孫子敘錄一卷

〔著者小傳〕孫武春秋齊人以兵法見吳王闔廬吳王用爲將西破

強楚北威齊晉顯名諸侯有兵法十三篇　曹操後漢譙人字孟德少機警有權數光和末黃巾起拜騎都尉討頳川賊會董卓擅朝政操散家財合義兵討卓建安中操至洛陽獻帝假操節鉞錄尚書事洛陽殘破迎帝都許破袁紹袁術自爲大將軍進位丞相加九錫爵魏王卒謚武黃初初追尊武帝　孟氏（未詳）　李筌唐時人居少室山有將略嘗著太白陰經於行軍制勝之術指畫甚詳仕至仙州刺史後入山訪道不知所終　杜牧唐萬年人佑孫字牧之善屬文官至中書舍人剛直有奇節詩情致豪邁人號爲小杜以別於杜甫有樊川集　陳皥（未詳）　賈林（未詳）　梅堯臣宋宣城人字聖俞工詩以深遠古淡爲意仁宗召試賜進士出身累遷都官員外郎預修唐書卒有唐載記毛詩小傳宛陵集等書　王晳宋太原人天禧中官翰林學士有春秋皇綱論及春秋通義異義　何延錫（未詳）　張預宋東光人字公立有百將傳　鄭友賢（未詳）　畢以

珣（未詳） 孫星衍（見經部） 吳人驥（未詳）

（本書略述）孫子十三卷周孫武撰已入四庫著錄略稱此書註本極夥隋書經籍志所載自曹操外有王凌張子尙賈詡孟氏沈友諸家唐志益以李筌杜牧陳皞賈林孫鎬諸家馬端臨經籍考又有紀燮梅堯臣王晳何氏諸家歐陽修謂兵以不窮爲奇宜其說者之多其言最爲有理然至今傳者寥寥應武舉者所誦習惟坊刻講章鄙俚淺陋無一可取故今但存其本文著之於錄（以上提要語） 此本係孫氏星衍以道藏所刊宋吉天保十家注本詳加校勘其中脫誤之處據潛夫論通典北堂書鈔太平御覽藝文類聚等書補正者計二百四十餘條並附畢以珣孫子敘錄一卷精審完善較四庫存文刪註之本實勝倍蓰

（卷目）（首）敘錄（一）計（二）作戰（三）謀攻（四）形（五）勢（六）虛實（七）軍爭（八）九變（九）行軍（十）地形（十一）九地（十二）火

攻（十三）用間後（附遺說）

吳子　一卷

（著者小傳）吳起戰國衞人嘗學於曾子善用兵初仕魯聞魏文侯賢往歸之文侯以爲將擊秦拔五城拜西河守後爲魏相公叔所忌譖之起奔楚楚任之爲相諸侯皆患楚之強起之爲將與士卒最下者同衣食其爲相明捐不急之官廢公族疏遠者以養戰士務在強兵悼王死楚之貴戚大臣多怨起者因攻起而射殺之有吳子六篇

（四庫提要）周吳起撰起事蹟見史記列傳司馬遷稱起兵法世多有而不言篇數漢藝文志載吳起四十八篇然隋志作一卷賈詡註唐志並同鄭樵通志略又有孫鎬註一卷均無所謂四十八篇者蓋亦如孫武之八十二篇出於附益非其本書世不傳也晁公武讀書志則作三卷稱唐陸希聲類次爲之凡說國料敵治兵論將變化勵士六篇今所行本雖仍併爲一卷然篇目並與讀書志合惟變化作

應變則未知孰誤耳起殺妻求將齧臂盟母其行事殊不足道然嘗受學於曾子耳濡目染終有典型故持論頗不詭於正如對魏武侯則曰在德不在險論制國治軍則曰教之以禮勵之以義論爲將之道則曰所愼者五一曰理二曰備三曰果四曰戒五曰約大抵皆尙有先王節制之遺高似孫子略謂其尙禮義明教訓或有得於司馬法者斯言允矣

司馬法三卷

〔卷目〕一卷分上下

〔著者小傳〕司馬穰苴春秋齊人本姓田齊景公時爲大司馬故曰司馬穰苴齊威王用兵倣穰苴之法諸侯朝齊乃使大夫追論古者司馬兵法附穰苴於其中因號曰司馬穰苴兵法

〔四庫提要〕舊題齊司馬穰苴撰今考史記穰苴列傳稱齊威王使大夫追論古者司馬兵法而附穰苴於其中因號曰司馬穰苴兵法

然則是書乃齊國諸臣所追輯隋唐諸志皆以爲穰苴之所自撰者非也漢志稱軍禮司馬法百五十五篇陳師道以傳記所載司馬法之文今書皆無之疑非全書然其言大抵據道依德本仁祖義三代軍政之遺規猶藉存什一於千百蓋其時去古未遠先王舊典未盡無徵摭拾成編亦漢文博士追述王制之類也班固序兵權謀十三家形勢十一家陰陽十六家技巧十三家獨以此書入禮類豈非以其說多與周官相出入爲古來五禮之一歟胡應麟筆叢惜其以穰苴所言參伍於仁義禮樂之中不免懸疣附贅然要其大旨終爲近正與一切權謀術數迥然別矣隋唐志俱作三卷世所行本以篇頁無多幷爲一卷今亦從之以省繁碎焉

(卷目)(上)仁本第一天子之義第二(中)定爵第三(下)嚴位第四用衆第五

管子二十四卷

〔著者小傳〕管仲春秋齊穎上人名夷吾一作敬仲敬其謚也相桓公稱仲父富國強兵攘夷狄尊周室九合諸侯一匡天下所著有管子八十六篇　房玄齡唐臨淄人彥謙子字喬幼警敏博綜典籍善屬文書兼艸隸年十八舉進士授羽騎尉太宗征伐未嘗不從及即位累進左僕射從梁國公居相位十五年進司空累表固辭玄齡與杜如晦共綰朝政世稱房謀杜斷卒謚文昭　按舊唐書作房喬字玄齡此從新唐書

〔四庫提要〕舊本題管仲撰劉恕通鑑外紀引傅子曰管仲之書過半便是後之好事者所加乃說管仲死後事輕重篇尤復鄙俗葉適水心集亦曰管子非一人之筆亦非一時之書以其言毛嬙西施吳王好劍推之當是春秋末年今考其文大抵後人附會多於仲之本書其他姑無論即仲卒於桓公之前而篇中處處稱桓公其不出仲手已無疑義矣書中稱經言者九篇稱外言者八篇稱內言者九篇

稱短語者十九篇稱區言者五篇稱雜篇者十一篇稱管子解者五篇稱管子輕重者十九篇意其中孰爲手撰孰爲記其緒言如語錄之類孰爲述其逸事如家傳之類孰爲推其義旨如箋疏之類當時必有分別觀其五篇明題管子解者可以類推必由後人混而一之致滋疑竇耳晁公武讀書志曰劉向所校本八十六篇今亡十篇考李善註陸機猛虎行曰江邃文釋引管子云夫士懷耿介之心不蔭惡木之枝惡木尚能耻之況與惡人同處今檢管子近亡數篇恐是亡篇之內而邃見之則唐初已非完本矣明梅士享所刊又復顛倒其篇次如以牧民解附牧民篇下形勢解附形勢篇下之類不一而足彌爲竄亂失眞此本爲萬曆壬午趙用賢所刊稱由宋本翻雕前有紹興己未張嵲後跋云舛脫甚衆頗爲是正用賢序又云正其脫誤者逾三萬言則屢經點竄已非劉向所校之舊然終愈於他氏所妄更者在近代猶善本也舊有房玄齡註晁公武以爲尹知章所託

然考唐書藝文志玄齡註管子不著錄而所載有尹知章註管子三十卷則知章本未託名殆後人以知章人微玄齡名重改題之以炫俗耳案舊唐書知章絳州翼城人神龍初官太常博士睿宗即位拜禮部員外郎轉國子博士有孝經註老子註今並不傳惟此註藉玄齡之名以存其文淺陋頗不足採然蔡條鐵圍山叢談載蘇軾蘇轍同入省試有一題軾不得其出處轍以筆一卓而以口吹之軾因悟出管子註則宋時亦採以命題試士矣且古來無他註本明劉績所補註亦僅小有糾正未足相代故仍舊本錄之焉

愼子一卷附逸文

（卷目）本書二十四卷共八十六篇內分經言九篇外言八篇內言九篇短語十九篇區言五篇雜篇十一篇解五篇輕重十九篇

（著者小傳）愼到戰國趙人學黃老道德之術爲愼子四十二篇今存五篇申不害韓非嘗稱之

〔四庫提要〕周愼到撰到趙人中興書目作瀏陽人陳振孫書錄解題曰愼到趙人見於史記瀏陽在今潭州吳時始置縣與趙南北了不相涉蓋據書坊所稱不知何謂也則稱瀏陽者非矣明人刻本又云到一名廣案陸德明莊子釋文田駢下註曰愼子云名廣然則駢一名廣非到一名廣尤舛誤也莊子天下篇曰愼到棄知去己而緣不得已泠汰於物以爲道理曰知不知將薄知而後鄰傷之者也謑髁無任而笑天下之尙賢也縱脫無行而非天下之大聖椎拍輐斷與物宛轉舍是與非苟可以免不師智慮不知前後魏然而已矣推而後行曳而後往若飄風之還若羽之旋若磨石之隧全而無非動靜無過未嘗有罪是何故夫無知之物無建己之患無用知之累動靜不離於理是以終身無譽故曰至於若無知之物而已無用賢聖夫塊不失道豪傑相與笑之曰愼到之道非生人之行而至死人之理適得怪焉云云是愼子之學近乎釋氏然漢志列之於法家今考

其書大旨欲因物理之當然各定一法而守之不求於法之外亦不寬於法之中則上下相安可以清淨而治然法所不行勢必刑以齊之道德之爲刑名此其轉關所以申韓多稱之也（語見漢書藝文志）其書漢志作四十二篇唐志作十卷崇文總目作三十七篇書錄解題則稱麻沙刻本凡五篇已非全書此本雖亦分五篇而文多刪削又非陳振孫之所見蓋明人捃拾殘賸重爲編次觀孝子不生慈父之家忠臣不生聖君之下二句前後兩見知爲雜錄而成失除重複矣

（卷目）一卷（附逸文）

商君書 五卷

（著者小傳）公孫鞅戰國衛人少好刑名之學事魏相公叔痤爲中庶子公叔既死乃西入秦見孝公以爲左庶長卒定變法之令廢井田開阡陌改賦稅之法行之十年秦民大悅道不拾遺封之於商十五邑號爲商君後爲惠王所誅

〔四庫提要〕舊本題秦商鞅撰鞅事蹟具史記鞅封於商號商君故漢志稱商君二十九篇三國志先主傳註亦稱商君書其稱商子則自隋志始也陳振孫書錄解題云漢志二十九篇今二十八篇已亡其一晁公武讀書志則云本二十九篇今亡者三篇讀書志成於紹興二十一年既云已闕三篇書錄解題成於宋末乃反較晁本多二篇蓋兩家所錄各據所見之本故多寡不同歟此本自更法至定分目凡二十有六似卽晁氏之本然其中第十六篇第二十一篇又皆有錄無書則幷非宋本之舊矣史記稱讀鞅開塞書在今本爲第七篇文義甚明而司馬貞作索隱乃妄爲之解爲晁公武所譏知其書唐代不甚行故貞不及睹又文獻通考引周氏涉筆以爲鞅書多附會後事疑取他詞非本所論著然周氏特據文臆斷未能確證其非今考史記稱秦孝公卒太子立公子虔之徒告鞅欲反惠王乃車裂鞅以徇則孝公卒後鞅卽逃死不暇安得著書如爲平日所著則必

在孝公之世又安得開卷第一篇卽稱孝公之謚殆法家者流掇輯餘論以成是編猶管子卒於齊桓公前而書中屢稱桓公耳諸子之書如是者多既不得撰者之主名則亦姑從其舊仍題所託之人矣

〔卷目〕（一）更法墾令農戰去彊（二）說民算地開塞（三）壹言錯法戰法立本兵守靳令修權（四）徠民刑約賞刑畫策（五）竟內弱民□□外內君臣禁使愼法定分

鄧析子 一卷

〔著者小傳〕鄧析春秋鄭大夫治名家言嘗改鄭所鑄刑書別造竹刑駟歂殺之而用其竹刑焉或云子產所殺有鄧析子二篇

〔四庫提要〕周鄧析撰析鄭人列子力命篇曰鄧析操兩可之說設無窮之詞子產執政作竹刑鄭國用之數難子產之治子產屈之子產執而戮之俄而誅之劉歆奏上其書（案高似孫子略誤以此奏爲劉向今據書錄解題改正）則曰於春秋左氏傳昭公二十年而子產卒子太叔嗣爲政定公八

年太叔卒駟歂嗣為政明年乃殺鄧析而用其竹刑然則列子為誤
矣其書漢志作二篇今本仍分無厚轉辭二篇而并為一卷然其文
節次不相屬似亦掇拾之本也其言如天於人無厚君於民無厚父
於子無厚兄於弟無厚勢者君之輿威者君之策則其旨同於申韓
如令煩則民詐政擾則民不定心欲安靜慮欲深遠則其旨同於黃
老然其大旨主於勢統於尊事覈於實於法家為近故竹刑為鄭所
用也至於聖人不死大盜不止一條其文與莊子同析遠在莊子以
前不應預有勦說而莊子所載又不云鄧析之言或篇章殘闕後人
摭莊子以足之歟

〔卷目〕一卷分無厚轉辭二篇

韓非子 二十卷附顧廣圻識誤三卷

〔著者小傳〕韓非戰國韓諸公子喜刑名法律之學為人口吃不能
道說而善著書與李斯俱事荀卿數以書諫韓王王不能用乃發憤

作內外儲說等篇秦王見其書而悅之因急攻韓韓遣非使秦李斯姚賈毀之王下吏治非斯使人遺非藥使自殺　顧廣圻清元和人字千里號澗薲嘉慶諸生受業於吳縣江聲頴敏博洽通經學小學尤精校讎孫星衍張敦仁黃丕烈胡克家秦恩復吳鼒輩先後延主刻書每一書刻竟必綜其所正定者爲攷異或校勘記於後人稱精碻嘗以邢子才日思誤書爲一適語自號思適居士有思適齋集

〔四庫提要〕周韓非撰漢書藝文志載韓子五十五篇張守節史記正義引阮孝緒七錄載韓子二十卷篇數卷數皆與今本相符惟王應麟漢藝文志考作五十六篇殆傳寫字誤也其註不知何人作考元至元三年何犿本稱舊有李瓚註鄙陋無取盡爲削去云云則註者當爲李瓚然瓚爲何代人犿未之言王應麟玉海已稱韓子註不知誰作諸書亦別無李瓚註韓子之文不知犿何所據也犿本僅五十三篇其序稱內佚姦劫一篇說林下一篇及內儲說下六微內似

煩以下數章明萬曆十年趙用賢購得宋槧與犿本相校始知舊本六微篇之末尚有二十八條不止犿所云數章說林下篇之首尚有伯樂教二人相踶馬等十六章諸本佚脫其文以說林上篇田伯鼎好士章逕接此篇蟲有虺章和氏篇之末自和雖獻璞而未美未爲玉之害也以下脫三百九十六字姦劫篇之首自我以清廉事上以上脫四百六十字其脫葉適在兩篇之閒故其次篇標題與文俱佚傳寫者各誤以下篇之半連於上篇遂求其下篇而不得其實未嘗全佚也今世所傳又有明周孔教所刊大字本極爲清楷其序不著年月未知在用賢本前後考孔教舉進士在用賢後十年疑所見亦宋槧本故其文均與用賢本同無所佚闕今卽據以繕錄而校以用賢之本考史記非本傳稱非見韓削弱數以書諫韓王韓王不能用悲廉直不容於邪枉之臣觀往者得失之變故作孤憤五蠹內外儲說說林說難十餘萬言又云人或傳其書至秦秦王見其孤憤五蠹

之書則非之著書當在未入秦前史記自敘所謂韓非囚秦說難孤憤者乃史家駁文不足爲據今書冠以初見秦次以存韓皆入秦後事雖似與史記自敘相符然傳稱韓王遣非使秦秦王悅之未信用李斯姚賈害之下吏治非李斯使人遺之藥使自殺計其間未必有暇著書且存韓一篇終以李斯駁非之議及斯上韓王書其事與文皆爲未畢疑非所著書本各自爲篇非歿之後其徒收拾編次以成一帙故在韓在秦之作均爲收錄幷其私記未完之稿亦收入書中名爲非撰實非非所手定也以其本出於非故仍題非名以著於錄焉

〔卷目〕（一）初見秦存韓難言愛臣主道（二）有度二柄揚權八姦（三）十過（四）孤憤說難和氏姦劫弒臣（五）亡徵三守備內南面飾邪（六）解老（七）喻老說林上（八）說林下觀行安危守道用人功名大體（九）（十）內儲說（十一至十四）外儲說（十五）（十六）

難（十七）難勢問辯問田定法說疑詭使（十八）六反八說八經（十九）五蠹顯學（二十）忠孝人主飾令心度制分（附識誤上中下三卷）

公孫龍子 不分卷

（著者小傳）公孫龍戰國趙人善爲堅白異同之辯及鄒衍過趙言至道乃絀公孫龍著有公孫龍子

（四庫提要）周公孫龍撰案史記趙有公孫龍爲堅白異同之辨漢書藝文志龍與毛公等並游平原君之門亦作趙人高誘註呂氏春秋謂龍爲魏人不知何據列子釋文龍字子秉莊子謂惠子曰儒墨楊秉四與夫子爲五秉卽龍也據此則龍當爲戰國時人司馬貞索隱謂龍卽仲尼弟子者非也其書漢志著錄十四篇至宋時八篇已亡今僅存跡府白馬指物通變堅白名實凡六篇其首章所載與孔穿辨論事孔叢子亦有之謂龍爲穿所絀而此書又謂穿願爲弟子

彼此互異蓋龍自著書自必欲伸己說孔叢僞本出於晉漢之閒朱子以爲孔氏子孫所作自必欲伸其祖說記載不同不足怪也其書大旨疾名器乖實乃假指物以混是非借白馬而齊物我冀時君有悟而正名實故諸史皆列於名家淮南鴻烈解稱公孫龍粲於辭而貿名揚子法言稱公孫龍詭辭數萬蓋其持論雄贍實足以聳動天下故當時莊列荀卿並著其言爲學術之一特品目稱謂之閒紛然不可數計龍必欲一一核其真而理究不足以相勝故言愈辨而名實愈不可正然其書出自先秦義雖恢誕而文頗博辨陳振孫書錄解題概以淺陋迂僻譏之則又過矣明鍾惺刻此書改其名爲辯言妄誕不經今仍從漢志題爲公孫龍子又鄭樵通志略載此書有陳嗣古註賈士隱註各一卷今俱失傳此本之註乃宋謝希深所撰前有自序一篇其註文義淺近殊無可取以原本所有姑并錄焉

〔卷目〕跡府第一白馬論第二指物論第三通變論第四堅白論第五

名實論第六

尹文子 一卷 附校勘記

〔著者小傳〕尹文戰國齊處士其先蓋出於周之尹士齊宣王時居稷下與宋鈃彭蒙田駢同學於公孫龍公孫龍稱之著書一篇名曰尹文子

〔四庫提要〕周尹文撰前有魏黃初末山陽仲長氏序稱條次撰定爲上下篇文獻通考著錄作二卷此本亦題大道上篇大道下篇與序文相符而通爲一卷蓋後人所合幷也莊子天下篇以尹文田駢並稱顏師古注漢書謂齊宣王時人考劉向說苑載文與宣王問答顏蓋據此然呂氏春秋又載其與湣王問答事殆宣王時稷下舊人至湣王時猶在歟其書本名家者流大旨指陳治道欲自處於虛靜而萬事萬物則一一綜核其實故其言出入於黃老申韓之閒周氏涉筆謂其自道以至名自名以至法蓋得其真晁公武讀書志以爲

誦法仲尼其言誠過宜爲高似孫緯略所譏然似孫以儒理繩之謂其滑雜亦爲未允百氏爭鳴九流並列各尊所聞各行所知自老莊以下均自爲一家之言讀其文者取其博辨閎肆足矣安能限以一格哉序中所稱熙伯蓋繆襲之字其山陽仲長氏不知爲誰李淑邯鄲書目以爲仲長統然統卒於建安之末與所云黃初末者不合晁公武因此而疑史誤未免附會矣

墨子十六卷

〔卷目〕本書分大道上下篇（附校勘記）

〔著者小傳〕墨翟戰國魯人仕宋爲大夫生於貞定王時安王末卒年八十餘倡兼愛尙同之說當時與儒家並稱然孟子斥爲無父力闢其說故其學不傳於世有墨子十五卷按墨子一作宋人蓋因墨子爲宋大夫而誤以本書考之當以魯人爲是說見墨子閒詁

〔四庫提要〕舊本題宋墨翟撰考漢書藝文志墨子七十一篇註曰

名翟宋大夫隋書經籍志亦曰宋大夫墨翟撰然其書中多稱子墨子則門人之言非所自著又諸書多稱墨子名翟因樹屋書影則曰墨子姓翟母夢烏而生因名之曰烏以墨爲道今以姓爲名以墨爲姓是老子當姓老耶其說不著所出未足爲據也宋館閣書目稱墨子十五卷六十一篇此本篇數與漢志合卷數與館閣書目合惟七十一篇之中僅佚節用下第二十二節葬上第二十三節葬中第二十四明鬼上第二十九明鬼下第三十非樂中第三十三非樂下第三十四非儒上第三十八凡八篇尚存六十三篇與館閣書目不合陳振孫書錄解題又稱有一本止存十三篇者今不可見或後人以兩本相校互有存亡增入二篇歟抑傳寫者譌以六十三爲六十一也墨家者流史罕著錄蓋以孟子所闢無人冒居其名然佛氏之教其清淨取諸老其慈悲則取諸墨韓愈送浮屠文暢序稱儒名墨行墨名儒行以佛爲墨蓋得其真而讀墨子一篇乃稱墨必用孔孔必

用墨開後人三教歸一之說未爲篤論特在彼法之中能自嘗其身而時時利濟於物亦有足以自立者故其教得列於九流而其書亦至今不泯耳第五十二篇以下皆兵家言其文古奧或不可句讀與全書爲不類疑因五十一篇言公輸般九攻墨子九拒之事其徒因採摭其術附記其末觀其稱弟子禽滑釐等三百人已持守固之器在宋城上是能傳其術之徵矣

（卷目）（一）親士修身所染法儀七患辭過三辯（二）尚賢（三）尚同（四）兼愛（五）非攻（六）節用節葬（七）天志（八）明鬼非樂（九）非命非儒（十）經經說（十一）大取小取耕柱（十二）貴義公孟（十三）魯問公輸（十四）備城門備高臨備梯備水備突備穴備蛾傳（十五）迎敵祠旗幟號令雜守（十六）目

鬼谷子 三卷附篇目考及附錄

（著者小傳）王詡戰國時人居鬼谷號鬼谷先生蘇秦張儀皆從之

學縱橫術在世數百歲後不知所之著有鬼谷子　陶宏景梁秣陵
人字通明幼得葛洪神仙傳便有養生之志讀書萬餘卷未弱冠齊
高帝引爲諸王侍讀後隱於句容句曲山自號華陽隱居晚號華陽
真逸又曰華陽真人性好著述武帝卽位每有吉凶征討大事無不
諮請時人謂之山中宰相年八十五無病而卒或傳其僊去謚貞白
先生

〔四庫提要〕案鬼谷子漢志不著錄隋志縱橫家有鬼谷子三卷註
曰周世隱於鬼谷玉海引中興書目曰周時高士無鄉里族姓名字
以其所隱自號鬼谷先生蘇秦張儀事之授以捭闔至符言等十有
二篇及轉丸本經持樞中經等篇因隋志之說也唐志卷數相同而
註曰蘇秦張守節史記正義曰鬼谷在雒州陽城縣北五里七錄有
蘇秦書樂壹註云秦欲神祕其道故假名鬼谷此又唐志之所本也
胡應麟筆叢則謂隋志有蘇秦三十一篇張儀十篇必東漢人本二

書之言奮稡爲此而託於鬼谷若子虛亡是之屬其言頗爲近理然
亦終無確證隋志稱皇甫謐註則爲魏晉以來書固無疑耳說苑引
鬼谷子有人之不善而能矯之者難矣一語今本不載又惠洪冷齋
夜話引鬼谷子曰崖蜜櫻桃也今本亦不載疑非其舊然今本已佚
其轉丸胠篋二篇惟存捭闔至符言十二篇劉向所引或在佚篇之
內至惠洪所引據王直方詩話乃金樓子之文惠洪誤以爲鬼谷子
耳（案王直方詩話今無全本此條見朱翌猗覺寮雜記所引）均不足以致疑也高似孫子略稱其
一闔一闢爲易之神一翕一張爲老氏之術出於戰國諸人之表誠
爲過當宋濂潛溪集詆爲蛇鼠之智又謂其文淺近不類戰國時人
又抑之太甚柳宗元辨鬼谷子以爲言益奇而道益陿差得其真蓋
其術雖不足道其文之奇變詭偉要非後世所能爲也

（卷目）分上中下三卷（附篇目考及附錄）

〔著者小傳〕尸佼戰國時人秦相商鞅之客鞅相秦謀事畫計立法理民未嘗不與佼規鞅被刑佼恐幷誅乃逃亡入蜀著尸子二十篇凡六萬餘言今已十佚其八九

〔本書略述〕尸子著書凡二十篇漢藝文志列之雜家全書於南宋時散佚章氏宗源剌取書傳輯成此帙寄孫氏星衍刊之嗣莊氏述祖復以惠棟輯本許氏宗彥又於魏徵羣書治要中錄勸學篇等十三篇分詒孫氏孫氏取與章輯參校尚多遺漏復屬洪氏頤煊重爲編訂再刊之於濟南尸子雖列雜家其片言隻語往往足與經傳相發明而章莊許孫洪諸氏搜羅薈萃之勤俾後人得見崖略其功亦不可湮沒也

〔卷目〕分上下兩卷

鶡冠子 三卷

〔著者小傳〕鶡冠子戰國楚人居於深山以鶡鳥羽爲冠故號曰鶡

冠子　陸佃宋山陰人字農師居貧苦學映月讀書嘗受經王安石

而不以新法爲是擢熙寧甲科補國子監直講安石以佃不附己專

付之經術不復咨以政徽宗時爲尚書右丞每欲參用元祐人材議

者遂詆佃名在黨籍罷知亳州卒佃長於禮家名數之說有埤雅禮

象春秋後傳鶡冠子注陶山集諸書

〔四庫提要〕案漢書藝文志載鶡冠子一篇註曰楚人居深山以鶡

爲冠劉勰文心雕龍稱鶡冠緜緜亟發深言韓愈集有讀鶡冠子一

首稱其博選篇四稽五至之說學問篇一壺千金之語且謂其施於

國家功德豈少柳宗元集有鶡冠子辨一首乃詆爲言盡鄙淺謂其

世兵篇多同鵩賦據司馬遷所引賈生二語以決其僞然古人著書

往往偶用舊文古人引證亦往往偶隨所見如谷神不死四語今見

老子中而列子乃稱爲黃帝書克己復禮一語今在論語中左傳乃

謂仲尼稱志有之元者善之長也八句今在文言傳中左傳乃記爲

穆姜語司馬遷惟稱賈生蓋亦此類未可以單文孤證遽斷其僞惟
漢志作一篇而隋志以下皆作三卷或後來有所附益則未可知耳
其說雖雜刑名而大旨本原於道德其文亦博辨宏肆自六朝至唐
劉勰最號知文而韓愈最號知道二子稱之宗元乃以爲鄙淺過矣
此本爲陸佃所註凡十九篇佃序謂愈但稱十六篇未睹其全佃北
宋人其時古本韓文初出當得其真今本韓文乃亦作十九篇殆後
來反據此書以改韓集猶劉禹錫河東集序稱編爲三十二通而今
本柳集亦反據穆修本改爲四十五通也佃所作埤雅盛傳於世已
別著錄此註則當日已不甚顯惟陳振孫書錄解題載其名晁公武
讀書志則但稱有八卷一本前三卷全同墨子後兩卷多引漢以後
事公武削去前後五卷得十九篇殆由未見佃註故不知所註之本
先爲十九篇歟
(卷目)(上)博選著希夜行天則環流道端近迭(中)度萬王鈇泰鴻

泰錄（下）世兵備知兵政學閎世賢天權能天武靈

燕丹子 三卷

（著者小傳）燕太子丹戰國時燕王喜子質於秦亡歸見秦且滅六國秦兵臨易水禍且至乃陰養壯士使荊軻獻督亢地圖及樊于期頭於秦因襲刺秦王秦王覺殺軻使王翦擊燕王喜亡徙居遼東斬丹以獻秦又三年秦拔遼東遂滅燕燕丹子一書舊題燕太子丹撰

（四庫提要）不著撰人名氏所載皆燕太子丹事漢志法家有燕十事十篇註曰不知作者雜家有荊軻論五篇註曰司馬相如等論荊軻事無燕丹子之名至隋書經籍志始著錄於小說家唐李善註文選始援引其文是其書在唐以前又史記刺客列傳曰世言荊軻其稱太子丹之命天雨粟馬生角也太過其文見此書中而裴駰集解不引此書司馬貞索隱曰風俗通及論衡皆有此說仍云廄門木烏生肉足也亦不引此書註家引書以在前者爲據知此書在應劭王

亢後矣史記正義引田光論夏扶宋意秦舞陽事又引秦王乞聽琴事均作燕太子索隱引進金丸膾馬肝等事亦作燕太子殆傳寫異文歟宋志尙著於錄至明遂佚故馬驌作繹史稱魯連子燕丹子之類或眞或僞今皆亡其所輯秦事引燕丹子凡十條大抵本之文選註太平御覽諸書字句亦頗多舛異今檢永樂大典載有全本蓋明初尙存然其文實割裂諸書燕丹荊軻事雜綴而成其可信者已見史記其他多鄙誕不可信殊無足採謹仰遵聖訓附存其目隋志作一卷唐志宋志及文獻通考並作三卷永樂大典所載幷爲一卷而實作三篇故今仍以三卷著錄焉

〔卷目〕分上中下三卷

呂氏春秋二十六卷

〔著者小傳〕呂不韋秦陽翟人爲大賈家累千金時莊襄王質趙以不韋計得歸嗣位不韋爲相封文信侯嘗納邯鄲姬有娠獻之莊襄

王生子政卽始皇也始皇尊不韋爲仲父通於太后畏罪自殺嘗著
呂氏春秋置於咸陽之城門曰有能增損一字者予千金

〔四庫提要〕舊本題秦呂不韋撰考史記文信侯列傳實其賓客之所集也太史公自序又稱不韋遷蜀世傳呂覽考序意篇稱維秦八年歲在涒灘是時不韋未遷蜀故自高誘以下皆不用後說蓋史駁文耳漢書藝文志載呂氏春秋二十六篇今本凡十二紀八覽六論紀所統子目六十一覽所統子目六十三論所統子目三十六實一百六十篇漢志蓋舉其綱也其十二紀卽禮記之月令顧以十二月割爲十二篇每篇之後各閒他文四篇惟夏令多言樂秋令多言兵似乎有義其餘則絕不可曉先儒無說莫之詳矣又每紀皆附四篇而季冬紀獨五篇末一篇標識年月題曰序意爲十二紀之總論殆所謂紀者猶內篇而覽與論者爲外篇雜篇歟唐劉知幾作史通內外篇而自序一篇亦在內篇之末外篇之前蓋其例也不韋固小人

而是書較諸子之言獨爲醇正大抵以儒爲主而參以道家墨家故多引六籍之文與孔子曾子之言其他如論音則引樂記論鑄劍則引考工記雖不著篇名而其文可案所引莊列之言皆不取其放誕恣肆者墨翟之言不取其非儒明鬼者而縱橫之術刑名之說一無及焉其持論頗爲不苟論者鄙其爲人因不甚重其書非公論也自漢以來註者惟高誘一家訓詁簡質於引證顛舛之處如制樂篇稱成湯之時穀生於庭則據書序以駁之稱南子爲蘧夫人則據論語左傳以駁之稱西門豹在魏襄王時則據魏世家孟子以駁之稱晉襄公伐陸渾稱楚成王慢晉文公則皆據左傳以駁之稱顏闔對魯莊公則據魯世家以駁之稱衞逐獻公立公子黚則據左傳衞世家以駁之皆不蹈註家附會之失然如稱魏文侯虜齊侯獻之天子傳無其事不知誘何以不糾其謂梅伯說鬼侯之女好妲己以爲不好因而見醢謂白乙丙孟明皆蹇叔子謂甯戚扣角所歌乃碩鼠之詩

謂公孫龍爲魏人並不著所出亦不知其何所據又共伯得乎共首及張毅單豹事均出莊子乃於共伯事則曰不知其出何書於張毅單豹事則引班固幽通賦竟未見漆園之書亦爲可異若其註五世之廟曰逸書則梅賾僞本尙未出引詩庶姜孽孽作巘巘鼉鼓逢逢作韸韸則經師異本均不足爲失也

（卷目）（一至十二）紀（十三至二十）覽（二十一至二十六）論

老子 二卷 附經典釋文

（著者小傳）李耳周楚之苦縣人字伯陽一名重耳外字聃亦稱老聃相傳母懷之八十一歲而生故號爲老子爲周守藏史後見周衰乃西出函關隱去著道德經五千餘言莫知所終　王弼（見經部）

陸德明（見經部）

（四庫提要）魏王弼撰案隋書經籍志載老子道德經二卷王弼註舊唐書經籍志作元言新記道德二卷亦稱弼註名已不同新唐書

藝文志又以元言新記道德爲王肅撰而弼所註者別名新記元言道德益爲舛互疑一書而誤分爲二又顛錯其文也惟宋史藝文志作王弼老子註與此本同今從之錢曾讀書敏求記謂弼註老子已不傳然明萬歷中華亭張之象實有刻本證以經典釋文及永樂大典所載一一相符列子天瑞篇引谷神不死六句張湛皆引弼註以釋之雖增損數字而文亦無異知非依託曾蓋偶未見也此本卽從張氏三經晉註中錄出亦不免於脫譌而大致尙可辨別後有政和乙未晁說之跋稱文字多謬誤又有乾道庚寅熊克重刊跋稱近世希有蓋久而後得之則書在宋時已希逢善本矣然二跋皆稱不分道經德經而今本經典釋文實上卷題道經音義下卷題德經音義與此本及跋皆不合豈傳刻釋文者反據俗本增入歟考陳振孫書錄解題尙稱不分道經德經而陸游集有此書跋曰晁以道謂王輔嗣老子題曰道德經不析乎道德而上下之猶近乎古此本乃已析

矣安知其他無妄加竄定者乎其跋作於慶元戊午已非晁熊所見本則經典釋文之遭妄改固已久矣

〔卷目〕道德經上下篇（附經典釋文）

關尹子 一卷

〔著者小傳〕尹喜戰國秦人字公度爲函谷關尹老子西游喜望見紫氣知有真人當過老子至授道德經五千言而去喜自著書曰關尹子

〔四庫提要〕舊本題周尹喜撰案經典釋文載喜字公度未詳何本然陸德明非杜撰者當有所傳李道謙終南祖庭仙真內傳稱終南樓觀爲尹喜故居則秦人也考漢志有關尹子九篇劉向列仙傳作關令子而隋志唐志皆不著錄則其佚久矣南宋時徐藏子禮始得本於永嘉孫定家前有劉向校定序後有葛洪序向序稱蓋公授曹參參薨書葬孝武帝時有方士來上淮南王祕而不出向父德治淮

南王事得之其說頗誕與漢書所載得淮南鴻寶祕書言作黃金事者不同疑卽假借此事以附會之故宋濂諸子辨以爲文旣與向不類事亦無據疑卽定之所爲然定爲南宋人而墨莊漫錄載黃庭堅詩尋師訪道魚千里句已稱用關尹子語則其書未必出於定或唐五代閒方士解文章者所爲也至濂謂其書多法釋氏及神仙方技家如變識爲智一息得道嬰兒蕊女金樓絳宮青蛟白虎寶鼎紅爐誦呪土偶之類老聃時皆無是言又謂其文峻潔而頗流於巧刻則所論皆當要之其書雖出於依託而核其詞旨固遠出天隱無能諸子上不可廢也此本分一宇二柱三極四符五鑑六匕七釜八籌九藥九篇與濂所記合俞琬席上腐談稱舊有陳抱一註又元大德中有杜道堅註名曰闡元今皆未見云

〔卷目〕分九篇一宇二柱三極四符五鑑六匕七釜八籌九藥

列子 八卷

〔著者小傳〕列禦寇戰國鄭人劉向以爲與穆公同時柳宗元則以爲與繻公同時其學本於黃帝老子有列子一書蓋傳其學者所追記唐封沖虛真人詔號其書爲沖虛真經

〔四庫提要〕舊本題周列禦寇撰前有劉向校上奏以禦寇爲鄭穆公時人唐柳宗元集有辨列子一篇曰穆公在孔子前幾百歲列子書言鄭國皆言子產鄧析不知向何以言之如此史記鄭繻公二十四年楚悼王四年圍鄭殺其相駟子陽子陽正與列子同時是歲魯穆公十年不知向言魯穆公時遂誤爲鄭耶其後張湛徒知怪列子書言穆公後事每不能推知其時然其書亦多增竄非其實其言魏牟孔穿皆出列子後不可信云云其後高似孫緯略遂疑列子爲鴻濛雲將之流並無其人今考第五卷湯問篇中幷有鄒衍吹律事不止魏牟孔穿其不出禦寇之手更無疑義然考爾雅疏引尸子廣澤篇曰墨子貴兼孔子貴公皇子貴衷田子貴均列子貴虛料子貴別

囿其學之相非也數世矣而已弇弇於私也天帝皇后辟公弘廓宏
溥介純夏幠冢晊昄皆大也十有餘名而實一也若使兼公虛均衷
平易別囿一實也則無相非也云云是當時實有列子非莊周之寓
名又穆天子傳出於晉太康中爲漢魏人之所未睹而此書第三卷
周穆王篇所敘駕八駿造父爲御至巨蒐登崑崙見西王母於瑤池
事一一與傳相合此非劉向之時所能僞造可信確爲秦以前書考
公羊傳隱公十一年子沈子曰何休註曰子沈子後師沈子稱子冠
氏上著其爲師也然則凡稱子某子者乃弟子之稱師非所自稱此
書皆稱子列子則決爲傳其學者所追記非禦寇自著其雜記列子
後事正如莊子記莊子死管子稱吳王西施商子稱秦孝公耳不足
爲怪晉光祿勳張湛作是書註於天瑞篇首所稱子列子字知爲追
記師言而他篇復以載及後事爲疑未免不充其類矣書凡八篇與
漢志所載相合趙希弁讀書附志載政和中宜春彭瑜爲積石軍倅

聞高麗國列子十卷得其第九篇曰元瑞於青唐卜者云云今所行本皆無此卷殆宋人知其妄而不傳歟其註自張湛以外又有唐當塗丞殷敬順釋文二卷此本亦散附各句下然音註頗爲淆亂有灼然知爲殷說者亦有不辨孰張孰殷者明人刊本往往如是不足訝也據湛自序其母爲王弼從姊妹湛往來外家故亦善談名理其註亦弼註老子之亞葉夢得避暑錄話乃議其雖知列子近佛經而逐事爲解反多迷失是以唐後五宗之禪繩晉人失其旨矣

〔卷目〕（一）天瑞（二）黃帝（三）周穆王（四）仲尼（五）湯問（六）力命（七）楊朱（八）說符

莊子 十卷

〔著者小傳〕莊周戰國楚蒙人嘗爲蒙漆園吏與梁惠王齊宣王同時於學無所不闚著書十餘萬言號莊子漢志列於道家與老子並稱爲道家之祖唐天寶初詔號爲南華真經　郭象晉河南人字子

玄少有才理好老莊能清言不就辟召以文論自娛永嘉末卒　陸
德明(見經部)
(四庫提要)晉郭象撰象字子玄河南人辟司徒掾稍遷至黃門侍郎東海王越引爲太傅主簿事蹟具晉書本傳劉義慶世說新語曰註莊子者數十家莫能究其旨統向秀於舊註外別爲解義妙演奇致大暢玄風惟秋水至樂二篇未竟而秀卒秀子幼其義零落然頗有別本遷流象爲人行薄以秀義不傳於世遂竊以爲己註乃自註秋水至樂二篇又易馬蹄一篇其餘衆篇或點定文句而已其後秀義別本出故今有向郭二莊其義一也晉書象本傳亦採是文絕無異語錢曾讀書敏求記獨謂世代遼遠傳聞異詞晉書云云恐未必信案向秀之註陳振孫稱宋代已不傳但時見陸氏釋文今以釋文所載校之如逍遙遊有蓬之心句釋文郭向並引絕不相同胠篋篇聖人不死大盜不止句釋文引向註二十八字又爲之斗斛以量之

句釋文引向註十六字郭本皆無然其餘皆互相出入又張湛列子註中凡文與莊子相同者亦兼引向郭二註所載達生篇痀僂丈人承蜩一條向註與郭一字不異應帝王篇神巫季咸一章皆棄而走句向郭相同列子見之而心醉句向註曰迷惑其道也而又奚卵焉句向註六十二字郭註皆無之故使人得而相汝句郭註多七字示之以地文句向註塊然如土也郭註無之是殆見吾杜德機句鄉吾示之以天壤句名實不入句向郭並同是殆見吾善者機也句向註多九字子之先生坐不齋句向註二十二字郭註無之鄉吾示之以太沖莫勝句郭改其末句淵有九名此處三焉句郭增其首十六字尾五十一字鄉吾示之以未始出吾宗句故逃也句食豨如食人句向郭並同於事無與親以下則並大同小異是所謂竊據向書點定文句者殆非無證又秋水篇與道大蹇句釋文云蹇向紀輦反則此篇向亦有註并世說所云象自註秋水至樂二篇者尚未必實錄矣

錢曾乃曲爲之解何哉考劉孝標世說註引逍遙遊向郭義各一條今本無之讓王篇惟註三條漁父篇惟註一條盜跖篇惟註三十八字說劍篇惟註七字似不應簡略至此疑有所脫佚又列子生物者不生化物者不化二句張湛註曰莊子亦有此文幷引向秀註一條而今本莊子皆無之是幷正文亦有所遺漏蓋其亡已久今不可復考矣

文子二卷附校勘記

〔卷目〕（一至三）內篇（四至七）外篇（八至十）雜篇

〔著者小傳〕不著撰人名氏

〔四庫提要〕案漢志道家文子九篇註曰老子弟子與孔子並時而稱周平王問似依託者也（案此班固之原註讀書志以爲顏師古註誤也）隋志載文子十二篇註曰老子弟子七略有九篇梁十卷亡二志所載不過篇數有多寡耳無異說也因史記貨殖傳有范蠡師計然語又因裴駰集解有

計然姓辛字文子其先晉國公子語北魏李暹作文子註遂以計然文子合爲一人文子乃有姓有名謂之辛鈃案暹註今已不傳此據讀書志所引案馬總意林列文子十二卷註曰周平王時人師老君又列范子十三卷註曰並是陰陽曆數也又曰計然者葵邱濮上人姓辛名文子其先晉國公子也其書皆范蠡問而計然答是截然兩人兩書更無疑義暹移甲爲乙謬之甚矣柳宗元集有辨文子一篇稱其旨意皆本老子然考其書蓋駁書也其渾而類者少竊取他書以合之者多凡孟子輩數家皆見剽竊嶢然而出其類其意緒文詞又互相牴而不合不知人之增益之歟或者衆爲聚斂以成其書歟今刊去謬惡濫雜者取其似是者又頗爲發其意藏於家是其書不出一手唐人固已言之然宗元所刊之本高似孫子略已稱不可見今所行者仍十二篇之本別本或題曰通玄真經蓋唐天寶中嘗加是號事見唐藝文志云

〔卷目〕〔上〕道原一至上德十六〔下〕微明十七至上禮二十二〔附校勘記〕

文子纘義十二卷

〔著者小傳〕杜道堅宋當塗人武康計籌山昇玄觀道士字南谷有文子纘義

〔四庫提要〕宋杜道堅撰道堅字南谷當塗人武康計籌山昇玄觀道士也其始末無考是書諸家書目亦罕著於錄惟考牟巘陵陽集有爲道堅所作序又別有計籌峯真率錄序稱洞微先生常主昇玄觀席德壽宮錫之寶翰至今歲某甲道堅實來上距祖君十二化然才百年云云案自高宗內禪居德壽宮時下至景定壬戌正一百年則道堅當爲理宗時人而李道純久和集序乃道堅所作題大德丙午則入元久矣文子一書自北魏以來有李暹徐靈府朱元三家註惟靈府註僅存亦大半闕佚道堅因所居計籌山有文子故蹟因註

其書凡自爲說者題曰纘義其餘裒輯衆解但總標曰舊說不著姓
名頗嫌掠美然杜預左傳集解先有此例朱子註四書已用之亦無
責於道堅也自元以來傳本頗稀獨永樂大典尚載其文其精誠符
言上德下德微明自然上義七篇首尾完備惟道原九守道德上仁
上禮五篇原本失載或修永樂大典之時已散佚不完歟今檢校原
目次第排錄成帙所闕之五篇亦仍載其原文釐爲十有二卷仍符
隋唐志文子舊數書中字句與世傳明代道潛堂刊本多所同異其
閎文義兩通者不可勝舉其顯然譌脫者如符言篇求爲而寧求爲
而治句明刊本作無爲與上下文義全反又知言不知上也不知言
知病也四句明刊本無言字於義難通又時之去不可追而援也句
明刊本追字作足又內在己者得句明刊本內字作則又夫氣者可
以道而制也句明刊本夫字作二又微明篇聖人見福於重關之內
句明刊本見字作先又微言篇奇伎逃亡句明刊本逃亡作天長均

譌誤不可解當以此本爲正又符言篇故能以衆不勝成大勝者惟聖人能之二句明刊本脫下一句又能成王者必德勝者也句明刊本脫德字又上義篇故天下可一也句明刊本一字下衍人字此類甚多皆可以證傳刻之誤蓋道堅生當宋季猶見諸家善本故所載原文皆可正後來譌誤不但註文明暢足以宣通疑滯也

意林五卷附逸文一卷

〔卷目〕（一）道原（二）精誠（三）十守（四）符言（五）道德（六）上德（七）微明（八）自然（九）下德（十）上仁（十一）上義（十二）上禮

〔著者小傳〕馬總唐人系出扶風字會元元和中由虔州刺史遷安南都護用儒術教其俗建二銅柱於漢故處劖著唐德以表伏波之裔後爲淮西節度設教令明賞罰一變其俗歷官戶部尚書性篤學雖吏事倥傯書不去前論著頗多又摘錄諸子要語爲意林卒謚懿

周廣業清海鹽人字勤圃號耕崖乾隆舉人有蓬廬詩文集孟子

四考並輯有意林逸文等書

(四庫提要)唐馬總編唐書總本傳但稱其系出扶風不言爲何地人其字唐書作會元而此本則題曰元會均莫能詳也傳稱其歷任方鎮終於戶部尚書贈右僕射諡曰懿陳振孫書錄解題稱總仕至大理評事則考之未審矣初梁庾仲容取周秦以來諸家雜記凡一百七家摘其要語爲三十卷名曰子鈔總以其繁略失中復增損以成此書宋高似孫子略稱仲容子鈔每家或取數句或一二百言馬總意林一遵庾目多者十餘句少者一二言比子鈔更爲取之嚴錄之精今觀所採諸子今多不傳者惟賴此僅存其槩其傳於今者如老莊管列諸家亦多與今本不同不特孟子之文如容齋隨筆所云也前有唐戴叔倫柳伯存二序與文獻通考所載相同唐志著錄作一卷叔倫序云三軸伯存序又云六卷今世所行有二本一爲范氏天一閣寫本多所佚脫是以御題詩有太玄以下竟亡之之句此本

爲江蘇巡撫所續進乃明嘉靖己丑廖自顯所刻較范氏本少戴柳二序而首尾特完整然考子鈔原目凡一百七家此本止七十一家洪氏載總所引書尚有蔣子譙子鍾子張儼默記裴氏新書袁淮正書袁子正論蘇子張顯析言于子顧子諸葛子陳子要言符子諸書此本不載又通考稱今本相鶴經自意林鈔出而永樂大典有風俗通姓氏篇題曰出馬總意林此本亦並無之合記卷帙當已失其半併非總之原本矣然殘璋斷璧益可寶貴也

（卷目）共五卷附別下齋補刻宋本第六卷逸文一卷

法言十三卷附音義一卷

（著者小傳）揚雄（見經部）

（本書略述）法言十三卷漢揚雄撰四庫所著錄者係宋司馬光集註本略稱考漢書藝文志儒家揚雄所序三十八篇註曰法言十三雄本傳具列其目曰學行第一吾子第二修身第三問道第四問神

第五問明第六寡見第七五百第八先知第九重黎第十淵騫第十一君子第十二孝至第十三凡所列漢人著述未有若是之詳者蓋當時甚重雄書也自程子始謂其曼衍而無斷優柔而不決蘇軾始謂其以艱深之詞文淺易之說至朱子作通鑑綱目始書莽大夫揚雄死雄之人品著作遂皆爲儒者所輕若北宋之前則大抵以爲孟荀之亞故光作潛虛以擬太玄而又採諸儒之說以註此書考自漢以來有侯芭註六卷宋衷註十三卷李軌解一卷辛德源註二十三卷又有柳宗元註宋咸廣註吳祕註至光之時惟李軌柳宗元宋咸吳祕之註尚存故光裒合四家增以己意（以上提要語）　此本係清江都秦氏恩復以宋治平監本影摹並以何氏焯校本對勘列舉譌誤二十四條附於序後末附音義一卷據秦氏云不知撰人名氏其中多引天復本天復爲唐昭宗紀元撰人當出五代宋初之間等語宋槧不可多得此本似爲修四庫諸臣所未見故本局特據以校印以廣流

傳

（卷目）（一）學行（二）吾子（三）修身（四）問道（五）問神（六）問明
（七）寡見（八）五百（九）先知（十）重黎（十一）淵騫（十二）君子
（十三）孝至（附音義一卷）

新語 一卷

（著者小傳）陸賈漢楚人以客從高祖定天下拜太中大夫賈時時前說詩書帝令著秦漢所以興亡之故因著書十二篇帝稱善號曰新語

（四庫提要）舊本題漢陸賈撰案漢書賈本傳稱著新語十二篇漢書藝文志儒家陸賈二十七篇蓋兼他所論述計之隋志則作新語二卷此本卷數與隋志合篇數與本傳合似為舊本然漢書司馬遷傳稱遷取戰國策楚漢春秋陸賈新語作史記楚漢春秋張守節正義猶引之今佚不可考戰國策取九十三事皆與今本合惟是書之

文悉不見於史記王充論衡本性篇引陸賈曰天地生人也以禮義之性人能察己所以受命則順順謂之道今本亦無其文又穀梁傳至漢武帝時始出而道基篇末乃引穀梁傳曰時代尤相抵牾其殆後人依託非賈原本歟考馬總意林所載皆與今本相符李善文選註於司馬彪贈山濤詩引新語曰梗梓仆則為世用於王粲從軍詩引新語曰聖人承天威承天功與之爭功豈不難哉於陸機日出東南隅行引新語曰高臺百仞於古詩第一首引新語曰邪臣之蔽賢猶浮雲之鄣日月於張載雜詩第七首引新語曰建大功於天下者必垂名於萬世也以今本核校雖文句有詳略異同而大致亦悉相應似其僞猶在唐前惟玉海稱陸賈新語今存於世者道基術事輔政無為資賢至德懷慮纔七篇此本十有二篇乃反多於宋本為不可解或後人因不完之本補綴五篇以合本傳舊目也今但據其書論之則大旨皆崇王道黜霸術歸本於修身用人其稱引老子者惟

思務篇引上德不德一語餘皆以孔氏爲宗所援據多春秋論語之文漢儒自董仲舒外未有如是之醇正也流傳既久其眞其贗存而不論可矣所載衞公子鱄奔晉一條與三傳皆不合莫詳所本中多闕文亦無可校補所稱文公種米曾子駕羊諸事劉晝新論馬總意林皆全句引之知無譌誤然皆不知其何說又據犂嗃報之語訓詁亦不可通古書佚亡今不盡見闕所不知可也

新書十卷

（卷目）一卷分上下

（著者小傳）賈誼漢洛陽人文帝召爲博士欲以誼任公卿時年二十餘絳灌之屬毀之以誼爲長沙王太傅意不自得及渡湘水爲賦以弔屈原帝後思誼召見宣室不覺前席拜梁王太傅後梁王墮馬死誼自傷爲傅無狀哭泣歲餘亦死年三十三世稱賈太傅又稱賈長沙又稱賈生

〔四庫提要〕漢賈誼撰漢書藝文志儒家賈誼五十八篇崇文總目云本七十二篇劉向刪定爲五十八篇隋唐志皆九卷別本或爲十卷考今隋唐志皆作十卷無九卷之說蓋校刊隋書唐書者未見崇文總目反據今本追改之明人傳刻古書往往如是不足怪也然今本僅五十六篇又問孝一篇有錄無書實五十五篇已非北宋本之舊又陳振孫書錄解題稱首載過秦論末爲弔湘賦且略節誼本傳於第十一卷中今本雖首載過秦論而末無弔湘賦亦無附錄之第十一卷且幷非南宋時本矣其書多取誼本傳所載之文割裂其章段顛倒其次序而加以標題殊瞀亂無條理朱子語錄曰賈誼新書除了漢書中所載餘亦難得粹者看來只是賈誼一雜記藁耳中閒事事有些個陳振孫亦謂其非漢書所有者輒淺駁不足觀決非誼本書今考漢書誼本傳贊稱凡所著述五十八篇掇其切於世事者著於傳應劭漢書註亦於過秦論下註曰賈誼書第一篇名也則本

傳所載皆五十八篇所有足爲顯證贊又稱三表五餌以係單于顏師古註所引賈誼書與今本同又文帝本紀註引賈誼書衞侯朝於周周行人問其名亦與今本同則今本卽唐人所見亦足爲顯證然決無摘錄一段立一篇名之理亦決無連綴十數篇合爲奏疏一篇上之朝廷之理疑誼過秦論治安策等本皆爲五十八篇之一後原本散佚好事者因取本傳所有諸篇離析其文各爲標目以足五十八篇之數故餖飣至此其書不全真亦不全僞朱子以爲雜記之稿固未核其實陳氏以爲決非誼書尤非篤論也且其中爲漢書所不載者雖往往類說苑新序韓詩外傳然如青史氏之記具載胎教之古禮修政語上下兩篇多帝王之遺訓保傅篇容經篇並敷陳古典具有源本其解詩之騶虞易之潛龍亢龍亦深得經義又安可盡以淺駁不粹目之哉雖殘闕失次要不能以斷爛棄之矣

（卷目）（一）過秦等十一篇（二）權重等五篇（三）俗激等十一篇

(四)匈奴等五篇(五)傳職等五篇(六)禮等三篇(七)先醒等五篇(八)官人等五篇(九)大政等四篇(十)禮容語等五篇

鹽鐵論十卷附校勘小識

(著者小傳)桓寬漢汝南人字次公治公羊春秋宣帝時舉爲郎官至廬江太守丞博通善屬文推衍鹽鐵之議著數萬言後通稱鹽鐵論　王先謙(見史部)

(四庫提要)漢桓寬撰寬字次公汝南人宣帝時舉爲郎官至廬江太守丞昭帝始元六年詔郡國舉賢良文學之士問以民所疾苦皆請罷鹽鐵榷酤與御史大夫桑宏羊等建議相詰難寬集其所論爲書凡六十篇篇各標目實則反覆問答諸篇皆首尾相屬後罷榷酤而鹽鐵則如舊故寬作是書惟以鹽鐵爲名蓋惜其議不盡行也書末雜論一篇述汝南朱子伯之言記賢良茂陵唐生文學魯萬生等六十餘人而最推中山劉子雍九江祝生於桑宏羊車千秋深著微

詞蓋其著書之大旨所論皆食貨之事而言皆述先王稱六經故諸史皆列之儒家黄虞稷千頃堂書目改隸史部食貨類中循名而失其實矣明嘉靖癸丑華亭張之象爲之註雖無所發明而事實亦粗具梗概今並錄之以備考核焉

〔卷目〕（一）本議等六篇（二）非鞅等六篇（三）園池等三篇（四）地廣等四篇（五）相刺等九篇（六）散不足等八篇（七）崇禮等六篇（八）結和等六篇（九）繇役等六篇（十）刑德等六篇（附校勘小識）

論衡三十卷

〔著者小傳〕王充漢上虞人字仲任師事班彪好博覽過目輒能記憶以俗儒守文多失其真乃閉門潛思絕慶弔之禮戶牖牆壁各置刀筆著論衡八十五篇二十餘萬言釋物類同異正時俗嫌疑蔡邕入吳得此書恆祕玩以爲談助

〔四庫提要〕漢王充撰充字仲任上虞人自紀謂在縣爲掾功曹在

都尉府位亦掾功曹在太守爲列掾五官功曹行事又稱永和三年
徙家辟詣揚州部丹陽九江廬江後入爲治中章和二年罷州家居
其書凡八十五篇而第四十四招致篇有錄無書實八十四篇考其
自紀曰書雖文重所論百種案古太公望近董仲舒傳作書篇百有
餘吾書亦纔出百而云太多然則原書實百餘篇此本目錄八十五
篇已非其舊矣充書大旨詳於自紀一篇蓋內傷時命之坎坷外疾
世俗之虛僞故發憤著書其言多激刺孟問孔二篇至於奮其筆端
以與聖賢相軋可謂誖矣又露才揚己好爲物先至於述其祖父頑
很以自表所長傎亦甚焉其他論辨如日月不圓諸說雖爲葛洪所
駁載在晉志然大抵訂譌砭俗中理者多亦殊有裨於風教儲泳祛
疑說謝應芳辨惑編不是過也至其文反覆詰難頗傷詞費則充所
謂宅舍多土地不得小戶口衆簿籍不得少失實之事多虛華之語
衆指實定宜辨爭之言安得約徑者固已自言之矣充所作別有譏

俗書政務書晚年又作養性書今皆不傳惟此書存儒者頗病其蕪雜然終不能廢也高似孫子略曰袁崧後漢書載充作論衡中土未有傳者蔡邕入吳始見之以爲談助談助之言可以了此書矣其論可云允愜此所以攻之者衆而好之者終不絕歟

（卷目）（一）逢遇等四篇（二）幸遇等五篇（三）偶會等六篇（四）書虛等二篇（五）異虛等二篇（六）福虛等四篇（七）道虛等二篇（八）儒增等二篇（九）問孔篇（十）非韓等二篇（十一）談天等三篇（十二）程材等三篇（十三）效力等三篇（十四）狀留等三篇（十五）變動等四篇（十六）亂龍等四篇（十七）指瑞等三篇（十八）自然等三篇（十九）宣漢等三篇（二十）須頌等三篇（二十一）死僞篇（二十二）紀妖等二篇（二十三）言毒等四篇（二十四）譏日等四篇（二十五）詰術等四篇（二十六）實知等二篇（二十七）定賢篇（二十八）正說等二篇（二十九）案書等二篇（三十）自紀篇

潛夫論十卷

〔著者小傳〕王符漢臨涇人字節信少好學有志操與馬融張衡等友善和安二帝後世務游宦符獨耿介隱居著書號曰潛夫論以譏當時得失不欲彰顯其名終於家　汪繼培清浙江蕭山人字厚叔嘉慶十年進士官吏部主事

〔四庫提要〕漢王符撰符字節信安定臨涇人後漢書本傳稱和安之後世務游宦當塗者更相薦引而符獨耿介不同於俗以此遂不得升進志意蘊憤乃隱居著書二十餘篇以譏當時得失不欲章顯其名故號曰潛夫論今本凡三十五篇合敘錄爲三十六篇蓋猶舊本卷首讚學一篇論勵志勤修之旨卷末五德志篇述帝王之世次志氏姓篇考譜牒之源流其中卜列相列夢列三篇亦皆雜論方技不盡指陳時政范氏所云舉其著書大旨爾符生卒年月不可考本傳之末載度遼將軍皇甫規解官歸里符往謁見事規解官歸里據

本傳在延熹五年則符之著書在桓帝時故所說多切漢末弊政惟桓帝時皇甫規段熲張奐諸人屢與羌戰而其救邊邊議二篇乃以避寇爲憾殆以安帝永初五年嘗徙安定北地郡順帝永建四年始還舊地至永和六年又內徙符安定人故就其一鄉言之耶然其謂失涼州則三輔爲邊三輔內入則弘農爲邊弘農內入則洛陽爲邊推此以相況雖盡東海猶有邊則灼然明論足爲輕棄邊地之炯鑒也范氏錄其貴忠浮侈實貢愛日述赦五篇入本傳而字句與今本多不同晁公武讀書志謂其有所損益理或然歟范氏以符與王充仲長統同傳韓愈因作後漢三賢贊今以三家之書相較符書洞悉政體似昌言而明切過之辨別是非似論衡而醇正過之前史列之儒家斯爲不愧惟賢難篇中稱鄧通吮癰爲忠於文帝又稱其欲昭景帝之孝反以結怨則紕繆最甚是其發憤著書立言矯激之過亦不必曲爲之諱矣

〔卷目〕（一）讚學等五篇（二）明闇等五篇（三）忠貴等四篇（四）班祿等四篇（五）斷訟等六篇（六）卜列等三篇 （七） 夢列等二篇（八）交際等五篇（九）志氏姓篇（十）敘錄

新論 不分卷

〔著者小傳〕桓譚漢相人字君山好音樂徧習五經能文章光武拜爲議郎帝好讖書譚斥其妄帝怒出之著書二十九篇言當世行事號新論　孫馮翼清承德人字鳳埔乾隆間刊問經堂叢書

〔本書略述〕漢桓譚見劉向新序陸賈新語而作新論計十六篇王充論衡中曾深譽之今新序新語四庫已採入儒家而此書獨於南宋時亡軼不得與向賈二書並行於世孫氏馮翼廣爲搜輯首列考證次以目錄又次以搜輯各條分列於後並詳注所引書目雖未獲快覩全豹然已不止一斑矣

〔卷目〕不分卷

申鑒五卷

〔著者小傳〕荀悅漢穎川人字仲豫年十二能說春秋所見篇牘一覽多能誦記性沈靜尤好著述獻帝時侍講禁中累遷祕書監侍中有申鑒漢記二書

〔四庫提要〕漢荀悅撰悅有漢紀已著錄後漢書荀淑傳稱悅侍講禁中見政移曹氏志在獻替而謀無所用乃作申鑒五篇其所論辨通見政體既成奏上帝覽而善之其書見於隋經籍志唐藝文志者皆五卷卷爲一篇一曰政體二曰時事皆制治大要及時所當行之務三曰俗嫌皆禨祥讖緯之說四曰雜言上五曰雜言下則皆泛論義理頗似揚雄法言後漢書取其政體篇爲政之方一章時事篇正當主之制復內外註記二章載入傳中又稱悅別有崇德正論及諸論數十篇今並不傳惟所作漢紀及此書尚存於世漢紀文約事詳足稱良史而此書剖析事理亦深切著明蓋由其原本儒術故所言

皆不詭於正也明正德中吳縣黃省曾爲之註凡萬四千餘言引據
博洽多得悅旨其於後漢書所引閒有同異者亦並列其文於句下
以便考訂然如政體篇眞實而已句今本後漢書實作定不肅而治
句今本後漢書治作成而省曾均未之及則亦不免於偶疎也
（卷目）（一）政體（二）時事（三）俗嫌（四）雜言上（五）雜言下

人物志 三卷

（著者小傳）劉劭魏邯鄲人字孔才文帝時爲散騎侍郎受詔集五
經羣書作皇覽明帝時爲陳留太守敦崇教化百姓稱之還散騎常
侍詔作許都洛都賦時外興軍旅內營宮室二賦皆寓諷諫正始中
執經講學賜爵關內侯凡所撰述法論人物志之類百餘篇（按四
庫提要作劉卲此從三國志）
（四庫提要）魏劉卲撰卲字孔才邯鄲人黃初中官散騎常侍正始
中賜爵關內侯事蹟具三國志本傳別本或作劉劭或作劉邵此書

末有宋庠跋云據今官書魏志作勉劭之劭從力他本或從邑者晉邑之名案字書此二訓外別無他釋然俱不協孔才之義說文則爲卲音同上但召旁從卩耳訓高也李舟切韻訓美也高美又與孔才義符揚子法言曰周公之才之卲是也所辨精核今從之其註爲劉昞所作昞字延明燉煌人舊本名上結銜題涼儒林祭酒蓋李暠時嘗授是官然十六國春秋稱沮渠蒙遜平酒泉授昞祕書郎專管注記魏太武時又授樂平從事中郎則昞歷事三主惟署涼官者誤矣卲書凡十二篇首尾完具晁公武讀書志作十六篇疑傳寫之誤其書主於論辨人才以外見之符驗內藏之器分別流品研析疑似故隋志以下皆著錄於名家然所言究悉物情而精覈近理視尹文之說兼陳黃老申韓公孫龍之說惟析堅白同異者迥乎不同蓋其學雖近乎名家其理則弗乖於儒者也昞註不涉訓詁惟疏通大意而文詞簡古猶有魏晉之遺漢魏叢書所載惟每篇之首存其解題十

六字且以卷首阮逸之序譌題晉人殊爲疏舛此本爲萬曆甲申河閒劉用霖所刊蓋用隆慶壬申鄭昊舊版而修之猶古本云

〔卷目〕（上）九徵體別流業材理（中）材能利害接識英雄八觀（下）七繆效難釋爭

中說十卷

〔著者小傳〕王通隋龍門人字仲淹幼篤學仁壽間西游長安上太平十二策知謀不用退居河汾教授受業者千數如薛收房玄齡李靖魏徵等皆北面受王佐之道仿春秋作元經又爲中說以擬論語不爲諸儒稱道故其書不彰惟中說獨傳大業中以著作郎國子博士徵並不至卒年三十餘門人謚曰文中子　阮逸宋建陽人字天隱天聖進士景祐初知杭州尋遷屯田員外郎有易筌王制井田圖等書

〔四庫提要〕舊本題隋王通撰唐志文中子中說五卷通考及玉海

則作十卷與今本合凡十篇末附序文一篇及杜淹所撰文中子世家一篇通子福時錄唐太宗與房魏論禮樂事一篇通弟績與陳叔達書一篇又錄關子明事一篇卷末有阮逸序又有福時貞觀二十三年序晁公武郡齋讀書志嘗辨通以開皇四年生李德林以開皇十一年卒通方八歲而有德林請見歸援琴鼓蕩之什門人皆沾襟事關朗以太和丁巳見魏孝文帝至開皇四年通生已相隔一百七年而有問禮於朗事薛道衡以仁壽二年出爲襄州總管至煬帝卽位始召還又隋書載道衡子收初生卽出繼族父儒及長不識本生而有仁壽四年通在長安見道衡道衡語其子收事洪邁容齋隨筆又辨唐書載薛收以大業十三年歸唐而世家有江都難作通有疾召薛收共語事王應麟困學紀聞亦辨唐會要載武德元年五月始改隋太興殿爲太極殿而書中有隋文帝召見太極殿事皆證以史傳抵牾顯然今考通以仁壽四年自長安東歸河汾卽不復出故世

家亦云大業元年一徵又不至而周公篇內乃云子遊太樂聞龍舟
五更之曲阮逸註曰太樂之署煬帝將遊江都作此曲隋書職官志
曰太常寺有太樂署是通於大業末年復至長安矣其依託謬妄亦
一明證考楊炯集有王勃集序稱祖父通隋秀才高第蜀郡司戶書
佐蜀王侍讀大業末退講藝於龍門其卒也門人謚之曰文中子炯
爲其孫作序則記其祖事必不誤杜牧樊川集首有其甥裴延翰序
亦引文中子曰言文而不及理王道何從而興乎二語亦與今本相
合知所謂文中子者實有其人所謂中說者其子福郊福時等纂述
遺言虛相夸飾亦實有其書第當有唐開國之初明君碩輔不可以
虛名動又陸德明孔穎達賈公彥諸人老師宿儒布列館閣亦不可
以空談惑故其人其書皆不著於當時而當時亦無斥其妄者至中
唐以後漸遠無徵乃稍稍得售其欺耳宋咸必以爲實無其人洪邁
必以爲其書出阮逸所撰誠爲過當講學家或竟以爲接孔顏之傳

則偵之甚矣據其僞迹炳然誠不足採然大旨要不甚悖於理且摹擬聖人之語言自揚雄始猶未敢冒其名摹擬聖人之事蹟則自通始乃并其名而僭之後來聚徒講學醸爲朋黨以至禍延宗社者通實爲之先驅坤之初六履霜堅冰姤之初六繫於金柅錄而存之亦足見儒風變古其所由來者漸也

（卷目）（一）王道篇（二）天地篇（三）事君篇（四）周公篇（五）問易篇（六）禮樂篇（七）述史篇（八）魏相篇（九）立命篇（十）關朗篇

明夷待訪錄 不分卷

（著者小傳）黃宗羲明餘姚人字太沖號梨洲又號南雷師事劉蕺山時越中援儒入釋姚江之緒大壞梨洲力摧其說明末舉義事不成奉母返里肆力著述從學者數百人康熙中舉鴻博荐修明史均力辭詔取所著書宣付史館史局大案必咨之卒年八十有六私諡文孝著有宋元明儒學案易象數論南雷文定南雷文約明夷待訪

錄等書

〔本書略述〕黃氏宗羲以明末遺民著明夷待訪錄分目二十一讀之可見其政治思想之大概顧氏炎武亦深相服膺嘗稱爲三代之治可復近三四十年來吾國人之談民權思想民族思想者尤崇拜之可云俟諸百世而不惑者矣

周子通書

不分卷附榕村通書篇

〔卷目〕不分卷

〔著者小傳〕周敦頤宋道州營道縣人字茂叔初爲分寧主簿調南安軍司理參軍移桂陽令治績甚著熙寧初知郴州改轉運判官以疾求知南康軍因家廬山蓮花峯下前有溪合於湓江取營道所居濂溪以名之胸懷洒落如光風霽月著太極圖說及通書爲宋理學之開祖卒謚元公世稱濂溪先生　李光地清福建安溪人字晉卿號厚庵康熙九年進士累官至直隸巡撫文淵閣大學士在官以清

勤自厲後以忌之者衆益慎重寡言其學誠明並進尤篤信程朱卒
諡文貞雍正元年追贈太子太傅十年入祀賢良祠有周易通論周
易觀象大指尙書解義洪範說詩所孝經全註古樂經大學古本說
中庸章段中庸餘論論語孟子劄記離騷經注參同契注陰符經注
曆象本要二程遺書朱子語類四纂韓子粹言古文精藻榕村全集
（本書略述）周子敦頤著通書四十章李氏光地著通書篇釋之謂
係錯綜以發明太極之蘊其第四十章言蒙艮者自童蒙至聖賢皆
以主靜爲學之本尤足以闡發周子爲學宗旨至李氏之學源於朱
子篇末所論朱陸異同不爲門戶所囿尤足見先儒論學之公
（卷目）不分卷（附榕村通書篇）

張子全書 十四卷 附錄一卷

（著者小傳）張載宋郿縣橫渠鎮人字子厚載少孤自立喜談兵至
欲結客取洮西地年二十一以書謁范仲淹仲淹勸讀中庸載猶以

爲不足又訪諸釋老反而求之六經嘗坐虎皮講易京師程頤兄弟與論易次日撤坐輟講盡棄異學嘉祐間舉進士爲雲巖令熙寧初爲崇政院校書尋屏居南山下終日危坐一室與諸生講學告以變化氣質之道呂大防薦知太常禮院以疾歸卒謚明後定謚獻其學以易爲宗以中庸爲的以禮爲體以孔孟爲極著正蒙西銘及易說世號橫渠先生　朱熹（見經部）

（四庫提要）宋張載撰考載所著書見於宋史藝文志者有易說三卷正蒙十卷經學理窟十卷文集十卷虞集作吳澄行狀稱嘗校正張子之書以東西銘冠篇正蒙次之今未見其本此本不知何人所編題曰全書而止有西銘一卷正蒙二卷經學理窟五卷易說三卷語錄鈔一卷文集鈔一卷又拾遺一卷又採宋元諸儒所論及行狀等作爲附錄一卷共十五卷自易說西銘以外與史志卷數皆不相符又語錄文集皆稱曰鈔尤灼然非其完帙蓋後人選錄之本名以

全書殊爲乖舛然明徐時達所刻已屬此本嘉靖中呂柟作張子鈔釋稱文集已無完本惟存二卷康熙己亥朱軾督學於陝西稱得舊稿於其裔孫五經博士繩武家爲之重刊勘其卷次篇目亦即此本則其來已久矣張子之學主於深思自得本不以著作繁富爲長此本所錄雖卷帙無多而去取謹嚴橫渠之奧論微言其精英業已備採矣

（卷目）（一）西銘（二）（三）正蒙（四至八）經學理窟（九至十一）易說（十二）語錄抄（十三）文集抄（十四）拾遺（附錄一卷）

二程全書六十七卷

（著者小傳）程顥宋洛陽人字伯淳舉進士調鄠縣主簿熙寧初爲御史裏行神宗數召見顥前後進說大約以正心窒慾求賢育才爲言務以誠意感悟主上後與王安石議新法不合出簽書鎭寧軍判官知扶溝縣哲宗立召爲宗正丞未赴卒諡純公顥資性過人而充

養有道和粹之氣盎於面背得不傳之學於遺經以興起斯文爲己任辨異端闢邪說使聖人之道煥然復明於世孟子之後一人而已文彥博采衆論題其墓曰明道先生後人集其遺文語錄名程子遺書　程頤顥弟字正叔與顥同受學於周敦頤年十八游太學著顏子好學論胡瑗大驚異之即延見處以學職哲宗初擢崇政殿說書每進講色甚莊繼以諷諫出句管西京國子監頤學本於誠以大學語孟中庸爲標指而達於六經動止語默一以聖人爲師世稱伊川先生卒謚正公有易春秋傳語錄文集　朱熹（見經部）　楊時宋將樂人字中立熙寧進士調官不赴學於程顥顥死復學於程頤高宗時官至龍圖閣直學士致仕以著書講學爲事東南學者推爲程氏正宗朱熹張栻之學其源皆出於時卒謚文靖學者稱龜山先生有二程粹言龜山集

（四庫提要）二程遺書二十五卷附錄一卷宋二程子門人所記而

朱子復次錄之者也自程子旣歿以後所傳語錄有李籲呂大臨謝良佐游酢蘇昞劉絢劉安節楊迪周孚先張繹唐棣鮑若雨鄒柄暢大隱諸家頗多散亂失次且各隨學者之意其記錄往往不同觀尹焞以朱光庭所鈔伊川語質諸伊川伊川有若不得某之心所記者徒彼意耳之語則程子在時所傳已頗失其真案此事見朱子後序中故朱子語錄謂游錄語慢上蔡語險劉質夫語簡李端伯語宏肆永嘉諸公語絮也是編成於乾道四年戊子乃因家藏舊本復以類訪求附益略據所聞歲月先後編第成爲二十五卷又以行狀之屬八篇爲附錄一卷語錄載陳淳問第九卷介甫言律一條何意曰伯恭以凡事皆具惟律不說偶有此條遂漫載之又鄭可學問遺書有古言乾坤不用六子一段如何曰此一段卻主張是自然之理又有一段卻不取又晦菴文集內有荅呂伯恭書曰遺書節本已寫出愚意所刪去者亦須用草紙鈔出逐條略著刪去之意方見不草草處若暗地刪

卻久遠卻惑人云云今觀書內如劉安節所錄謹禮者不透須看莊子一條語涉偏矯則註云別本所增又暢大隱所記道豈可離而不可離一條純入於禪則註云多非先生語其去取亦深爲不苟矣考文獻通考載遺書卷目與此本同而黃震日鈔所載則至十七卷而止與此互異又震所載遺書卷目呂與叔東見錄及附東見錄均次爲第二卷而此本則次附東見錄爲第三卷殆傳本有異同歟至附錄中年譜一篇朱子自謂實錄所書文集內外書所載與凡他書之可證者震則謂朱子訪其事於張繹范棫孟厚尹焞而成蓋朱子舉其引證之書震則舉其參考之人各述一端似矛盾而非矛盾也

二程外書十二卷亦二程子門人所記而朱子編次之成於乾道癸巳六月在遺書之後五年後序稱遺書二十五篇皆諸門人當時記錄之全書足以正俗本紛更之謬而於二先生之語則不能無所遺於是取諸人集錄參伍相除得此十二篇以爲外書凡採朱光庭陳

淵李參馮忠恕羅從彥王蘋時紫芝七家所錄又胡安國游酢家本
及建陽大全集印本三家又傳聞雜記自王氏塵史至孔文仲疏凡
一百五十二條均採附焉其語皆遺書所未錄故每卷悉以拾遺標
目其稱外書者則朱子自題所謂取之之雜或不能審所自來其視
前書學者尤當精擇審取者是也中間傳聞異辭頗不免於叢脞如
程氏學拾遺卷內以望道未見爲望治道太平一條黃震日鈔謂恐
於本文有增又時氏本拾遺卷內以老子天地不仁萬物芻狗之說
爲是一條震亦謂其說殊有可疑蓋皆記錄既繁自不免或失其本
旨要其生平精語亦多散見於其中故但分別存之而不能盡廢如
呂氏童蒙訓記伊川言僧家讀一卷經要一卷經道理受用儒者讀
書都無用處一條又明道至禪寺見趨進揖遜之盛歎曰三代威儀
盡在是一條朱子語錄嘗謂其記錄未精語意不圓而終以其言足
以警切學者故竝收入傳聞雜記中無所刊削其編錄之意亦大略

可見矣

二程文集十三卷附錄二卷宋明道程子伊川程子合集也陳振孫書錄解題載明道集四卷遺文一卷伊川集一本二十卷一本九卷又河南程氏文集十二卷程其爲一集爲建寧所刻本是宋世所傳已參錯不同此本出自胡安國家劉珙張栻嘗刻之長沙安國於原文頗有改削如定性書明道行述上富公謝帥書中删落至數十字又辭官表顛倒次第易傳序改沿爲泝祭文改姪爲猶子珙等所刻一以安國爲主朱子深以爲不可嘗以書抵珙及栻咸氣詬爭辯之甚力具載晦菴集中然二人迄不盡用其說蓋南宋之初學者猶各尊所聞不似淳祐以後門戶已成羽翼已衆於朱之言一字不敢異同也元至治閒臨川譚善心重爲校刊始與蜀人虞槃商摧考訂悉從朱子所改其定性書富謝二書所删字亦求得別本補足又搜輯程子遺文十六篇遺事十一條竝朱子論胡本錯誤諸書別爲二卷

附之於後惟伊川詩僅有三章河南府志載其陸渾樂游詩云東郊漸微綠驅馬欣獨往舟縈野渡時水樂春山響身閑愛物外趣逸諧心賞歸路逐樵歌落日寒山上集中無之地志率多假借名人以誇勝蹟其殆好事者所依託歟

易傳四卷宋伊川程子撰卷首有元符二年自序考程子以紹聖四年編管涪州元符三年遷峽州則當成於編管涪州之後王偁東都事略載是書作六卷宋史藝文志作九卷二程全書通作四卷考楊時跋語稱伊川先生著易傳未及成書將啓手足以其書授門人張繹未幾繹卒故其書散亡學者所傳無善本謝顯道得其書於京師以示余錯亂重複幾不可讀東歸待次毘陵乃始校正去其重複踰年而始完云云則當時本無定本故所傳各異耳其書但解上下經及彖象文言用王弼注本以序卦分置諸卦之首用李鼎祚周易集解例惟繫辭傳說卦傳雜卦傳無注董真卿謂亦從王弼今考程子

與金堂謝湜書謂易當先讀王弼胡瑗王安石三家謂程子有取於弼不爲無據謂不注繫辭說卦雜卦以擬王弼則似未盡然當以楊時草具未成之說爲是也程子不信邵子之數故邵子以數言易而程子此傳則言理一闡天道一切人事蓋古人著書務抒所見而止不妨各明一義守門戶之見者必堅護師說尺寸不容踰越亦異乎先儒之本旨矣

程氏經說七卷不著編輯者名氏皆伊川程子解經語也書錄解題謂之河南經說稱繫辭一書一詩二春秋一論語一改定大學一又稱程氏之學易傳爲全書餘經具此其門目卷帙與此本皆合則猶宋人舊本也其中若詩書解論語說本出一時雜論非專著之書春秋傳則專著而未成觀崇寧二年自序可見至繫辭說一卷文獻通考併於易傳共爲十卷宋志則於易傳九卷之外别著錄一卷然程子易傳實無繫辭故呂祖謙集十四家之說爲繫辭精義以補之此

卷疑或後人掇拾成帙以補其闕也改定大學兼載明道之本或以
兄弟之說互相參考歟明徐必達編二程全書併詩解二卷爲一卷
而別增孟子解一卷中庸解一卷共爲八卷然經義考引康紹宗之
言謂孟子解乃後人纂集遺書外書而成非程子手著至中庸解之
出呂大臨朱子辨證甚明亦不得竄入程氏經說增此一種故今所
錄仍用宋本之舊焉

二程粹言二卷宋楊時撰時字中立南劍州將樂人熙寧九年進士
官至國子祭酒高宗即位除工部侍郎兼侍讀以龍圖閣直學士提
舉杭州洞霄宮卒謚文靖事蹟具宋史本傳時始以師禮見明道於
潁昌相得甚歡明道沒又見伊川於洛南渡以後朱子及張栻等皆
誦說程氏屹然自闢一門戶其源委脈絡實出於時是書乃其自洛
歸閩時以二程子門人所記師說採撮編次分爲十篇朱子嘗稱明
道之言發明極致善開發人伊川之言即事明理尤耐咀嚼然當時

記錄既多如遺書外書雅言師說雜說之類卷帙浩繁讀者不能驟窺其要又記者意爲增損尤不免抵牾龐雜朱子嘗欲刪訂爲節本而未就世傳張栻所編伊川粹言二卷又出依託惟時師事二程親承指授所記錄終較剽竊販鬻者爲真程氏一家之學觀於此書亦可云思過半矣

（卷目）遺書二十五卷附錄一卷外書十二卷明道先生文集五卷伊川先生文集八卷附錄二卷周易傳四卷經說八卷粹言二卷

朱子大全一百卷　續集十一卷　別集十卷

（著者小傳）朱熹（見經部）

（本書略述）朱子大全宋朱子撰已入四庫著錄略稱書錄解題載晦菴集一百卷紫陽年譜三卷不云其集誰所編亦不載續集明成化癸卯莆田黃仲昭跋稱晦菴朱先生文集一百卷閩浙舊皆有刻本浙本洪武初取置南雍不知輯於何人今閩藩所存本則先生季

子在所編也又有續集若干卷別集若干卷亦併刻之云云是正集百卷編於在手然朱玉朱子文集大全類編稱在所編實八十八卷合續集別集乃成百卷是正集百卷又不出在手矣別集之首有咸淳元年建安書院黃鏞序曰先生之文正集續集潛齋實齋二公已鏤版書院建通守余君師魯好古博雅搜訪先生遺文又得十卷以爲別集其標目則一仿乎前而每篇之下必書其所從得是別集之編出余師魯手惟續集不得主名朱玉亦云無考觀鏞所序在度宗之初則其成集亦在理宗之世也此本爲康熙戊辰蔡方炳臧眉錫所刊眉錫序之而方炳書後題曰朱子大全集不知其名之所始考黃仲昭跋及嘉靖壬辰潘潢跋尚皆稱晦菴先生集而方炳跋乃稱朱子故有大全文集歲月浸久版已磨滅則其名殆起明中葉以後乎惟是潢跋稱文集百卷續集五卷別集七卷與今本合而與潢共事之蘇信所作前序乃稱百有二十卷已自相矛盾方炳手校此書

其跋又稱原集百卷續集十卷別集十一卷其數尤不相符莫明其故疑信序本作百有十二卷董刻者偶倒其文而方炳跋則繕寫筆誤失於校正也方炳跋又稱校是書時不敢妄有更定悉依原本即續別二集亦未依類附入頗得古人刊書謹嚴詳慎之意今通編爲一百一十二卷仍分標晦菴集續集別集之目不相淆亂以存其舊焉以上提要語

此本係據明嘉靖間胡氏岳等刻本校印計文集百卷續集十一卷別集十卷

〔卷目〕（一）詞賦琴操詩（二至九）詩（十）詩樂府（十一）（十二）封事（十三）（十四）奏劄（十五）講義議狀劄子（十六至十九）奏狀（二十）（二十一）申請（二十二）（二十三）辭免（二十四至六十四）書（六十五至七十四）雜著（七十五）（七十六）序（七十七至八十）記（八十一至八十四）跋（八十五）銘箴贊表疏啓婚書上梁文（八十六）祝文（八十七）祭文（八十八）（八十九）碑（九十）

墓表（九十一至九十四）墓誌銘（九十五至九十七）行狀（九十八）行狀事實年譜傳（九十九）（一百）公移　續集十一卷　別集十卷

象山全集三十六卷附學則辯

（著者小傳）陸九淵宋金谿人字子靜乾道進士除敕令所刪定官九淵少聞靖康間事慨然有感於復讎之義至是訪知勇士與議恢復大略因輪對陳五事爲給事中王信所駁詔主管台州崇道觀遂還鄉居貴谿之象山學者輻湊自號象山翁學者稱象山先生嘗與朱熹會講鵝湖論辯多不合熹主道問學九淵主尊德性熹好注經九淵則謂學苟知道六經皆我註脚故理學遂有朱陸二派光宗立差知荊門軍務以德化民俗爲變卒諡文安有象山集外集語錄

（四庫提要）宋陸九淵撰九淵字子靜金谿人乾道八年進士紹熙初官至奉議郎知荊門軍卒於官事蹟具宋史本傳據九淵年譜集

爲其子持之所編其門人袁燮刊於江西提舉倉司者凡三十二卷
宋史藝文志文獻通考並作象山集二十八卷外集四卷總而計之
與燮所刊本卷數相符獨年譜稱持之所編外集爲六卷殆傳寫譌
四爲六歟此本前有燮序又有楊簡序燮序作於嘉定五年簡序作
於開禧元年在燮序前七年而列於燮後蓋刊版之時以新序弁首
故翻刻者仍之又有嘉定庚辰吳杰跋稱是集爲建安陳氏所刊而
年譜未載此本豈持之偶未見歟前十七卷爲書十八卷爲表奏十
九卷爲記二十卷爲序贈二十一卷至二十四卷爲雜著二十五卷
爲詩二十六卷爲祭文二十七卷二十八卷爲墓誌墓碣墓表外集
四卷皆程試之文末爲謚議行狀則吳杰所續入也其語錄四卷本
於集外別行正德辛巳撫州守李茂元重刻是集乃幷附集末以成
陸氏全書其說與集中論學諸書互相發明合而觀之益足勘證今
亦仍附於末不別著錄焉

〔卷目〕（一至十七）書（十八）奏表（十九）記（二十）序贈（二十一至二十四）雜著（二十五）詩（二十六）祭文（二十七）行狀（二十八）誌銘（二十九至三十一）程文（三十二）拾遺（三十三）文安諡議覆諡象山先生行狀（三十四）（三十五）語錄（三十六）年譜

〔附學則辯〕

陽明全書　三十八卷

〔著者小傳〕王守仁明餘姚人字伯安弘治進士正德初以論救言官戴銑等忤劉瑾杖闕下謫龍場驛丞瑾誅移廬陵知縣累擢右僉都御史巡撫南贛平大帽山諸賊定宸濠之亂世宗時封新建伯總督兩廣破斷藤峽賊明世文臣用兵未有如守仁者卒諡文成其學以良知良能爲主謂格物致知當自求諸心不當求諸事物故於宋儒特推重陸九淵而以朱子集註或問之類爲中年未定之論世稱爲姚江派嘗築室陽明洞中學者稱陽明先生有王文成全書其文

博大昌達詩秀逸有致卽文章亦足傳世云

（四庫提要）明王守仁撰守仁有陽明鄉約法已著錄是書首編語錄三卷爲傳習錄附以朱子晚年定論乃守仁在時其門人徐愛所輯而錢德洪刪訂之者次文錄五卷皆雜文別錄十卷爲奏疏公移之類外集七卷爲詩及雜文續編六卷則文錄所遺搜輯續刊者皆守仁歿後德洪所編次後附以年譜五卷世德記二卷亦德洪與王畿等所纂集也其初本各自爲書隆慶壬申御史新建謝廷傑巡按浙江始合梓以傳仿朱子全書之例以名之蓋當時以學術宗守仁故其推尊之如此守仁勳業氣節卓然見諸施行而爲文博大昌達詩亦秀逸有致不獨事功可稱其文章自足傳世也此書明末版佚多有選輯別本以行者然皆闕略不及是編之詳備焉

（卷目）（一至三）語錄（四至八）文錄（九至十八）別錄（十九至二十五）外集（二十六至三十一）續編（三十二至三十八）附錄

近思錄集注十四卷

（著者小傳）朱熹（見經部）　呂祖謙宋壽州人字伯恭隆興進士復中博學弘詞官至直祕閣著作郎國史院編修與朱熹張栻齊名稱爲東南三賢少時性褊急一日誦孔子躬自厚而薄責人語平時忿懥忽渙然冰釋其文詞閎肆辨博淩厲無前於詩書春秋多究古義於十七史皆有詳節故詞多根柢學者稱東萊先生卒謚成後改謚忠亮有古周易春秋左氏傳說東萊左氏博議大事記歷代制度詳說少儀外傳呂氏家塾讀詩記東萊集等書

（四庫提要）宋朱子與呂祖謙同撰案年譜是書成於淳熙二年朱子年四十六矣書前有朱子題詞曰淳熙乙未之夏東萊呂伯恭來自東陽過余寒泉精舍留止旬日相與讀周子程子張子之書嘆其廣大宏博若無津涯而懼夫初學者不知所入也因共掇取其關於大體而切於日用者以爲此編云云是其書與呂祖謙同定朱子固

自著之且幷載祖謙題詞又晦菴集中有乙未八月與祖謙一書又有丙申與祖謙一書戊戌與祖謙一書皆商搉改定近思錄灼然可證宋史藝文志尚並題朱熹呂祖謙類編後來講學家力爭門戶務黜衆說而定一尊遂沒祖謙之名但稱朱子近思錄非其實也書凡六百六十二條分十四門實爲後來性理諸書之祖然朱子之學大旨主於格物窮理由博反約根株六經而參觀百氏原未暖暖姝姝守一先生之言故題詞有曰窮鄉晚進有志於學誠得此而玩心焉亦足以得其門而入矣然後求諸四君子之全書以致其博而反諸約焉庶乎其有以盡得之若憚煩勞安簡便以爲取足於此而止則非纂集此書之意然則四子之言且不以此十四卷爲限亦豈教人株守是編而一切聖經賢傳束之高閣哉又呂祖謙題詞論首列陰陽性命之故曰後出晚進於義理之本原雖未容驟語苟茫然不識其梗概則亦何所底列之篇端特使知其名義有所向往而已至於

餘卷所載講學之方日用躬行之實自有科級循是而進自卑升高自近及遠庶不失纂集之旨若乃厭卑近而騖高遠躐等淩節流於空虛迄無所依據則豈所謂近思者耶其言著明深切尤足藥連篇累牘動談未有天地以前者矣其集解則朱子歿後葉采所補作淳祐十二年采官朝奉郎監登聞鼓院兼景獻府教授時嘗齎進於朝前有進表及自序采字仲圭號平巖建安人其序謂悉本朱子舊註參以升堂紀聞及諸儒辨論有畧闕者乃出臆說又舉其大旨著於各卷之下凡閱三十年而後成云

（卷目）（一）凡五十一條（二）凡百十一條（三）凡七十八條（四）凡七十條（五）凡四十一條（六）凡二十二條（七）凡三十九條（八）凡二十五條（九）凡二十七條（十）凡六十四條（十一）凡二十一條（十二）凡三十三條（十三）凡十四條（十四）凡二十六條

小學集注 六卷

〔著者小傳〕朱熹（見經部） 陳選明臨海人員韜子字士賢天順進士授御史巡按江西盡黜貪殘吏憲宗初疏劾馬昂救羅倫一時憚其風采已督學南畿改河南進按察使歷廣東左右布政使忤中貴被逮卒於南昌

〔四庫提要〕宋朱子撰明陳選註選字士賢臨海人天順庚辰進士官至廣東布政使追贈光祿寺卿謚恭愍事蹟具明史本傳朱子是書成於淳熙丁未三月凡內篇四曰立教曰明倫曰敬身曰稽古外篇二曰嘉言曰善行考晦菴集中有癸卯與劉子澄書蓋編類此書實託子澄其初有文章一門故書中稱文章尤不可泛如離騷一篇已自多了敘古蒙求亦太多兼奧澀難讀非啓蒙之具卻是古樂府及杜子美詩意思好可取者多又有乙巳與子澄書稱小學見比修改凡定著六篇云云是淳熙十二年始改定義例又越二年乃成也案語類陳淳錄曰或問小學明倫篇何以無朋友一條曰當時是衆

人編類偶闕此爾又黃義剛錄曰曲禮外言不入於閫內言不出於閫一條甚切何以不編入小學曰這樣處漏落也多王懋竑朱子年譜考異謂據此則編類不止子澄一人而於兩錄又可見古人著書得其大者小小處亦不屑尋究其說最確後人或援引古書證其疎略或誤以一字一句皆朱子所手錄遂尊若六經皆一偏之論也選註爲鄉塾訓課之計隨文衍義務取易解其說頗爲淺近然此書意取啓蒙本無深奧又雜取文集子史不盡聖言註釋者推衍支離務爲高論反以晦其本旨固不若選之所註猶有裨於初學矣是書自陳氏書錄解題即列之經部小學類考漢書藝文志以弟子職附孝經而小學家之所列始於史籀終於杜林皆訓詁文字之書今案以幼儀附之孝經終爲不類而入之小學則於古無徵是書所錄皆宋儒所謂養正之功教之本也改列儒家庶幾協其實焉

（卷目）（一至四）內篇（五）（六）外篇

性理精義十二卷

〔著者小傳〕清康熙帝名玄燁世祖第三子卽位以後平定三藩武功甚盛由是宏奬理學表章程朱自著幾暇餘編以爲講窮理盡性者之表率又刊性理精義等書特命以朱子配祀十哲之列當時如李光地湯斌等皆以理學耆儒登躋顯仕生平於學無所不窺尤精於曆算輿地在位六十一年而崩廟號聖祖　李光地（見前）

〔四庫提要〕康熙五十六年聖祖仁皇帝御定初朱子門人陳淳撰性理字義熊剛大又撰性理羣書性理之名由是而起明永樂中遂命胡廣等雜鈔宋儒之語湊泊成編名曰性理大全書與五經四書大全同頒於天下列在學官然廣等以斗筲下才濫膺編錄所纂五經四書大全並剽竊坊刻講章改竄姓名苟充卷帙（語詳各本條下）其性理大全書尤龐雜割裂徒以多爲貴無復體裁我聖祖仁皇帝接唐虞之治統契孔孟之心傳原本六經權衡百氏凡宋儒論著於其見道

之淺深立言之醇駁並究知微曖坐照無遺病胡廣等所編徒博講學之名不過循聲之舉支離冗碎貽誤後來乃命大學士李光地等刊正其書復親加釐訂如蔡沈洪範數之類既斥之以防僭擬所附詩賦之類亦削之以戒浮文其餘諸門皆精汰嚴收十分取一卷帙雖減於前而義蘊之宏深別裁之精密以較原書司空圖所謂如礦出金也羣言淆亂折諸聖豈不信歟

（卷目）（一）太極圖說通書（二）西銘正蒙（三）皇極經世（四）易學啓蒙（五）家禮（六）律呂新書（七）（八）學類（九）性命類（十）理氣類（十一）（十二）治道類

五種遺規十五卷

（著者小傳）陳宏謀清廣西臨桂人字汝咨號榕門雍正元年進士累官東閣大學士外任三十餘年歷行省十二皆有聲卒謚文恭輯有五種遺規行世

〔本書略述〕陳文恭公宏謀所輯遺規五種曰養正遺規曰教女遺規以訓於家曰訓俗遺規曰從政遺規曰在官法戒錄以施於民凡典籍之垂訓名賢之格言以及學士大夫婦人女子之一言一行有關名教者莫不勤搜博採各著於篇當時四庫提要僅採訓俗遺規一種列入子部雜家存目後張文襄公書目答問始爲改列子部儒家理學之屬蓋文恭爲一代大儒此五種雖皆彙集前言往行而全書自成體段所加評論亦精要簡明切於人事固朱子小學書之流亞也

〔卷目〕養正遺規上下二卷附補編訓俗遺規四卷從政遺規上下二卷在官法戒錄四卷教女遺規上中下三卷

增補宋元學案 一百卷 附序錄

〔著者小傳〕黃宗羲（見前） 黃百家爲宗羲子字主一能世其學宗羲編宋元學案未成卒百家纘成之喜拳法學於王來咸盡得其

傳又從梅文鼎問推步法有內家拳法體獨私鈔王劉異同勾股矩測解原幸跌艸　全祖望清浙江鄞人字紹衣一字謝山雍正舉人乾隆初舉鴻博會成進士選庶吉士不與鴻博試散館以知縣用遂不復出爲人負氣迕俗有風節於學靡不貫串而尤以網羅文獻表章忠義爲事家居後修黃宗羲宋元學案校水經注續選甬上耆舊詩所撰有丙辰公車徵士小錄漢書地理志稽疑經史問答句餘土音結埼亭集　王梓材清鄞縣人字膢軒後更名楚材

（本書略述）黃氏宗羲輯宋元儒學案未成經全祖望王梓材先後續成之此書雖卷帙稍繁然彙諸家於一編與明儒學案一氣呵成爲六百年間學術之總滙梁氏啓超謂象山案最精善橫渠二程東萊龍川水心諸案次之又謂荆公新學略不免有門戶之見此則關於時代思想之變遷故所見容有不同也

（卷目）（一）安定學案（二）泰山學案（三）高平學案（四）廬陵學案

(五)古靈四先生學案(六)士劉諸儒學案(七)(八)涑水學案
(九)(十)百源學案(十一)(十二)濂溪學案(十三)(十四)明道
學案(十五)(十六)伊川學案(十七)(十八)橫渠學案(十九)范
呂諸儒學案(二十)元城學案(二十一)華陽學案(二十二)景迂
學案(二十三)滎陽學案(二十四)上蔡學案(二十五)龜山學案
(二十六)廌山學案(二十七)和靖學案(二十八)兼山學案(二
十九)震澤學案(三十)劉李諸儒學案(三十一)呂范諸儒學案
(三十二)周許諸儒學案(三十三)王張諸儒學案(三十四)武夷
學案(三十五)陳鄒諸儒學案(三十六)紫微學案(三十七)漢上
學案(三十八)默堂學案(三十九)豫章學案(四十)橫浦學案
(四十一)衡麓學案(四十二)五峯學案(四十三)劉胡諸儒學案
(四十四)趙張諸儒學案(四十五)范許諸儒學案(四十六)玉山
學案(四十七)艾軒學案(四十八)(四十九)晦翁學案(五十)南

軒學案（五十一）東萊學案（五十二）艮齋學案（五十三）止齋學案（五十四）（五十五）水心學案（五十六）龍川學案（五十七）梭山復齋學案（五十八）象山學案（五十九）清江學案（六十）說齋學案（六十一）徐陳諸儒學案（六十二）西山蔡氏學案（六十三）勉齋學案（六十四）潛庵學案（六十五）木鐘學案（六十六）南湖學案（六十七）九峯學案（六十八）北溪學案（六十九）（七十）滄洲諸儒學案（七十一）嶽麓諸儒學案（七十二）二江諸儒學案（七十三）麗澤諸儒學案（七十四）慈湖學案（七十五）絜齋學案（七十六）廣平定川學案（七十七）槐堂諸儒學案（七十八）張祝諸儒學案（七十九）邱劉諸儒學案（八十）鶴山學案（八十一）西山真氏學案（八十二）北山四先生學案（八十三）雙峯學案（八十四）存齋晦靜息庵學案（八十五）深寧學案（八十六）東發學案（八十七）靜清學案（八十八）巽齋學案（八十九）介軒學案

(九十)魯齋學案(九十一)靜修學案(九十二)草廬學案(九十三)靜明寶峯學案(九十四)師山學案(九十五)蕭同諸儒學案(九十六)元祐黨案(九十七)慶元黨案(九十八)荊公新學略(九十九)蘇氏蜀學略(一百)屏山鳴道集說略(首附宋元學案序錄)

明儒學案六十二卷

(著者小傳)黃宗羲(見前)

(四庫提要)國朝黃宗羲撰宗羲有易學象數論已著錄初周汝登作聖學宗傳孫鍾元又作理學宗傳宗羲以其書未粹且多所闕遺因搜採明一代講學諸人文集語錄辨別宗派輯爲此書凡河東學案二卷列薛瑄以下十五人三原學案一卷列王恕以下六人崇仁學案四卷列吳與弼以下十人白沙學案二卷列陳獻章以下十二人姚江學案一卷列王守仁一人附錄二人浙中相傳學案五卷列

徐愛以下十八人江右相傳學案九卷列鄒守益以下二十七人附錄六人南中相傳學案三卷列黃省曾以下十一人楚中學案一卷列蔣信等二人北方相傳學案一卷列穆孔暉以下七人閩越相傳學案一卷列薛侃等二人止修學案一卷列李材一人泰州學案五卷列王艮以下十八人甘泉學案六卷列湛若水以下十一人諸儒學案上四卷列方孝孺以下十五人諸儒學案中七卷列羅欽順以下十人諸儒學案下五卷列李中以下十八人東林學案四卷列顧憲成以下十七人蕺山學案一卷列劉宗周一人而以師說一首冠之卷端所列自方孝孺以下十七人大抵朱陸分門以後至明而朱之傳流爲河東陸之傳流爲姚江其餘或出或入總往來於二派之閒宗羲生於姚江欲抑王尊薛則不甘欲抑薛尊王則不敢故於薛之徒陽爲引重而陰致微詞於王之徒外示擊排而中存調護夫二家之學各有得失及其末流之弊議論多而是非起是非起而朋黨

立恩雖轇轕毀譽糾紛正嘉以還賢者不免宗義此書猶勝國門戶之餘風非專爲講學設也然於諸儒源流分合之故敘述頗詳猶可考見其得失知明季黨禍所由來是亦千古之炯鑑矣卷端仇兆鼇序及賈潤所評皆持論得平不阿所好并錄存之以備考鏡焉

國朝學案小識十四卷附學案提要及心宗學案

（卷目）（一至四）崇仁學案（五）（六）白沙學案（七）（八）河東學案（九）三原學案（十）姚江學案（十一至十五）浙中王門學案（十六至二十四）江右王門學案（二十五至二十七）南中王門學案（二十八）楚中王門學案（二十九）北方王門學案（三十）粵閩王門學案（三十一）止修學案（三十二至三十六）泰州學案（三十七至四十二）甘泉學案（四十三至四十六）諸儒學案上（四十七至五十二）諸儒學案中（五十三至五十七）諸儒學案下（五十八至六十一）東林學案（六十二）蕺山學案

（著者小傳）唐鑑清善化人字鏡海嘉慶進士由檢討歷官江寧布政使有惠績入爲太常卿海疆事起劾總督琦善耆英等直聲聞天下咸豐初召對加二品銜命回江南主書院講席卒謚確慎其學力闢陽明不爲調停兩可之說著學案小識以示宗旨又有畿輔水利書

（本書略述）唐確慎公鑑著學案小識十四卷首傳道次翼道次守道又次爲經學而以心宗殿之確慎生平篤信程朱之學闢陽明不爲調停兩可之說故特著此書以示宗旨曾文正謂此編所采大率居敬而不偏於靜格物而不病於瑣力行而不迫於隘其或守王氏之故轍與變王氏而鄰於前三者之蔽則皆聾而剔之可謂能得唐氏著書之旨矣

（卷目）（一）（二）傳道學案（三至五）翼道學案（六至九）守道學案（十）（十一）待訪錄（十二至十四）經學學案　（首附學案提要末

附心宗學案）

國朝漢學師承記八卷附經師經義目錄一卷宋學淵源記二卷附記一卷

（著者小傳）江藩（見經部）

（本書略述）江氏藩輯漢學師承記使兩漢儒林家法之承授清代經學之源流釐然可考又作宋學淵源記分北學南學附記共若干人又取諸漢學家撰述倣唐陸元朗經典釋文傳注姓氏之例作經師經義目錄一卷其言不關乎經義小學意不純乎漢儒古訓者皆不著錄會稽李氏慈銘謂此書謹守漢學不容一字出入殊有班氏儒林傳藝文志家法非陸氏釋文敘錄等書所得比肩遺文佚事亦多藉以考見誠有功於諸儒等語蓋篤信謹守講學之家法固應如是也

（卷目）（一至八）記（附經師經義一卷宋學淵源記上下兩卷又附記一卷）

風俗通義十卷附附錄

（著者小傳）應劭（見史部）

（四庫提要）漢應劭撰劭字仲遠汝南人嘗舉孝廉中平六年拜泰山太守事蹟具後漢書本傳馬總意林稱爲三國時人不知何據也考隋書經籍志風俗通義三十一卷註云錄一卷應劭撰梁三十卷唐書藝文志應劭風俗通義三十卷崇文總目讀書志書錄解題皆作十卷與今本同明吳琯刻古今逸史又刪其半則更闕略矣各卷皆有總題題各有散目總題後略陳大意而散目先詳其事以謹案云云辨證得失皇霸爲目五正失爲目十一愆禮爲目九過譽爲目八十反爲目十音聲爲目二十有八窮通爲目十二祀典爲目十七怪神爲目十五山澤爲目十九其自序云謂之風俗通義言通於流俗之過謬而事該之於義理也後漢書本傳稱撰風俗通以辨物類名號識時俗嫌疑不知何以刪去義字或流俗省文如白虎通義之

稱白虎通史家因之歟其書因事立論文辭清辨可資博洽大致如王充論衡而敘述簡明則勝充書之冗漫舊本屢經傳刻失於校讎頗有譌誤如十反類中分范茂伯郅朗伯爲二事而佚其斷語窮通類中孫卿一事有書而無錄怪神類中城陽景王祠一條有錄而無書今並釐正又宋陳彭年等修廣韻王應麟作姓氏急就篇多引風俗通姓氏篇是此篇至宋末猶存今本無之不知何時散佚然考元大德丁未無錫儒學刊本前有李果序後有宋嘉定十三年丁黼跋稱余在餘杭借本於會稽陳正卿正卿蓋得於中書徐淵子譌舛已甚殆不可讀愛其近古鈔錄藏之攜至中都得館中本及孔復君寺丞本互加參考始可句讀今刻之於夔子好古者或得舊本從而增改是所望云則宋寧宗時之本已同今本不知王氏何以得見是篇或即從廣韻註中輾轉援引歟永樂大典通字韻中尚載有風俗通姓氏一篇首題馬總意林字所載與廣韻註多同而不及廣韻註之

詳蓋馬總節本也然今本意林無此文當又屬佚脫今採附風俗通
之末存梗概焉

〔卷目〕（一）皇霸（二）正失（三）愆禮（四）過譽（五）十反（六）音聲
（七）窮通（八）祀典（九）怪神（十）山澤（附附錄）

古今注 三卷 附中華古今注三卷

〔著者小傳〕崔豹晉人字正能惠帝時官至太傅有古今注　馬縞
五代時人後唐第明經登拔萃科莊宗時累遷刑部侍郎明宗時遷
戶部盧文紀作相以其迂儒改國子祭酒卒有中華古今注

〔四庫提要〕古今注三卷舊本題晉崔豹撰中華古今注三卷舊本
題後唐太學博士馬縞撰豹書無序跋縞書前有自序稱晉崔豹古
今注博識雖廣殆有闕文洎乎黃初莫之聞見今添其注以釋其義
然今互勘二書自宋齊以後事二十九條外其魏晉以前之事豹書
惟草木一類及鳥獸類吐綬鳥一名功曹七字為縞書所無縞書惟

服飾一類及開卷宮室一條封部兵陳二條馬鬭犬二條爲豹書所
闕其餘所載並皆相同不過次序稍有後先字句偶有加減縞所謂
增注釋義絕無其事又縞書中卷云棒崔正熊注車輻也使全襲豹
語不應此條獨著豹名考太平御覽所引書名有豹書而無縞書文
獻通考雜家類又祇有縞書而無豹書知豹書久亡縞書晚出後人
摭其中魏以前事贋爲豹作又檢校永樂大典所載蘇鶚演義與二
書相同者十之五六則不特豹書出於依託卽縞書亦不免於勦襲
特以相傳既久姑存以備一家耳考劉孝標世說注載豹字正能晉
惠帝時官至太傅馬縞稱爲正熊二字相近蓋有一誤新舊五代史
均有縞傳載其明經及第登拔萃科仕梁爲太常修撰累歷尙書郎
參知理院事還太常少卿唐莊宗時爲中書舍人刑部侍郎權判太
常卿明宗時貶綏州司馬復爲太子賓客還戶部兵部侍郎終於國
子祭酒今本題唐太學博士蓋據書錄解題然稱爲太學博士實振

孫之誤至其時代則振孫亦稱後唐不專稱唐實明人刊本以意改之也

（卷目）（上）輿服都邑（中）音樂鳥獸魚蟲（下）草木雜註問答釋義（附中華古今注）（上）凡六十六門（中）凡四十四門（下）凡八十門

翁注困學紀聞 二十卷

（著者小傳）王應麟宋慶元人字伯厚九歲通六經學問賅博第淳祐進士歷浙西安撫使幹辦公事帝御集英殿策士召應麟覆考帝欲易第七卷置其首應麟讀之乃頓首曰是卷古誼若龜鑑忠肝如鐵石臣敢爲得士賀遂置首選及唱名乃文天祥也累擢祕書郎應詔極論時政度宗旣立累遷禮部尙書東歸後二十年卒有深寧集玉堂類稿掖垣類稿詩考詩地理考漢藝文志考證通鑑地理考及通釋通鑑答問困學紀聞小學紺珠玉海等二十餘種　翁元圻清餘姚人字載青號鳳西乾隆辛丑進士官至太常寺少卿性彊記博

極羣書著有佚老巢遺稿二卷困學紀聞評注

（本書略述）困學紀聞二十卷宋王應麟撰已入四庫著錄謂是編乃其劄記考證之文凡說經八卷天道地理諸子二卷考史六卷評詩文三卷雜識一卷卷首有自序云幼承義方晚遇𩜁屯炳燭之明用志不分云云蓋成於入元之後也應麟博洽多聞在宋代罕其倫比雖淵源亦出朱子然書中辨正朱子語誤數條如論語注不舍晝夜舍字之音孟子注曹交曹君之弟及謂大戴禮爲鄭康成註之類皆考證是非不相阿附不肯如元胡炳文諸人堅持門戶亦不至如明楊愼陳耀文國朝毛奇齡諸人肆相攻擊蓋學問既深意氣自平能知漢唐諸儒本本原原具有根柢未可妄詆以空言又知洛閩諸儒亦非全無心得未可概視爲弇陋故能兼收并取絕無黨同伐異之私所考率切實可據良有由也元時嘗有刻本牟應龍袁桷各爲之序卷端題語尙鈞摹應麟手書藏弆之家以爲珍笈此本乃國朝

閻若璩何焯所校各有評注多足與應麟之說相發明今仍從刊本附於各條之下以相參證若璩考證之功十倍於焯然若璩不薄視應麟焯則動以詞科之學輕相詬厲考應麟博極羣書著述至六百餘卷焯所聞見恐未能望其津涯未免輕於立論是即不及若璩之一徵以其拾遺補罅一知半解亦或可採故仍並存之不加芟薙焉以上四庫提要語 此本係閻若璩何焯全祖望三氏所評註翁氏元圻因閻何全評註之處均略舉大意引而未發迺博覽羣籍凡與是書有足資證明闡發者輒手錄之爲之條分件繫如肉貫弗約計各門增輯無慮二千餘條稿經三易始成使讀者不必繙閱四庫書而即可瞭然黃氏徵乂謂嘗借其書而觀之讀一書則如讀無數未見之書通一義則足通無數未聞之義張文襄書目答問亦謂翁氏所注更勝於七箋本通行本列有目錄不標編者姓氏茲并附印卷首以便檢查

（卷目）（一）易（二）書（三）詩（四）周禮 （五）儀禮禮記大戴記樂

（六）春秋左氏傳（七）公羊傳穀梁傳論語孝經（八）孟子小學經說（九）天道曆數（十）地理諸子（十一至十六）考史（十七）評文（十八）評詩（十九）評文（二十）雜識

日知錄集釋三十二卷附刊誤及續刊誤

（著者小傳）顧炎武明崑山人初名絳字寧人號亭林自署蔣山傭年十四補諸生耿介絕俗獨與同里歸莊善有歸奇顧怪之目魯王時與莊共起兵官兵部職方郎中明亡周游四方所至輒墾田度地以備有事清廷屢欲招致悉以死辭晚益精研考證開清代樸學之風後卜居華陰以終亭林宗尙程朱力辯陽明朱子晚年定論之語究心一代掌故兼嗜金石著有日知錄天下郡國利病書及詩文集等　黃汝成清江蘇嘉定人字庸玉號潛夫廩貢生道光時選泗州訓導未赴家富好施博洽工文章尤好言經濟有日知錄集釋刊誤袖海樓文稿

〔本書略述〕日知錄三十二卷清顧炎武撰爲之集釋者則道光間黃汝成也四庫著錄列入子部雜家略謂炎武學有本原博贍而能通貫每一事必詳其始末參以證佐而後筆之於書故引據浩繁而抵牾者少非如楊愼焦竑諸人偶然涉獵得一義之異同知其一而不知其二者又謂炎武生於明末喜談經世之務激於時事慨然以復古爲志其說或迂而難行或愎而過銳觀所作音學五書後序至謂聖人復起必舉今日之音而還之淳古是豈可行之事乎潘耒作是書序乃盛稱其經濟而以考據精詳爲末務殆非篤論矣（以上四庫提要語）

按日知錄不分門目提要約分爲十五類實則經學史學文學政治風俗五類足以括之其學說頗主事功爲永嘉學派之緒餘故錄中所引以水心之說爲多蓋顧氏生當明清之際鑒於當時儒術之空疏無用而以經世實用爲宗遂以開有清一代實事求是之學至其致意風俗之盛衰留心郡國之利病繇體及用規畫深遠多可行

於天下清史儒林傳以顧氏首列張文襄書目答問亦以顧氏列於儒家至爲允當嘉定黃氏汝成少溺於學尤留意經濟於顧氏日知錄一書服膺最深乃綜顧氏同時暨後賢著述凡關於經史田賦職官選舉及學術源流治亂得失之故者廣爲搜輯融貫條繫實勝於閻若璩楊宁沈彤錢大昕四氏斠校本遠甚

（卷目）（一至七）皆論經義（八至十二）皆論政事（十三）論世風（十四）（十五）論禮制（十六）（十七）皆論科舉（十八至二十一）皆論藝文（二十二至二十四）雜論名義（二十五）論古事真妄（二十六）論史法（二十七）論注書（二十八）論雜事（二十九）論兵及外國事（三十）論天象術數（三十一）論地理（三十二）爲雜考證（附刊誤及續刊誤）

十駕齋養新錄二十卷附餘錄三卷

（著者小傳）錢大昕清嘉定人字曉徵號辛楣又號竹汀乾隆進士

累官少詹事督學廣東丁艱歸不復出歷主鍾山婁東紫陽書院精研羣籍於經史文義音韻訓詁典章制度氏族地理金石畫像篆隸無不洞晰疑似兼通中西曆算用以讀史自太初三統諸曆盡能得其測算之法卒年七十有七有唐石經考異經典文字考異聲類廿二史考異修唐書史臣表唐五代學士年表宋中興學士年表元史氏族表元史藝文志三史拾遺諸史拾遺通鑑注辨正三統術衍四史朔閏考吳興舊德錄先德錄洪文惠洪文敏王伯厚王弇州年譜疑年錄恆言錄十駕齋養新錄竹汀日記鈔金石文跋尾元詩紀事潛研堂詩文集

（本書略述）此書係隨筆札錄經史諸義而成分爲二十卷以後續有所得別記一編分爲三卷名曰養新餘錄其子東塾刊之阮文達公元謂此書所著皆精碻中正之論卽瑣言剩義亦非貫通原本者不能梁氏啓超謂錢氏在清儒中最爲博洽二氏之言均非溢美

（卷目）（一）易韻等五十二篇（二）建粞等六十篇（三）天道等四十五篇（四）說文等七十二篇（五）孫炎等二十一篇（六）三史等六十九篇（七）宋史等五十二篇（八）宋季恥議和等二十二篇（九）元史等五十一篇（十）三公等三十五篇（十一）江南等三十六篇（十二）姓氏等四十一篇（十三）詩傳等三十三篇（十四）太平寰宇記等五十九篇（十五）商已孫敦等三十五篇（十六）詩句中有韻等八十五篇（十七）圓經周率等三十二篇（十八）道等四十四篇（十九）宋槧本等五十一篇（二十）吳郡志等三十五篇　（附餘錄上中下三卷）

東塾讀書記二十五卷

（著者小傳）陳澧清廣東番禺人字蘭甫道光舉人汎濫羣籍凡天文地理樂律算術古文駢體文填詞篆籀真行書無不研究先後主講學海堂及菊坡精舍所著書曰漢儒通義東塾讀書記力排漢宋

門戶之見又有聲律通考切韻考漢書水道圖說說文聲統東塾集

（本書略述）陳氏澧泛濫羣籍於學無所不窺謂鄭學中正無弊勝於許氏異義何氏墨守魏晉以後天下大亂聖人之道不絕惟鄭學是賴又謂有清考據之學源出朱子不可反詆因取語類文集之說足印證者以明之蓋能溝通漢宋之畛域而不爲門戶所拘囿者於周末諸子流派亦能抉其疵而取其醇此書卷數雖不多然經十餘年始成其用力之勤苦可知梁氏啓超曾云書中論鄭學論朱學論諸子論三國諸卷最爲精善

（卷目）（一）孝經（二）論語（三）孟子（四）易（五）書（六）詩（七）周禮（八）儀禮（九）禮記（十）春秋三傳（十一）小學（十二）諸子（十三）西漢未成（十四）東漢未成（十五）鄭學（十六）三國（十七）晉未成（十八）南北朝隋未成（十九）唐五代未成（二十）宋未成（二十一）朱子（二十二）遼金元以下未成（二十三）明（二

十四）國朝（二十五）通論

齊民要術十卷

（著者小傳）賈思勰後魏時官高平太守著有齊民要術

（四庫提要）後魏賈思勰撰思勰始末未詳惟知其官爲高平太守而已自序稱起自耕農終於醯醢資生之業靡不畢書凡九十二篇今本乃終於五穀果蓏非中國物者自序又稱商賈之事闕而不錄今本貨殖一篇乃列於第六十二莫知其義中第三十篇爲雜說而卷端又列雜說數條不入篇數一名再見於例殊乖其詞亦鄙俗不類疑後人所竄入然陳振孫書錄解題稱其治生之道不仕則農爲名言正見於卷端雜說中則宋本已有之矣思勰序不言作註亦不云有音今本句下之註有似自作然多引及顏師古者考文獻通考載李燾孫氏齊民要術音義解釋序曰賈思勰著此書專主民事又旁摭異聞多可觀在農家最嶢然出其類奇字錯見往往艱讀今運

使祕丞孫公爲之音義解釋略備其正名小物蓋與揚雄郭璞相上下不但借助於思勰也則今本之註蓋孫氏之書特宋藝文志不著錄其名不可考耳董穀碧里雜存以註中一石當今二斗七升之文疑其與魏時長安童謠百升飛上天句不合（案斛律光齊人非魏人此語殊誤）蓋未知註非思勰作也錢曾讀書敏求記云嘉靖甲申刻齊民要術於湖湘首卷簡端周書曰云云原係細書夾註今刊作大字毛晉津逮祕書亦然今以第二篇至六十篇之例推之其說良是蓋唐以前書文詞古奧校勘者不盡能通輾轉譌脫因而譌異固亦事所恆有矣

（卷目）（一）耕田等三篇（二）黍穄等十三篇（三）種葵等十四篇（四）園籬等十四篇（五）種桑等十一篇（六）養牛馬驢騾等六篇（七）貨殖等六篇（八）黃衣黃蒸及糵子等十二篇（九）炙法等十二篇（十）五穀果蓏菜茹非中國物者

農桑輯要七卷 附 張行孚蠶事要略一卷

〔著者小傳〕元司農司輯不著撰人姓氏　張行孚清浙江安吉人字子中同治舉人精小學有說文發疑說文揭原汲古閣說文解字校記蠶事要略

〔四庫提要〕元世祖時官撰頒行本也前有至元十年翰林學士王磐序稱詔立大司農司不治他事專以勸課農桑爲務行之五六年功效大著農司諸公又慮夫播植之宜蠶繅之節未得其術於是徧求古今農家之書刪其繁重摭其切要纂成一書鏤爲版本進呈將以頒布天下云云案元史司農司設於至元七年分布勸農官巡行郡邑察舉農事成否達於戶部以殿最牧民長官史又稱世祖卽位之初首詔天下崇本抑末於是頒農桑輯要之書於民均與王磐所言合惟至元七年至十年不足五六年之數磐蓋據建議設官之始約略言之耳焦竑國史經籍志錢曾讀書敏求記皆作七卷永樂大典所載僅有二卷蓋編纂者所合并非有闕佚永樂大典又載有至

順三年印行萬部官牒蘇天爵元文類又載有蔡文淵序一篇稱延祐元年仁宗特命刊版於江浙行省明宗文宗復申命頒布蓋有元一代以是書爲經國要務也書凡分典訓耕墾播種栽桑養蠶瓜菜果實竹木藥草孳畜十門大致以齊民要術爲藍本芟除其浮文瑣事而雜採他書以附益之詳而不蕪簡而有要於農家之中最爲善本當時著爲功令亦非漫然矣

〔卷目〕（一）典訓耕墾（二）播種（三）栽桑（四）養蠶（五）瓜菜果實（六）竹木藥草（七）孳畜（附張行孚蠶事要略一卷）

素問王冰注二十四卷

〔著者小傳〕王冰唐人自號啓元子寶應中爲太僕令篤好醫方得元珠所藏太素及全元起書加以編次註素問問答八十一篇又有元和紀用經元珠密語昭明隱旨玄密等書

〔四庫提要〕唐王冰註漢書藝文志載黃帝內經十八篇無素問之

名後漢張機傷寒論引之始稱素問晉皇甫謐甲乙經序稱鍼經九卷素問九卷皆爲內經與漢志十八篇之數合則素問之名起於漢晉閒矣故隋書經籍志始著錄也然隋志所載祇八卷全元起所註已闕其第七冰爲寶應中人乃自謂得舊藏之本補足此卷宋林億等校正謂天元紀大論以下卷帙獨多與素問餘篇絕不相通疑即張機傷寒論序所稱陰陽大論之文冰取以補所亡之卷理或然也其刺法論本病論則冰本亦闕不能復補矣冰本頗更其篇次然每篇之下必註全元起本第幾字猶可考見其舊第所註排抉隱奧多所發明其稱大熱而甚寒之不寒是無水也大寒而甚熱之不熱是無火也無火者不必去水宜益火之源以消陰翳無水者不必去火宜壯水之主以鎮陽光遂開明代薛已諸人探本命門之一法其亦深於醫理者矣冰名見新唐書宰相世系表稱爲京兆府參軍林億等引人物志謂冰爲太僕令未知孰是然醫家皆稱王太僕習讀億

書也其名晁公武讀書志作王砅杜甫集有贈重表姪王砅詩亦復相合然唐宋志皆作冰而世傳宋槧本亦作冰字或公武因杜詩而誤歟

（卷目）（一）上古天真論等四篇（二）陰陽應象大論等三篇（三）靈蘭秘典論等四篇（四）異法方宜論等五篇（五）脈要精微論等二篇（六）玉機真藏論等二篇（七）經脈別論等四篇（八）寶命全形論等六篇（九）熱論等四篇（十）瘧論等四篇（十一）舉痛論等三篇（十二）風論等四篇（十三）病能論等四篇（十四）刺要論等六篇（十五）皮部論等四篇（十六）骨空論等二篇 （十七） 調經論（十八）繆刺論等三篇（十九）天元紀大論等三篇（二十）氣交變大論等二篇（二十一）六元正紀大論等三篇（二十二）至真要大論（二十三）著至教論等四篇（二十四）陰陽類論等三篇

難經集注五卷 明王九思等集注

〔著者小傳〕秦越人戰國鄭人家於盧又名盧醫少時爲人舍長遇長桑君傳其術盡知五藏癥結名聞天下以其與軒轅時扁鵲相類乃號之爲扁鵲秦太醫令李醯自知技不如使人刺殺之所著難經其文辯析精微詞旨隱遠讀者不能遽曉歷代醫家多有註釋　王九思見後提要

〔阮元四庫未收書目提要〕周秦越人撰越人卽扁鵲事迹具史記本傳明王九思等集注九思字敬夫鄠縣人弘治十才子之一丙辰進士由庶吉士授檢討調吏部主事陞郎中坐劉瑾黨降壽州同知尋勒致仕事迹附明史李夢陽傳餘則未詳難經雖不見于漢藝文志而隋唐志已著錄凡八十一章編次爲十三類理趣深遠非易了然九思因集吳呂廣唐楊元操宋丁德用虞庶楊康侯各家之說彙爲一書以便觀者案宋晁公武讀書志云德用以楊元操所演甚失大義因改正之經文隱奧者繪爲圖以明之然則書中圖說

殆德用所爲是編日本人用活字板擺印呂楊各注今皆未見傳本亦藉此以存矣

（卷目）（一）一難至十二難（二）十三難至十九難（三）二十難至三十九難（四）四十難至六十三難（五）六十四難至八十一難

神農本艸經三卷

（著者小傳）神農上古帝姜姓始教民爲耒耜興農業故稱神農氏以火德王亦以火紀官故又稱炎帝嘗百藥而知寒溫之性君臣佐使之義後世傳爲神農本艸又作方書以療民疾在位一百四十年而崩　吳普三國魏廣陵人從華佗學醫多所全濟佗嘗授普五禽之戲以當導引普施行之年九十餘耳目聰明齒牙完固

（本書略述）神農本艸經三卷吳普李當之皆修之李書世少行用吳書亦已久佚其文惟見掌錫禹所引諸書而太平御覽引据尤多足補大觀本所缺孫氏星衍重爲别錄因采其文附於本經之後凡

本經譌字如以消爲硝以癢爲痒之類均爲訂正其辨析物類引据之書則以毛詩爾雅說文方言廣雅爲本至引据諸子雜家各條係其從子馮翼增輯之賅博精詳亦醫家考證藥品藥性者所不可不讀也

〔卷目〕（一）上經（二）中經（三）下經

傷寒論十卷

〔著者小傳〕張機後漢棗陽人字仲景學醫於張伯祖盡得其傳靈帝時舉孝廉官至長沙太守著傷寒論華佗讀而喜曰此真活人書也又著金匱玉函要略三卷自漢魏迄今習醫者奉爲至寶論者推爲醫中亞聖　王叔和晉高平人爲太醫令性沈靜通經史窮研方脈嘗考覈遺文採摭衆論成脈經脈訣脈賦又編次張仲景傷寒論成無己金聊攝人世業醫至無己尤精有傷寒論註傷寒明理論論方等書於君臣佐使之義闡發甚明

〔四庫提要〕傷寒論十卷漢張機撰晉王叔和編金成無己註明理論三卷論方一卷則無己所自撰以發明機說者也叔和高平人官太醫令無己聊攝人生於宋嘉祐治平閒後聊攝地入於金遂爲金人至海陵王正隆丙子年九十餘尙存見開禧元年歷陽張孝忠跋中明吳勉學刻此書題曰宋人誤也傷寒論前有宋高保衡孫奇林億等校上序稱開寶中節度使高繼沖曾編錄進上其文理舛錯未能考正國家詔儒臣校正醫書今先校定仲景傷寒論十卷總二十二篇合三百九十七法除重複定有一百一十三方（案一十三原本誤作一十二今改正）今請頒行又稱自仲景於今八百餘年惟王叔和能學之云云而明方有執作傷寒論條辨則詆叔和所編與無己所註多所改易竄亂幷以序例一篇爲叔和僞託而刪之國朝喻昌作尙論篇於叔和編次之舛序例之謬及無己所註林億等所校之失攻擊尤詳皆重爲考定自謂復長沙之舊本其書盛行於世而王氏成氏之書遂微

然叔和爲一代名醫又去古未遠其學當有所受無己於斯一帙研究終身亦必深有所得似未可概從屏斥盡以爲非夫朱子改大學爲一經十傳分中庸爲三十三章於學者不爲無裨必以謂孔門之舊本如是則終無確證可憑也今大學中庸列朱子之本於學官亦列鄭玄之本於學官原不偏廢又烏可以後人重定此書遂廢王氏成氏之本乎無己所作明理論凡五十篇又論方二十篇於君臣佐使之義闡發尤明嚴器之序稱無己撰述傷寒義皆前人未經道者指在定體分形析證若同而異者明之似是而非者辨之釋戰慄有內外之診論煩躁有陰陽之別讝語鄭聲令虛實之灼知四逆與厥使淺深之類明云云其推挹甚至張孝忠跋亦稱無己此二集自北而南先以紹興庚戌得傷寒論註十卷於醫士王光廷家後守荆門又於襄陽訪得明理論四卷因爲刊版於郴山則在當時固已深重其書矣

〔卷目〕（一）辨脈法平脈法（二）傷寒例辨痓濕暍脈證辨太陽病脈證（三）（四）辨太陽病脈證（五）辨陽明病脈證辨少陽病脈證（六）辨太陰病脈辨少陰病脈證辨厥陰病脈證（七）辨霍亂病脈證辨陰陽易差病脈證辨不可發汗病脈證辨可發汗病脈證（八）辨發汗後病脈證辨不可吐辨可吐（九）辨不可下病脈證辨可下病脈證（十）辨發汗吐下後病脈證

金匱要略 三卷

〔著者小傳〕張機（見前）

〔四庫提要〕漢張機撰國朝徐彬註機字仲景南陽人嘗舉孝廉建安中官至長沙太守是書亦名金匱玉函經乃晉高平王叔和所編次陳振孫書錄解題曰此書乃王洙於館閣蠹簡中得之曰金匱玉函要略上卷論傷寒中論雜病下載其方并療婦人乃錄而傳之今書以逐方次於證候之下以便檢用其所論傷寒文多簡略故但取

雜病以下止服食禁忌二十五篇二百六十二方而仍其舊名云云則此書叔和所編本爲三卷洙鈔存其後二卷後又以方一卷散附於二十五篇內蓋已非叔和之舊然自宋以來醫家奉爲典型與素問難經並重得其一知半解皆可以起死回生則亦岐黃之正傳和扁之嫡嗣矣機所作傷寒卒病論自金成無己之後註家各自爭名互相竄改如宋儒之談錯簡原書端緒久已瞀亂難尋獨此編僅散附諸方尚未失其初旨尤可寶也漢代遺書文句簡奧而古來無註醫家猝不易讀彬註成於康熙辛亥註釋尚爲顯明今錄存之以便講肄彬字忠可嘉興人江西喻昌之弟子故所學頗有師承云

〔卷目〕分上中下三卷

靈樞經十二卷

〔著者小傳〕王冰（見前）

〔四庫提要〕案晁公武讀書志曰王冰謂靈樞即漢志黃帝內經十

八卷之九或謂好事者於皇甫謐所集內經倉公論中鈔出之名爲
古書未知孰是又李濂醫史載元呂復羣經古方論曰內經靈樞漢
隋唐志皆不錄隋有鍼經九卷唐有靈寶註黃帝九靈經十二卷而
已或謂王冰以九靈更名爲靈樞又謂九靈尤詳於鍼故皇甫謐名
之爲鍼經苟一經而二名不應唐志別出鍼經十二卷是靈樞不及
素問之古宋元人已言之矣近時杭世駿道古堂集亦有靈樞經跋
曰七略漢藝文志黃帝內經十八篇皇甫謐以鍼經九卷素問九卷
合十八篇當之隋書經籍志鍼經九卷黃帝九靈十二卷是九靈自
九靈鍼經自鍼經不可合而爲一也王冰以九靈名靈樞不知其何
所本余觀其文義淺短與素問之言不類又似竊取素問而鋪張之
其爲王冰所僞託可知後人莫有傳其書者至宋紹興中錦官史崧
乃云家藏舊本靈樞九卷除已具狀經所屬申明外准使府指揮依
條申轉運司選官詳定具書送祕書省國子監是此書至宋中世而

始出未經高保衡林億等校定也其中十二經水一篇黃帝時無此名冰特據身所見而妄臆度之云云其考證尤爲明晰然李杲精究醫理而使羅天益作類經兼採素問靈樞呂復亦稱善學者當與素問並觀其旨義互相發明蓋其書雖僞而其言則綴合古經具有源本譬之梅賾古文雜採逸書聯成篇目雖抵牾罅漏贗託顯然而先王遺訓多賴其蒐輯以有傳不可廢也此本前有紹興乙亥史崧序稱舊本九卷八十一篇增修音釋附於卷末又目錄首題鼇峯熊宗立點校重刊末題原二十四卷今幷爲十二卷是此本爲熊氏重刊所幷呂復稱史崧幷是書爲十二卷以復其舊殆誤以熊本爲史本歟

（卷目）（一）九鍼十二原等四篇（二）根結等五篇（三）經脈等三篇（四）經筋等七篇（五）五邪等九篇（六）師傳等十二篇（七）陰陽繫日月等七篇（八）禁服等九篇（九）水脹等八篇（十）五音五味

等八篇（十一）官能等七篇（十二）九鍼論等四篇

周髀算經二卷附李籍音義一卷

〔著者小傳〕趙爽字君卿不詳何代人　甄鸞北周人官司隸校尉漢中郡守精於步算嘗釋周髀等算經所著又有五經算術發明經史覈訂疑義尤有功於考證之學　李淳風唐雍人幼通羣書明步天曆算貞觀初以將仕郎直太史局製渾天儀著法象書七篇上之累遷太史令凡占候吉凶若符契然以勞封昌樂縣男有典章文物志乙巳占等書　李籍未詳

〔四庫提要〕案隋書經籍志天文類首列周髀一卷趙嬰註又一卷甄鸞重述唐書藝文志李淳風釋周髀二卷與趙嬰甄鸞之註列之天文類而曆算類中復列李淳風註周髀算經二卷蓋一書重出也是書內稱周髀長八尺夏至之日晷一尺六寸蓋髀者股也於周地立八尺之表以爲股其影爲句故曰周髀其首章周公與商高問答

實句股之鼻祖故御製數理精蘊載在卷首而詳釋之稱爲成周六
藝之遺文榮方問於陳子以下徐光啓謂爲千古大愚今詳考其文
惟論南北影差以地爲平遠復以平遠測天誠爲臆說然與本文已
絶不相類疑後人傳說而誤入正文者如夏小正之經傳參合傳崧
卿未訂以前使人不能讀也其本文之廣大精微者皆足以存古法
之意開西法之源如書內以璇璣一晝夜環繞北極一周而過一度
冬至夜半璇璣起北極下子位春分夜半起北極左卯位夏至夜半
起北極上午位秋分夜半起北極右酉位是爲璇璣四游所極終古
不變以七衡六閒測日躔發斂冬至日在外衡夏至日在內衡春秋
分在中衡當其衡爲中氣當其閒爲節氣亦終古不變古蓋天之學
此其遺法蓋渾天如毬寫星象於外人自天外觀天蓋天如笠寫星
象於內人自天內觀天笠形半圓有如張蓋故稱蓋天合地上地下
兩半圓體卽天體之渾圓矣其法失傳已久故自漢以迄元明皆主

渾天明萬曆中歐邏巴人入中國始別立新法號爲精密然其言地
圓卽周髀所謂地法覆槃滂沱四隤而下也其言南北里差卽周髀
所謂北極左右夏有不釋之冰物有朝生暮穫中衡左右冬有不死
之草五穀一歲再熟是爲寒暑推移隨南北不同之故及所謂春分
至秋分極下常有日光秋分至春分極下常無日光是爲晝夜永短
隨南北不同之故也其言東西里差卽周髀所謂東方日中西方夜
半西方日中東方夜半晝夜易處如四時相反是爲節氣合朔加時
早晚隨東西不同之故也又李之藻以西法製渾蓋通憲展晝短規
使大於赤道規一同周髀之展外衡使大於中衡其新法曆書述第
谷以前西法三百六十五日四分日之一每四歲之小餘成一日亦
卽周髀所謂三百六十五日者三三百六十六日者一也西法出於
周髀此皆顯證特後來測驗增修愈推愈密耳明史曆志謂堯時宅
西居昧谷疇人子弟散入遐方因而傳爲西學者固有由矣此書刻

本脫誤多不可通今據永樂大典內所載詳加校訂補脫文一百四十七字改譌舛者一百一十三字刪其衍複者十八字舊本相承題云漢趙君卿註其自序稱爽以暗蔽註內屢稱爽或疑焉爽未之前聞蓋卽君卿之名然則隋唐志之趙嬰殆卽趙爽之譌歟註引靈憲乾象則其人在張衡劉洪後也舊有李籍音義別自爲卷今仍其舊書內凡爲圖者五而失傳者三譌舛者一謹據正文及註爲之補訂古者九數惟九章周髀二書流傳最古譌誤亦特甚然溯委窮源得其端緒固術數家之鴻寶也

（卷目）分上下兩卷（附音義一卷）

長術輯要 十卷 附錄古今推步諸術考二卷

（著者小傳）汪曰楨清烏程人字剛木號謝城又號薪甫咸豐舉人官會稽教諭精史學尤精算學喜習古今推步諸術有歷代長術輯要四聲切韻表補正玉鑑堂詩存櫟寄詩存

（本書略述）汪氏曰楨譔二十四史月日考上起共和下與清欽天監頒行萬年書相接各就當時行用本法推算每年詳列朔閏月建大小弁二十四氣略如萬年書之式末附以古今推步諸術考自黃帝術迄泰西術著錄凡一百四十六家嗣以卷帙繁重乃刪繁就簡仿通鑑目錄例專載朔閏又取羣書所見朔閏不合者綴於每年之末編爲歷代長術輯要十卷諸術考爲推步之凡例仍附於後此書搜羅書籍逾數百種致力幾三十年舉二千五百餘年之月日釐然具見合一百四十六家之用數悉有鈎稽較之宋劉羲叟劉氏輯術清錢同人四史朔閏考其精深博大實有過之無不及焉

（卷目）（一）周共和庚申至周匡王甲寅（二）周定王乙卯至周烈王壬子（三）周顯王癸丑至漢景帝庚子（四）漢武帝辛丑至漢質帝丙戌（五）漢桓帝丁亥至晉恭帝己未（六）晉恭帝庚申至隋恭帝丁丑（七）隋恭帝戊寅至唐昭宣帝丙寅（八）唐昭宣帝丁卯至宋

欽宗丙午（九）宋高宗丁未至元順帝丁未（十）元順帝戊申至清

聖祖庚戌（附錄古今推步諸術攷二卷）

易林十六卷

（著者小傳）焦延壽漢梁人字贛昭帝時由郡吏舉小黃令愛養吏民化行郡中舉最當遷民詣闕留之詔增其秩元帝朝爲三老延壽從孟喜學易授之於京房嘗歎曰得我道以亡身者必京生也後房果遇禍著有易林

（四庫提要）漢焦延壽撰延壽字贛梁人昭帝時由郡吏舉小黃令京房師之故漢書附見於房傳黃伯思東觀餘論以爲名贛字延壽與史不符又據後漢小黃門譙君碑稱贛之後裔疑贛爲譙姓然史傳無不作焦漢碑多假借通用如歐陽之作歐羊者不一而足亦未可執爲確證至舊本易林首有費直之語稱王莽時建信天水焦延壽其詞蓋出僞託鄭曉嘗辨之審矣贛嘗從孟喜問易然其學不出

於孟喜漢書儒林傳記其始末甚詳蓋易於象數之中別爲占候一派者實自贛始所撰有易林十六卷又易林變占十六卷並見隋志變占久佚惟易林尚存其書以一卦變六十四六十四卦之變共四千九十有六各繫以詞皆四言韻語考漢藝文志所載易十三家著龜十五家不及焦氏隋經籍志始著錄於五行家唐王俞始序而稱之似乎後人所附會故鄭曉占言疑其明夷之咸林似言成帝時事節之解林似言定陶傅太后事皆在延壽後顧炎武日知錄亦摘其可疑者四五條然二家所云某林似指某事者皆揣摩其詞炎武所指彭離濟東遷之上庸者語雖出漢書而事在武帝元鼎元年不必漢書始載又左傳雖西漢末立學官而張蒼等已久相述說延壽引用傳語亦不足致疑惟長城既立四夷賓服交和結好昭君是福四句則事在元帝竟寧元年名字炳然顯爲延壽以後語然李善註文選任昉竟陵王行狀引東觀漢記曰沛獻王輔永平五年秋京師少

雨上御雲臺詔尚席取卦具自卦以周易卦林占之其繇曰蟻封穴戶大雨將集明日大雨上卽以詔書問輔曰道寧有是耶輔上言曰案易卦震之蹇蟻封穴戶大雨將集蹇艮下坎上艮爲山坎爲水出雲爲雨蟻穴居而知雨將雲雨蟻封穴故以蟻爲興文云云今書蹇繇實在震林則書出焦氏足爲明證昭君之類或方技家輾轉附益竄亂原文亦未可定耳崇文總目言其推用之法不傳而黃伯思記王俆占程迥記宣和紹興二占皆有奇驗則其術尚有知之者惟黃伯思謂漢書稱延壽易分六十四卦更直日用事者乃變占法非易林法薛季宣易林序則謂易林正用直日法辨伯思之說爲謬並爲圖例以明之其說甚辨今錄季宣序與王俞序以存一家之言俞序本名大易通變與諸本不同疑爲後來卜筮家所改非其舊也此書隋唐宋志俱作十六卷故季宣序稱每卷四林每林六十四變今一本作四卷不知何時所幷無關宏旨今亦姑仍之焉

（卷目）（一）乾至蒙（二）需至比（三）小畜至否（四）同人至豫（五）隨至觀（六）噬嗑至復（七）无妄至大過（八）坎至恆（九）遯至明夷（十）家人至解（十一）損至遘（十二）萃至井（十三）革至艮（十四）漸至旅（十五）巽至節（十六）中孚至未濟

太玄經十卷 司馬光注

（著者小傳）揚雄（見經部） 司馬光（見史部）

（本書略述）太玄經十卷漢揚雄撰四庫著錄者係晉范望註本略稱自漢以來註其書者惟宋衷陸績最著至晉范望乃因二家之註勒爲一編等語溫公註本世不多見雖明嘉靖間曾有刊本通行然經文與註均作大字其中舛譌甚多此本係清嘉慶間陶氏以影寫宋抄本付梓並由顧氏澗蘋重校一過凡疑似處均仍其舊深合刊書之例故本局特據以校印俾讀是書者得與范望註本互相參考焉

〔卷目〕共十卷不分目

皇極經世書十二卷

〔著者小傳〕邵雍宋范陽人從父徙共城晚遷河南字堯夫讀書蘇門山百源上北海李之才攝共城令授以圖書先天象數之學妙悟神契多所自得富弼司馬光呂公著退居洛中恆相從游爲市園宅雍歲時耕稼僅給衣食名其居曰安樂窩自號安樂先生嘉祐中詔求遺逸留守王拱宸薦之授將作監主簿不赴熙寧中舉逸士補潁州團練推官亦不之任卒年六十七元祐中賜謚康節有觀物篇漁樵問答伊川擊壤集先天圖皇極經世等書

〔四庫提要〕宋邵子撰據晁說之所作李之才傳邵子數學本於之才之才本於穆修修本於种放放本陳摶蓋其術本自道家而來當之才初見邵子於百泉卽授以義理物理性命之學皇極經世蓋卽所謂物理之學也其書以元經會以會經運以運經世起於堯帝甲

辰至後周顯德六年己未凡興亡治亂之蹟皆以卦象推之厥後王
湜作易學祝泌作皇極經世解起數訣張行成作皇極經世索隱各
傳其學朱子語錄嘗謂自易以後無人做得一物如此整齊包括得
盡又謂康節易看了都看別人的不得其推之甚至然語錄又謂易
是卜筮之書皇極經世是推步之書經世以十二辟卦管十二會綳
定時節卻就中推吉凶消長與易自不相干又謂康節自是易外別
傳蔡季通之數學亦傳邵氏者也而其子沈作洪範皇極內篇則曰
以數爲象則畸零而無用太玄是也以象爲數則多耦而難通經世
是也是朱子師弟於此書亦在然疑之閒矣明何瑭議其天以日月
星辰變爲寒暑晝夜地以水火土石變爲風雨露雷涉於牽強又議
其乾不爲天而爲日離不爲日而爲星坤反爲水坎反爲土與伏羲
之卦象大異至近時黃宗炎朱彝尊攻之尤力夫以邵子之占驗如
神則此書似乎可信而此書之取象配數又往往實不可解據王湜

易學所言則此書實不盡出於邵子流傳既久疑以傳疑可矣至所云學以人事爲大又云治生於亂亂生於治聖人貴未然之防是謂易之大綱則粹然儒者之言非術數家所能及斯所以得列於周程張朱閒歟

(卷目)(首)分上下兩卷(一至四)觀物篇(五)(六)觀物內篇(七上)(七下)觀物外篇上(八上)(八下)觀物外篇下(九)各種圖說

淮南子二十一卷

(著者小傳)劉安漢淮南厲王長子爲淮南王爲人好書招致賓客方術之士作爲內書二十一篇外書甚衆又有中篇八卷言神僊黃白之術亦二十餘萬言名淮南子時武帝方好藝文甚尊重之賜几杖不朝其後有反謀使宗正以符節治王未至自殺　高誘(見史部)

〔四庫提要〕漢淮南王劉安撰高誘註安事蹟具漢書本傳漢書藝文志雜家淮南內二十一篇外三十三篇顏師古註曰內篇論道外篇雜說今所存者二十一篇蓋內篇也高誘序言此書大較歸之於道號曰鴻烈故舊唐志有何誘淮南鴻烈音一卷言鴻烈之音也宋志有淮南鴻烈解二十一卷亦鴻烈之解也而註其下曰淮南王安撰似乎解亦安撰者諸書引用遂幷淮南子之本文亦題曰淮南鴻烈解誤之甚矣晁公武讀書志稱崇文總目亡三篇李淑邯鄲圖書志亡二篇其家本惟存原道俶真天文墬形時則覽冥精神本經主術繆稱齊俗道應氾論詮言兵略說林說山十七篇亡其四篇高似孫子略稱讀淮南二十篇是在宋已鮮完本惟洪邁容齋隨筆稱今所存者二十一卷與今本同然白居易六帖引烏鵲填河事云出淮南子而今本無之則尚有脫文也公武謂許慎註稱記上陳振孫謂今本題許慎註而詳序文卽是高誘殆不可曉蘆泉劉績又謂記上

猶言標題進呈並非慎爲之註然隋志唐志宋志皆許氏高氏二註並列陸德明莊子釋文引淮南子註稱許慎李善文選註殷敬順列子釋文引淮南子註或稱高誘或稱許慎是原有二註之明證後慎註散佚傳刻者誤以誘註題慎名也觀書中稱景古影字而慎說文無影字其不出於慎審矣誘涿郡人盧植之弟子建安中辟司空掾歷官東郡濮陽令遷河東監並見於自序中慎則和帝永元中人遠在其前何由記上誘註劉績之說蓋徒附會其文而未詳考時代也

〔卷目〕（一）原道（二）俶真（三）天文（四）墬形（五）時則（六）覽冥（七）精神（八）本經（九）主術（十）繆稱（十一）齊俗（十二）道應（十三）氾論（十四）詮言（十五）兵略（十六）說山（十七）說林（十八）人間（十九）脩務（二十）泰族（二十一）要略

抱朴子

內篇二十卷外篇五十卷附校勘記佚文金汋經等

〔著者小傳〕葛洪晉句容人字稚川好學博覽典籍咸和初爲散騎

常侍領大著作固辭不就聞交趾出丹砂求爲勾漏令攜子姪過廣
川刺史鄧嶽留之不聽乃止羅浮山煉丹著有抱朴子
〔四庫提要〕晉葛洪撰洪有肘後備急方已著錄是編乃其乞爲句
漏令後退居羅浮山時所作抱朴子者洪所自號因以名書也自序
謂內篇二十卷外篇五十卷隋志載內篇二十一卷音一卷入道家
外篇三十卷入雜家外篇下註曰梁有五十一卷舊唐志亦載內篇
二十卷入道家外篇五十一卷入雜家卷數已小不同新唐志道家
載內篇十卷雜家載外篇二十卷乃多寡迥殊宋志則均入雜家內
篇作二十卷與舊唐書同外篇作五十卷較舊唐書又少一卷晁公
武讀書志作內篇二十卷外篇十卷內外篇之卷數與新唐書互異
陳振孫書錄解題但載內篇二十卷而云館閣書目有外篇五十卷
未見其紛紜錯互有若亂絲此本爲明烏程盧舜治以宋本及王府
道藏二本參校視他本較爲完整所列篇數與洪自序卷數相符知

洪當時蓋以一篇爲一卷以永樂大典所載互校尚多丹砂法以下八篇知爲足本矣其書內篇論神仙吐納符籙尅治之術純爲道家之言外篇則論時政得失人事臧否詞旨辨博饒有名理而究其大旨亦以黃老爲宗故今并入之道家不復區分焉

（卷目）內篇二十卷始暢玄終祛惑外篇五十卷始嘉遯終自敘附內外篇校勘記及佚文不分卷神仙金汋經上中下三卷又養生論大丹問答別旨各一卷

顏氏家訓　七卷

（著者小傳）顏之推北齊臨沂人字介博覽羣書情詞典麗梁湘東王繹以爲其國左常侍繹既立除散騎侍郎後奔齊文宣帝一見悅之即除奉朝請歷遷中書舍人尋除黃門侍郎周兵陷晉陽勸帝奔陳不從以爲平原太守齊亡入周爲御史上士隋開皇中太子召爲學士深見禮重尋卒有文集家訓　趙曦明清江蘇江陰人郡諸生

初名大潤後易名肅字敬夫晚復更名曦明邑有瞰江山故又號瞰江山人博覽羣書刻苦自厲著有詩文集讀書一得桑梓見聞錄等書晚年註顏氏家訓甫脫稿而疾作卒年八十三　盧文弨清浙江錢唐人字召弓號磯漁又號抱經乾隆十七年一甲三名進士官至侍讀學士乞養歸卒年七十有九好校書歸田後主講書院二十餘年所刻抱經堂彙刊書十五種最爲精審又合經史子集三十八種摘字而注之名曰羣書拾補自著有儀禮注疏詳校廣雅注鍾山札記龍城札記抱經堂文集　錢大昕(見前)

(四庫提要)舊本題北齊黄門侍郎顏之推撰考陸法言切韻序作於隋仁壽中所列同定八人之推與焉則實終於隋舊本所題蓋據作書之時也陳振孫書錄解題云古今家訓以此爲祖然李翱所稱太公家教雖屬僞書至杜預家誡之類則在前久矣特之推所撰卷帙較多耳晁公武讀書志云之推本梁人所著凡二十篇述立身治

家之法辨正時俗之謬以訓世人今觀其書大抵於世故人情深明利害而能文之以經訓故唐志宋志俱列之儒家然其中歸心等篇深明因果不出當時好佛之習又兼論字畫音訓並考正典故品第文藝曼衍旁涉不專爲一家之言今特退之雜家從其類焉又是書隋志不著錄唐志宋志俱作七卷今本止二卷錢曾讀書敏求記載有宋鈔淳熙七年嘉興沈揆本七卷以閩本蜀本及天台謝氏所校五代和凝本參定末附考證二十三條別爲一卷且力斥流俗并爲二卷之非今沈本不可復見無由知其分卷之舊姑從明人刊本錄之然其文既無異同則卷帙分合亦爲細故惟考證一卷佚之可惜耳

〔卷目〕（一）序致等五篇（二）風操等二篇（三）勉學篇（四）文章等三篇（五）省事等五篇（六）書證篇（七）音辭等三篇又重校正補正補遺傳跋

博物志十卷

〔著者小傳〕張華晉方城人字茂先父平爲魏漁陽郡守華學業優博圖緯方技之書無不詳覽彊記默識時人比之子產武帝時拜中書令伐吳華以爲必克爲度支尙書量計運漕決定廟算吳平封廣武侯惠帝即位拜太子少傅進右光祿大夫爲趙王倫所害卒之日家無餘貲惟文史充棟凡奇祕世所希覯者皆華手識焉有博物志

〔四庫提要〕舊本題晉張華撰考王嘉拾遺記稱華好觀祕異圖緯之部捃采天下遺逸自書契之始考驗神怪及世閒閭里所說造博物志四百卷奏於武帝帝詔詰問卿才綜萬代博識無倫然記事采言亦多浮妄可更芟截浮疑分爲十卷云云是其書作於武帝時今第四卷物性類中稱武帝泰始中武庫火則武帝以後語矣書影有謂藝文類聚引博物志子貢說社樹一條今本不載者案此條實在第八卷中書影蓋偶然未檢然考裴松之三國志註魏志太祖紀文

帝紀濊傳吳志孫賁傳引博物志四條今本惟有太祖紀所引一條
而佚其前半餘三條皆無之又江淹古銅劍贊引張華博物志曰鑄
銅之工不可復得惟蜀地羌中時有解者今本無此語足證非宋齊
梁時所見之本又唐會要載顯慶三年太常丞呂才奏案張華博物
志曰白雪是泰帝使素女鼓五弦曲名以其調高人遂和寡又張彥
遠歷代名畫記引張華博物志曰劉褒漢桓帝時人曾畫雲漢圖人
見之覺熱又畫北風圖人見之覺涼今本皆無此語李善註文選引
張華博物志十二條見今本者九條其西京賦註引王孫公子皆古
人相推敬之詞一條閑居賦註引張騫使大夏得石榴李廣利爲貳
師將軍伐大宛得蒲陶一條七命註引橙似橘而非若柚而有芬香
一條則今本皆無此語段公路北戶錄引博物志五條見今本者三
條其鵂鶹一名鷄鵂一條金魚腦中有麩金出邛婆塞江一條則今
本皆無此語足證亦非唐人所見之本太平廣記引博物志鄭宏沈

釀川一條趙彥衞雲麓漫鈔引博物志黄藍張騫得自西域一條今本皆無之晁公武讀書志稱卷首有理略後有讚文今本卷首第一條爲地理稱地理略自魏氏曰以前云云無所謂理略讚文惟地理有之亦不在卷後又趙與旹賓退錄稱張華博物志卷末載湘夫人事亦誤以爲堯女今本此條乃在八卷之首不在卷末皆相矛盾則幷非宋人所見之本或原書散佚好事者掇取諸書所引博物志而雜採他小說以足之故證以藝文類聚太平御覽所引亦往往相符其餘爲他書所未引者則大抵剽掇大戴禮春秋繁露孔子家語本草經山海經拾遺記搜神記異苑西京雜記漢武內傳列子諸書飣餖成帙不盡華之原文也又劉昭續漢志註律曆志引博物記一條輿服志引博物記一條五行志引博物記二條郡國志引博物記二十九條齊東野語引其中日南野女一條謂博物記當是秦漢閒古書張華取其名而爲志楊愼丹鉛錄亦稱據後漢書註博物記乃唐

蒙所作今觀裴松之三國志註引博物記四條又於魏志凉茂傳中引博物記一條灼然二書更無疑義此本惟載江河水赤一條又載漢末關中女子及范明友奴發冢重生一條而分爲兩條又載日南野女一條謠羣行不見夫句爲羣行見丈夫謠其狀皛且白句爲狀皛目其餘三十一條則悉遺漏豈非偶於他書見此三條以博物二字相同不辨爲兩書而貿貿採入乎至於雜說下所載豫章衣冠人有數婦一條乃隋書地理志之文唐人所撰華何自見之尤雜合成編之明證矣書中閒有附註或稱盧氏或稱周日用案文獻通考載周盧註博物志十卷又盧氏註博物志六卷此所載寥寥數條殆非完本或亦後人偶爲摘附歟

世說新語 三卷

（卷目）共十卷

（著者小傳）劉義慶南朝宋長沙王道憐子嗣叔父道規後永初中

襲封臨川王濳居硏志寡嗜慾好文義爲宗室之表所著世說新語起後漢迄東晉軼事瑣聞足爲談助官至南兗州刺史卒謚康　劉峻梁平原人字孝標好學安貧耕讀不輟齊永明中奔江南聞有異書必往借崔慰祖謂之書淫天監初典校秘書安成王秀引爲戶曹參軍使撰類苑未成引疾去因游東陽紫巖山築室居焉吳會人士多從之學爲山栖志文甚美武帝引見峻奏對失旨不見用乃著辨命論以寄懷普通中卒門人謚曰玄靖先生所注世說新語尤典贍爲考證家所引據

（四庫提要）宋臨川王劉義慶撰梁劉孝標註義慶事蹟具宋書孝標名峻以字行事蹟具梁書黃伯思東觀餘論謂世說之名肇於劉向其書已亡故義慶所集名世說新書段成式酉陽雜俎引王敦澡豆事尙作世說新書可證不知何人改爲新語蓋近世所傳然相沿已久不能復正矣所記分三十八門上起後漢下迄東晉皆軼事瑣

語足爲談助唐藝文志稱劉義慶世說八卷劉孝標續十卷崇文總目惟載十卷晁公武謂當是孝標續義慶元本八卷通成十卷又謂家有詳略二本迥不相同今其本皆不傳惟陳振孫書錄解題作三卷與今本合其每卷析爲上下則世傳陸游所刊本已然蓋卽舊本至振孫載汪藻所云敘錄二卷首爲考異繼列人物世譜姓字異同末記所引書目者則佚之久矣自明以來世俗所行凡二本一爲王世貞所刊註文多所刪節殊乖其舊一爲袁褧所刊蓋卽從陸本翻雕者雖版已刓敝然猶屬完書義慶所述劉知幾史通深以爲譏然義慶本小說家言而知幾繩之以史法擬不於倫未爲通論孝標所注特爲典贍高似孫緯略亟推之其糾正義慶之紕繆尤爲精核所引諸書今已佚其十之九惟賴是注以傳故與裴松之三國志注酈道元水經注李善文選注同爲考證家所引據焉

〔卷目〕（卷上之上）德行言語（卷上之下）政事文學（卷中之上）方正

雅量識鑒（卷中之下）賞譽品藻規箴捷悟夙惠豪爽（卷下之上）容
止自新企羨傷逝棲逸賢媛術解巧藝寵禮任誕簡傲（卷下之下）
排調輕詆假譎黜免儉嗇汰侈忿狷讒險尤悔紕漏惑溺仇隙

續世說十二卷

（著者小傳）孔平仲宋新喻人字義甫舉進士爲集賢校理紹興中知衡州謫惠州別駕徽宗立帥鄜延環慶黨論再起罷主管兗州景靈宮平仲長史學工文辭有續世說良史事證等書

（阮元四庫未收書目提要）宋孔平仲撰取宋齊梁陳隋唐五代事迹依劉義慶世說之目而分隸之成書十二卷見於宋史本傳及藝文志小說家類卷袠相同書錄解題文獻通考皆錄其書而近代儲藏家罕有著錄者王士禎居易錄曾道及此書云已失傳則士禎亦不得見此書也此書平仲無自序有紹興戊寅長沙秦果序序言平仲書成未刊從義郎李敏得善本於前靖守王長孺相與鏤

版王親受於孔知其不繆丁丑之春雒陽王濯來守沅之明年李氏以其書版來售郎加是正鑱刻以補其不足云云後有沅州公使庫總計紙版數目幷印造紙墨裱褙工食錢數目後又有右迪功郎司法兼監使庫翁灌右從事郎軍事判官閔敦仁右迪功郎州學教授胡摶左朝奉郎通判軍州事秦果左朝散大夫知軍州事王濯五人題名皆沅州官也此從宋沅州刻本傳寫者卷袠完整無闕特書中部次錯雜有兩條合爲一條者抑且時代先後往往倒置蓋校勘之時不免有私爲竄改之弊必非平仲元本之誤也

(卷目)(一)德行言語(二)政事文學(三)方正雅量箴規(四)品藻識鑒夙慧捷悟(五)賞譽寵禮任誕容止(六)術解巧藝排調(七)自新企羨簡傲尤悔(八)棲逸輕詆賢媛(九)惑溺黜免傷逝汰侈(十)直諫(十一)忿狷仇隙紕漏儉嗇(十二)假譎邪諂讒險姦佞

〔著者小傳〕僧祐梁僧下邳俞氏子出家揚都建初寺武帝時居鍾山定林寺有弘明集梁以前名流著作頗賴以存

〔四庫提要〕梁釋僧祐編僧祐姓俞氏彭城下邳人初出家揚都建初寺武帝時居鍾山定林寺唐書藝文志載僧祐弘明集十四卷此本卷數相符蓋猶釋藏之舊末有僧祐後序而首無前序疑傳寫佚之所輯皆東漢以下至於梁代闡明佛法之文其學主於戒律其說主於因果其大旨則主於抑周孔排黃老而獨伸釋氏之法夫天不言而自尊聖人之道不言而自信不待夸不待辨也恐人不尊不信而囂張其外以彌縫之是亦不足於中之明證矣然六代遺編流傳最古梁以前名流著作今無專集行世者頗賴以存終勝庸俗緇流所撰述就釋言釋猶彼教中雅馴之言也

〔卷目〕（一）理惑論等二篇（二）明佛論（三）與宗居士書等六篇（四）達性論等六篇（五）更生論等十一篇（六）釋駮論等八篇

(七)難顧道士夷夏論等四篇(八)辯惑論等三篇(九)立神明成佛義記等五篇(十)敕答臣下神滅論等二篇(十一)答宋文帝讚揚佛教事等二十七篇(十二)與釋道安書等四十篇(十三)奉法要等三篇(十四)檄太山文等四篇

廣弘明集 四十卷

(著者小傳)道宣唐高僧丹徒錢氏子初居終南山白泉寺後居京師西明寺與處士孫思邈結交持律堅定號爲南山律宗乾封間示寂懿宗追謚澄照有法門文記廣弘明集續高僧傳三寶錄羯磨戒疏行事鈔義鈔等二百數十卷

(四庫提要)唐釋道宣撰道宣姓錢氏丹徒人隋末居終南白泉寺又遷豐德寺淨業寺至唐高宗時乃卒持戒精苦釋家謂之宣律師唐志載廣弘明集三十卷與此本合然二十七卷以後每卷各分上下實三十四卷也其書續梁僧祐弘明集而體例小殊分爲十篇一

曰歸正二曰辨惑三曰佛德四曰法義五曰僧行六曰慈濟七曰戒功八曰啓福九曰悔罪十曰統歸每篇各爲小序大旨排斥道教與僧祐書相同其中如魏書釋老志本於二氏神異各有紀錄雖同爲粉飾而無所抑揚道宣乃於敘釋氏者具載其全文敘道家者潛刪其靈蹟然則冤親無等猶爲最初之佛法迨其後世味漸深勝負互軋雖以叢林古德人天瞻禮如道宣者亦不免於門戸之見矣其書採摭浩博卷帙倍於僧祐如梁簡文帝被幽述志詩及連珠三首之類頗爲泛濫然道宣生隋唐之間古書多未散佚故墜簡遺文往往而在如阮孝緒七錄序文及其門目部分儒家久已失傳隋志僅存其說而此書第三卷內乃載其大綱尚可推尋崖略是亦禮失求野之一端不可謂無裨考證也神僧傳稱僧祐前身爲南齊剡溪隱嶽寺僧護道宣前身卽爲僧祐殆因道宣續僧祐之書故附會是說又稱道宣卒於乾封二年而書末有遊大慈恩寺詩乃題高宗之謚殊

不可解又註曰一作唐太宗蓋知其抵牾爲之遷就考雍錄載慈恩寺貞觀二十二年高宗在春宮時爲文德皇后立則太宗猶及見之然大慈恩之名可以出高宗之口不可以出太宗之口殆原本題爲御製後人追改歟

（卷目）（一至四）歸正篇（五至十五）辯惑篇（十六至十九）佛德篇（二十至二十五）法義篇（二十六至二十九）僧行篇（三十）（三十一）慈濟篇（三十二至三十四）戒功篇（三十五）啓福篇（三十六）悔罪篇（三十七至四十）統歸篇

參同契考異 不分卷

（著者小傳）朱熹（見經部）

（四庫提要）宋朱子撰考陳振孫書錄解題稱朱子以參同契詞韻皆古奧雅難通讀者淺聞妄輒更改比他書尤多舛誤因合諸本更相讎正朱子自跋亦稱凡諸同異悉存之以備考證故以考異爲名

今案書中註明同異者惟天下然後治之治字云或作理威光鼎乃
熺之熺字云本作喜一作熺參證他本者不過二處又如修字疑作
循六五疑作廿六鉛字疑作飴與字疑作爲之類朱子所自校者亦
祇六七處其餘每節之下隨文詮釋實皆箋註之體不盡訂正文字
乃以考異爲名未喻其旨跋末自署空同道士鄒訢蓋以鄒本邾國
其後去邑而爲朱故以寓姓禮記鄭氏註謂訢當作熹又集韻熹虛
其切訢亦虛其切故以寓名殆以究心丹訣非儒者之本務故託諸
廋辭歟考朱子語錄論參同契諸條頗爲詳盡年譜亦載有慶元三
年蔡元定將編管道州與朱子會宿寒泉精舍夜論參同契一事文
集又有蔡季通書曰參同契更無縫隙亦無心思量但望他日爲劉
安之鷄犬耳云云蓋遭逢世難不得已而託諸神仙殆與韓愈謫潮
州時邀大顚同游之意相類故黃瑞節附錄謂其師弟子有脫屣世
外之意深得其情黃震日鈔乃曰參同契者上虞人魏伯陽作其說

出神仙不足憑近世蔡季通學博而不免於雜嘗留意此書而晦菴與之游因爲校正其書頗行於世而求其義則絕無之云云其持論固正然未喻有託而逃之意也

〔卷目〕不分卷

子略四卷

〔著者小傳〕高似孫宋鄞人字續古號疎寮淳熙進士守處州少有俊聲其讀書以隱僻爲博其作文以怪澀爲奇有疎寮小集剡錄子略蟹略騷略緯略硯箋文苑英華鈔文選句圖

〔四庫提要〕宋高似孫撰似孫有剡錄已著錄是書卷首冠以目錄始漢志所載次隋志所載次唐志所載次庚仲容子鈔馬總意林所載次鄭樵通志藝文略所載皆削其門類而存其書名略註撰人卷數於下其一書而有諸家註者則惟列本書而註家細字附錄焉其有題識者凡陰符經握奇經八陣圖鬻子六韜孔叢子曾子魯仲連

子晏子老子莊子列子文子戰國策管子尹文子韓非子墨子鄧析子亢桑子鶡冠子孫子吳子范子鬼谷子呂氏春秋素書淮南子賈誼新書鹽鐵論論衡太玄經新序說苑抱朴子文中子元子皮子隱書凡三十八家其中說苑新序合一篇而八陣圖附於握奇經實共三十六篇惟陰符經握奇經錄其原書於前餘皆不錄似乎後人刪節之本未必完書也馬端臨通考多引之亦頗有所考證發明然似孫能知亢倉子之僞而於陰符經握奇經三略諸葛亮將苑十六策之類乃皆以爲真則鑒別亦未爲甚確其盛稱鬼谷子尤爲好奇以其會稡諸家且所見之本猶近古終非焦竑經籍志之流輾轉販鬻徒搆虛詞者比故錄而存之備考證焉

〔卷目〕(一)黃帝陰符經風后握奇經八陣圖鬻子六韜孔叢子曾子魯仲連子晏子春秋(二)老子莊子列子文子 (三) 戰國策管子尹文子韓非子墨子鄧析子亢桑子鶡冠子孫子吳子范子鬼谷子

(四)呂氏春秋黃石公素書淮南子賈誼新書桓寬鹽鐵論王充論衡太玄經新序說苑抱朴子文中子元子皮子隱書

四部備要書目提要卷四（集部）

楚辭補注 十七卷

（著者小傳）王逸漢南郡宜城人字叔師爲侍中博雅多覽讀楚辭而傷愍屈原故爲之作解又纂向褒之風作頌一篇號曰九思　洪興祖宋丹陽人字慶善紹興中除祕書省正字出典州郡所至有治績忤秦檜編管昭州卒著有老莊本旨周易通義楚辭補註及考異

（四庫提要）漢王逸撰逸字叔師南郡宜城人順帝時官至侍中事蹟具後漢書文苑傳舊本題校書郎中蓋據其註是書時所居官也初劉向裒集屈原離騷九歌天問九章遠遊卜居漁父宋玉九辨招魂景差大招而以賈誼惜誓淮南小山招隱士東方朔七諫嚴忌哀時命王褒九懷及向所作九嘆共爲楚辭十六篇是爲總集之祖逸又益以己作九思與班固二敘爲十七卷而各爲之註其九思之註洪興祖疑其子延壽所爲然漢書地理志藝文志即有自註事在逸

前謝靈運作山居賦亦自註之安知非用逸例耶舊說無文未可遽疑爲延壽作也陳振孫書錄解題載有古文楚辭釋文一卷其篇第首離騷次九辨九歌天問九章遠遊卜居漁父招隱士招魂九懷七諫九歎哀時命惜誓大招九思迥與今本不同興祖據逸九章註中稱皆解於九辨中知古本九辨在前九章在後振孫又引朱子之言據天聖十年陳說之序謂舊本篇第混倂乃考其人之先後重定其篇第知今本爲說之所改則自宋以來已非逸之舊本又黃伯思東觀餘論謂逸註楚辭序皆在後如法言舊本之例不知何人移於前則不但篇第非舊倂其序亦非舊矣然洪興祖考異於離騷經下註曰釋文第一無經字而逸註明云離別也騷愁也經徑也則逸所註本確有經字與釋文本不同必謂釋文爲舊本亦未可信姑存其說可也逸註雖不甚詳賅而去古未遠多傳先儒之訓詁故李善註文選全用其文抽思以下諸篇註中往往隔句用韻如哀憤結縎慮煩

冤也哀悲太息損肺肝也心中結屈如連環也之類不一而足蓋仿周易象傳之體亦足以考證漢人之韻而吳棫以來談古韻者皆未徵引是尤宜表而出之矣　宋洪興祖撰興祖字慶善陸游渭南集有興祖手帖跋稱爲洪成季慶善未之詳也丹陽人政和中登上舍第南渡後召試授祕書省正字歷官提點江東刑獄知真州饒州後忤秦檜編管昭州卒事蹟具宋史儒林傳周麟之海陵集有興祖贈直敷文閣制極褒其編纂之功蓋檜死乃昭雪也案陳振孫書錄解題列補註楚辭十七卷考異一卷稱興祖少時從柳展如得東坡手校十卷凡諸本異同皆兩出之後又得洪玉父而下本十四五家參校遂爲定本始補王逸章句之未備者成書又得姚廷輝本作考異附古本釋文之後又得歐陽永叔孫莘老蘇子容本於關子東葉少協校正以補考異之遺云云則舊本兼載釋文而考異一卷附之在補註十七卷之外此本每卷之末有汲古後人毛表字奏叔依古本

是正印記而考異已散入各句下未知誰所竄亂也又目錄後有與祖附記稱鮑欽止云辨騷非楚辭本書不當錄班固二序舊在九嘆之後今附於第一通之末云云此本離騷之末有班固二序與所記合而劉勰辨騷一篇仍列序後亦不詳其何故豈但言其不當錄而未敢遽刪歟漢人註書大抵簡質又往往舉其訓詁而不備列其考據與祖是編列逸註於前而一一疏通證明補註於後於逸註多所闡發又皆以補曰二字別之使與原文不亂亦異乎明代諸人妄改古書恣情損益於楚辭諸註之中特爲善本故陳振孫稱其用力之勤而朱子作集注亦多取其說云

（卷目）（一）離騷經（二）九歌（三）天問（四）九章（五）遠遊（六）卜居（七）漁父（八）九辯（九）招魂（十）大招（十一）惜誓（十二）招隱士（十三）七諫（十四）哀時命（十五）九懷（十六）九歎（十七）九思

蔡中郎集十卷外集四卷

（著者小傳）蔡邕漢陳留圉人字伯喈建寧中拜郎中奏求正定六經文字自書丹使工鐫刻立於太學門外董卓用天下名士邕一日七遷拜左中郎將封高陽鄉侯王允誅卓收邕付廷尉死獄中邕少博學又善鼓琴妙操音律好辭章天文術數工書絕世非流紈體素不妄下筆采斯喜之法爲古今雜形尤得八分之精微體法百變窮靈盡妙又創造飛白著有獨斷蔡中郎集等

（四庫提要）漢蔡邕撰隋志載後漢左中郎將蔡邕集十二卷註曰梁有二十卷錄一卷則其集至隋已非完本舊唐志乃仍作二十卷當由官書佚脫而民閒傳本未亡故復出也宋志著錄僅十卷則又經散亡非其舊本矣此本爲雍正中陳留所刊文與詩共得九十四首證以張溥百三家集刻本多寡增損互有出入卷首歐靜序論姜伯淮劉鎮南碑斷非邕作以年月考之其說良是張本刪去劉碑不

爲無見然以伯淮爲邕前輩宜有邕文遂改建安二年爲熹平二年則近於武斷矣張本又載薦董卓表而陳留本無之其事范書不載或疑爲後人贗作然劉克莊後村詩話已排詆此表與揚雄劇秦美新同稱則宋本實有此文不自張本始載後漢諸史自范袁二家以外尚有謝承薛瑩張璠華嶠謝沈袁崧司馬彪諸家今皆散佚亦難以史所未載斷其事之必無或新本刊於陳留以桑梓之情欲爲隱諱故削之以滅其蹟歟

〔卷目〕（一二）碑銘內有朱公叔謚議原列鼎銘之前以人類次非乖體也（三至六）碑銘頌誄（七至九）議疏表狀祝詞（十）月令論問答外紀頌疏賦詩釋外集（一至三）碑銘頌贊疏議論書賦詩（四）獨斷傳表

曹子建集十卷

〔著者小傳〕曹植三國魏文帝之弟武帝第三子字子建封陳王卒謚思故亦稱陳思王十歲能屬文援筆立就甚爲武帝所愛文帝嘗

令其七步作詩如不成行大法植應聲便爲以豆萁爲諷旣就國幸
冀試用終不能得遂發疾卒植思捷才儁謝靈運嘗言天下文章只
一石子建獨得八斗世目爲繡虎有曹子建集
（四庫提要）魏曹植撰案魏志植本傳景初中撰錄植所著賦頌詩
銘雜論凡百餘篇副藏內外隋書經籍志載陳思王集三十卷唐書
藝文志作二十卷然復曰又三十卷蓋三十卷者隋時舊本二十卷
者爲後來合併重編實無兩集鄭樵作通志略亦併載二本焦竑作
國史經籍志遂合二本卷數爲一稱植集爲五十卷謬之甚矣陳振
孫書錄解題亦作二十卷然振孫謂其間頗有採取御覽書鈔類聚
中所有者則捃摭而成已非唐時二十卷之舊文獻通考作十卷又
併非陳氏著錄之舊此本目錄後有嘉定六年癸酉字猶從宋寧宗
時本翻雕蓋卽通考所載也凡賦四十四篇詩七十四篇雜文九十
二篇合計之得二百十篇較魏志所稱百餘篇者其數轉溢然殘篇

斷句錯出其閒如鷂雀蝙蝠二賦均採自藝文類聚藝文類聚之例皆標某人某文曰云云編是集者遂以曰字爲正文連於賦之首句殊爲失考又七哀詩晉人採以入樂增減其詞以就音律見宋書樂志中此不載其本詞而載其入樂之本亦爲舛謬棄婦篇見玉臺新詠亦見太平御覽鏡銘八字反覆顛倒皆叶韻成文實爲回文之祖見藝文類聚皆棄不載而善哉行一篇諸本皆作古辭乃誤爲植作不知其下所載當來日大難卽當此篇也使此爲植作將自作之而自擬之乎至於王宋妻詩藝文類聚作魏文帝邢凱坦齋通編據舊本玉臺新詠稱爲植作今本玉臺新詠又作王宋自賦之詩則衆說異同亦宜附載以備參考乃竟遺漏亦爲疎略不得謂之善本然唐以前舊本既佚後來刻植集者率以是編爲祖別無更古於斯者錄而存之亦不得已而思其次也

〔卷目〕〔一至四〕賦〔五〕詩〔六〕歌詞〔七〕頌贊銘〔八〕表〔九〕文啓

詠序書誄辭（十）論說

嵇中散集十卷

〔著者小傳〕嵇康三國魏銍人字叔夜好老莊有奇才與山濤等號竹林七賢濤爲吏部尚書欲舉康自代作絕交書拒之爲鍾會所搆臨刑援琴鼓曰廣陵散於今絕矣著有嵇中散集

〔四庫提要〕舊本題晉嵇康撰案康爲司馬昭所害時當塗之祚未終則康當爲魏人不當爲晉人晉書立傳實房喬等之舛誤本集因而題之非也隋書經籍志載康文集十五卷新舊唐書並同鄭樵通志略所載卷數尚合至陳振孫書錄解題則已作十卷且稱康所作文論六七萬言其存於世者僅如此則宋時已無全本矣疑鄭樵所載亦因仍舊史之文未必眞見十五卷之本也王楙野客叢書云嵇康傳曰康喜談名理能屬文撰高士傳贊作太史箴聲無哀樂論余得毗陵賀方回家所藏繕寫嵇康集十卷有詩六十八首今文選所

載才三數首選惟載康與山巨源絶交書一首不知又有與呂長悌絶交一書選惟載養生論一篇不知又有與向子期論養生難答一篇四千餘言辯論甚悉集又有宅無吉凶攝生論難上中下三篇難張遼自然好學論一首管蔡論釋私論明膽論等文崇文總目謂嵇康集十卷正此本爾唐藝文志謂嵇康集十五卷不知五卷謂何觀楙所言則樵之妄載確矣此本凡詩四十七篇賦一篇書二篇雜著二篇論九篇箴一篇家誡一篇而雜著中嵇荀錄一篇有錄無書實共詩文六十二篇又非宋本之舊蓋明嘉靖乙酉吳縣黃省曾所重輯也楊慎丹鉛錄嘗辨阮籍卒於康後而世傳籍碑爲康作此本不載此碑則其考核猶爲精審矣

〔卷目〕(一)詩(二)賦書(三)集錄論(四至九)論(十)箴誡

陸士衡集 十卷

〔著者小傳〕陸機晉吳郡人字士衡少有異材文章冠世慨吳之亡

乃著辨亡論二篇太康末與弟雲俱入洛張華見之曰伐吳之役利獲二俊累遷太子洗馬著作郎時齊王冏矜功自伐機作豪士賦以刺後事成都王穎表爲平原內史太安初穎起兵討長沙王乂假機後將軍河北大都督及軍敗孟玖等譖機有異志穎使收機機曰華亭鶴唳可復聞乎遂遇害有陸平原集

〔阮元四庫未收書目〕晉陸機撰案隋書經籍志載機集十四卷又云梁四十七卷錄一卷亡唐書藝文志云十五卷較隋志反贏一卷殆傳寫之誤郡齋讀書志書錄解題文獻通考宋史藝文志皆云十卷則卽此本也宋慶元庚申奉議郎知華亭縣事信安徐民瞻曾合刻二陸文集取張華之語目之曰晉二俊文集此卽影鈔民瞻之本與七閣所收陸士龍集相合計賦二十五篇爲四卷詩五十八篇爲二卷樂府十首百年歌十首爲一卷演連珠一首七徵一首爲一卷頌箴贊牋表文誄哀辭共十五篇爲一卷議論碑五首爲一卷

共一百七十四首案晁公武云機所著文章凡三百餘篇今存詩賦論議牋表碑誄一百七十餘首厥數正同則民瞻所刻卽公武之本也公武又云以晉書文選較正外餘多舛誤今案卷末周處碑中有韓信背水之軍一段乃以他文雜廁文義不相屬公武所指殆謂此類其宅文句譌脫未容枚數然北宋時已如此而機集之傳於今者亦莫古於此本矣

陸士龍集 十卷

〔卷目〕（一至四）賦（五）詩（六）擬古暨樂府（七）樂府（八）雜著（九）頌箴贊牋表文誄辭（十）議論碑銘

〔著者小傳〕陸雲晉吳郡人字士龍機弟少與機齊名號二陸爲浚儀令一縣稱其神明後成都王穎表爲清河內史轉大將軍右司馬穎晚節政衰雲屢以正言忤旨機被誅雲亦遇害初雲嘗與荀隱同在張華座華曰今日相遇勿爲常談雲抗手曰雲間陸士龍隱曰日

下荀鳴鶴時以爲名對爲文詞藻麗密旨意深雅有陸士龍集

（四庫提要）晉陸雲撰雲與兄機齊名時稱二陸史謂其文章不及機而持論過之今觀集中諸啓其執辭諫諍陳議鯁切誠近於古之遺直至其文藻麗密詞旨深雅與機亦相上下平吳二俊要亦未易優劣也隋書經籍志載雲集十二卷又稱梁十卷錄一卷是當時所傳之本已有異同新唐書藝文志但作十卷則所謂十二卷者已不復見至南宋時十卷之本又漸湮沒慶元閒信安徐民瞻始得之於祕書省與機集竝刊以行然今亦未見宋刻世所行者惟此本考史稱雲所著文詞凡三百四十九篇此僅錄二百餘篇似非足本蓋宋以前相傳舊集久已亡佚此特裒合散亡重加編輯故敘次頗爲叢雜如答兄平原詩二首其行矣怨路長一首乃機贈雲之作故馮惟訥詩紀收入機詩內而此本誤作雲答機詩又綠房含青實四語及逍遙近南畔二語皆自藝文類聚芙渠部嘯部摘出佚其全篇故詩

紀以爲失題系之卷末但註見藝文某部此乃直標曰芙蓉曰嘯殆明人不學者所編又出詩紀之後矣特是雲之原集既不可見惟藉此以傳什一故悉仍其舊錄之姑以存其梗概焉

（卷目）（一）賦箴（二至四）詩（五）誄（六）頌（七）騷（八）與平原書（九）啓（十）書集

靖節先生集十卷 附諸家評陶彙集及年譜考異

（著者小傳）陶潛晉潯陽人字淵明或云名元亮少有高趣博學能屬文閑靜少言不慕榮利好讀書不求甚解每有會意欣然忘食性嗜酒著文章自娛嘗爲彭澤令歲終郡遣督郵至縣吏白應束帶見之潛曰我豈能爲五斗米折腰向鄉里小兒耶即日解綬去職賦歸去來辭世稱靖節先生有淵明集　陶澍清湖南安化人字子霖號雲汀嘉慶進士道光間官至太子少保兩江總督謚文毅有印心石屋文集奏議陶桓公年譜淵明集輯注靖節先生年譜蜀輶日記

〔本書略述〕靖節先生集十卷晉陶潛撰已見四庫著錄此本係清安化陶文毅澍所輯首列四庫提要次序錄次小像次墓圖次誄傳雜識末附諸家評陶彙集而殿以年譜考異上下一卷所輯各注大致以湯文清李公煥何孟春三家爲本凡詞意與本事無關者概所不取絕無撏撦附會之弊其字句異同悉參取湯文清本李公煥本何孟春本焦弱侯本汲古閣舊本毛晉綠君亭本何焯所校宣和本擇善而存義可兩存者但云某本作某去取從違不參己見亦深合輯書體裁諸家評陶均關作者旨趣薈萃成編尤便檢覽年譜以王雪山質吳仁傑斗南所著之譜並列於前倣張縯季長辨證先例參考宋元以來諸家所說別爲考異於靖節出處之際釣游之所搜討極爲詳覈故自來編靖節詩文集者通行之本甚多當以此本爲最完善

〔卷目〕(一)四言詩(二至四)五言詩(五)賦辭(六)記傳述贊(七)

疏祭文（八）五孝傳（九）（十）集聖賢羣輔錄上下首附例言提要
序錄誄傳雜說末附諸家評陶彙集及年譜攷異

鮑參軍集十卷

（著者小傳）鮑照南朝宋東海人字明遠文帝時爲中書舍人帝好文學自謂人莫及照悟帝旨爲文多鄙言累句工詩仕爲臨海王參軍世稱鮑參軍有鮑參軍集

（四庫提要）宋鮑照撰照字明遠東海人晁公武讀書志作上黨人蓋誤讀虞炎序中本上黨人之語照或作昭蓋唐人避武后諱所改韋莊詩有欲將張翰松江雨畫作屏風寄鮑昭句押入平聲殊失其實（案宋禮部貢舉條式齊桓避諱作齊威可用於句中不可押入微韻）沈約宋書李延壽南北史作於武后稱制前者實皆作照不作昭也照爲臨川王子頊參軍沒於亂兵遺文零落齊散騎侍郎虞炎始編次成集隋書經籍志著錄十卷而註曰梁六卷然則後人又續增矣此本爲明正德庚午朱應登所

刊云得自都穆家卷數與隋志合而冠以炎序未審即隋志舊本否考其編次既以樂府別爲一卷而采桑梅花落行路難亦皆樂府乃列入詩中唐以前人皆解聲律不應舛互若此又行路難第七首躑躅字下註曰集作樽樽啄字下註曰集作逐使果原集何得又稱集作此爲後人重輯之明驗矣然文章皆有首尾詩賦亦往往有自序自註與六朝他集從類書採出者不同殆因相傳舊本而稍爲竄亂歟鍾嶸詩品云學鮑照纔能日中市朝滿學謝朓劣得黃鳥度青枝今集中無此一句益知非梁時本也

謝宣城集 五卷

（卷目）（一）（二）賦（三至八）詩（九）表啓疏書（十）頌銘揭

（著者小傳）謝朓南齊陽夏人字玄暉少好學有美名文章清麗善艸隸長於五言詩嘗爲宣城太守故世稱謝宣城朓詩靈心妙悟寓深情於筆墨之中發至理於筆墨之外淵然泠然別饒風趣唐之聲

律實肇於此有謝宣城集

〔四庫提要〕齊謝朓撰朓字玄暉陳郡陽夏人事蹟具南齊書本傳案朓以中書郎出為宣城太守以選復為中書郎又出為晉安王鎮北諮議南東海太守行南徐州事遷尚書吏部郎被誅其官實不止於宣城太守然詩家皆稱謝宣城殆以北樓吟咏為世盛傳耶據陳振孫書錄解題稱朓集本十卷樓炤知宣州止以上五卷賦與詩刊之下五卷皆當時應用之文衰世之事可采者已見本傳及文選餘視詩劣焉無傳可也考鍾嶸詩品稱朓極與予論詩感激頓挫過其文則振孫之言審矣張溥刻百三家集合朓詩賦五卷為一卷此本五卷卽紹興二十八年樓炤所刻前有炤序猶南宋佳本也本傳稱朓長於五言詩沈約嘗云二百年來無此詩鍾嶸詩品乃稱其微傷細密頗在不倫一章之中自有玉石又稱其善自發端而末篇多躓過毀過譽皆失其真趙紫芝詩曰輔嗣易行無漢學玄暉詩變有唐

風斯於文質升降之閒爲得其平矣

〔卷目〕（一）賦樂歌四言詩（二）曲（三）五言詩（四）（五）詩賦詠聯句

昭明太子集五卷

〔著者小傳〕蕭統梁武帝長子字德施小字維摩生而聰睿五歲讀遍五經天監中立爲皇太子東宮有書三萬卷引納賢士相與商搉古今一時名才並集卒年三十一諡昭明有文集及文章英華等書所撰文選三十卷爲總集之祖自唐以來甚寶重之

〔四庫提要〕梁昭明太子統撰案梁書本傳稱統有集二十卷隋書經籍志唐書藝文志並同宋史藝文志僅載五卷已非其舊文獻通考不著錄則宋末已佚矣此本爲明嘉興葉紹泰所刊凡詩賦一卷雜文五卷賦每篇不過數句蓋自類書採掇而成皆非完本詩中擬古第二首林下作伎一首照流看落釵一首美人晨妝一首名士悅

傾城一首皆梁簡文帝詩見於玉臺新詠其書爲徐陵奉簡文之令而作不容有誤當由書中稱簡文帝爲皇太子輾轉稗販故誤作昭明又錦帶書十二月啓亦不類齊梁文體其姑洗三月啓中有啼鶯出谷爭傳求友之聲句考唐人試鶯出谷詩李綽尚書故實譏其事無所出使昭明先有此啓綽豈不見乎是亦作僞之明證也張溥百三家集中亦有統集以兩本互校此本七召一篇與東宮官屬令一篇謝賚涅槃經講疏啓一篇謝敕賚銅造善覺寺塔露盤啓一篇謝賚魏國錦賚廣州塸賚城邊橘賚河南菜賚大菘啓五篇與劉孝儀與張纘與晉安王論張新安書三篇駁舉樂議一篇皆溥本所無溥本與明山賓令一篇詳東宮禮絕旁親議一篇謝敕鑄慈覺寺鐘啓一篇亦此本所無然則是二本者皆明人所掇拾耳

江文通集 四卷附本傳

〔卷目〕〔一〕賦古樂府詩〔二至五〕雜文

〔著者小傳〕江淹梁考城人字文通早有文譽少孤貧好學宋武帝時起家南徐州從事後事齊歷御史中丞彈劾不避權貴梁天監中還金紫光祿大夫嘗宿冶亭夢一丈夫自稱郭璞曰吾筆在卿處多年可見還淹乃探懷中得五色筆還之後爲文絕無美句時人謂之才盡卒謚憲世稱江郎有前後集及齊史十志

〔四庫提要〕梁江淹撰淹有銅劍贊已著錄淹自序傳稱自少及長未嘗著書惟集十卷考傳中所序官階止於中書侍郎校以史傳正當建元之初則永明以後所作尚不在其內今舊本散佚行於世者惟歙縣汪士賢太倉張溥二本此本乃乾隆戊寅淹鄉人梁賓以汪本張本參核異同又益以睢州湯斌家鈔本參互成編汪本闕知己賦一篇井賦四語銅劍讚一篇詠美人春遊一篇征怨一篇張本闕爲蕭讓太傅揚州牧表一篇此皆補完他如待罪江南思北歸賦張本無題首四字尙書符張本題下闕夾註起都宮車軍局蘭臺八字

爲蕭重讓揚州表中任鈞符負圖之重句張本誤脫符字爲蕭讓太傅相國十郡九錫表首張本無備九錫之禮五字上建平王書末汪本脫此心既照死且不朽八字亦均校正其餘字句皆備錄異同若雜擬詩序中芳草寧共氣句此本譌氣爲棄之類小小疏舛閒或不免然終較他本爲善也

（卷目）（一）賦（二）詔教表章（三）奏記牋啓上書書符論傳墓銘行狀誄祭文祝文頌讚（四）騷樂府詩（附）本傳

何水部集 不分卷

（著者小傳）何遜梁郯人字仲言文章與劉孝綽並稱世謂之何劉天監中官尚書水部郎終廬陵王記室遜在揚州時廨宇有梅盛開嘗吟詠其下後居洛陽思梅不得固請再往揚州既至適花盛發大開東閤延文士笑傲終日有何水部集

（四庫提要）梁何遜撰遜字仲言東海郯人官至水部員外郎故自

唐以來稱何水部王僧孺嘗輯遜詩編爲八卷宋黃伯思東觀餘論有遜集跋稱爲春明宋氏本盖宋敏求家所傳其卷數尚與梁書相符而伯思云杜甫所引昏鴉接翅歸金粟裏搔頭等句不見集中則當時已有佚脫舊本久亡所謂八卷者不可復睹即永樂大典所引遜詩亦皆今世所習見則元明閒已不存矣此本爲正德丁丑松江張紘所刊首列遜小傳凡詩九十五首附載范雲劉孝綽同作擬古二首聯句十三首末載黃伯思跋跋後附七召一篇末復有紘跋稱舊與陰鏗集偕刻紘以二家體裁各別不當比而同之公暇獨取是集刪其繁蕪同寅毗陵陸懋之永嘉李昇之捐俸共刻然則是集又經紘刊削有所去取歟玉臺新詠載遜學青青河邊草一首此本標題作擬青青河畔草轉韻體爲人作其人識節工歌與玉臺新詠不同考六朝以前之詩題無此體格顯爲後人所妄加又青青河邊草爲蔡邕之作青青河畔草爲枚乘之作六朝人人所擬截然有別此

效邕體而題作畔字明爲後人據十九首而改復以古詩不換韻此詩換韻妄增轉韻體云云蓋字句亦多所竄亂非其舊矣

〔卷目〕不分卷

庾子山集注 十六卷 附總釋

〔著者小傳〕庾信北周新野人字子山小字蘭成博覽羣書尤精春秋左氏文章豔麗與徐陵齊名時稱徐庾體仕梁爲右衛將軍封武康縣侯元帝使聘於周被留不遣明帝武帝並好文學皆恩禮之累遷驃騎大將軍開府儀同三司世稱庾開府常有鄉關之思乃作哀江南賦以致意焉有庾開府集　倪璠清浙江錢塘人字魯玉康熙舉人官內閣中書璠見聞博洽長於史學嘗著有神州古史考一百五十卷以無力付梓惟將浙江一省刊行又著有方輿通俗文一卷補遼金元三史藝文志暨庾子山集注十六卷

〔四庫提要〕國朝倪璠撰璠字魯玉錢塘人康熙乙酉舉人官內閣

中書舍人是編以吳兆宜所箋庾開府集合衆手以成之頗傷漏略乃詳考諸史作年譜冠於集首又旁採博蒐重爲註釋其中如小園賦前一段本屬散文而璠以爲用古韻未免失之穿鑿漢書藝文志別栩陽賦五篇自是人姓名而信哀江南賦乃云栩陽亭有離別之賦唐山夫人安世房中歌桂華二字自屬篇名馮馮翼翼承天之則二句乃下章之首而信黃帝雲門舞歌乃云清野桂馮馮皆顯然舛誤璠依違其詞不加駁正亦失之附會然比核史傳實較吳本爲詳哀江南賦一篇引據時事尤爲典核集末彭城公夫人爾朱氏墓誌銘伯母東平郡夫人李氏墓誌銘竝考核年月證以文苑英華知爲楊炯之文誤入信集辨證亦頗精審不以稍傷蕪冗爲嫌也

（卷目）（一）（二）賦（三）（四）詩（五）樂府（六）歌辭（七）表（八）啓書（九）連珠（十）讚（十一）教文序傳（十二）銘（十三）（十四）碑（十五）（十六）誌銘（附）總釋

徐孝穆集箋注六卷附備考

（著者小傳）徐陵南朝陳郯人字孝穆幼涉史籍八歲能文仕梁爲通直散騎常侍入陳官至尚書所爲文辭藻綺麗世與庾信稱徐庾體一時後進之士競相倣傚隱爲一代文宗有徐孝穆集玉臺新詠

吳兆宜清江蘇吳江人兆騫弟字顯令諸生善屬文嘗註徐庾二集又註玉臺新詠才調集韓偓詩集其箋釋詞藻頗足備參考云

徐文炳清江蘇吳江人字大文

（四庫提要）陳徐陵撰國朝吳兆宜註隋書經籍志載陵集本三十卷久佚不傳此本乃後人從藝文類聚文苑英華諸書內採掇而成陵文章綺麗與庾信齊名世號徐庾體陳書本傳稱其緝裁巧密多有新意自有陳創業文檄軍書及禪授詔策皆陵所製爲一代文宗其集舊無註釋兆宜既箋庾信集因幷陵集箋之未及卒業其同里徐文炳續爲補緝以成是編其中可與史事相證者如資治通鑑梁

武帝太淸二年遣建康令謝挺散騎常侍徐陵等聘於東魏胡三省註謂建康令秩千石散騎常侍秩二千石謝挺不當在徐陵之上蓋陵將命而使挺特輔行耳今案集中在北齊與楊僕射書有云謝常侍今年五十有一吾今年四十有四介已知命賓又杖鄉云云是謝挺實爲正使蓋假散騎常侍以行特通鑑但書其本官並非舛錯胡三省未考陵書未免曲爲之說參諸此集可正其譌而兆宜所箋略不言及蓋主於捃拾字句不甚考訂史傳也然箋釋詞藻亦頗足備稽考故至今與所箋庾集竝傳焉

（卷目）（一）賦詩表文啓（二）（三）書（四）序碑（五）碑頌銘志（六）詔文書（附）備考

初唐四傑集 二十一卷

（著者小傳）王勃唐絳州龍門人字子安未冠及第授朝散郎沛王賢聞其名召爲沛府修撰是時諸王鬬雞戲爲文檄英王雞高宗覽

之怒斥出府久之補虢州參軍官奴曹達犯罪匿之既懼事洩殺達滅口事覺當誅會赦除名上元二年渡南海墮水卒年二十八

楊炯唐華陰人舉神童授校書郎爲崇文館學士俄遷詹事司直武后時坐從祖弟神讓犯逆左轉梓州司法參軍秩滿授盈川令卒中宗以舊僚追贈著作郎　盧照鄰唐幽州范陽人字昇之初授鄧王府典籤調新都尉因風疾去官沈痼攣廢不堪其苦投潁水死年四十　駱賓王唐婺州義烏人初爲道王府屬歷武功主簿調長安武后時數上書言事下除臨安丞怏怏失志棄官去徐敬業舉兵署爲府屬軍中書檄皆其詞也

〔本書略述〕初唐文體大致沿徐庾之舊唐太宗好儷偶文一時如虞世南許敬宗李義府王績杜之松等並工儷詞至王楊盧駱四傑繼起始於襲陳隋餘響之後特開唐駢體之規模不特長篇鉅製氣勢雄厚卽在短箋小幅亦復時有波瀾四庫提要引洪邁容齋隨筆

謂王勃等四子之文皆精深有本原其推重如是蓋四傑固卓然爲
一代文章正宗也
（卷目）（一至九）王勃文集（十至十五）楊炯文集（十六至十八）盧
照鄰文集（十九至二十一）駱賓王文集

曲江集十二卷千秋金鑑錄五卷附錄一卷

（著者小傳）張九齡唐曲江人字子壽景龍初擢進士開元中徵拜
同平章事中書令玄宗生日百僚多獻珍異惟九齡進千秋金鑑錄
具陳前古廢興之道帝賞異之帝欲相李林甫九齡曰恐異日爲社
稷憂帝不聽林甫既相引牛仙客爲尙書預政事九齡持不可帝不
悅以尙書右丞相罷政事卒謚文獻九齡文學冠一時謇諤有大臣
節天下稱曲江公而不名安祿山討奚契丹敗帝欲曲宥九齡曰祿
山喪師不可不誅且勿誅後必爲患帝卒不聽及還蜀思其先見爲
流涕遣使祭之有曲江集

〔四庫提要〕唐張九齡撰九齡事蹟具唐書本傳徐浩作九齡墓碑稱其學究精義文參微旨而不及其文集卷數唐宋二史藝文志俱載有九齡文集二十卷其後流播稍稀惟明文淵閣書目有曲江文集一部四冊又一部五冊而外聞多未之覩成化閒邱濬始從內閣錄出韶州知府蘇韡爲刊行之其卷目與唐志相合蓋猶宋以來之舊本也九齡守正嫉邪以道匡弼稱開元賢相而文章高雅亦不在燕許諸人下新唐書文藝傳載徐堅之言謂其文如輕縑素練實濟時用而窘邊幅今觀其感遇諸作神味超軼可與陳子昂方駕文筆宏博典實有垂紳正笏氣象亦具見大雅之遺堅局於當時風氣以富豔求之不足以爲定論至所撰制草明白切當多得王言之體本傳稱爲祕書少監時會賜渤海詔而書命無足爲者乃命九齡爲之被詔輒成因遷工部侍郎知制誥今檢集中有渤海王大武藝書當即其時所作而其他詔命亦多可與史傳相參考如集中有敕奚都

督右金吾衞大將軍歸誠王李歸國書而核之唐書外國傳所載奚事自開元以後僅有李大酺魯蘇李詩延寵婆固諸酋長名而不及歸國知記載有所脫漏是尤可以補史之闕矣

（卷目）（一）頌贊賦（二）雜詩樂章（三）雜詩（四至六）敕書（七）敕書制書（八）表狀（九）狀（十）策書疏奏（十一）序文墓誌（十二）碑銘（千秋金鑑錄五卷）（附錄一卷）

李太白詩集三十六卷

（著者小傳）李白唐隴西成紀人字太白生於綿州昌明縣之青蓮鄉號青蓮居士天才英特賀知章見其文歎爲謫仙言於玄宗供奉翰林甚見愛重後至江州永王璘辟爲府僚佐璘起兵逃還璘敗當誅郭子儀請解官以贖詔長流夜郎會赦還代宗立召爲左拾遺而白已卒所爲詩高妙清逸與杜甫並稱有李太白集　王琦清錢塘人字琢崖有李太白詩集註李長吉歌詩彙解

〔四庫提要〕國朝王琦撰琦字琢崖錢塘人註李詩者自楊齊賢蕭士贇後明林兆珂有李詩鈔述註十六卷簡陋殊甚胡震亨駁正舊註作李詩通二十一卷琦以其尚多漏略乃重爲編次箋釋定爲此本其詩參合諸本益以逸篇彙爲三十卷以合曾鞏序所言之數別以序誌碑傳贈答題咏詩文評語年譜外紀爲附錄六卷而繆氏本所謂考異一卷散入文句之下不另列焉其註欲補三家之遺闕故採摭頗富不免微傷於蕪雜然捃拾殘賸時亦寸有所長自宋以來註杜詩者林立而註李詩者寥寥僅二三本錄而存之亦足以資考證是固物少見珍之義也

〔卷目〕（一）古賦（二）古詩（三至六）樂府（七至二十五）古近體詩（二十六）表書（二十七）序文（二十八）記頌贊（二十九）銘碑祭文（三十）詩文拾遺（三十一至三十六）附錄

杜工部詩集二十卷

〔著者小傳〕杜甫唐襄陽人字子美居杜陵自稱杜陵布衣又稱少陵野老少貧舉進士不第玄宗時待制集賢院肅宗立拜右拾遺嗣出爲華州司功參軍棄官客秦州流落劍南依嚴武武表爲檢校工部員外郎大曆中游耒陽一夕大醉卒甫博極羣書善爲詩歌有杜工部集後人以別於杜牧稱爲老杜　鄭澐清儀徵人字晴波號楓人乾隆舉人召試賜中書官至浙江糧道有玉鉤草堂集

〔本書略述〕自來注杜詩者由宋及清不下數百家大抵牽涉時事則不免於傅會專事評論則不免於空疏甚至箋注紛拏是非異同多所抵牾反使古人作詩之意晦而不明清鄭澐所刊杜工部集袖珍本將箋注概從刪削以少陵一生不爲鉤章棘句箋釋注解言人人殊無取也近人楊氏鍾羲云此與趙文敏書道德經謂注釋愈多而愈失悉與去之重爲繕寫同一用意全書分詩十八卷文二卷另編誌傳集序一卷並附以諸家詩話及唱酬各作每卷之首均注明

公之出處蹤跡本局特據此本校刊俾不致爲箋注所淆惑使後之讀公詩者知人論世有以深思而自得之焉

〔卷目〕（首）誌傳集序並附諸家詩話及唱酬各作（一至八）古詩（九至十八）近體詩（十九）表賦記說讚述（二十）策問文狀表碑誌

王右丞集注二十八卷附附錄

〔著者小傳〕王維唐太原人字摩詰開元九年進士終尚書右丞幼能屬文工艸隸善畫爲南宗之祖安祿山反陷賊中賊大宴凝碧池賦詩痛悼詩聞行在後得免死與弟縉夙奉佛居常蔬食不茹葷血晚年長齋不衣文綵得宋之問藍田別墅在輞口輞水周舍下別漲於竹洲花塢維與道友裴迪浮舟往來彈琴賦詩嘯吟終日嘗裒其田園所爲詩曰輞川集　趙殿成清浙江仁和人字武韓號松谷雍正初舉孝廉方正不就事父母以孝聞父病刲股肉以進母歿悲痛

右目爲失明著王右丞集箋注有名於時又著有古今年譜羣書索隱臨民金鏡錄

（四庫提要）唐王維撰國朝趙殿成註殿成字松谷仁和人王維集舊有顧起經分類註本但註詩而不及文詩註亦閒有舛漏殿成是本初定稿於雍正戊申成書於乾隆丙辰鉤稽考訂定爲古體詩六卷近體詩八卷皆以元劉辰翁評本所載爲斷其別本所增及他書互見者則爲外編一卷其雜文則釐爲十三卷併爲箋註又以王縉進表代宗批答唐書本傳世系遺事及同時唱和後人題詠爲一卷弁之於首以詩評畫錄年譜爲一卷綴之於末其年譜亦本傳世系之類後人題詠亦詩評畫錄之類而一置於後一置於前編次殊爲未協又集外之詩既爲外編其論畫諸篇亦集外之文疑以傳疑者而混於文集不復分別體例亦未畫一然排比有緒終較他本爲精審其箋註往往捃拾類書不能深究出典卽以開卷而論閻閭字見

楚辭而引三輔黃圖八荒字見淮南子而引章懷太子後漢書註胡牀字見世說新語桓伊戴淵事而引張端義貴耳集朱門字亦見世說新語支遁語而引程大昌演繁露雙鵠字自用古詩願爲雙黃鵠語而引謝維新合璧事類絕迹字見莊子而引曹植與楊修書皆未免舉末遺本然於顧註多所訂正又維本精於佛典顧註多未及詳殿成以王琦熟於三藏屬其助成亦頗補所未備核其品第固猶在顧註上也

(卷目)(一至六)古詩(七至十四)近體詩(十五)外編(十六)賦表(十七)表(十八)狀文書記(十九)序(二十)文讚(二十一至二十三)碑(二十四)(二十五)碑銘(二十六)誌銘(二十七)哀辭祭文連珠判(二十八)論畫(首附弁言)(末附附錄)

孟襄陽集 四卷

(著者小傳)孟浩然唐襄陽人世稱孟襄陽以名爲字少好節義隱

鹿門山年四十游京師王維私邀入內署俄玄宗至浩然匿牀下維以實對帝喜曰朕聞其人而未見也召問其詩浩然自誦所爲至不才明主棄之句帝曰卿不求仕而朕未嘗棄卿奈何誣我因放還張九齡辟爲荆州從事病疽背卒有孟浩然集

（四庫提要）唐孟浩然撰浩然事蹟具新唐書文藝傳前有天寶四載宜城王士源序（案士源卽補亢倉子之王士元其事亦見序中此作源字蓋傳寫異文）又有天寶九載韋滔序士源序稱浩然卒於開元二十八年年五十有二凡所屬綴就輒毀棄無復編錄鄉里購採不有其半敷求四方往往而獲今集其詩二百一十七首分爲四卷此本四卷之數雖與序合而詩乃二百六十二首較原本多四十五首洪邁容齋隨筆嘗疑其示孟郊詩時代不能相及今考長安早春一首文苑英華作張子容而同張將軍薊門看鐙一首亦非浩然遊迹之所及則後人竄入者多矣士源序又稱詩或闕逸未成而製思清美及他人酬贈咸次而不棄而

此本無不完之篇亦無唱和之作其非原本尤有明徵排律之名始於楊宏唐音古無此稱此本乃標排律爲一體其中田家元日一首晚泊潯陽望香爐峯一首萬山潭一首渭南園即事貽皎上人一首皆五言近體而編入古詩臨洞庭詩舊本題下有獻張相公四字見方回瀛奎律髓此本亦無之顯然爲明代重刻有所移改至序中丞相范陽張九齡等與浩然爲忘形之交語考唐書張說嘗謫岳州司馬集中稱張相公張丞相者凡五首皆爲說作若九齡則籍隸嶺南以曲江著號安得署曰范陽亦明人以意妄改也以今世所行別無他本姑仍其舊錄之而附訂其舛互如右

〔卷目〕（一）五言古詩（二）七言古詩（三）五言律詩（四）五言律詩七言律詩五言絕句七言絕句

元次山集十卷

〔著者小傳〕元結唐河南人字次山天寶進士肅宗詔詣京師上時

議三篇帝悅之累遷水部員外郎代宗時以親老歸樊上著書自娛作元子十篇始號猗玗子繼稱浪士亦曰漫郎既客樊上更曰聱叟晚拜道州刺史免徭役收流亡進授容管經略使身諭蠻豪綏定諸州民樂其教罷還京師卒文章戛戛自異變排偶綺靡之習有次山集又編沈千運王季友等七人之詩爲篋中集

〔四庫提要〕唐元結撰結事蹟具新唐書本傳結所著有元子十卷李商隱爲作序文編十卷李紓爲作序又猗玗子一卷並見唐志今皆不傳所傳者惟此本而書名卷數皆不合蓋後人摭拾散佚而編之非其舊本觀洪邁讖所記二十國事如方國圓國言國相乳國無手國無足國惡國忍國無鼻國觸國之類見於容齋隨筆者此本皆無之則其佚篇多矣結性不諧俗亦往往迹涉詭激初居商餘山自稱季及逃難猗玗洞稱猗玗子又或稱浪士或稱聱叟或稱漫叟爲官或稱漫郎頗近於古之狂然制行高潔而深抱閔時憂國之心文

章戛戛自異變排偶綺靡之習杜甫嘗和其舂陵行稱其可爲天地萬物吐氣晁公武謂其文如古鐘磬不諧俗耳高似孫謂其文章奇古不蹈襲蓋唐文在韓愈以前毅然自爲者自結始亦可謂耿介拔俗之姿矣皇甫湜嘗題其浯溪中興頌曰次山有文章可惋只在碎然長於指敍約結有餘態心語適相應出句多分外於諸作者閒拔戟成一隊其品題亦頗近實也

〔卷目〕共十卷附拾遺補

顏魯公集 三十卷 附世系表年譜補遺

〔著者小傳〕顏真卿唐臨沂人字清臣博學工辭章事親孝開元中舉進士又擢制科累遷侍御史爲楊國忠所惡出爲平原太守度安祿山必反乃陰爲備祿山叛平原獨完真卿乃益募士與從父兄杲卿等起兵討賊河朔諸郡共推爲盟主拜戶部侍郎加河北招討使賊勢甚銳河北諸郡多陷乃間關至鳳翔謁肅宗授憲部尙書遷御

史大夫方朝廷草昧不暇給而繩治如平日出爲馮翊太守坐譏屢
貶代宗朝再遷至尚書右丞封魯郡公德宗立盧杞惡之改太子太
師會李希烈反杞建言遣真卿往諭希烈脅之終始不屈卒遇害贈
司徒謚文忠真卿正色立朝剛而有禮天下不以姓名稱謂爲魯公
善正草書筆力遒婉世寶傳之有顏魯公集　黃本驥清湖南寧鄉
人字虎癡號仲良道光舉人官教諭有聖域述聞嵊山甜雪等書都
二十五種

（本書略述）顏魯公文集唐顏真卿撰原書久佚宋敏求掇拾重編
得十五卷至南宋又佚其三卷留元剛爲搜緝補完訂正年譜附於
卷末經四庫採入又爲續補十一篇以聚珍版刊印俾無散遺此本
係黃氏本驥編訂較聚珍本又增補文四十四首均於每篇下注明
所採出處其重編之年譜亦較留譜詳博而仍以留譜編入外集深
合纂訂體例至另編書評十卷將歷代之論公書者羅列無遺搜訪

經三十餘年檢書至五十餘種可稱藝林大觀有功先烈嘉惠來學
不俟論已
〔卷目〕（一）賦表（二）奏疏狀議（三）儀注（四）判牒書帖（五）序記
述（六）贊頌辨題名碑銘（七）碑銘（八至十）神道碑銘（十一）表
墓碑銘墓誌銘墓碣銘祭文殘碑逸文存目（十二）古近體詩逸詩
存目（十三至二十）外集（二十一至三十）詩評（附）世系表年譜
補遺

劉隨州集十卷外集一卷

〔著者小傳〕劉長卿唐河間人字文房開元時舉進士第性剛多忤
官終隨州刺史詩調雅暢權德輿稱爲五言長城有劉隨州集
〔四庫提要〕唐劉長卿撰長卿字文房河間人姚合極元集作宣城
人莫能詳也開元二十一年登進士第官終隨州刺史故至今稱曰
劉隨州是集凡詩十卷文一卷第二卷中送河南元判官赴河南勾

當苗稅充百官俸錢詩不書勾字但註曰御名蓋宋高宗名構當時
例避同音故勾字稱御名則猶從南宋舊本翻雕也然編次叢脞頗
甚諸體皆以絕句爲冠中閒古體近體亦多淆亂如四月深澗底桃
花方欲然寧知地勢下遂使春風偏四句第四卷中作晚桃詩前半
首乃幽居八詠上李侍郎之一而第一卷又割此四句爲絕句題曰
入百丈澗見桃花晚開是二者必有一譌也舊原有外集一卷所錄
僅詩十首而重送一首已見八卷中又佚去題中裴郎中貶吉州六
字次前溪館作一首已見二卷中贈袁贊府一首已見九卷中而又
誤以題下所註時經劉展平後句爲題併軼時經二字送裴二十七
端公詩亦見二卷中哭李宥一首亦見九卷中秋雲嶺洞山陽橫龍
渡赤沙湖四首即四卷中湘中紀行十首之四又譌秋雲嶺爲雲秋
嶺洞山陽爲山陽洞寄李侍郎行營五十韻一首已見七卷又佚其
題首至德三年等二十四字不知何以舛謬至此蓋宋本亦有善不

善不能一一精核也今刊除入百丈澗見桃花晚開一首其外集亦一併刊除以省重複長卿詩號五言長城大抵研鍊深穩而自有高秀之韻其文工於造語亦如其詩故於盛唐中唐之閒號爲名手但才地稍弱是其一短高仲武中興閒氣集病其十首以後語意略同可謂識微之論王士禎論詩絕句乃云不解雌黃高仲武長城何意貶文房非篤論也

〔卷目〕共十卷外集一卷

韋蘇州集十卷

〔著者小傳〕韋應物唐京兆人少以三衛郎事玄宗晚更折節讀書工詩建中初拜比部員外郎還左司郎中貞元中出爲蘇州刺史多惠政性高潔所在焚香掃地而坐與顧況劉長卿等爲唱酬世號韋蘇州有韋蘇州集

〔四庫提要〕唐韋應物撰應物京兆人新舊唐書俱無傳宋姚寬西

溪叢話載吳興沈作喆爲作補傳稱應物少游太學當開元天寶間充宿衞扈從遊幸頗任俠負氣兵亂後流落失職乃更折節讀書由京兆功曹累官至蘇州刺史太僕少卿兼御史中丞爲諸道鹽鐵轉運江淮留後年九十餘不知其所終先是嘉祐中王欽臣校定其集有序一首述應物事迹與補傳皆合惟云以集中及時人所稱推其仕宦本末疑止於蘇州刺史考劉禹錫集有蘇州舉韋中丞自代狀則欽臣爲疎略矣李觀集有上應物書深言其褊躁而李肇國史補云應物性高潔鮮食寡欲所居焚香掃地而坐二說頗異蓋狷潔之過每傷峭刻亦事理所兼有也其詩七言不如五言近體不如古體五言古體源出於陶而鎔化於三謝故眞而不朴華而不綺但以爲步趨柴桑未爲得實如喬木生夏涼流雲吐華月陶詩安有是格耶此本爲康熙中項絪以宋槧翻雕卽欽臣所校定首賦次雜擬次燕集次寄贈次送別次酬答次逢遇次懷思次行旅次感歎次登眺次

遊覽次雜與次歌行凡爲類十四爲篇五百七十一原序乃云分類十五殊不可解然字畫精好遠勝毛氏所刻四家刻本故今據以著錄其毛本所載拾遺數首眞僞莫決亦不復補入焉

〔卷目〕（一）古賦一首雜擬二十一首燕集二十一首（二）寄贈上六十二首（三）寄贈下六十二首（四）送別六十六首（五）酬答五十六首（六）懷思十九首（七）登眺十五首（八）雜與八十九首（九）歌行上二十二首（十）歌行下二十首

韓昌黎全集四十卷外集十卷附遺文及韓集點勘四卷

〔著者小傳〕韓愈唐昌黎人字退之擢進士第累官至吏部侍郎長慶中卒贈禮部尚書謚文文章宏深奧衍左右六經卓然成一家言後學之士取爲師法故世稱韓文門人李漢編其文爲昌黎先生集

李漢唐太祖裔孫字南紀少事韓愈通古學屬詞雄蔚愈以子妻之第進士累官至宗正少卿　陳景雲清江蘇吳縣人字少章康熙

時諸生從何焯游博通羣籍深於史學尤長考訂性孤介游京師試不就年甫四十以母老遂不復出及卒門人私謚文道先生有讀書記聞綱目辨誤兩漢訂誤三國志校誤韓柳文校誤文選校正通鑑胡注正誤紀元考略及文集

（四庫提要）不著撰人名氏惟卷末各有東吳徐氏刻梓家塾小印考陳景雲韓集點勘書後曰近代吳中徐氏東雅堂刊韓集用宋末廖瑩中世綵堂本其註採建安魏仲舉五百家註本爲多閒有引他書者僅十之三復刪節朱子單行考異散入各條下皆出瑩中手也瑩中爲賈似道館客事見宋史似道傳徐氏刊此本不著其由來殆深鄙瑩中爲人故削其名氏併開版年月也云云今考此本前列重校凡例九條內稱廟諱一條確爲宋人之語景雲之說爲可信知此本爲瑩中註也景雲又自註此文曰東雅堂主人徐時泰萬曆中進士官工部郎中今考明進士題名碑萬曆甲戌科有徐時泰長洲人

蓋即其人矣　韓集點勘四卷國朝陳景雲撰景雲有通鑑胡注舉正已著錄是編取廖瑩中世綵堂所註韓集糾正其誤因彙成編卷首註曰校東雅堂本以廖註爲徐時泰東雅堂所翻雕也末有景雲自跋稱瑩中粗涉文義全無學識其博採諸條不特遴擇失當卽文義亦多疏舛今觀所校考據史傳訂正訓詁刪繁補闕較原本實爲精密如別知賦之一旦爲仇證以爾雅元和聖德詩之麻列證以李白夢遊天姥詩城南聯句之疆甽證以周禮鄭註梁國公主輓歌之厭翟證以毛詩鄭箋師說之句讀證以經典釋文送韓侍御序之所治證以魏文帝與吳質書祭李使君文之驚透證以揚雄方言左思賦烏氏廟碑之立議證以漢書顏註太原郡公神道碑之耆事證以王安石文劉統軍墓誌之父訟證以漢書段熲傳太傅董公行狀之其子乃證以唐書李萬榮傳以至鄆城聯句之詇噱當爲庚噱證以李藩傳進學解之守正當爲宗王證以新唐書及文粹皆援據精確

他如引赤藤杖歌證南宮不止稱禮部引唐志五岳四瀆令證廟令老人引德宗祔廟高宗已祧證諱辨之治字亦具有典據而於時事辨別尤詳可稱善本惟尸子先見公羊傳而云出漢書稍爲疎漏又次潼關先寄張十二閣老詩忽參宋人諧謔一條非惟無預於校讎乃併無預於韓集殊乖體例耳

（卷目）（一）賦古詩（二至七）古詩（八）聯句（九）（十）律詩（十一至十三）雜著（十四）雜著書（十五）書啓（十六至十八）書（十九）書序（二十）（二十一）序（二十二）哀辭祭文（二十三）祭文（二十四至三十五）碑誌（三十六）雜文（三十七）狀（三十八至四十）表狀（附附錄）外集十卷（附遺文及點勘）

柳河東全集四十五卷外集五卷附遺文及附錄

（著者小傳）柳宗元唐河東人字子厚少精敏爲文卓偉一時推仰第進士中博學弘詞拜監察御史坐王叔文黨貶永州司馬徙柳州

刺史爲文益進世號柳柳州有柳先生文集外集龍城錄　蔣之翹
明秀水人字楚穉好藏書明末避盜村居輯甲申前後集又嘗重纂
晉書校注昌黎河東集著有天啓宮詞

〔本書略述〕柳宗元集四十五卷本爲劉氏禹錫所編已見四庫著
錄此書係明檇李蔣之翹輯注卷帙悉照劉氏所編之舊於每題下
羅列各家評論亦時抒己見往往有探驪獨得之處爲諸家所不及
者其難音僻字隨文詮解使人易曉注釋亦極詳博所輯敘說附錄
各一卷可謂集柳文評注之大成是誠治柳文者極有裨益之書也

〔卷目〕(一)雅詩歌曲(二)古賦(三)論(四)議辯(五)(六)碑(七)
碑銘(八)行狀(九)表銘碣誄(十)誌(十一)誌碣誄(十二)表誌
(十三)墓誌(十四)對(十五)問答(十六)說(十七)傳(十八)騷
(十九)弔贊箴戒(二十)銘雜題(二十一)題序(二十二至二十
五)序(二十六至二十九)記(三十至三十四)書(三十五)(三

十六）啓（三十七）（三十八）表（三十九）奏狀（四十）（四十一）
祭文（四十二）（四十三）古今詩（四十四）非國語上（四十五）非
國語下外集五卷（附）遺文及附錄

劉賓客集三十卷外集十卷

（著者小傳）劉禹錫唐中山人字夢得工文章登貞元進士弘詞二科官監察御史以附王叔文坐貶朗州司馬作竹枝詞十餘篇武陵夷俚悉歌之又以作玄都觀詩語涉譏忿斥爲播州刺史易連州又徙夔州後由和州刺史入爲主客郎中集賢直學士復刺蘇州再遷太子賓客禹錫恃才而廢乃以文章自適素善詩晚尤精白居易推爲詩豪會昌中加檢校禮部尚書卒有劉賓客文集及外集

（四庫提要）唐劉禹錫撰唐書禹錫本傳稱爲彭城人蓋舉郡望實則中山無極人是編亦名中山集蓋以是也陳振孫書錄解題稱原本四十卷宋初佚其十卷宋次道裒其遺詩四百七篇雜文二十二

首爲外集然未必皆十卷所逸也禹錫在元和初以附王叔文被貶爲八司馬之一召還之後又以詠玄都觀桃花觸忤執政頗有輕薄之譏然韓愈頗與之友善集中有上杜黃裳書歷引愈言爲重又外集有子劉子自傳一篇敘述前事尙不肯詆諆叔文蓋其人品與柳宗元同其古文則恣肆博辨於昌黎柳州之外自爲軌轍其詩則含蓄不足而精銳有餘氣骨亦在元白上均可與杜牧相頡頏而詩尤矯出陳師道稱蘇軾詩初學禹錫呂本中亦謂蘇轍晚年令人學禹錫詩以爲用意深遠有曲折處劉克莊後村詩話乃稱其詩多感慨惟在人雖晚達於樹似冬青十字差爲閑婉似非篤論也其雜文二十卷詩十卷明時曾有刊版獨外集世罕流傳藏書家珍爲秘笈今揚州所進鈔本乃毛晉汲古閣所藏紙墨精好猶從宋刻影寫謹合爲一編著之於錄用還其卷目之舊焉

（卷目）（一）賦（二至四）碑（五至七）論（八）（九）記（十）書（十一

至十六）表章（十七）狀（十八）啓（十九）集紀（二十）雜著（二十一）雜與（二十二）五言今體（二十三）古調（二十四）七言（二十五）雜體詩（二十六）（二十七）樂府（二十八）送別（二十九）送僧（三十）哀挽悲傷　外集（一至四）詩（五）雜詩（六至八）律詩（九）雜著（十）墓誌祭文

孟東野集十卷

（著者小傳）孟郊唐武康人字東野少隱嵩山性介少合爲詩有理致然思苦奇澀韓愈引爲忘年交年五十登貞元進士第調溧陽尉鄭餘慶爲東都留守署水陸轉運判官餘慶鎮興元奏署參謀卒張籍諡曰貞曜先生有孟東野集

（四庫提要）唐孟郊撰郊字東野武康人貞元中舉進士官溧陽尉事蹟附載新唐書韓愈傳愈集中貞曜先生墓誌銘即爲郊作也是集前有宋敏求序稱世傳其集編汴吳鏤本五卷一百二十四篇周

安惠本十卷三百三十一篇蜀人蹇濬所纂凡二卷一百八十篇取韓愈贈郊句名之曰咸池集自餘諸家所雜錄不爲編帙諸本各異敏求總括遺逸刪除重複分十四類編集得詩五百一十一篇又以雜文二篇附於後共爲十卷此本卷數相符蓋敏求所編也郊詩託興深微而結體古奧唐人自韓愈以下莫不推之自蘇軾詩空螯小魚之誚始有異詞元好問論詩絕句乃有東野窮愁死不休高天厚地一詩囚之句當以蘇尙俊邁元尙高華門徑不同故是丹非素究之郊詩品格不以二人之論減價也

〔卷目〕（一）樂府上（二）樂府下感興上（三）感興下詠懷上（四）詠懷下遊適上（五）遊適下居處（六）行役紀贈（七）懷寄酬答送別上（八）送別下（九）詠物雜題（十）哀傷聯句讚書

長江集十卷

〔著者小傳〕賈島唐范陽人字浪仙初爲浮屠名無本後去而舉進

士嘗於京師騎驢苦吟得句曰鳥宿池邊樹僧敲月下門初欲作推字未決引手作推敲勢不覺衝京兆尹韓愈與愈詰之島以實對愈曰敲字佳遂並轡論詩因教以爲文累舉不第坐誹謗謫長江主簿時稱賈長江會昌初以普州司倉參軍遷司戶未受命卒島每歲除夕檢一年所作詩祭以酒脯曰勞吾精神以是和之耳有長江集

〔四庫提要〕唐賈島撰島字浪仙范陽人初爲僧名無本後返初服舉進士不第坐謗責授長江主簿終於普州司倉參軍島之謫也唐書本傳謂在文宗時王定保摭言謂在武宗時晁公武讀書志謂長江祠中有宣宗大中九年墨制石刻陳振孫書錄解題亦稱遂寧刊本首載此制二人皆辨其非今考集中卷二有寄與令狐相公詩不署其名卷五有送令狐綯相公詩卷六有謝令狐綯相公賜衣九事詩又有寄令狐綯相公詩二首則顯出綯名考綯本傳其爲相在大中四年十月與石刻墨制年號相合然韓愈送無本師歸范陽詩年

譜在元和六年本傳載島卒時年五十六從大中九年逆數至元和六年凡四十五年則愈贈詩時島纔十二歲自長江移普州又在其後則愈贈詩時島不滿十歲恐無此理今檢與綯諸詩皆明言在長江以後尚無顯證至送綯詩中有梁園趨旌節句又有是日榮遊汴當時怯往陳句當是楚鎮河中之時若綯則未嘗爲是官島安得有是語乎知原集但作令狐相公遂寧本各增一綯字以還就大中九年之制經晁陳二家辨明故後來刊本削去此制而詩題所妄增則未及改正耳晁氏稱長江集十卷詩三百七十九首此本共存三百七十八首僅佚其一蓋猶舊本唐音統籤載島送無可上人詩獨行潭底影數息樹邊身二句之下自註一絕云二句三年得一吟雙淚流知音如不賞歸臥故山秋晁氏其併此數之爲三百七十九耶集中劍客一首明代選本末二句皆作今日把示君誰有不平事惟舊本才調集誰有作誰爲案爲字去聲馮舒兄弟嘗論之以有字爲後人妄

改今此集正作誰爲然則猶舊本之未改者矣

〔卷目〕共十卷

李長吉歌詩 四卷外集一卷

〔著者小傳〕李賀唐宗室字長吉七歲能辭章韓愈皇甫湜過其家使賦詩援筆輒就如素搆自目曰高軒過二人大驚自是有名每旦出騎弱馬從小奚奴背古錦囊得句卽投其中不先立題暮歸母探囊見所書多卽怒曰是兒要嘔出心乃已耳舉辭尚奇詭以父名晉肅不肯舉進士憲宗朝爲協律郎晝見緋衣人持一板書云上帝成白玉樓召君作記遂卒年二十七家於福昌縣之昌谷有昌谷集

王琦（見前）

〔四庫提要〕國朝王琦撰琦有李太白詩註已著錄註昌谷集者宋有吳正子明有徐渭董懋策曾益余光姚佺又有宋劉辰翁評本然賀詩鏤心鉥腎意匠多在筆墨之外往往可以意會不可言詮諸家

多鑽研字句以求之失之愈遠琦此註兼採諸家之本故曰彙解亦不免尋行數墨之見或附會穿鑿或引據失當如鴈門太守行塞土胭脂凝夜紫句舊註引古今註紫塞爲解本不爲謬而琦必從別本作塞上引王勃煙光凝而暮山紫句以就凝紫二字是豈塞上夜景耶又如勉愛行洛郊無俎豆敝廄慚老馬句舊本誤慚爲斬曾益註遂云斬老馬以祖別直謂殺馬食客固非事理余光註斬爲絶謂廄中無馬可乘亦牽強未安琦不從之是矣然不知此用陶潛詩馬廄講肆之意明儒者之不得志而以爲無俎豆以餞行郎乘馬亦非強壯仍郢書燕說也至蘇小小墓詩油壁車久相待冷翠燭勞光彩西陵下風吹雨下與雨叶乃用古音集中如讀來爲釐押入支韻之類不一而足琦乃易末句爲風雨改以就待彩二韻尤失古法矣此類不可枚舉與諸家亦魯衛之政也

〔卷目〕題辭一卷歌詩四卷外集一卷（首附序傳事紀詩評等）

元氏長慶集六十卷

（著者小傳）元稹唐河南人字微之以歌詩爲穆宗所賞除祠部郎中知制誥未幾入翰林爲中書舍人承旨學士拜同中書門下平章事稹與白居易交最厚少時才力相匹其詩亦尙坦夷當時言詩者稱元白號元和體稹所爲詩妃嬪近習皆誦之宮中呼爲元才子有元氏長慶集

（四庫提要）唐元稹撰稹事蹟具唐書本傳考稹與白居易書稱河東李明府景儉在江陵時癖好僕詩章僕因撰成卷軸其中有旨意可觀而詞近古往者爲古諷意亦可觀而流在樂府者爲樂諷詞雖近古而止於吟寫性情者爲古體詞實樂流而止於模象物色者爲新題樂府聲勢沿順屬對穩切者爲律詩仍以五七言爲兩體其中有稍存寄興與諷爲流者爲律諷又稱有悼亡詩數十首豔詩百餘首自十六時至元和七年有詩八百餘首成二十卷又稱昨巴南道

中有詩五十首又書中得七年以後所爲向二百篇然則稹三十七歲之時已有詩千餘首唐書本傳稱稹卒時年五十三其後十六年中又不知所作凡幾矣白居易作稹墓誌稱著文一百卷題曰元氏長慶集唐書藝文志又載有小集十卷然原本已闕佚不傳此本爲宋宣和甲辰建安劉麟所傳明松江馬元調重刊自一卷至八卷前半爲古詩八卷後半至九卷爲傷悼詩十卷至二十二卷爲律詩二十三卷爲古樂府二十四卷至二十六卷爲新樂府二十七卷爲賦二十八卷爲策二十九卷至三十一卷爲書三十二卷至三十九卷爲表狀四十卷至五十卷爲制誥五十一卷爲序記五十二卷至五十八卷爲碑誌五十九卷至六十卷爲告祭文其卷帙與舊說不符卽標目亦與自敘迥異不知爲何人所重編前有麟序稱稹文雖盛傳一時厥後浸以不顯惟嗜書者時時傳錄某先人嘗手自鈔寫謹募工刻行云云則麟及其父均未嘗有所增損蓋在北宋卽僅有此

殘本爾

（卷目）（一至八）古詩（九）傷悼詩（十至二十二）律詩（二十三至二十六）樂府（二十七）賦（二十八）策（二十九至三十一）書（三十二）表奏（三十三）表（三十四）表狀（三十五至三十九）狀（四十至五十）誥制（五十一）序記（五十二）碑（五十三）碑墓誌（五十四至五十八）墓誌（五十九）告贈文（六十）祭文

白香山詩集 四十卷附錄年譜一卷

（著者小傳）白居易唐下邽人字樂天貞元中擢進士拔萃元和初入翰林爲學士遷左拾遺以強鯁罷拜左贊善大夫出爲江州司馬累遷杭蘇二州刺史文宗立遷刑部侍郎二李黨事與居易恥緣黨入升乃移病分司東都以太子少傅進馮翊侯會昌初以刑部尚書致仕與香山僧如滿結香火社自稱香山居士大中初卒謚文居易工詩平易近人老嫗都解初與元稹酬詠號元白又與劉禹錫齊名

號劉白有白氏長慶集六帖行於世　汪立名清安徽婺源人號西亭官工部主事通六書有鐘鼎字源並輯白香山詩集唐四家詩

〔四庫提要〕國朝汪立名編立名有鐘鼎字源已著錄唐白居易長慶集詩文各半立名引宋祁之言謂居易長於詩而他文未能稱是因別刊其詩以成是集又據元稹序謂長慶時所作僅前五十卷其寶曆以後所作不應槩名以長慶（案立名此論未確已詳辨於長慶集下）因即其歸老之地題曰香山參互衆本重加編次定爲長慶集二十卷後集十七卷別集一卷又採摭諸書爲補遺二卷而以新定年譜一卷陳振孫舊本年譜一卷併元稹長慶集序一篇舊唐書本傳一篇冠於首復採諸書之有關居易詩者各箋註於其下居易集在東林寺者陸游入蜀記稱宋時已佚真宗嘗令崇文院寫校包以斑竹帙送寺建炎中亦壞于兵其傳于世者錢曾所云宋本莫知存佚舊有明武定侯家刻本今亦罕見世所行者惟蘇州錢氏松江馬氏二本皆頗有顛

倒譌舛胡震亨唐音丁籤所錄又分體瑣屑往往以一題割隸二卷殊爲叢脞立名此本考證編排特爲精密其所箋釋雖不能篇篇皆備而引據典核亦勝於註書諸家漫衍支離徒溷耳目蓋於諸刻之中特爲善本其書成於康熙壬午朱彝尊宋犖皆爲之序云

（卷目）（一至二十）長慶集（二十一至三十七）後集（三十八）別集（三十九）（四十）補遺上下（附錄年譜一卷）

樊川詩集注 四卷別集一卷外集一卷附本傳

（著者小傳）杜牧（見子部） 馮集梧清桐鄉人字軒圃號鷺庭乾隆進士官編修著有貯雲居集並樊川詩注

（本書略述）樊川爲晚唐名家之一風格豪縱與當時柔靡者不同阮文達謂小杜骨幹實出元白之上宜其睥睨長慶可謂推崇備致其詩前人未有注本馮氏集梧淵源家學於樊川詩致力甚深此注第詮事實以相參檢而於古人作詩意義則略而不道無牽合附會

之弊凡詩中字句之異同均廣蒐他本詳爲附注自序中所述取證古書各例尤爲允當讀之可見其注釋之精審

〔卷目〕詩集四卷別集一卷外集一卷附本傳

玉谿生詩箋注 六卷附年譜等

〔著者小傳〕李商隱唐河内人字義山又號玉谿生開成二年進士累官工部員外郎詩與温庭筠齊名庭筠多綺麗脂粉之詞而商隱則感時傷事頗得風人之旨王安石謂唐人能學老杜而得其藩籬者惟商隱一人宋楊億等模擬其詩成西崑唱酬集遂稱西崑體馮浩清浙江桐鄉人字養吾號孟亭乾隆進士官至御史有孟亭居士詩文稿 錢振倫清浙江歸安人字楞仙道光進士官至國子監司業有示樸齋文集 振倫弟振常字篋仙官教諭

〔本書略述〕義山詩工於獺祭爲西崑體之濫觴自元遺山有詩家總愛西崑好可惜無人作鄭箋之語於是注家紛起如明釋道安清

朱鶴齡程夢星屈復姚培謙諸人各出手眼爭爲搏擂此本係馮氏浩所注大致以朱注爲藍本而補正其闕誤所編年譜於義山出處及時事徵引頗詳勝於朱本且時有糾正朱本之處紀文達編四庫提要曾稱之張文襄書目答問亦謂勝於朱姚注本

(卷目)(一至四)編年詩(五)(六)不編年詩首附序發凡史文年譜贈詩詩話目錄

樊南文集詳注 八卷

(著者小傳)李商隱(見前)馮浩(見前)錢振倫及其弟振常(見前)

(本書略述)李義山文集見於四庫著錄者有徐樹穀箋徐炯注本此本亦係馮浩所注據馮氏自稱徐注頗詳但冗贅訛舛之處迭出爲之刪訂改正者幾至過半又謂原箋創始誠難而疎略太甚均爲之辨正考定四庫提要並徵引馮本以證徐本之闕漏書目答問亦

極引重之

（卷目）（一）表（二）狀（三）（四）啓（五）祝文（六）祭文（七）序（八）書箴傳碑銘賦雜記

樊南文集補編 十二卷 附本傳等

（著者小傳）李商隱（見前）馮浩（見前）錢振倫及其弟振常（見前）

（本書略述）李義山文集目錄不可得見其見於四庫著錄者僅徐氏箋注本一種徐本係據朱鶴齡裒輯之本而補以文苑英華所載諸狀實則尚不止此錢氏振倫自全唐文中錄出之文較徐本多至二百三首因與弟振常分任箋注之役箋注體例詳自著凡例中精密足與馮注抗衡好樊南李氏之學者合前二書觀之可窺全豹不留遺憾亦一大快事也

（卷目）（一）表（二至六）狀（七）狀啓（八）啓牒（九）牒碑銘（十）碑

銘（十一）行狀黃籙齋文祝文（十二）祭文首附序凡例本傳目錄
等末附補遺附錄

温飛卿集箋注 九卷

（著者小傳）温庭筠唐太原人字飛卿少敏悟工辭章小賦與李商隱齊名號温李文思神速作賦八叉手而八韻成然薄於行無檢束又多作側辭艷曲與貴胄裴誠令狐滈等蒱飲狎昵數舉進士不中第大中末授方山尉徐商鎮襄陽奏署巡官不得志去歸江東廢棄終身　曾益明浙江山陰人字子謙有左略温飛卿集箋注　顧予咸清江蘇長洲人字小阮順治進士歷知寧晉江陰皆有政績官至吏部員外郎移疾歸哭廟獄起巡撫朱國治求援不許乃強入之坐絞事白得復官尋以奏銷案落職歸卒　子嗣立字俠君性嗜書尤耽吟詠弟兄六人皆名滿京國嗣立頡頏其間稱白眉焉康熙五十一年進士選庶吉士改中書以疾歸所居秀野艸堂極水木亭臺之

勝一時名士畢集性豪於飲終其身無與抗者時目爲酒帝輯元詩選詩林韶濩注韓昌黎温飛卿詩皆盛行於世自著有秀野集閭丘集

〔四庫提要〕明曾益撰顧予咸補輯其子嗣立又重訂之凡註中不署名者益原註署補字者予咸註署嗣立案者則所續註也益字予謙山陰人其書成於天啓中予咸字小阮長洲人順治丁亥進士官至吏部考功司員外郎嗣立字俠君康熙壬辰進士由庶吉士改補中書舍人曾註謬誤頗多如漢皇迎春詞乃詠漢成帝時事而以漢皇爲高祖邯鄲郭公詞爲北齊樂府舊題郭公者傀儡戲也舊本譌詞爲祠遂引東京郭子儀祠以附會祠字之譌嗣立悉爲是正考據頗爲詳核然多引白居易李賀李商隱詩爲註雖李善註洛神賦遠遊履字引繁欽定情詩爲證古人本有此例然必謂夜宴謠裂管字用白居易翕然聲作如管裂句曉仙謠下視九州字用賀遙望齊州

九點煙句生禖屏風歌銀鴨字用商隱睡鴨香鑪換夕薰句似乎不然是亦一短也唐藝文志載庭筠握蘭集三卷金荃集十卷詩集五卷漢南真稿十卷宋志亦同陳振孫書錄解題作飛卿集七卷又陸游渭南集有温庭筠集跋稱其父所藏舊本以華清宮詩爲首中有早行詩後得蜀本則早行詩已佚文獻通考則云温庭筠金荃集七卷別集一卷是宋刻已非一本矣曾本合爲四卷名曰八义集以作賦之事名其詩頗爲杜撰嗣立此註稱從所見宋刻分詩集七卷別集一卷以還其舊疑即通考所載之本又稱采文苑英華萬首絕句所錄爲集外詩一卷較曾本差爲完備然總之非唐本之舊也

〔卷目〕（一至七）詩集（八）別集（九）集外詩

魚玄機詩 不分卷

〔著者小傳〕魚玄機唐長安女子字幼微一字蕙蘭喜讀書有才思補闕李億納爲妾及愛衰入咸宜觀爲女道士後以笞殺女僮綠翹

事爲京兆尹温璋所戮有詩一卷

（本書略述）黃丕烈藏唐魚玄機詩一卷據黃氏自注顧廣圻百宋一廛賦女郎魚玄機詩一卷每半葉十行每行十八字臨安府棚北大街睦親坊南陳宅書籍鋪印行所謂書棚本是也云云可稱人間希有孤本名流題詠傳爲藝林佳話湘潭葉氏曾爲重雕傳本亦罕近南陵徐氏又爲覆刻惜將題詠刪去未錄本局據黃氏藏本並其題識精校卷首并摹刊遺像一幅黃絁入道讀其詩更可以想見其人焉

（卷目）不分卷（附跋及題辭）

南唐二主詞 不分卷

（著者小傳）李景南唐烈祖昇子字伯玉史稱中主烈祖卒嗣立攻拔建州降王延政擊楚滅馬氏保大末周師南征取滁州景懼奉書願効貢賦陳兄事之禮世宗不答尋割江北地稱臣奉周正朔周始

罷兵遂去帝號稱國主後徙都洪州以太子煜留守金陵景好學能詩詞在位十九年卒廟號元宗　李煜元宗景子字重光史稱後主爲人仁孝善屬文工書畫豐額駢齒一目重瞳子既嗣位嘗怏怏以國蹙爲憂日與羣臣酣宴愁思悲歌不已性驕侈好聲色又喜浮圖高談不恤政事奉宋正朔稱江南國主尋爲宋太祖所滅封隴西郡公卒在位十六年

（本書略述）詞至南唐二主眼界始大感慨始深故後人之研究長短句者必追溯二主所以探其源也陳廷焯白雨齋詞話云南唐中宗山花子云還與韶光共憔悴不堪看沈鬱之至淒然欲絕後主雖善言情卒不能出其右又云後主詞思路悽惋詞場本色不及飛卿之厚自勝牛松卿輩清侯氏文燦所輯十名家詞集內有南唐二主詞一卷計中主四首後主三十三首阮文達稱其簡擇不苟本局特根據侯本校印以公同好

（卷目）不分卷

騎省集三十卷 附行狀等

（著者小傳）徐鉉宋廣陵人字鼎臣初仕南唐官至吏部尚書隨李煜歸宋爲太子率更令累官散騎常侍後坐累謫爲司馬精小學及篆隸嘗受詔校說文續編文苑英華著有騎省集鉉與弟鍇同有名於江左號二徐

（四庫提要）宋徐鉉撰鉉有稽神錄已著錄晁公武讀書志陳振孫書錄解題竝載鉉集三十卷與今本同陳氏稱其前二十卷仕南唐時作後十卷皆歸宋後作今勘集中所載年月事蹟亦皆相符蓋猶舊本也集爲其壻吳淑所編天禧中都官員外郎胡克順得其本於陳彭年刊刻表進始行於世鉉精於小學所校許慎說文至今爲六書矩矱而文章淹雅亦冠一時讀書志稱其文思敏速凡有撰述常不喜預作有欲從其求文者必戒臨事卽來請往往執筆立就未嘗

沈思常曰文速則意思敏壯緩則體勢踈慢故其詩流易有餘而深警不足然如臨漢隱居詩話所稱喜李少保卜隣詩井泉分地脈砧杵共秋聲之句亦未嘗不具有思致蓋其才高而學博故振筆而成時出名雋也當五季之末古文未興故其文沿溯燕許不能嗣韓柳之音而就一時體格言之則亦迥然孤秀翟耆年籀史曰太平興國中李煜薨詔侍臣撰神道碑有欲中傷鉉者奏曰吳王事莫若徐鉉爲詳遂詔鉉撰鉉請存故主之義太宗許之鉉但推言曆數有盡天命有歸而已其警句曰東隣搆禍南箕扇疑投杼致慈親之惑乞火無隣婦之詞始勞因壘之師終後塗山之會太宗覽之稱歎不已云云後呂祖謙編文鑑多不取儷偶之詞而特錄此碑蓋亦賞其立言有體以視楊維楨作明鼓吹曲反顏而詆故主者其心術相去遠矣然則鉉之見重於世又不徒以詞章也

〔卷目〕〔一〕賦詩〔二至五〕詩〔六至八〕制誥〔九〕冊謚議〔十至十

二）碑銘（十三）記（十四）記頌贊銘哀冊（十五至十七）墓誌（十八）序（十九）序表書（二十）表書狀文（二十一）應制詩寄送詩（二十二）雜詩文賦（二十三）序（二十四）序連珠贊銘論（二十五至二十七）碑銘（二十八）記（二十九）（三十）墓誌附行狀後序補遺校記

和靖詩集 四卷 附拾遺等

（著者小傳）林逋宋錢塘人字君復少孤力學恬淡好古結廬西湖之孤山二十年足不及城市自爲墓於廬側年六十一卒仁宗賜諡和靖先生逋善行書喜爲詩多奇句不娶無子所居植梅蓄鶴人因謂梅妻鶴子

（四庫提要）宋林逋撰逋事蹟具宋史隱逸傳其詩澄澹高逸如其爲人史稱其就稾輒棄去好事者往往竊記之今所傳尚三百餘篇茲集篇數與本傳相合蓋當時所收止此其他逸句往往散見於說

部及真蹟中劉克莊後村詩話謂逋一生苦吟自摘出五言十三聯今惟五聯見集中如隱非唐甲子病有晉春秋水天雲黑白霜野樹青紅風回時帶溜烟遠忽藏村及郭索鉤輈之聯皆不在焉七言十七聯集逸其三使非有摘句圖旁證則皆成逸詩矣今摘句圖亦不傳則其失於編輯者固不少也是集前有皇祐五年梅堯臣序康熙中長洲吳調元校刊之後附省心錄一卷實李邦獻所作誤以爲逋今爲考辨釐正別著錄子部中而此集則削之不載焉

(卷目)(一)五言律詩(二)(三)七言律詩(四)五言絕句七言絕句

附拾遺附錄諸家詩話

蘇學士集 十六卷

(著者小傳)蘇舜欽宋銅山人字子美舜元弟少慷慨有大志當天聖中學者爲文多病偶對獨舜欽與河南穆修好爲古文歌詩一時豪俊多從之游初以父任補太廟齋郎尋舉進士累遷大理評事康

定中河東地震舜欽詣匭通疏范仲淹薦其才召試集賢校理監進奏院坐用鬻故紙公錢召妓樂會賓客除名流寓蘇州買水石作滄浪亭自號滄浪翁益讀書時發憤於歌詩其體豪放往往驚人善草書酒酣落筆爭爲人所傳後得湖州長史以卒有蘇學士集

〔四庫提要〕宋蘇舜欽撰舜欽字子美其先梓州人家開封參政易簡之孫直集賢院耆之子景祐中進士累遷集賢校理監進奏院坐事除名後復爲湖州長史而卒事蹟具宋史本傳是集據歐陽修序乃舜欽沒後四年修於其婦翁杜衍家蒐得遺稾編輯修序稱十五卷晁陳二家目竝同而此本乃十六卷則後人又有所續入考費袞梁溪漫志載舜欽與歐陽公辨謗書一篇句下各有自註論官紙事甚詳併有修附題之語蓋修編是集時以語涉於己引嫌避怨而刪之此本仍未收入則尚有所佚矣宋文體變於柳開穆修舜欽與尹洙實左右之然修作洙墓誌僅稱其簡而有法蘇轍作修墓碑又載

修言於文得尹洙孫明復猶以爲未足而修作是集序獨曰子美齒少於余而余作古文反在其後推挹之甚至集中昭應宮火疏乞納諫書詣匭疏答韓維書宋史皆載之本傳劉克莊後村詩話稱其歌行雄放於梅堯臣軒昂不羈如其爲人及蟠屈爲近體則極平夷妥帖其論亦允惟稱其垂虹亭中秋月詩佛氏解爲銀色界仙家多住月華宮一聯勝其金餅玉虹之句則殊不然二聯同一俗格在舜欽集中爲下乘無庸置優劣也王士禎池北偶談頗譏其及第後與同年宴李丞相宅詩然宋初去唐未遠猶沿貴重進士之餘習亦未可以是深病之存而不論可矣

司馬文正集十四卷附事略

（卷目）（一至五）古詩（六至八）律詩（九）（十）書（十一）上書疏狀（十二）啓表（十三）記序雜文（十四）（十五）誌銘（十六）行狀哀辭祭文

〔著者小傳〕司馬光〔見經部〕

〔本書略述〕温公文集十四卷張清恪公伯行刊蘇長公稱公博學無所不通所著文集八十卷他書又二十種茲集所登皆屬文集中文字或係當時選本擇其精要者重訂授梓清恪原序未詳原委後板爲趙氏省齋所得復據宋史暨蘇氏行狀朱子名臣言行錄輯爲温公事略列之簡端其表章先哲之意亦不可沒故並著之

〔卷目〕〔一〕表〔二至八〕章奏〔九〕〔十〕書啓〔十一〕序祭文〔十二〕賦詩頌贊〔十三〕論議記傳跋〔十四〕史剡迂書首附事略

元豐類藁五十卷附行狀墓誌

〔著者小傳〕曾鞏宋南豐人字子固嘉祐進士擢中書舍人幼警敏讀書數百言脫口輒誦年二十作六論詞甚偉名聞四方爲文原本六經斟酌於司馬遷韓愈一時作者莫能及詩亦淳厚可誦後追諡文定學者稱爲南豐先生有元豐類稿

（本書略述）曾文正國藩謂宋曾鞏文取法韓公而體質於劉向匡衡爲近遒勁淵懿殆兼得陽剛與陰柔之美者此本據成化六年刊本校刊前有元豐八年王震序後有大德甲辰東平丁思敬序洵屬善本惟卷首有年譜序二篇而無年譜蓋宋本久佚當時已無從補輯矣

（卷目）（一至五）古詩（六至八）律詩（九）論（十）傳（十一至十四）序（十五）（十六）書（十七至十九）記（二十至二十二）制詔（二十三）制詔擬詞（二十四）（二十五）制誥（二十六）制誥詔策（二十七）（二十八）表（二十九）疏劄子（三十至三十二）劄子（三十三至三十五）奏狀（三十六）（三十七）啓狀（三十八至四十）祭文（四十一）祭文哀詞（四十二至四十六）誌銘（四十七）碑（四十八）傳（四十九）本朝政要策（五十）金石錄跋尾又附行狀墓誌

宛陵集 六十卷

〔著者小傳〕梅堯臣宋宣城人字聖俞工詩以深遠古淡爲尚歐陽修與爲詩友自以爲不及以蔭爲河南主簿歷鎭安判官仁宗召試賜進士出身累遷都官員外郎預修唐書卒有唐載記毛詩小傳宛陵集等書

〔四庫提要〕宋梅堯臣撰堯臣字聖俞宣城人官屯田都官員外郎事蹟具宋史本傳其詩初爲謝景初所輯僅十卷歐陽修得其遺稾增併之亦止十五卷耳增至五十九卷又他文賦一卷者未詳何人所編陳振孫書錄解題謂卽景初舊本修爲作序者未詳考修序文也通考載正集六十卷又有外集十卷此本爲明姜奇芳所刊卷數與通考合惟無外集秖有補遺三篇及贈答詩文墓誌一卷亦不知何人所附陳振孫謂外集多與正集複出或後人刪汰重複故所錄者止此耶宋初詩文尚沿唐末五代之習柳開穆修欲變文體王禹

倡欲變詩體皆力有未逮歐陽修崛起爲雄力復古格於時曾鞏蘇洵蘇軾蘇轍陳師道黃庭堅等皆尙未顯其佐修以變文體者尹洙佐修以變詩體者則堯臣也曾敏行獨醒雜志載王曙知河南日堯臣爲縣主簿袖所爲詩文呈覽曙謂其詩有晉宋遺風自杜子美沒後二百餘年不見此作然堯臣詩旨趣古淡知之者希陳善捫蝨新話記蘇舜欽稱平生作詩不幸被人比梅堯臣又記晏殊賞其寒魚猶著底白鷺已飛前二句堯臣以爲非我之極致者則其孤僻寡和可知惟歐陽修深賞之邵博聞見後錄乃載傳聞之說謂修忌堯臣出己上每商搉其詩多故刪其最佳者殊爲誣謾無論修萬不至此卽堯臣亦非不辨白黑者豈得失不自知耶陸游渭南集有梅宛陵別集序曰蘇翰林多不可古人惟次韻和淵明及先生二家詩而已案蘇軾和陶詩有傳本和梅詩則未聞然游非妄語者必原有而今佚之是堯臣之詩蘇軾亦心折之矣

（卷目）（一至三）西京詩（四至六）池州後詩汝州後詩（七）（八）汝州後詩湖州後詩（九至十一）湖州後詩（十二至五十九）詩（六十）記序賦

歐陽文忠集一百五十三卷附錄五卷

（著者小傳）歐陽修（見史部）

（本書略述）宋歐陽修撰自居士集至書簡集凡分十種爲周必大所編定其書以諸本參校同異廣爲蒐討一字一句必加考覈有兩本重見而删其複出者有他本所無而旁采附入者有別本所載而不爲濫取者其鑒別最爲詳允觀樓鑰攻媿集濮議跋亦以此本爲據則其編訂精密已可概見矣

（卷目）（一至五十）居士集（五十一至七十五）外集（七十六至七十八）易童子問（七十九至八十一）外制集（八十二至八十九）內制集（九十至九十六）表奏書啓四六集（九十七至一百十四）

奏議集（一百十五至一百三十三）雜著述（一百三十四至一百四十三）集古錄跋尾（一百四十四至一百五十三）書簡另附錄五卷

嘉祐集十五卷

（著者小傳）蘇洵宋眉山人字明允號老泉年二十七始發憤爲學應試不第歸而悉焚所爲文閉戶讀書通六經百家之說與二子軾轍至京師歐陽修上其所著書以爲賈誼劉向不能過也除校書郎與姚闢等同纂太常因革禮百卷書方成而卒所爲文古勁簡質其鍊句鍛字處二子猶有不及嘗教學者讀檀弓莊子曾子固謂其指事析理引物託喻侈能盡之約遠能見之近大能使之小微能使之著煩能不亂肆能不流

（本書略述）曾鞏作蘇洵墓誌稱有集二十卷晁公武讀書志陳振孫書錄解題俱作十五卷蓋宋時已有二本此本係明校刊本凡十

五卷與晁氏陳氏所載相合當尚是晁陳著錄之舊卷十三蘇氏族譜子洵下宋以後本增軾轍二字此本無之亦其一證

（卷目）（一）幾策（二）（三）權書（四）（五）衡論（六）六經論（七）太玄論太玄總例（八）論（九至十二）書（十三）譜（十四）記銘贊說引墓誌祭文狀（十五）雜詩

東坡七集 一百十卷附校記

（著者小傳）蘇軾宋眉山人洵子字子瞻自號東坡居士嘉祐中試禮部歐陽修擢置第二曰吾當避此人出一頭地對策入三等元祐中累官端明殿翰林侍讀兩學士出知惠州紹聖中貶瓊州別駕赦還提舉玉局觀復朝奉郎建中靖國初卒於常州謚文忠軾師父洵爲文涵渾光芒雄視百代有易書傳論語說仇池筆記東坡志林東坡全集東坡詞等凡數百卷又善書兼工繪事

（本書略述）此本係據繆氏校本校刊張文襄書目答問稱東坡七

集以明成化四年重刻宋本及嘉靖十三年重刻本爲最古清光緒季年忠愍公端方以江南圖書館所藏成化刻本屬繆氏荃孫校刊原多缺卷缺頁繆以己所藏錢求赤校宋殘本及嘉靖本校補完全并附校記於後蓋自繆校本出而成化嘉靖二本又不能專美於前矣

〔卷目〕東坡集（一至十八）詩（十九）詩詞賦（二十）銘頌贊（二十一）論（二十二）策（二十三）雜文（二十四）敘字說（二十五）表狀（二十六）表啓（二十七）啓（二十八至三十）書（三十一至三十三）記碑傳（三十四）青詞祝文（三十五）祭文（三十六）行狀（三十七至三十九）神道碑墓誌（四十）釋教　東坡後集（一至七）詩（八）詩賦琴操辭頌銘（九）硯銘贊雜文（十）論策（十一）志林（十二）（十三）表狀劄子疏文（十四）啓書（十五）記碑（十六）傳祝文祭文（十七）（十八）墓誌神道碑（十九）（二十）釋教

東坡奏議（自一至十五） 東坡外制集上中下三卷附樂語
東坡內制集（自一至十） 東坡應詔集（自一至十） 東坡續集
（自一至十二）附校記

欒城集

正集五十卷後集二十四卷三集十卷

（著者小傳）蘇轍宋眉山人洵次子字子由年十九中進士第累官翰林學士尚書左丞門下侍郎徽宗時致仕築室於許號潁濱遺老卒謚文定著有詩春秋傳老子解古史欒城文集等其文委曲明暢言理精賅詩亦温雅

（本書略述）欒城集五十卷後集二十四卷三集十卷本局據明刻本校印四庫全書總目著錄提要云自宋以來原本相傳未有妄爲附益者特近時重刻甚稀此本爲明代舊刻尚少譌闕陸游老學庵筆記稱轍在績溪贈同官詩有歸報仇梅省文字麥苗含穟欲蠶眠句譏均州刻本輒改作仇香之非今此仍作仇梅則所據猶宋時善

本矣以上四庫提要語今案此本正作仇梅與提要所引陸游語合知四庫所謂明時舊刊必是此本無疑

（卷目）正集（一至十六）詩（十七）賦（十八）辭詩銘頌（十九）新論（二十）策問（二十一）（二十二）書（二十三）（二十四）記（二十五）墓表銘傳敘（二十六）祭文祝文青辭（二十七至三十二）西掖告詞（三十三）（三十四）北門書詔（三十五至四十六）論時事（四十七至四十九）表狀（五十）啓事　後集（一至四）詩（五）雜文（六）孟子解（七至十一）歷代論（十二）（十三）頹濱遺老傳（十四）冊文手詔策題（十五）手詔劄子敘錄（十六）劄子（十七）笏記劄子表狀（十八）表疏（十九）青詞祝文（二十）祭文（二十一）雜文（二十二）墓誌銘（二十三）神道碑（二十四）雜文　三集（一至四）詩（五）詩賦銘贊（六）策問論（七）論語拾遺（八）易說洪範說詩病五事（九）書傳燈錄後（十）記

斜川集六卷附錄上下二卷附訂誤

〔著者小傳〕蘇過宋眉山人字叔黨軾季子任右承務郎性至孝軾帥定武謫英州惠州遷儋耳徙廉永獨過侍凡生理晝夜寒暑所須一身百爲不知其難軾卒於常州過葬軾汝州郟城小峨眉山遂家潁昌營湖陰水竹數畝名曰小斜川自號斜川居士善書畫時稱小坡歷通判中山府卒有斜川集

〔阮元四庫未收目〕宋蘇過撰案宋史本傳過有斜川集二十卷藝文志則云十卷書錄解題文獻通考卷數與藝文志同其書久已失傳世間行本大率因謝幼槃劉改之二人之名與叔黨同竄改集名聊以欺世据明王世貞弇州題跋則知以劉集充叔黨之書自元季已然真本散佚蓋已甚久王士禎香祖筆記記康熙乙酉有書賈以此集兩冊求售索直二百金惜未之見不知士禎所述者果屬真本否也乾隆朝仁和吳長元得舊鈔殘本復從各書纂輯詩文若

于其思子臺賦颶風賦二篇見于本傳者從東坡集校補又益以宋
文鑑播芳大全所選者合之猶可成袠然竟未及鈔入四庫全書深
可惋惜茲從舊鈔本重加繕錄釐定詩文六卷雖未能盡復舊觀亦
庶幾可慰藝林之跂想矣
〔卷目〕共六卷又附錄上下兩卷附訂誤

臨川集 一百卷

〔著者小傳〕王安石宋臨川人字介甫號半山小字獾郎博聞彊記
一過目終身不忘議論高奇釋經義不取先儒傳注字說務求新意
曾鞏道之於歐陽修修爲延譽登進士第神宗召爲翰林學士後入
相封荊國公謀改革政治與農田水利均輸保甲免役市易保馬方
田諸法號爲新法物議沸騰時名臣皆被斥然新法竟無效卒謚文
安石性強忮工書畫文章拗折峭深世以大家目之有周官新義臨
川集唐百家詩選

四庫提要　宋王安石撰安石有周禮新義已著錄案宋史藝文志載王安石集一百卷陳振孫書錄解題亦同晁公武讀書志則作一百三十卷焦竑國史經籍志亦作一百卷而別出後集八十卷竝與史志參錯不合今世所行本實止一百卷乃紹興十年郡守桐廬詹大和校定重刻而豫章黄次山爲之序次山謂集原有閩浙二本殆刊版不一著錄者各據所見故卷數互異歟案蔡絛西清詩話載安石嘗云李漢豈知韓退之緝其文不擇美惡有不可以示子孫者況垂世乎以此語門弟子意有在焉而其文迄無善本如春殘密葉花枝少云云皆王元之詩金陵獨酌寄劉原甫皆王君玉詩臨津豔豔花千樹云云皆王平甫詩陳善捫蝨新話所載亦大略相同據二人所言則安石詩文本出門弟子排比非所自定故當時已議其舛錯而葉夢得石林詩話又稱蔡天啓稱荊公嘗作詩得青山捫蝨坐黄鳥挾書眠自謂不減杜詩然不能舉全篇薛肇明被旨編公集徧求

之終莫之得肇明爲薛昂字是昂亦曾奉詔編定其集顧蔡條與昂同時而竝未言及汝山序中亦祗舉閩浙本而不稱別有敕定之書其殆爲之而未成歟又考吳曾能改齋漫錄稱荆公嘗題一絕句於夏畋扇本集不載見湟川集又稱荆公嘗任鄞縣令昔見一士人收公親札詩文一卷有兩篇今世所刊文集無之其一馬上其一書會別亭云云是當時遺篇逸句未經搜輯者尚夥其編訂之不審有不僅如西清詩話所譏者然此百卷之內菁華具在其波瀾法度實足自傳不朽朱子楚辭後語謂安石致位宰相流毒四海而其言與生平行事心術略無毫髮肖夫子所以有於子改是之嘆斯誠千古之定評矣

(卷目)(一至十三)古詩(十四至三十四)律詩(三十五)挽辭(三十六)集句(三十七)集句歌曲(三十八)四言詩古賦樂章上梁文銘讚(三十九)書疏(四十)奏狀(四十一至四十四)劄子(四

十五至四十八）內制（四十九至五十五）外制（五十六至六十
一）表（六十二至七十）論議（七十一）雜著（七十二至七十八）
書（七十九至八十一）啓（八十二）（八十三）記（八十四）序（八
十五）（八十六）祭文哀辭（八十七至八十九）神道碑（九十）行
狀墓表（九十一至一百）墓誌

山谷全集 內集二十卷外集十七卷別集二卷

（著者小傳）黃庭堅宋分寧人字魯直號山谷道人因謫居涪州又號涪翁與子瞻齊名世稱蘇黃舉進士紹聖初知鄂州爲章惇蔡京等所惡貶宣州爲詩奇崛筆勢縱放而又出以音節和諧風調圓美後人推爲江西詩派之祖亦善文及行艸書文宗西漢子瞻爲侍從時嘗薦以自代　任淵宋新津人字子淵紹興初以文藝類試有司第官至潼州憲有山谷內集註后山詩註精華錄　史容宋青神人字公儀號薌室居士官至太中大夫有山谷外集註　季温容孫字

子威進士寶祐中官秘書少監有山谷別集註山谷精華錄詩賦銘
贊及雜文等書

（四庫提要）宋任淵史容史季温所註黃庭堅詩也任淵所註者內集史容所註者外集其別集則容之孫季温所補以成完書內集一稱正集其又稱前集者蓋內集編次成書在外集之前故註家相承謂內集爲前集耳外集之詩起嘉祐六年辛丑庭堅時年十七而內集之詩起元豐元年戊午庭堅時年三十四故外集諸詩轉在內集之前黃㽦所編庭堅年譜云山谷以史事待罪陳留偶自編退聽堂詩初無意盡去少作胡直孺少汲建炎初帥洪井類山谷詩文爲豫章集命汝陽朱敦儒山房李彤編集而洪炎玉父專其事遂以退聽爲斷史容外集序亦云山谷自言欲倣莊周分其詩文爲內外篇意固有在非欲去此取彼也譜又云洪氏舊編以古風二篇爲首今任淵註本亦云東坡報山谷書推重此二詩故置諸篇首是任淵所註

內集卽洪炎編次之本史季温外集跋云細考出處歲月別行詮次不復以舊集古律詩爲拘則所謂外集者已非復原次再考李彤外集跋云彤聞山谷自巴陵取道通城入黃龍山爲清禪師徧閱南昌集自有去取仍改定舊句彤後得本用以是正其言非予詩者五十餘篇彤亦嘗見於他人集中輒以除去又云前集內木之彬彬諸篇皆山谷晚年刪去其去取據此而已然季温跋稱其大父爲增註考訂在嘉定戊辰後又近十年則上距庭堅之沒已百有十年而外集原本卷次至是始經史容更定則所謂外集者併非庭堅自刪之本矣然則是三集者皆賴註本以傳耳趙與旹賓退錄嘗論淵註送舅氏野夫之宣城詩不得春網琴高出典然註本之善不在字句之細瑣而在於考核出處時事任註內集史註外集其大綱皆系於目錄每條之下使讀者考其歲月知其遭際因以推求作詩之本旨此斷非數百年後以意編年者所能爲何可輕也外集有嘉定元年晉陵

錢文子序而內集鄱陽許尹序世傳鈔本皆佚之惟劉壎水雲村泯稾載其大略目錄亦多殘闕此本獨有尹序全文且三集目錄犂然皆具可與註相表裏是亦足爲希覯矣淵字子淵蜀之新津人紹興元年乙丑以文藝類試有司第一仕至潼川憲其稱天社者新津山名也容字公儀號薌室居士青神人仕至太中大夫其孫季温字子威舉進士寶祐中官祕書少監淵又嘗撰山谷精華錄詩賦銘贊六卷雜文二卷自序謂節其要而註之然原本已佚今所傳者出明人僞託獨此註則昔人謂獨爲其難者與史氏二註本藝林寶傳無異辭焉

〔卷目〕內集二十卷外集十七卷別集上下兩卷

後山集二十四卷

〔著者小傳〕陳師道宋彭城人字履常一字無已少刻苦問學熙寧中王氏經學盛行師道心非其說遂絕意進取元祐初蘇軾傳堯俞

輩薦其文行起爲徐州教授潁州罷歸久之召爲祕書省正字師道高介有節安貧樂道堯俞嘗懷金贈之見其詞色不敢出爲文師曾鞏論詩推服黃庭堅精深雅奧自成一家與趙挺之友壻素惡其人適預郊祀寒甚衣無綿挺之與一裘卻之遂以寒疾死有後山集後山談叢後山詩話

（四庫提要）宋陳師道撰師道字履常一字無已彭城人受業曾鞏之門又學詩於黃庭堅元祐初以蘇軾薦除棣州教授後召爲祕書省正字事蹟具宋史文苑傳是集爲其門人彭城魏衍所編前有衍記稱以甲乙丙藁合而校之得詩四百六十五篇分爲六卷文一百四十篇分爲十四卷詩話談叢則各自爲集云云徐度却掃編稱師道吟詩至苦竄易至多有不如意則棄藁世所傳多僞惟魏衍本爲善是也此本爲明馬暾所傳而松江趙鴻烈所重刊凡詩七百六十五篇編八卷文一百七十一篇編九卷談叢編四卷詩話理究長短

句各一卷又非衍之舊本方回瀛奎律髓稱謝克家所傳有後山外集或後人合併重編歟其五言古詩出入郊島之閒意所孤詣殆不可攀而生硬之處則未脫江西之習七言古詩頗學韓愈亦閒似黃庭堅而頗傷謇直篇什不多自知非所長也五言律詩佳處往往逼杜甫而閒失之僻澀七言律詩風骨磊落而閒失之太快太盡五七言絕句純爲杜甫遺與之格未合中聲長短句亦自爲别調不甚當行大抵詞不如詩詩則絕句不如古詩古詩不如律詩律詩則七言不如五言方回論詩以杜甫爲一祖黃庭堅陳與義及師道爲三宗推之未免太過馮班諸人肆意詆排王士禎至指爲鈍根要亦門戶之私非篤論也其古文在當日殊不擅名然簡嚴密栗實不在李翺孫樵下殆爲歐蘇曾王盛名所掩故世不甚推重棄短取長固不失爲北宋巨手也

〔卷目〕(一)(二)五言古詩(三)七言古詩(四)(五)五言律詩(六)

（七）七言律詩（八）五言絕句七言絕句（九）（十）書（十一）序（十二）記（十三）論（十四）策策問（十五）表啓祭文（十六）墓銘墓表行狀神道碑（十七）雜著（十八至二十一）談叢（二十二）理究（二十三）詩話（二十四）長短句雜體詩

淮海集

十七卷後集二卷詞一卷補遺一卷附年譜

（著者小傳）秦觀宋高郵人字少游一字太虛少豪雋慷慨溢於文詞見蘇軾於徐爲賦黃樓軾以爲有屈宋才登第爲定海主簿元祐初軾以賢良方正薦於朝除太學博士累遷國史院編修官尋坐黨籍削秩編管橫州徽宗立復宣德郎放還至藤州卒有淮海集世稱秦淮海

（本書略述）宋秦觀淮海集暨淮海詞均入四庫著錄提要曾引苕溪漁隱叢話載王安石述葉致遠之言觀詩清新嫵麗有似鮑謝又引呂本中童蒙訓曰少游雨砌墮危芳風櫺納飛絮之類李公擇以

爲謝家兄弟亦不能過過嶺以後詩高古嚴重自成一家與舊作不同又引陳善捫蝨新話呂居仁謂少游文格似正所進策論刻露不甚含蓄然亦自成一家等條謂爲定評提要又謂觀之詩格不及蘇黄而詞則情韻兼勝在蘇黄之上流傳雖少要爲倚聲家一作手以上四庫提要語 陳廷焯白雨齋詞話謂少游詞近開美成導其先路遠祖溫韋取其神不襲其貌詞至是乃一變然變而不失其正遂令議者不病其變而轉覺有不得不變者又謂少游詞最深厚最沈著如柳下桃蹊亂分春色到人家思路幽絕其妙令人不能思議較郴江幸自遶春山爲誰流下瀟湘去之語尤爲入妙世人動訾秦七眞所謂井蛙謗海也其傾倒秦七如是此本係高郵王敬之等照舊本省併編次前集作十七卷後集作二卷詞作一卷其年譜節要暨考證均極精當亦最近之善本也

（卷目）正集十七卷後集二卷詞一卷補遺一卷附年譜

簡齋集三十卷附正誤無住詞外集

〔著者小傳〕陳與義宋洛陽人字去非號簡齋政和間登上舍甲科紹興中累官參知政事唯師用道德以輔朝廷務尊主威而振紀綱從帝如建康還臨安提舉洞霄宮卒與義容狀儼恪不妄言笑其薦士於朝退未嘗以語人尤長於詩嘗賦墨梅見知於徽宗有簡齋集無住詞　胡穉未詳

〔四庫提要〕宋陳與義撰與義字去非洛陽人簡齋其號也登政和三年上舍甲科紹興中官至參知政事事蹟具宋史本傳是集第一卷爲賦及雜文九篇第十六卷爲詩餘十八首中十四卷皆古今體詩方回瀛奎律髓稱簡齋集中無全首雪詩惟以金潭道中一首有後嶺雪槎枒句編入雪類今考集中古體絕句竝有雪詩與回所言不合蓋回所選錄惟五七言近體故但就近體言之非後人有所竄入也與義之生視元祐諸人稍晚故呂本中江西宗派圖中不列其

名然靖康以後北宋詩人凋零殆盡惟與義爲文章宿老巋然獨存其詩雖源出豫章而天分絕高工於變化風格遒上思力沈摯能卓然自闢蹊徑瀛奎律髓以杜甫爲一祖以黃庭堅陳師道及與義爲三宗是固一家門戶之論然就江西派中言之則庭堅之下師道之上實高置一席無愧也初與義嘗作墨梅詩見知於徽宗其後又以客子光陰詩卷裏杏花消息雨聲中句爲高宗所賞遂馴至執政在南渡詩人之中最爲顯達然皆非其傑構至於湖南流落之餘汴京板蕩以後感時撫事慷慨激越寄託遙深乃往往突過古人故劉克莊後村詩話謂其造次不忘憂愛以簡嚴掃繁縟以雄渾代尖巧第其品格當在諸家之上其表姪張嵲爲作墓誌云公詩體物寓興清邃超特紆餘閎肆高舉橫厲亦可謂善於形容至以陶謝韋柳擬之則殊爲不類不及克莊所論爲得其眞矣

〔阮元四庫未收書目提要〕宋陳與義撰胡穉箋簡齋集十

六卷四庫全書已著錄此本作三十卷末附詞一卷蓋穉作注時去
雜文每卷復釐爲二卷首有樓鑰序并穉自序又穉所編與義年譜
及續添詩箋正誤鑰序稱穉約居立學日進不已隨事標注遂以成
編貫穿百家出入釋老云云今觀所注多鉤稽事實能得作者本意
絕無捃拾類書不究出典之弊凡集中所與往還諸人亦一一考其
始末固讀與義集者所不廢也

誠齋詩集四十二卷

〔卷目〕詩集三十卷附正誤無住詞外集

〔著者小傳〕楊萬里宋吉水人字廷秀紹興進士調零陵丞時張浚
謫居永州勉以正心誠意之學萬里服其教終身改知奉新孝宗時
召爲國子監博士後以寶文閣待制致仕進寶謨閣學士寧宗朝韓
侂胄用事築南園屬萬里爲之記許以掖垣萬里曰官可棄記不可
作及家居侂胄專僭日甚萬里憂憤成疾會族子言侂胄用兵事萬

里慟哭失聲呼紙書其罪狀又書十四言別妻子擲筆而逝年八十三謚文節光宗嘗爲書誠齋二字學者稱誠齋先生有誠齋易傳誠齋集詩話

（本書略述）四庫提要稱宋楊萬里以詩擅名方回瀛奎律髓稱其一官一集每集必變一格雖沿江西詩派之末流不免有頹唐粗俚之處而才思健拔包孕富有自爲南宋一作手非後來四靈江湖諸派可得並稱周必大嘗跋其詩誠齋大篇短章七步而成一字不改皆掃千軍倒三峽穿天心出月脅之語至於狀物姿態寫人情意則鋪敘纖悉曲盡其妙筆端有口句中有眼云云是亦細大不捐雅俗並陳之一證也南宋詩集傳於今者惟萬里及陸游最富游晚年隳節爲韓侂胄作南園記得除從官萬里寄詩規之有不應李杜翻鯨海更羨夔龍集鳳池之句羅大經鶴林玉露嘗記其事以詩品論萬里不及游之鍛鍊工細以人品論則萬里倜乎遠矣（以上四庫提要語）此本

係清乾隆間其裔孫振鱗所重刻集中江湖南海江東退休四種卷數與四庫著錄略有增減大約據當時原本重行省併編次也

（卷目）（一至八）江湖集（九至十三）荆溪集（十四至十五）西歸集（十六至二十）南海集（二十一至二十六）朝天集（二十七至二十八）江西道院集（二十九至三十二）朝天續集（三十三至三十六）江東集（三十七至四十二）退休集

陸放翁全集

劍南詩稿八十五卷渭南文集五十卷
附逸稿南唐書十八卷附音釋

（著者小傳）陸游宋山陰人字務觀早有文名以蔭補登仕郎舉試薦送屢前列爲秦檜所嫉檜死始爲寧德主簿孝宗稱其力學有聞言論剴切除樞密院編修出知夔嚴二路皆有建白范成大嘗奏游爲參議官以文字交不拘禮法人譏其頹放因自號放翁以寶章閣待制致仕游才氣超逸尤長於詩卒年八十五嘗愛蜀道風土題其生平所爲詩曰劍南詩稿又有入蜀記南唐書天彭牡丹譜老學庵

筆記渭南文集放翁詞

〔四庫提要〕劍南詩稾宋陸游撰游有入蜀記已著錄是集末有嘉定十三年游子朝請大夫知江州軍事子虡跋稱游西泝僰道樂其風土有終焉之志宿留殆十載戊戌春正月孝宗念其久外趣召東下然心未嘗一日忘蜀也是以題其平生所爲詩卷曰劍南詩稿蓋不獨謂蜀道所賦詩也又稱戊申己酉後詩游自大蓬謝事歸山陰故廬命子虡編次爲四十卷復題其籤曰劍南詩續稿自此至捐館舍通前稿爲詩八十五卷子虡假守九江刊之郡齋遂名曰劍南詩稿（案遂字文義未順疑當作通名曰劍南詩稿）云云則此本游子虡之所編至跋稱游在新定時所編前稿於舊詩多所去取所遺詩尚七卷不敢復雜之卷首別其名曰遺稿者（案後村詩話作別集七卷蓋偶筆誤）今則不可見矣卷首又有淳熙十四年游門人鄭師尹序稱其詩爲眉山蘇林所收拾而師尹編次之與子虡跋不同蓋師尹所編先別有一本子虡存其舊序冠於

全集也游詩法傳自曾幾而所作呂居仁集序又稱源出居仁二人皆江西派也然游詩清新刻露而出以圓潤實能自闢一宗不襲黃陳之舊格劉克莊號爲工詩而後村詩話載游詩僅摘其對偶之工已爲皮相後人選其詩者又略其感激豪宕沈鬱深婉之作惟取其流連光景可以剽竊移掇者轉相販鬻放翁詩派遂爲論者口實夫游之才情繁富觸手成吟利鈍互陳誠所不免故朱彝尊曝書亭集有是集跋摘其自相蹈襲者至一百四十餘聯是陳因窠臼游且不能自免何況後來然其託興深微遣詞雅雋者全集之內指不勝屈安可以選者之誤併集矢於作者哉今錄其全集庶幾知劍南一派自有其真非淺學者所可藉口焉

渭南文集宋陸游撰游晚封渭南伯故以名集陳振孫書錄解題作三十卷此本爲毛氏汲古閣以無錫華氏活字版本重刊凡表牋二卷劄子二卷奏狀一卷啓七卷書一卷序二卷碑一卷記五卷雜文

十卷墓誌墓表壙記塔銘九卷祭文哀辭二卷天彭牡丹譜致語共爲一卷入蜀記六卷詞二卷共五十卷與陳氏所載不同疑三字五字筆畫相近而譌刻也末有嘉定三年游子承事郎知建康府溧陽縣主管勸農事子遹跋稱先太史未病時故已編輯凡命名及次第之旨皆出遺意今不敢紊又述游之言曰劍南乃詩家事不可施於文故別名渭南如入蜀記牡丹譜樂府詞本當別行而異時或至失散宜用廬陵所刊歐陽公集例附於集後云云則此集雖子遹所刊實游所自定也游以詩名一代而文不甚著集中諸作邊幅頗狹然元祐黨家世承文獻遣詞命意尚有北宋典型故根柢不必其深厚而修潔有餘波瀾不必其壯闊而尺寸不失士龍清省庶乎近之較南渡末流以鄙俚爲真切以庸沓爲詳盡者有雲泥之別矣游劍南詩稿有文章詩曰文章本天成妙手偶得之粹然無瑕疵豈復須人爲君看古彝器巧拙兩無施漢最近先秦固已殊淳漓其文固未能

及是其旨趣則可以槪見也逸稿二卷爲毛晉所補輯史稱游晚年再出爲韓侂胄撰南園閱古泉記見譏清議今集中凡與侂胄啓皆諱其姓但稱曰丞相亦不載此二記惟葉紹翁四朝聞見錄有其全文晉爲收入逸稿蓋非游之本志然足見愧詞曲筆雖自刊除而流傳記載有求其泯沒而不得者是亦足以爲戒矣

南唐書宋陸游撰游有入蜀記已著錄宋初撰錄南唐事者凡六家大抵簡略其後撰南唐書者三家胡恢馬令及游也恢書傳本甚稀王士禎池北偶談記明御史李應昇之叔有之今未之見惟馬令書與游書盛傳而游書尤簡核有法元天曆初金陵戚光爲之音釋而博士程塾等校刊之趙世延爲序錢曾讀書敏求記稱舊本遵史漢體首行書某紀某傳卷第幾而注南唐書於下王士禎古夫于亭雜錄又稱其門人大名成文昭寄以宋槧本凡十五卷與今刻十八卷編次小異今其本均不可見所行者惟毛晉汲古閣本刻附渭南集

後者已改其體例析其卷數矣南唐元宗於周顯德五年卽去帝號稱江南國主胡恢從晉書之例題曰載記不爲無理游乃於烈祖元宗後主皆稱本紀且於烈祖論中引蘇頌之言以史記秦莊襄王項羽本紀爲例深斥胡恢之非考劉知幾史通本紀篇嘗謂姬自后稷至於西伯嬴自伯翳至於莊襄爵乃諸侯而名隸本紀又稱項羽僭盜而死未得成君假使羽竊帝名正可抑同羣盜況其名曰西楚號止霸王諸侯而稱本紀循名責實再三乖謬則司馬遷之失前人已深排之游乃引以藉口謬矣得非以南渡偏安事勢相近有所左袒於其閒乎他如后妃諸王傳置之羣臣之後雜藝方士傳列於忠義之前揆以體例亦爲未允讀其書者取其敘述之簡潔可也

（卷目）劍南詩稿八十五卷附逸稿渭南文集五十卷南唐書十八卷附音釋

水心集二十九卷

〔著者小傳〕葉適宋永嘉人字正則志意慷慨雅以經濟自負登淳熙進士召爲太學正遷博士嘗薦陳傅良等皆召用時稱得人寧宗時累官寶文閣待制兼江淮制置使初韓侂胄欲開兵端以適有大讐未復之言重之適屢以審愼爲言至是侂胄誅中丞雷孝友劾適附侂胄遂奪職杜門著述自成一家學者稱水心先生卒謚忠定有水心文集外集

〔四庫提要〕宋葉適撰適有習學記言已著錄其文集之目見於陳振孫書錄解題趙希弁讀書附志者皆二十八卷又有拾遺一卷別集十六卷則獨載於書錄解題且稱淮東本無拾遺編次亦不同別集前九卷爲制集進卷後六卷號外稿皆論時事末卷號總集專論買田贍兵讀書附志則但紀其集爲門人趙汝鐺序刻而不詳其體例此本爲明正統中處州推官黎諒所編前有自識稱少讀適策場標準慕其文至括郡訪求八年得劄狀奏議等八百餘篇因裒輯彙

次合爲一編蓋已非宋本之舊惟趙汝鐺原序尚存然汝鐺實用編年之法諒不加深考以意排纂遂至盡失其原次其閒如財總論田計諸篇多論時事當即別集佚篇不在原集二十八卷之內諒亦不能辨別也適文章雄贍才氣奔逸在南渡卓然爲一大宗其碑版之作簡質厚重尤可追配作者適嘗自言譬如人家觴客雖或金銀器照座然不免出於假借惟自家羅列者即僅甆缶瓦杯然都是自家物色其命意如此故能脫化町畦獨運杼軸韓愈所謂文必己出者殆於無忝吳子良荊溪林下偶談稱水心作汪勃墓誌有云佐佑執政共持國論執政乃秦檜同時者汪之孫綱不樂請改水心答書不從會水心卒趙蹈中方刊文集未就門下有受汪囑者竟爲除去佐佑執政四字今考集中汪勃誌文已改爲居紀綱地共持國論則子良所紀爲足信而適作文之不苟亦可以概見矣

（卷目）（一）奏劄（二）表狀（三至五）奏議（六）（七）古詩五言律詩

（八）七言律詩七言絶句（九至十一）記（十二）序（十三至二十五）墓誌銘（二十六）行狀謚議銘靑詞疏文（二十七）書啓（二十八）祭文（二十九）雜著

龍川文集 三十卷附補遺及附錄

〔著者小傳〕陳亮宋永康人字同甫自幼穎異才氣超邁喜談兵志存經濟隆興初上中興五論不報退益力學著書其學自孟子後惟推王通淳熙中更名同詣闕上書極言時事帝將官之亮卽渡江而歸光宗策進士問禮樂刑政之要亮以君道師道對光宗大悅御筆擢爲第一授簽書建康府判官未之官卒端平初追謚文毅有三國紀年歐陽文粹龍川文集龍川詞

〔四庫提要〕宋陳亮撰亮有三國紀年已著錄亮與朱子友善故構陷唐仲友於朱子朱子不疑然才氣雄毅有志事功持論乃與朱子相左羅大經鶴林玉露記朱子告亮之言曰凡眞正大英雄須是戰

戰兢兢從薄冰上履過去蓋戒其氣之銳也岳珂桯史又記呂祖謙
歿亮爲文祭之有孝弟忠信常不足以趨天下之變而材術辨智常
不足以定天下之經語朱子見之大不契遺書婺人詆爲怪論亮聞
之亦不樂他日上孝宗書曰今世之儒士自謂得正心誠意之學者
皆風痹不知痛癢之人也蓋以微諷晦翁晦翁亦不訝也云云足見
其負氣傲睨雖以朱子之威名天下莫不攀附亦未嘗委曲附和矣
今觀集中所載大抵議論之文爲多其才辨縱橫不可控勒似天下
無足當其意者使其得志未必不如趙括馬謖狂躁僨轅但就其文
而論則所謂開拓萬古之心胸推倒一時之豪傑者殆非盡妄與朱
子各行其志而始終愛重其人知當時必有取也宋名臣言行錄謂
其在孝宗朝六達帝廷上書論大計今集中獨有上孝宗四書及中
興論考宋史所載亦同又言行錄謂垂拱殿成進賦以頌德又進郊
祀慶成賦今集中均不載葉適序謂亮集凡四十卷今是集僅存三

十卷蓋流傳既久已多佚闕非復當時之舊帙以世所行者祇有此本故仍其卷目著之於錄焉

（卷目）（一）書疏（二）中興論（三）（四）問答（五至八）酌古論（九）論（十）經書發題箴銘贊（十一）策（十二）三國紀年（十三）史傳序（十四）序說引（十五）序（十六）記題跋（十七）詩歌詞表啓（十八）啓（十九至二十一）書（二十二）祝文祭文（二十三至二十五）祭文（二十六）行狀哀詞（二十七至三十）墓誌銘附補遺及附錄

張子野詞 二卷附補遺及校記

（著者小傳）張先宋烏程人字子野天聖進士官至都官郎中工於詞與柳惲齊名有句云雲破月來花弄影嬌柔嬾起簾壓卷花影柳徑無人墮飛絮無影時稱張三影有安陸集及詞　朱祖謀原名孝臧清歸安人字藿生一字古微號漚尹又號彊村晚年仍用原名光

緒九年傳臚官至禮部右侍郎輯有彊村叢書其遺稿所手定者有彊村語業三卷彊村棄稿一卷詞剪一卷足本雲謠集一卷定本夢窗詞不分卷滄海遺音集十二卷集外詞一卷

(本書略述)鮑氏廷博得綠斐軒張子野詞鈔本二卷凡百有六闋每闋區分宮調猶屬宋時編次既又得侯文燦十名家詞集所刊去其重複得六十三闋復於諸家選本中採輯一十六闋次爲補遺二卷合計得詞一百八十四闋於是子野詞收拾無遺曾刻入知不足齋叢書中四庫提要評論子野詩詞謂其詞勝於詩當時以張三影得名殆非無故蘇軾題跋謂子野詩筆老妙歌詞乃其餘波等語當是好爲高論未可據爲定評陳廷焯白雨齋詞話有張子野詞爲古今一大轉移前此則爲晏歐爲溫韋體段雖具聲色未開後此則爲秦柳爲蘇辛爲美成白石發揚蹈厲氣局一新而古意漸失子野適得其中有含蓄處亦有發越處但含蓄不似溫韋發越亦不似豪蘇

賦柳規模雖臨氣格卻近古自子野後一千年來溫韋之風不作矣益令我思子野不置等語本局特據鮑本校印並附近人朱氏孝臧校記

〔卷目〕二卷附補遺及校記

片玉集 十卷附校記

〔著者小傳〕周邦彥宋錢塘人字美成疏儁少檢不爲州里推重而博涉百家之書元豐中獻汴都賦召爲太樂正居五歲不遷益盡力於辭章徽宗時累官徽猷閣待制提舉大晟府未幾知順州徙處州卒邦彥好音樂能自度曲著樂府長短句詞韻清蔚爲北宋詞家大宗有片玉詞　陳元龍宋廬陵人字少章　朱孝臧（見前）

〔四庫提要〕宋周邦彥撰邦彥字美成錢塘人元豐中獻汴都賦召爲太樂正徽宗朝仕至徽猷閣待制出知順昌府徙處州卒自號清真居士宋史文苑傳稱邦彥疎儁少檢不爲州里推重好音樂能自

度曲製樂府長短句詞韻清蔚藝文志載清真居士集十一卷蓋其詩文全集久已散佚其附載詩餘與否不可復考陳振孫書錄解題載其詞有清真集二卷後集一卷此編名曰片玉據毛晉跋稱爲宋時刊本所題原作二卷其補遺一卷則晉採各選本成之疑舊本二卷卽所謂清真集晉所掇拾乃其後集所載也卷首有強煥序與書錄解題所傳合其詞多用唐人詩句檃括入調渾然天成長篇尤富豔精工善於鋪敘陳郁藏一話腴謂其以樂府獨步貴人學士市儈妓女皆知其詞爲可愛非溢美也又邦彥本通音律下字用韻皆有法度故方千里和詞一一案譜塡腔不敢稍失尺寸今以兩集互校如隔浦蓮近拍金丸驚落飛鳥句毛本註云案譜此處宜三字二句然千里詞作夷猶終日魚鳥則周詞本是金丸驚落飛鳥非三字二句又荔枝香近兩兩相依燕新乳句止七字千里詞作深澗斗瀉飛泉洒甘乳句凡九字觀柳永吳文英二集此調亦俱作九字句不得

謂千里爲誤則此句尚脫二字又玲瓏四犯細念想夢魂飛亂句七字毛本因舊譜誤脫細字遂註曰案譜宜是六言不知千里詞正作顧鬢影翠雲零亂七字則此句細字非衍文又西平樂爭知向此征途區區佇立塵沙二句共十二字千里和云流年迅景霜風敗葦驚沙止十字則此句實誤衍二字至於蘭陵王尾句似夢裏淚暗滴六仄字成句觀史達祖此調此句作欲下處似認得亦止用六仄字可以互證毛本乃於夢字下增一魂字作七字句尤爲舛誤今並釐正之據書錄解題有曹杓字季中號一壺居士者曾註清真詞二卷今其書不傳

〔阮元四庫未收書目提要〕宋周邦彥所撰片玉詞二卷四庫全書已著錄此宋陳元龍註釋本元龍字少章廬陵人是書分春夏秋冬四景及單題雜賦諸體爲十卷元龍以美成詞借字用意言言俱有來歷乃廣爲考證詳加箋註焉

（卷目）（一至三）春景（四）夏景（五）秋景（六）秋景冬景（七）（八）
單題（九）（十）雜賦附校記

石湖詞 不分卷附補遺校記

（著者小傳）范成大宋吳縣人字致能號石湖居士紹興進士官禮部員外郎兼崇政殿說書假資政殿大學士充國信使使金初進國書辭氣慷慨不辱命而返除中書舍人累擢參知政事紹熙中卒贈少師追封崇國公諡文穆成大素有文名尤工詩詞有石湖集攬轡錄桂海虞衡志吳郡志范村梅菊圃吳船錄驂鸞錄 朱孝臧（見前）

（本書略述）宋范成大石湖詞未見四庫著錄此係朱孝臧彊邨叢書本本局據以校刊朱氏跋云右石湖詞一卷附補遺半塘翁手校知不足齋本乙巳夏間寄余粵東半塘翁旋歸道山以未詳所據久庋匧衍去年吳伯宛以鮑氏原鈔本見示其誤與刊本同覆檢王校

精審無可疑遂付剞氏蓋以補半塘王氏鵬運四印齋所未逮者曹君直所校毛子晉鈔本朱氏復取其可從者若干條記而刊之亦極精當

（卷目）不分卷附補遺校記

稼軒詞十二卷附補遺

（著者小傳）辛棄疾宋歷城人字幼安號稼軒居士少與党懷英同學號辛党耿京聚兵山東棄疾爲掌書記勸京奉表歸宋會張安國殺京降金棄疾趨金營縛之以歸獻俘行在授承務郎孝宗時以大理少卿出爲湖南安撫治軍有聲仕至龍圖閣待制進樞密都承旨未受命卒棄疾性豪爽尚氣節素與朱熹友善熹沒時黨禁方嚴棄疾獨爲文往哭之德祐時追謚忠敏雅善長短句縱橫慷慨與蘇軾並稱世號蘇辛有稼軒詞稼軒集　朱孝臧（見前）

（本書略述）宋辛棄疾稼軒詞四卷本已見四庫著錄稱其詞慷慨

縱橫有不可一世之概於倚聲家爲變調而異軍特起能於翦紅刻翠之外屹然別立一宗迄今不廢其才氣俊邁雖似奮筆而成然亦未始不由苦思而得此本係據王氏鵬運四印齋重撫元大德信州本校刊王氏謂以信州本校毛刻一過毛本實出元刻特體例旣別又并十二卷爲四卷稍有不同然則四庫提要所稱毛本殆由信州本合併者其語爲可信矣又稼軒詞補遺一卷王氏跋中稱爲未見朱孝臧以萬載辛啓泰輯本刊入彊邨叢書并附校記茲特精爲校刊附於卷後以成完璧

〔卷目〕十二卷附補遺

白石道人詩集歌曲 詩集二卷集外詩一卷歌曲四卷別集一卷

〔著者小傳〕姜夔宋鄱陽人字堯章寓居武康與白石洞天爲鄰因號白石道人精於音律工詩詞其詩風格高秀詞尤精深華妙音節文采冠絕一時有白石詩集詞集白石道人歌曲絳帖續書譜等

許增清仁和人字邁孫號益齋官道員有榆園叢書

〔本書略述〕宋姜夔撰集曰白石道人詩集二卷白石道人歌曲六卷宋錢希武刻本卷帙原數元人陶南村宗儀手鈔乾隆時陸宗輝據以重刻幷歌曲爲四卷陸本近亦不可多得清光緒仁和許氏增復爲校刊列入榆園叢書宋元孤本賴以獨傳其刊播之功殊偉阮文達稱夔詩運思精密而風格高秀誠有拔於宋人之外者宜其傲視諸家至詞集已見四庫著錄所稱此本從宋槧翻刻最爲完善等語當卽指陸本而言茲錄提要附後

〔四庫提要〕夔詩格高秀爲楊萬里等所推詞亦精深華妙尤善自度新腔故音節文采竝冠絕一時其詩所謂自製新詞韻最嬌小紅低唱我吹簫者風致尚可想見惟其集久無善本舊有毛晉汲古閣刊版僅三十四闋而題下小序往往不載原文康熙甲午陳撰刻其詩集以詞附後亦僅五十八闋且小序及題下自註多意爲刪竄又

出毛本之下此本從宋槧翻刻最爲完善卷一宋鐃歌十四首越九歌十首琴曲一首卷二詞三十三首總題曰令卷三詞二十首總題曰慢卷四詞十三首皆題曰自製曲別集詞十八首不復標列總名疑後人所掇拾也其九歌皆註律呂於字旁琴曲亦註指法於字旁皆尚可解惟自製曲一卷及二卷鬲溪梅令杏花天影醉吟商小品玉梅令三卷之霓裳中序第一皆記拍於字旁宋代曲譜今不可見亦無人能歌莫辨其似波似磔宛轉欹斜如西域旁行字者節奏安在然歌詞之法僅僅留此一線錄而存之安知無懸解之士能尋其分刌者乎魯鼓薛鼓亡其音而留其譜亦此意也

〔卷目〕詩集上下二卷集外詩一卷歌曲卷一至卷四別集一卷

夢窗詞集 一卷附補及小箋

〔著者小傳〕吳文英宋慶元人字君特號夢窗淳祐閒人工於詞以研鍊見長有夢窗甲乙丙丁四稿張炎譏其如七寶樓臺眩人眼目

拆碎下來不成片段然其詞實爲南宋一大宗派　朱孝臧（見前）

（本書略述）宋吳文英夢窗詞不分卷附補遺朱氏孝臧以萬曆張廷璋所藏舊鈔本一再校勘刊入彊村叢書後附自撰小箋本局卽據此本校刊朱氏自稱治此書經二十年凡訂補毛刊二百餘事並調名亦有舉正者舊校疏記依詞散附於後其小箋考證亦頗詳晰較之四庫著錄之四卷本實爲完善四庫提要謂文英詞爲卓然南宋大宗沈泰嘉樂府指迷稱其深得清真之妙但用事下語太晦處人不易知張炎樂府指迷（樂府指迷應作詞源　按炎著詞源二卷收藏家均未著錄陳眉公秘笈祇載半卷誤以爲樂府指迷又以陸輔之詞旨爲樂府指迷之下卷提要仍沿其誤至清咸豐閒彭兆蓀小謨觴館集徵刻宋人詞學四書啓始言明賢竄亂故籍之謬紀其原委頗詳）亦稱其如七寶樓臺炫人眼目拆碎下來不成片段所短所長品評皆爲平允蓋其天分不及周邦彥而硏鍊之功則過之詞家之有文英亦如詩家之有商隱也可謂評論曲當自經朱氏箋證詞中故事大都已有綫索可尋所謂用事下語太晦者不難

理會是不僅爲文英之功臣抑亦足爲研究吳詞者之一助也

〔卷目〕一卷附補及小箋

蘋洲漁笛譜

二卷集外詞一卷附校記

〔著者小傳〕周密宋濟南人字公謹號草窗又號蕭齋以流寓吳興弁山又號弁陽嘯翁工詩詞淳祐中官義烏令宋亡不仕自號泗水潛夫有蠟屐集蘋洲漁笛譜癸辛雜識齊東野語武林舊事雲烟過眼錄澄懷錄絕妙好詞　江昱清江都人字賓谷一字松泉乾隆時廩生嗜學安貧所居淩寒竹軒擁書萬卷治經深於書嘗與程廷祚辨論尚書古文至日晡忘食袁枚目爲經癡兼工詩詞考訂金石尤稱精審有尚書私學瀟湘聽雨錄清泉志松泉詩梅鶴詞

〔本書略述〕宋周密蘋洲漁笛譜二卷儀徵江昱爲之考證復以家藏草窗詞諸本編附於後爲集外詞一卷以補漁笛譜之遺其弟恂刻於新安傳本頗罕朱氏孝臧復命工重雕列入彊村叢書按漁笛

譜未見四庫著錄昱跋稱原本於宋帝諱皆闕點畫蓋係影宋本鈔者爲朱彝尊厲鶚諸家所未經見此本信足寶貴至題中人地歲月以及本事軼事詞話倡和之作凡有關係可互相發明者并疏附詞後考證至精洵爲草窗詞第一善本

（卷目）二卷集外詞一卷附校記

山中白雲八卷附校記

（著者小傳）張炎宋成紀人家於臨安字叔夏號玉田又號樂笑翁宋亡潛跡不仕縱游浙東西落拓以終工長短句以春水詞得名人因號曰張春水有山中白雲詞樂府指迷　江昱（見前）

（本書略述）山中白雲詞八卷宋張炎撰已採入四庫著錄略稱炎工爲長短句以春水詞得名人因號爲張春水其後編次詞集者卽以此首壓卷倚聲家傳誦至今然集中他調似此者尚多所長實不止此炎生於淳祐戊申當宋邦淪覆年已三十有三猶及見臨安全

盛之日故所作往往蒼涼激楚即景抒情備寫其身世盛衰之感至其研究聲律尤得神解以之接武姜夔居然後勁（以上四庫提要語）此本係朱氏孝臧以江昱疏證江恂參較手稿本精校刻入彊村叢書江氏兄弟致力炎集幾二十年繙書幾萬餘卷乃能甄檢精審寤疑辨惑幷無一句之訛一字之誤遂使詞中精蘊抉之逾出惟疏證尚闕五十餘事朱氏付雕時復舉所知者補證十餘條附記集後亦頗精核

〔卷目〕八卷附校記

花外集 不分卷

〔著者小傳〕王沂孫宋會稽人字聖與號碧山又號中仙工詩詞與周公謹唐玉潛諸人倡和有花外集

〔本書略述〕花外集一卷一名碧山樂府宋王沂孫撰詞法之密無過清真詞格之高無過白石詞味之厚無過碧山足稱詞壇三絕張惠言詞選謂碧山詠物諸篇並有君國之憂周濟宋四家詞選戈載

七家詞選周之琦心日齋十六家詞錄碧山之作無不入選陳廷焯白雨齋詞話於碧山詞尤爲傾倒謂碧山以和平中正之音值宋室敗亡之後故其爲詞也哀以思詞品之高已臻絕頂古今不可無一不能有二本局特據王鵬運四印齋本精校並以葉德輝郋園讀書志跋語附刊卷後

〔卷目〕不分卷

元遺山詩注 十四卷附錄補載各一卷

〔著者小傳〕元好問金華容人字裕之號遺山七歲能詩年十四學於郝晉卿通經史百家趙秉文見而奇之時稱元才子官尚書省左司員外郎金亡不仕以文章獨步天下者三十年有壬辰雜志中州集遺山集續夷堅志唐詩鼓吹及箋註　施國祁清浙江烏程人諸生好學不倦工詩古文善填詞尤熟於金源事實嘗病金史蕪雜因詳加考訂有所得輒爲紀錄積二十餘年書成名曰金史詳校繼苦

卷帙繁多乃列舉條目爲金源劄記三卷又以其餘作元遺山集箋註十四卷及金源雜興詩皆行於世家貧爲人理生業設吉貝肆市中有樓顏曰吉貝居著書多成其中後不戒於火今存者禮耕館詩文集外集叢說半皆記憶補錄之作　儲巏明泰州人字靜夫號柴墟九歲能屬文成化中鄉會試皆第一官至吏部左侍郎卒謚文懿有柴墟齋集　華希閔清江蘇無錫人字豫源號劍光又號芋園康熙舉人爲涇縣教諭有延綠閣集廣事類賦

（本書略述）金元好問撰遺山集四十卷附錄一卷已見四庫著錄略稱是集凡詩十四卷文二十六卷爲明儲巏家藏本好問才雄學贍所撰中州集意在以詩存史去取尚不盡精至所自作則與象深邃風格遒上無宋南渡末江湖諸人之習亦無江西流派生拗粗獷之失以上四庫提要語　此本衹詩十四卷係清施國祁據元張德輝類次本箋注集中本事皆以他書取證遐搜博采自四史外如中州集續夷

堅志等援引至二百餘種之多凡游覽贈答慷慨歌謠各作均可考見所輯年譜暨補載亦均詳確施氏性不喜標榜自謂此書倘有可采或不致為後人唾棄故不匄大人先生作序亦一時畸行之士也

（卷目）（首）序例傳墓銘世系年譜（一）古賦（二）五古（三）七古（四）七古（五）雜言（六）古樂府（七）五律（八至十）七律（十一）五絕（十二至十四）七絕附錄補載各一卷

清容居士集 五十卷 附札記一卷及謚議墓誌銘

（著者小傳）袁桷元鄞人字伯長舉茂才異等起為麗澤書院山長薦授翰林國史院檢閱官作北郊議禮官服其博累遷翰林侍講學士泰定初辭歸桷熟於前代典故朝廷制冊勳臣碑銘多出其手卒謚文清有易春秋說延祐四明志清容居士集

（本書略述）清容居士集五十卷元袁桷撰四庫著錄提要稱其文章博碩偉麗有盛世之音尤練習掌故長於考據集中如南郊卜議

明堂郊天異制議祭天無間歲議郊不當立從祀議郊非辛日議諸篇皆成宗初所上其援引經訓元元本本非空談聚訟者所能當時以其精博並採用之詩格俊邁高華造語亦多工鍊卓然自成一家遂爲虞楊范揭等先路之導（以上四庫提要語）清道光間郁松年覓得原本刊入宜稼堂叢書復據毛生甫傳寫嘉興錢大昕精鈔本將原本脫衍淆譌之處刪易增補其兩本均脫誤者間以己見條列之另作札記一卷附於集後至元代蒙古色目人其名顯著者悉照清朝官書改正雖不免稍失元槧面目然仍以舊作某某注於本文之下體例嚴謹究不失爲善本

（卷目）（一）賦（二）騷辭（三至七）古詩（八）歌行聯句（九至十二）律詩（十三）（十四）絕句（十五）（十六）開平集（十七）贊箴銘（十八至二十）記（二十一至二十四）序（二十五）碑（二十六）（二十七）神道碑銘（二十八）（二十九）墓誌銘（三十）墓誌銘墓

表葬記(三十一)墓誌銘塔銘(三十二)行狀(三十三)表誌(三十四)傳(三十五)內制(三十六)(三十七)外制(三十八)表牋(三十九)(四十)啓疏(四十一)議狀(四十二)策問問答(四十三)祭文祝文(四十四)雜文(四十五)魯國大長公主圖畫奉教題(四十六至五十)題跋札記一卷附謚議墓誌銘

道園學古錄五十卷

(著者小傳)虞集元仁壽人字伯生號道園隨父汲居崇仁三歲知讀書從吳澄游大德初以薦授大都路儒學教授文宗朝累遷至奎章閣侍書學士纂修經世大典一時大典冊咸出其手每承顧問必委曲盡言隨事諷諫卒謚文靖集早歲與弟槃同闢書室左書陶淵明詩曰陶庵右書邵堯夫詩曰邵庵故世稱邵庵先生平生爲文萬篇有道園學古錄道園類稿平猺記

(四庫提要)元虞集撰集有平猺記已著錄此集凡分四編曰在朝

稿曰應制稿曰歸田稿曰方外稿其中詩稿又別名芝亭永言據金
華黃溍序以是集爲集手自編定然其天藻詩序云友人臨川李本
伯宗輯舊詩謂之芝亭永言又賦謝李伯宗題云至元庚辰冬臨川
李伯宗黃仲律來訪山中拾殘稿二百餘篇錄之而李序又云至正
元年十有一月閩憲韓公徵先生文稿本與先生幼子翁歸及同門
之友編輯之得在朝稿二十卷應制稿六卷歸田稿一十八卷方外
稿六卷所言與今本正相合又考道園遺稿前有至正己亥眉山楊
椿序以爲集季子翁歸及其門人所編與李本序合蓋集母楊氏爲
衡陽守楊文中之女楊椿卽其外家後人其言自當無誤亦可證黃
溍所云之不足據是編爲李所定無疑也自元暨明屢經刊雕然皆
從建本翻刻亦閒有參錯不合蓋多出後人竄改要當以元本爲正
矣文章至南宋之末道學一派侈談心性江湖一派矯語山林庸沓
猥瑣古法蕩然理極數窮無往不復有元一代作者雲與大德延祐

以還尤爲極盛而詞壇宿老要必以集爲大宗此錄所收雖不足盡集之著作然菁華薈稡已見大凡迹其陶鑄羣材不減廬陵之在北宋明人夸誕動云元無文者其殆未之詳檢乎

（卷目）（一至二十）在朝稿（二十一至二十六）應制稿（二十七至四十四）歸田稿（四十五至五十）方外稿

鐵崖古樂府注 二十六卷

（著者小傳）楊維楨元諸暨人字廉夫父宏築樓鐵崖山植梅百株聚書數萬卷去梯俾讀書五年因自號鐵崖元泰定進士署天台尹狷直忤物十年不調會修遼金宋三史維楨作正統辨千言總裁官歐陽玄功讀之歎曰百年後公論定於此矣値兵亂浪跡浙西山水間張士誠招之不赴徙居松江明興詔徵遺逸之士修纂禮樂維楨被召謝曰豈有老婦將就木而再理嫁者耶賦老客婦謠以進太祖賜安車詣闕留百一十日所纂序例略定卽乞歸抵家卒年七十五

維楨詩名擅一時號鐵崖體古樂府出入少陵二李閒尤號名家善吹鐵笛自稱鐵笛道人又曰抱遺老人有春秋合題著說史義拾遺東維子集鐵崖古樂府復古詩集麗則遺音　樓卜瀍未詳

（本書略述）元楊維楨所著樂府詩集見於四庫著錄者有鐵崖古樂府十卷樂府補六卷又復古詩集六卷麗則遺音四卷略稱樂府始於漢武至元之季年多效温庭筠體柔媚旖旎全類小詞維楨以橫絕一世之才乘其弊而力矯之根柢於青蓮昌谷縱橫排奡自闢畦町其高者或突過古人其下者亦多墮入魔趣故文采照映一時而彈射者亦復四起然其中如擬白頭吟一篇曰買妾千黃金許身不許心使君自有婦夜夜白頭吟與三百篇風人之旨亦復何異特以才務馳騁意務新異不免滋末流之弊是其一短去其甚則可欲竟廢之則究不可磨滅（以上四庫提要語）此本爲清乾隆閒樓氏卜瀍所注鐵厓樂府注十卷據楊氏門人吳復編次本尚仍四庫著錄之舊其

詠史注八卷逸編注八卷據樓氏自稱係據明萬曆間陳淵止刊本及復古集鐵笛詩鐵龍詩鐵厓集東維子集草玄閣後集汰其重複另錄編次付梓實較四庫著錄各本完善可謂集楊集之大成所注亦均簡明故張文襄書目答問特以此本著錄

（卷目）樂府註（一至十）詠史註（一至八）逸編註（一至八）

貞居詞 不分卷

（著者小傳）張雨元錢塘人字伯雨工書畫善詩詞與趙孟頫楊載虞集爲文字交嘗居茅山著茅山志自號句曲外史有句曲外史集

貞居詞

（本書略述）貞居詞一卷元張雨撰朱氏孝臧以遷雅堂藏鈔本刻入彊村叢書厲鶚稱外史詞翰高絕卽作樂章氣韻亦自不凡其詞未見四庫著錄見於著錄者祇句曲外史一種稱其詩文豪邁灑落體格遒上早年及識趙孟頫晚年猶及見倪瓚顧瑛楊維楨中間如

虞集范梈袁桷黃溍諸人皆以方外之交深爲投契故耳濡目染具有典型然則即所論詩文觀之其詞之品格亦可以概想及之矣

〔卷目〕不分卷

蛻巖詞 一卷

〔著者小傳〕張翥元晉寧人字仲舉受業於李存得其道德性命之說薄游揚州及門甚衆至正初爲國子助教累官河南平章學者稱蛻庵先生爲詩格調頗高詞尤婉麗風流有蛻庵集蛻巖詞

〔本書略述〕蛻巖詞二卷元張翥撰曾見四庫著錄稱其詞婉麗風流有南宋舊格於倚聲之學講之甚深周之琦心日齋十六家詞錄於蛻巖詞水龍吟末句下注云末句四字必中二字相連方爲合格蛻巖諸作皆然可謂精密又周之琦題詞絕句其題蛻巖詞云誰把傳燈接宋賢長街掉臂故超然兩淋一鶴沖霄去寂寞騷辭五百年蓋蛻巖而後宋調絕響者已久宜其致慨深也近西泠野侯高與牧

從吳氏來鷺艸堂借得厲徵君鶚手校本以知不足齋鮑氏本對勘一過錄於眉端至爲精貴本局特據以校印俾廣流傳焉

（卷目）一卷分上下

宋文憲全集五十三卷卷首四卷

（著者小傳）宋濂（見史部）　嚴榮清江蘇吳縣人字瑞堂號少峯乾隆六十年進士官至浙江金衢嚴道

（本書略述）明宋濂所撰全集見於四庫著錄者有內府藏本祇三十六卷略稱元末文章以吳萊柳貫黃溍爲一朝之後勁濂初從萊學旣又學於貫與溍其授受具有淵源又早從聞人夢吉講貫五經其學問亦具有根柢爲文醇深演迤在朝鉅作咸以委濂實爲開國文臣之首士大夫造門乞文者後先相踵外國貢使亦知其名高麗安南日本至出兼金購其文集（以上四庫提要語）　此本爲嘉慶間嚴榮集刊係以明正德九年張縉初刻本明嘉靖十五年徐嵩續刻本明嘉靖

三十年韓叔陽彙刻本刪併而成其類次各文先後悉從吳訥氏文章辨體又另以李富孫所藏凝道記鈔本鮑氏所刊浦陽人物記知不足齋叢書本附刊集後至是而公之集始完全無闕較之四庫著錄之本實勝多矣

（卷目）（首）四卷正文（一至六）鑾坡前集（七至十一）鑾坡後集（十二至十五）鑾坡續集（十六至二十）鑾坡別集（二十一至二十五）芝園前集（二十六至二十八）芝園後集（二十九至三十一）芝園續集（三十二至三十四）朝京稿（三十五至四十二）徐刻入編（四十三至五十）韓刻補輯（五十一）（五十二）龍門子凝道記（五十三）浦陽人物記

青邱詩集注十八卷 鳧藻集五卷

（著者小傳）高啓明長洲人字季迪自號青邱子洪武初召拜翰林院國史編修尋擢戶部右侍郎以年少固辭歸里嘗題宮女圖及畫

犬詩諷刺太祖好色及爲知府魏觀作上梁文觀坐罪獲譴帝見啓文大怒腰斬於市時年三十九所著文有鳧藻集詞有扣舷集詩有吹臺缶鳴江館鳳臺青邱南樓諸集後人合之爲大全集　金檀清浙江桐鄉人字星軺諸生後徙婁東又徙吳自幼嗜古好蓄異書築文瑞樓以貯之有文瑞樓集銷暑偶錄

（本書略述）明高啓所著詩有吹臺集缶鳴集江館集鳳臺集婁江吟稿姑蘇雜詠等編自景泰初徐庸掇拾遺逸合而爲一題曰大全集後率因之而各集原本均不復見大全集曾列四庫著錄略稱啓天才高逸實踞明一代詩人之上其於詩擬漢魏似漢魏擬六朝似六朝擬唐似唐擬宋似宋凡古人之所長無不兼之振元末纖穠縟麗之習而返之於古啓實爲有力然行世太早殞折太速未能鎔鑄變化自爲一家故備有古人之格而反不能名啓爲何格此則天實限之非啓過也特其摹仿古調之中自有精神意象存乎其間譬之

褚臨禊帖究非硬黃雙鉤者可比故終不與北地信陽太倉歷下同
爲後人詬病以上四庫提要語　此本係清雍正戊申桐鄉金檀輯注大致係
根據大全本復搜採姑蘇志虎丘志及諸書所載題詠凡大全本所
無者一一爲之補入讎校精審所注亦簡要不苟無歷來注家繁蕪
之弊又據朱紹所輯三先生詩集內補入遺詩一卷又重輯扣舷集
一卷附刊集尾允稱善本其所刻鳧藻集五卷則紀文達編四庫總
目時已爲著錄茲將提要附錄於後

〔四庫提要〕明高啓撰唐時爲古文者主於矯俗體故成家者蔚爲
鉅製不成家者則流於僻澀宋時爲古文者主於宗先正故歐蘇王
曾而後沿及於元成家者不能盡闢門戶不成家者亦具有典型啓
詩才富健工於摹古爲一代巨擘而古文則不甚著名然生於元末
距宋未遠猶有前輩軌度非弘宣以後漸流爲膚廓冗沓號臺閣體
者所及是集不知誰所編以其詩集例之殆亦啓自定未有魏夫人

宋氏墓誌銘魏夫人者蘇州知府魏觀母也按明史本傳啓坐爲觀作上梁文見法則爲其末年之作蓋平生古文盡於此集矣初無刻本周忱爲蘇州巡撫時始得鈔本於郡人周立立之姑卽啓婦也正統九年監察御史錢塘鄭士昂又得本於忱因命教授張素校刊之而忱爲之序此本爲雍正戊申桐鄉金檀所刻卽因鄭本而正其譌多所校正檀卽註啓詩集者故併刻是集成一家完書云

（卷目）（一）樂府（二）樂府琴操辭（三至七）五言古詩（八至十）七言古詩（十一）長短句詩（十二）（十三）五言律詩（十四）聯句六言七言律詩（十五）七言律詩（十六）五言六言絕句（十七）（十八）七言絕句補遺古今體詩詩餘扣舷集首附序例評傳贊譜目等末附書後哀辭祭文哀悼雜記　鳧藻集（一）論記（二）（三）序（四）傳贊箴銘賦題跋評史（五）雜著墓誌哀辭書牘附書後

遜志齋集二十四卷

〔著者小傳〕方孝孺明寧海人字希直一字希古從宋濂學及門知名士盡出其下恆以明王道致太平爲己任洪武間除漢中府教授蜀獻王聘爲世子師名其廬曰正學建文時爲侍講學士燕師入詔使艸詔孝孺衰絰至號哭徹殿陛成祖降榻勞之顧左右授筆札曰詔非先生艸不可孝孺擲筆於地曰死卽死耳詔不可艸遂磔於市宗族親友坐誅者數百人有侯成集希古堂稿學者稱正學先生福王時追謚文正

〔四庫提要〕明方孝孺撰孝孺有雜誡已著錄是集凡雜著八卷書三卷序三卷記三卷題跋一卷贊一卷祭文誄哀辭一卷行狀傳一卷碑表誌一卷古體詩一卷近體詩一卷史稱孝孺殉節後文禁甚嚴其門人王稌藏其遺稿宣德後始稍傳播故其中闕文脫簡頗多原本凡三十卷拾遺十卷乃黃孔昭謝鐸所編此本併爲二十四卷則正德中顧璘守台州時所重刊也孝孺學術醇正而文章乃縱橫

豪放頗出入於東坡龍川之間蓋其志在於駕軼漢唐銳復三代故其毅然自命之氣發揚蹈厲時露於筆墨之間故鄭瑗井觀瑣言稱其志高氣銳而詞鋒浩然足以發之然聖人之道與時偕行周去唐虞僅千年周禮一書已不全用唐虞之法明去周幾三千年勢移事變不知凡幾而乃與惠帝講求六官改制定禮卽使燕兵不起其所設施亦未必能致太平正不必執講學家門戶之見曲爲之諱惟是燕王篡立之初齊黃諸人爲所切齒卽委蛇求活亦勢不能存若孝孺則深欲藉其聲名俾草詔以欺天下使稍稍遷就未必不接跡三楊而致命成仁遂湛十族而不悔語其氣節可謂貫金石動天地矣文以人重則斯集固懸諸日月不可磨滅之書也都穆南濠詩話曰方正學先生集傳之天下人人知愛誦之但其中多雜以他人之詩如勉學二十四首乃陳子平作漁樵一首乃楊孟載作又有牧牛圖一絕亦元人作然兩集互見古人多有今姑仍原本錄之而附存穆

說備考焉
（卷目）（一至八）雜著（九）表箋啓書（十）（十一）書（十二至十四）序（十五至十七）記（十八）題跋（十九）贊（二十）祭文誄哀辭（二十一）行狀傳（二十二）碑表誌（二十三）古詩（二十四）律詩絕句

震川文集三十卷別集十卷附附錄

（著者小傳）歸有光明崑山人字熙甫九歲能屬文弱冠盡通五經三史嘉靖閒舉鄉試上春官不第徙居嘉定安亭江上讀書談道學徒常數百人稱爲震川先生晚乃以進士授長興令調順德通判隆慶中始用高拱等薦爲南京太僕寺丞卒官有光爲古文原本經術好太史公書得其神理爲有明一代大家有震川集三吳水利錄

（四庫提要）明歸有光撰有光有易經淵旨已著錄是編爲其曾孫莊所訂首經解終祭文凡二十四體別集首論策終古今體詩凡十

有一體初太倉王世貞傳北地信陽之說以秦漢之文倡率天下無
不靡然從風相與剽劉古人求附壇坫有光獨抱唐宋諸家遺集與
二三弟子講授於荒江老屋之閒毅然與之抗衡至詆世貞爲庸妄
巨子世貞初亦牴牾迨於晚年乃始心折故其題有光遺像贊曰風
行水上渙爲文章風定波息與水相忘千載惟公繼韓歐陽余豈異
趣久而自傷蓋所持者正雖以世貞之高名盛氣終無以奪之自明
季以來學者知由韓柳歐蘇沿洄以溯秦漢者有光實有力焉不但
以制藝雄一代也文集舊本有二一爲其族弟道傳所刻凡二十卷
爲常熟本一爲其子子祜子寧所刻凡三十二卷爲崑山本去取多
不相同莊以家藏鈔本互相校勘又補入未刻之文彙爲全集刻於
國朝康熙閒前有王崇簡徐乾學二序莊自作凡例極言舊刻本之
譌誤斥不遺餘力然考汪琬堯峯文集有與莊書二篇又反覆論其
改竄之非至著爲歸文辯誣以攻之是莊所輯亦未爲盡善然舊本

文多漏略得莊掇拾散佚差爲完備既別無善本姑從而錄之有光詩格殊不見長汪琬乃爲作箋註王士禎頗以爲譏今未見傳本殆當時衆論不與郎格不行歟

〔卷目〕（一）經解（二）序（三）論議說（四）雜文（五）題跋（六至八）書（九至十一）贈送序（十二至十四）壽序（十五至十七）記（十八至二十一）墓誌銘（二十二）權厝誌生誌壙誌（二十三）墓表（二十四）碑碣（二十五）行狀（二十六）（二十七）傳（二十八）譜世家（二十九）銘頌贊（三十）祭文哀誄　別集（一）應制論（二）上下應制策（三）制誥奏疏策問（四）志（五）宋史論贊（六）紀行（七）（八）小簡（九）公移讞辭附（十）古今詩附附錄

亭林詩文集十一卷附餘集

〔著者小傳〕顧炎武（見子部）

〔本書略述〕亭林詩集五卷文集五卷補遺一卷清顧炎武撰其門

人潘耒刻入亭林遺書中無專行本光緒閒張修府始爲重梓於永州官舍復以彭紹升所刻餘集一卷附於集後昔全祖望撰顧氏神道表稱其於書無所不窺而尤留心經世之學王氏葆心謂處今世而研究文字尤宜認定宗旨要當以顧亭林作文須有益於天下爲歸顧氏所定有益之目曰明道曰紀政事曰察民隱曰樂道人善今觀顧氏集中所載各篇大致不出前列四者範圍之外蓋故老遺民不肯見用於時遂壹意讀書譔述思以立言濟世其文不必求工而自工也梁啓超謂讀文中各信札可見其立身治學大概至其詩每多慷慨傷懷之作則所處境遇實有以致之張修府謂使事精當措詞典雅奄有唐宋諸大家之長亦非過譽

（卷目）詩集五卷文集六卷附餘集

南雷文定 前集十一卷後集四卷三集三卷詩歷四卷附附錄

（著者小傳）黃宗羲（見子部）

（本書略述）清紀文達編纂四庫全書總目於本朝人所撰各集去取特嚴黃宗羲自編南雷文定前集十一卷後集四卷三集三卷詩歷四卷當時未爲著錄僅將前集十一卷列入存目實則黃氏爲清初大儒嘗從劉蕺山受學於經史羣籍以及天官地志九流百家之教無不精研其文不名一家晚年境遇以與謝皋羽相同故嘗喜效其體所作墓志碑銘行狀事略敘事之文有裨於史事之闕文者甚多故張文襄編書目答問特爲著錄列於攷訂家之首譚獻復堂日記云黃先生文無餖飣之文而有餖飣之句固知早飲香名以華藻入亦熟處難忘必以儒體目之則妄敘事諸篇鮚埼亭所師法而殊有稗習不如先生之簡勁後集情深尤勝詩歷質健有儒者氣象

（卷目）前集（一）序（二）記（三）（四）答問書（五）神道碑墓誌銘（六）（七）（八）墓誌銘墓表碑（九）行狀事略（十）傳（十一）雜文

後集（一）序記書（二）墓誌銘神道碑（三）（四）墓誌銘傳書議

賦　三集（一）序記書（二）墓誌銘墓表墓碑塔銘傳說（三）金石
要例　詩歷（一至四）（附附錄）

薑齋文集十卷

（著者小傳）王夫之（見史部）

（本書略述）清衡陽王氏夫之著述宏富其遺書共三百二十二卷同治二年曾氏國荃重鋟余廷燦爲先生立傳稱其著書凡四十年其學深博無涯涘而原本淵源尤神契正蒙一書於清虛一大之旨陰陽法象之狀往來原反之故靡不有以顯微抉幽晰其奧窔曾文正序其遺書謂先生沒後巨儒迭興或攻良知捷獲之說或辨易圖之鑿或詳考名物訓詁音韻正詩集傳之疏或修補三禮時享之儀號爲卓絕先生皆已發之於前與後賢若合符契譚嗣同謂五百年以來真能通天人之故者惟船山一人先生之學一經余曾譚諸氏之推闡遂以大顯於世本局爰將薑齋文集十卷校刊庶讀者嘗海

水一勺而可以知其味焉

〔卷目〕（一）論連珠（二）傳行狀墓誌銘表記（三）序書後跋（四）啓（五）（六）闕（七）（八）賦（九）贊（十）家世節錄

壯悔堂集文集十卷附遺稿四憶堂詩集六卷附遺稿

〔著者小傳〕侯方域清商丘人字朝宗恂子性豪邁多大略明末隨恂居京師與桐城方以智如皐冒襄宜興陳貞慧稱四公子以東都清議自持福王時爲阮大鋮所搆走依高傑得免入清中順治副榜初放意聲伎已而悔之發憤爲詩古文取法韓歐才氣橫溢卒年三十七有壯悔堂文集四憶堂詩集

〔本書略述〕壯悔堂文集十卷附遺稿四憶堂詩集六卷附遺稿清侯朝宗撰侯氏爲雪苑六子之一順治辛卯列副榜放意聲伎已而悔之發憤爲詩古文倡韓歐學於舉世不爲之日李邁堂國朝文錄稱其文旨遠詞文耐人尋繹讀之如九霄鶴唳三峽猿啼韓子所謂

物不得其平則鳴者足爲雪苑指出真面其詩亦能近祧夢陽而遠宗工部賈開宗宋犖練貞吉彭賓四氏序言中已盡之

（卷目）壯悔堂文集（一）（二）序（三）書（四）奏議（五）傳（六）記（七）論（八）策（九）表說書後（十）墓誌銘祭文雜著附遺稿　四

憶堂詩集六卷附遺稿

吳詩集覽二十卷附談藪

（著者小傳）吳偉業清太倉人字駿公一字梅村崇禎進士官至少參事與馬士英阮大鋮不合假歸康熙時有司力迫入都累官國子祭酒尤長於詩少時才華豔發後經喪亂遂多悲涼之作論者方之庾信畫山水清疏韶秀得董黃意有梅村集綏寇紀略太倉十子詩選　靳榮藩清黎城人字介人

（本書略述）吳詩集覽二十卷清吳偉業撰靳榮藩輯注其詩詞均入四庫著錄略稱其少作大抵才華豔發吐納風流有藻思綺合清

麗芊眠之致及乎遭逢喪亂閱歷興亡激楚蒼涼風骨彌爲遒上暮年蕭瑟論者以庾信方之其中歌行一體尤所擅長格律本乎四傑而情韻爲深敘述類乎香山而風華爲勝韻協宮商感均頑豔一時尤稱絶調其流播詞林仰邀睿賞非偶然也至於以其餘技度曲倚聲亦復接跡屯田嗣音淮海王士禎詩稱白髮塡詞吳祭酒亦非虛美（以上四庫提要語）此本卷數仍四庫著錄之舊惟每卷分爲上下以便檢閱所注考訂詳密繁簡得當凡指事類情之處均能注明本事原委使讀者諷詠涵濡而其義自見絶無附會穿鑿之弊平心而論似勝吳翌鳳注故張文襄書目答問特以靳氏注本著錄

（卷目）（一上至三下）五言古詩（四上至七下）七言古詩（八上至十下）五言律詩（十一上至十五下）七言律詩（十六上十六下）五言排律（十七上）五言絶句六言絶句七言絶句（十七下至十八下）七言絶句（十九上至二十下）詩餘附談藪

曝書亭全集八十卷附錄一卷笛漁小稿十卷

（著者小傳）朱彝尊（見經部） 朱昆田彝尊子字西畯一字文盎少有才稱京師呼爲小朱十工詩有笛漁小稿

（四庫提要）國朝朱彝尊撰彝尊有日下舊聞已著錄此集凡賦一卷詩二十二卷皆編年爲次始於順治乙酉迄於康熙己丑凡六十五年之作其紀年皆用爾雅歲陽歲陰之名從古例也詞七卷曰江湖載酒集曰茶煙閣體物集曰蕃錦集雜文五十卷分二十六體附錄葉兒樂府一卷則所作小令也彝尊未入翰林時嘗編其行稿爲竹垞文類王士禎爲作序極稱其永嘉詩中南亭西射堂孤嶼瞿溪諸篇然是時僅規撫王孟未盡所長至其中歲以還則學問愈博風骨愈壯長篇險韻出奇無窮趙執信談龍錄論國朝之詩以彝尊及王士禎爲大家謂王之才高而學足以副之朱之學博而才足以運之及論其失則曰朱貪多王愛好亦公論也惟暮年老筆縱橫天真

爛漫惟意所造頗乏翦裁然晚景頹唐杜陵不免亦不能苛論彝尊
矣至所作古文率皆淵雅良由茹涵既富故根柢盤深其題跋諸作
訂譌辨異本本元元實跨黃伯思樓鑰之上蓋以詩而論與王士禎
分途各騖未定孰先以文而論則漁洋文略固不免瞠乎後耳惟原
本有風懷二百韻詩及靜志居琴趣長短句皆流宕豔冶不止陶潛
之賦閑情夫綺語難除詞人常態然韓偓香奩集別有篇帙不入內
翰集中良以文章各有體裁編錄亦各有義例溷而一之則自穢其
書今併刊除庶不乖風雅之正焉

（卷目）（一）賦（二至二十三）古今詩（二十四至三十）詞（三十一至三十三）書（三十四至四十一）序（四十二至五十五）跋（五十六至五十八）考辨原（五十九）論（六十）議釋說策問（六十一）頌贊箴銘辭零丁答問墓疏（六十二至六十四）傳（六十五至六十七）記（六十八）題名（六十九至七十一）碑（七十二）（七十

三）墓表（七十四至七十九）墓誌銘（八十）行狀誄哀辭祭文附

附錄一卷笛漁小稿十卷

漁洋山人精華錄訓纂十卷附年譜

（著者小傳）王士禛清山東新城人字貽上號阮亭別號漁洋山人順治進士由揚州司理累官刑部尙書卒後人避世宗諱改名士正乾隆中賜名士禎謚文簡士禎詩爲一代宗匠與朱彝尊並稱朱王善古文兼工詞其幹濟風節多有可傳皆爲詩名所掩有帶經堂集漁洋詩文集精華錄精華錄訓纂等數十種　惠棟（見經部）

（四庫提要）國朝王士禎撰士禎有古懽錄已著錄其詩初刻有落牋堂集皆少作也又有阮亭詩及過江入吳白門前後諸集後刪併爲漁洋前集而諸集皆佚嗣有漁洋續集蠶尾集續集後集南海集雍益集諸刻是編又刪掇諸集合爲一帙相傳士禎所手定其子啓汧跋語稱門人曹禾盛符升仿任淵山谷精華錄之例鈔爲此錄者

蓋託詞也士禎談詩大抵源出嚴羽以神韻爲宗其在揚州作論詩絕句三十首前二十八首皆品藻古人末二首爲士禎自述其一曰曾聽巴渝里社詞三閭哀怨此中遺詩情合在空舲峽冷雁哀猿和竹枝平生大指具在是矣當康熙中其聲望奔走天下凡刊刻詩集無不稱漁洋山人評點者無不冠以漁洋山人序者下至委巷小說如聊齋志異之類士禎偶批數語於行間亦大書王阮亭先生鑒定一行弁於卷首刊諸棃棗以爲榮惟吳喬竊目爲清秀李于鱗（見談龍錄）汪琬亦戒人勿效其喜用僻事新字（見士禎自作居易錄）而趙執信作談龍錄排詆尤甚平心而論當我朝開國之初人皆厭明代王李之膚廓鍾譚之纖仄於是談詩者競尚宋元既而宋詩質直流爲有韻之語錄元詩縟豔流爲對句之小詞於是士禎等以清新俊逸之才範水模山批風抹月倡天下以不著一字盡得風流之說天下遂翕然應之然所稱者盛唐而古體惟宗王孟上及於謝朓而止較以十九首之

驚心動魄一字千金則有天工人巧之分矣近體多近錢郎上及乎李頎而止律以杜甫之忠厚纏綿沈鬱頓挫則有浮聲切響之異矣故國朝之有士禎亦如宋有蘇軾元有虞集明有高啓而尊之者必躋諸古人之上激而反脣異論遂漸生焉此傳其說者之過非士禎之過也是錄具存其造詣淺深可以覆案一切黨同伐異之見置之不議可矣

國朝王士禎撰惠棟註士禎有古懽錄棟有易漢學皆已著錄士禎晚年仿宋黃庭堅精華錄例自定其詩爲此本棟祖周惕爲士禎門人故棟亦仿任淵史季溫例註之以引證浩繁每卷各分爲上下其凡例稱所採書共數百餘種悉從本書中出不敢一字拾人牙後慧然亦大槩言之耳卽以第一卷而論如溫庭筠靚妝錄蔡賢漢官典職孫氏瑞應圖陸機洛陽記沈懷遠南越志蔡邕琴操河圖括地象顧野王玉篇案今大廣益會玉篇乃宋大中祥符六年重修非惟非野王之舊竝非孫強之舊輿地志管輅

別傳梁京寺記檀道鸞續晉陽秋十二書宋以來久不著錄楝何由見本書哉案楝註例凡引已佚書者皆冠以現存書名如藝文類聚太平御覽之類又楝邃於經學於詞賦所涉頗淺所引或不得原本於顯然共見者或有遺漏如註寒肌起粟字引蘇軾旅館孤眠體生粟句不知此用軾雪詩凍合玉樓寒起粟句也註吹香字引李賀山頭老桂吹古香句不知此用李頎愛敬寺古藤歌密葉吹香飯僧徧句也註麥飯字引劉克莊漢寢唐陵無麥飯句不知爲五代史家人傳語也註大漠字引程大昌北邊備對不知爲後漢書竇憲傳語也至於每條既各自標目則其文不相連屬乃於數條共引一書者不另標名如轅固里詩註曲學字曰今上初卽位云云蓋蒙上條史記之文然不標史記而首句突稱今上是何代之帝也其體例亦閒有未善案以上亦姑舉第一卷言之是書先有金榮箋註盛行於時楝書出而榮書遂爲所軋要亦勝於金註耳至於元元本本則不及其詁經之書多矣人各有能有不能不必以此註而

輕棟亦不必以棟而併重此註也
〔卷目〕(一上至四下)古體詩(五上至十下)今體詩附年譜
安雅堂詩集 不分卷附未刻稿五卷又附入蜀集
〔著者小傳〕宋琬清萊陽人字玉叔號荔裳順治進士官浙江寧紹台道登州于七爲亂琬族子因宿憾以與聞逆謀告變下獄三年後起爲四川按察使卒於京琬詩入杜韓之室感時傷事之作多淒清激宕之音與施閏章齊名世稱南施北宋有安雅堂集
〔本書略述〕安雅堂詩清宋琬撰四庫列入存目略稱王士禎池北偶談曰康熙以來詩人無出南施北宋之右宣城施閏章愚山萊陽宋琬荔裳也又曰宋浙江後詩頗擬放翁五古歌行時闖杜韓之奧康熙壬子春在京師求余定其詩筆爲三十卷其秋與余先後入蜀余歸之明年宋以臬使入覲蜀亂妻孥皆寄成都宋鬱鬱歿於京邸此卷不知流落何地矣又漁洋詩話曰荔裳子思勃來京師以入蜀

集相示亟錄而存之集中古選詩歌行氣格深穩余多補入感舊集云云今三十卷之本久已散佚所謂入蜀集者其後人亦無傳本此本題安雅堂詩者不分卷數有來集之蔣超二序皆題順治庚子蓋猶少作等語以上四庫提要語 此本係其孫仁若重刻於原集之外復加甄綜都爲未刻稿五卷於是所佚之詩稍還舊觀另附以王文簡所定入蜀集一卷皆閣臣編纂四庫書目時所未經見者至可寶貴

（卷目）不分卷附未刻稿五卷又附入蜀集

飴山堂集 詩集二十卷 文集十二卷 附附錄

（著者小傳）趙執信清益都人字伸符號秋谷晚號飴山老人康熙進士官右贊善以國恤時燕飲觀長生殿劇違制去官年未三十工詩以思路劖刻爲主本爲王士禎甥壻相契重後以求作觀海集序士禎屢失其期遂漸相詬厲雖隙終身所著談龍錄力排士禎人謂足救專主神韻之弊又因士禎以古詩韻調自矜著聲調譜以發其

祕卒年八十有三所著曰因園集飴山文集

〔本書略述〕飴山詩二十卷文十二卷附錄一卷青州趙執信撰執信詩流傳頗夥諸本往往不同其詩初名因園集乾隆辛酉執信門人丁際隆謁師於因園時從同門仲是保處得執信晚年手定詩稿分十三集乃錄副校刊已入四庫著錄此本詩之分集一仍因園之舊於末卷附詞七十二闋文則係其子念編次合而刊之故以所居飴山標名提要云執信娶王士禎之甥女初相契重相傳以求作觀海集序士禎屢失其期遂漸相詬厲讎隙終身今觀還山集中尚有酬士禎詩二首又爲士禎作西城別墅十三咏至鼓枻集中渡江一首已有祇應羨詩老持節問岷源句註曰謂阮翁又悼吳孝廉一首有漁洋未識名先著句其詞氣已不和平自是以還遂互相排擊則謂二人之釁生於作觀海集時其說當信迨其後沿波逐流遞相祖述堅持門戶入主出奴嘵嘵然迄無定說平心而論王以神韻縹緲

爲宗趙以思路劖刻爲主王之規模闊於趙而流弊傷於膚廓趙之才力銳於王而末派病於纖小使兩家互救其短乃可以各見所長正不必論甘而忌辛好丹而非素也以上四庫提要語所論王趙兩家之短長最爲平允執信詞名雖爲詩文所掩但當時實與朱彛尊輩頡頏詞壇觀其集中有賀新郎寄懷金風亭長之作而朱彛尊江湖載酒集亦有與嘉善魏坤海寧查愼行送趙秋谷聯句解珮令其流風餘韵猶可想見執信以績學負海內重望其平日爲文深疾規橅剽竊旣浸淫六籍百代之書而筆復足以達之吳與閔鶚元謂其文獨長於指敘類多碑碣墓誌之作感慨俊逸點綴風刺庶幾由歐陽荆公上追司馬班蔡成一家言足備後日史官所采取此眞能扶飴山之眞面而非漫爲阿好之辭也

（卷目）詩集（一）幷門集（二）閑齋集（三）還山集上（四）觀海集上（五）還山集下（六）觀海集下（七）（八）鼓枻集（九）涓流集（十）

葑溪集（十一）（十二）紅葉山樓集（十三）浮家集（十四）金鵝館集（十五）迴颿集（十六）懷舊集（十七至十九）磧庵集（二十）詩餘　文集（一）策問（二）序（三）序跋（四）序（五）碑記（六）傳哀辭誄辭（七）（八）墓誌銘（九）墓表神道碑（十）行實行狀行略（十一）祭文（十二）雜文附附錄

蓮洋詩鈔二十卷附墓誌銘等

（著者小傳）吳雯清蒲人本貫遼陽字天章康熙間以諸生召試鴻博生平博覽羣籍旁及釋老內典尤工於詩峻潔微遠自露天真王士禎目爲仙才有蓮洋集

（本書略述）蓮洋詩鈔清吳雯撰已見四庫著錄稱雯天才雄駿其詩有其鄉人元好問之遺風惟熟於梵典好拉雜堆砌釋氏故實是其所短又云雯詩本足自傳不藉士禎之評爲輕重以上四庫提要語此本係雯姪秉厚以張氏確齋所抄漁洋手評副本重梓釐爲二十卷以

序文墓志家傳年譜及附錄冠於卷首較四庫著錄之十卷本實爲完善

〔卷目〕（一至十九）古今體詩（二十）補遺首附序墓誌銘傳年譜附錄末附聯句

敬業堂詩集五十卷續集六卷

〔著者小傳〕查慎行清海寧人初名嗣璉字夏重後更今名字悔餘號初白又號查田少受學黃宗羲於經邃於易然所長尤在詩好游山水所得一託於吟詠故篇什最富康熙時以舉人特賜進士官編修後告歸家居弟嗣庭獄起盡室赴詔獄世宗知其端謹特放歸卒年七十有八所著敬業堂集黃宗羲比之陸游又有周易玩辭集解經史正譌蘇詩補注人海記黔中風土記

〔四庫提要〕國朝查慎行撰慎行有周易玩辭集解已著錄是編裒其生平之詩隨所遊歷各爲一集凡慎旃集三卷遄歸集西江集共

一卷踰淮集一卷假館集二卷人海集春帆集獨吟集各一卷竿木集題壁集共一卷橘社集勸酬集溢城集雲霧窟集各一卷客船集竝彎集共一卷宂寄集一卷白蘋集秋鳴集共一卷敝裘集酒人集共一卷游梁集皖上集中江集各一卷得樹樓集近遊集共一卷賓雲集一卷炎天冰雪集垂橐集共一卷杖家集過夏集各一卷偷存集繙經集共一卷赴召集隨輦集直廬集考牧集甘雨集西阡集迎鑾集還朝集道院集各一卷槐簃集二卷粟東集長告集待放集計日集鹵會集步陳集吾過集各一卷夏課集望歲集共一卷粤游集二卷附載餘波詞二卷自古喜立集名以楊萬里爲最多慎行此集隨筆立名殆數倍之其中有以二十四首爲一集者殊傷煩碎然亦徵其無時無地不以詩爲事矣集首載王士禎原序稱黃宗羲比其詩於陸游士禎則謂奇創之才慎行遜游綿至之思游遜慎行又稱其五七言古體有陳師道元好問之風今觀慎行近體實出劍南但

游善寫景愼行善抒情游善隸事愼行善運意故長短互形士禎所評良允至於後山古體悉出苦思而不以變化爲長遺山古體具有健氣而不以靈敏見巧與愼行殊不相似核其淵源大抵得諸蘇軾爲多觀其積一生之力補註蘇詩其得力之處可見矣明人喜稱唐詩自國朝康熙初年窠臼漸深往往厭而學宋然粗直之病亦生焉得宋人之長而不染其弊數十年來固當爲愼行屈一指也

(卷目)(一至三)愼旃集(四)遄歸集西江集(五)踰淮集(六)(七)假館集(八)人海集(九)春帆集(十)獨吟集(十一)竿木集題壁集(十二)橘社集(十三)勸酬集(十四)溢城集(十五)雲霧窟集(十六)客船集並轡集(十七)冗寄集(十八)白蘋集秋鳴集(十九)敝裘集酒人集(二十)游梁集(二十一)皖上集(二十二)中江集(二十三)得樹樓集近遊集(二十四)賓雲集(二十五)炎天冰雪集垂橐集(二十六)杖家集(二十七)過夏集(二十八)偷存

集繙經集(二十九)赴召集(三十)隨輦集(三十一)直廬集(三十
二)考牧集(三十三)甘雨集(三十四)西阡集迎鑾集(三十五)
還朝集(三十六)道院集(三十七)(三十八)槐簃集(三十九)稟
東集(四十)長告集(四十一)待放集(四十二)計日集(四十三)
鹵會集(四十四)步陳集(四十五)吾過集(四十六)夏課集望歲
集(四十七)(四十八)學游集(四十九)(五十)餘波詞　續集(一)
(二)漫興集(三)(四)餘生集(五)詰獄集(六)生還集住劫集

望溪文集　十八卷　集外文十卷　補遺二卷　年譜一卷

(著者小傳)方苞清安徽桐城人字靈皋號望溪康熙四十五年進士累官侍郎以事落職者再論學以宋儒爲宗皆推衍程朱之學尤致力於春秋三禮不喜班史及柳文年八十二卒有望溪文集等書所爲文以法度爲主後人稱桐城派實自望溪始　戴鈞衡清安徽桐城人字存莊號蓉洲道光二十九年舉人從方東樹游工古文嘗

與同邑蘇惇元重訂望溪文集增集外文十之四爲功甚鉅著有存莊詩文集等書　蘇惇元清安徽桐城人字厚子監生年三十時好朱子之學師事方東樹名其堂曰儀宋輯有方望溪先生年譜同治七年卒年六十所著書曰毋不敬齋全書

〔本書略述〕望溪全集清方苞撰已見四庫著錄略稱苞於經學研究較深集中說經之文最多大抵指事類情有所闡發其古文則以法度爲主嘗謂周秦以前文之義法無一不備唐宋以後步趨繩尺而猶不能無過差是以所作上規史漢下倣韓歐不肯少軼於規矩之外雖大體雅潔而變化太少終不能絕去町畦自闢門戶然其所論古人榘度與爲文之道頗能沈潛反覆而得其用意之所以然雖蹊徑未除而源流極正近時爲八家之文者以苞爲不失舊軌焉以上四庫提要語　此本係咸豐閒戴鈞衡重刻計文集十八卷集外文十卷補遺二卷而附以蘇惇元所輯年譜較四庫著錄之八卷本幾增十之

六七實爲望溪集之最完善者有清一代文章以桐城派爲大宗望溪實其初祖然則謂此集爲桐城派之衣鉢可也

〔卷目〕(一)讀經(二)讀子史(三)論說(四)序(五)書後題跋(六)書(七)贈送序壽序(八)傳(九)紀事(十)(十一)墓誌銘(十二)(十三)墓表碑碣(十四)記(十五)頌銘(十六)哀辭祭文(十七)家訓家傳誌銘哀辭(十八)雜文　集外文(一至十)補遺二卷年譜二卷

樊榭山房全集　共三十七卷

〔著者小傳〕厲鶚清錢塘人字太鴻號樊榭康熙舉人乾隆初召試鴻博不遇性嗜書嘗館揚州馬曰琯小玲瓏山館數年所見宋人集最多而又求之詩話說部山經地志著宋詩紀事南宋院畫錄遼史拾遺東城雜記湖船錄諸書皆博洽詳贍詩幽新雋妙自成一家詞亦玲峭獨絕有樊榭山房集

（本書略述）清厲鶚著古今體詩八卷附長短句二卷後又著續集八卷附北樂府及小令二卷於乾隆初先後刻成四庫據以著錄謂是集因所居取唐皮日休句題曰樊榭山房卽以名集其詩則吐屬嫻雅有修潔自喜之致絕不染南宋江湖末派雖才力富健尙未能與朱彝尊等抗行而恬吟密咏綽有餘思視國初西泠十子則倏然遠矣以上四庫提要語　此本較四庫著錄之本多文集八卷集外詩三卷集外詞四卷係光緒甲申錢唐汪氏唯自彙刻復搜緝迎鑾新曲一卷附於集後實爲樊榭集之最完足者葉德輝謂樊榭博聞強記故見之於詩皆領異標新令人傾倒當時學其體者以獺祭爲工稱爲浙派實則非空疏之士挾兎園冊子數冊餖飣撏撦所得效顰又譚獻謂填詞至太鴻真可分中仙夢窗之席世人爭賞其餖飣窳弱之作所謂微之識碔砆也又吳允嘉謂樊榭之詞當於豪蘇膩柳閒別置一席至選字琢句之新雋直與梅溪艸窗爭相雄長又全祖望序其

迎鑾新曲稱其詞典以則其音嶒竑清越宮商鍾呂互相叶應非世俗之樂府所可語諸氏之於樊榭可謂推崇備致至其文本近考據一派故張文襄編書目答問特爲列入考據家而四庫著錄以樊榭集與精於考據之沈果堂集並列其微意所在亦可以推想而得矣

〔卷目〕正集詩（八）詞（二）續集詩（八）詞（二）文集（八）集外詩（三）集外詞（四）集外曲（二）

小倉山房詩文集 詩集三十七卷文集三十五卷外集八卷

〔著者小傳〕袁枚清錢塘人字子才號簡齋少負才名乾隆初試鴻博報罷旋成進士改庶吉士出知溧水江浦沭陽江寧等縣並著能聲年甫四十卽告歸作園於江寧小倉山下曰隨園以吟詠著作爲樂世稱隨園先生爲詩主性靈務從其才力所至古文駢體亦縱橫跌宕自成一格性通侻頗放情於聲色尤好賓客四方人士投詩文無虛日享盛名者五十年卒年八十有二有小倉山房集隨園詩話

隨園隨筆等書

（本書略述）小倉山房詩集三十七卷附補遺文集三十五卷外集八卷清袁枚撰袁氏論詩專主性靈與沈德潛主聲調之說齗齗不合於新城之詩桐城之文亦不慊意姚鼐撰墓誌銘謂先生嘗以其詩見質余謂一代作家而非正宗欲擷其英華釐爲四卷刊以行世庶令後賢無可指摘亦藉以報知己梁紹壬謂先生詩以七律爲擅長次則七絕又次則五古至於七古才華富贍奔放有餘或失之粗浮或涉於游戲膽大則手滑氣盛則言哤學之者易於成章而橫決隄防流弊亦正無已葉德輝謂所爲文筆力橫強不拘守義法顧動與古會直接廬陵大蘇之傳駢文則一氣卷舒寓單行於偶儷與吳錫麒同工一以疏爽勝一以整飭勝近時張文襄合二家而學之遂成一時作手皆爲平允之論總之袁氏天才特縱人人心中所欲言而不能達者悉能達之俊逸清新無慚大雅究非下里巴人所能竊

附一時詆之者雖衆而文章光氣不磨歷久自有定評也

（卷目）詩集（三十七）附補遺文集（三十五）外集（八）

東原集十二卷附年譜及札記

（著者小傳）戴震（見經部）

（本書略述）東原先生嘗言曰學問之事有三曰義理曰考證曰文章嗣後姚氏鼐曾氏國藩論學卒不能出此三者範圍之外其學長於考證每得一義初若創獲及參互考之碻不可易古人義理固因精於考證而益明而爲文亦無末流繁碎繳繞之弊蓋能善用此三者故足以相濟而不至於相害所著東原集十二卷係臧在東顧子述據孔刻增益之本戴氏所學悉具於是梁氏啓超謂東原爲清代經師中有精深之哲學思想者讀其集可以知其學並可以知其治學方法焉

（卷目）（一至十二）附年譜及札記

述學內外篇四卷補遺一卷別錄一卷附附錄

〔著者小傳〕汪中清江都人字容甫乾隆拔貢生家貧事母至孝以母老竟不朝考絕意仕進治經宗漢學於清代諸儒最服膺顧炎武閻若璩梅文鼎胡渭惠棟戴震於時彥不輕許可見負盛名者必譏彈其失治古文不取韓歐以漢魏六朝爲則畢沅總督兩湖聘入幕屬撰琴臺銘黃鶴樓記好事者爭傳誦之後校四庫全書於浙江之文瀾閣卒於西湖僧舍有廣陵通典周官徵文左氏春秋釋疑而述學內外篇尤有名

〔本書略述〕述學內篇三卷外篇一卷補遺一卷別錄一卷以春秋述義一篇附錄於後清汪中撰嘉慶中其子孟慈精刻本王引之謂汪氏於六經子史以及詞章金石之學罔不綜覽乃博考三代典禮至於文字訓詁名物象數益以論撰之文爲述學內外篇又深於春秋之學著春秋述義識議超卓爲文根柢經史陶冶漢魏不沿歐曾

王蘇之派而取則於古故卓然成一家言譚獻謂汪先生文章鑒鳳
師資二十年妙處不待言其往復自道一筆盤折多至十數句於敘
事中多有此體蓋學裏昭以後左氏傳耳梁啓超謂容甫爲治諸子
學之先登者其文格在漢晉閒極遒美又包世臣謂述學爲容甫弱
冠時錄備遺忘之書自於冊首題曰述學一百卷已成者才數卷耳
然則汪氏之著作傳者僅其什一儻天假以年其所詣當更不止此
矣

（卷目）內篇（三）外篇（一）補遺（一）別錄（一）附附錄

卷施閣集三十八卷　更生齋集十八卷

（著者小傳）洪亮吉（見經部）

（本書略述）卷施閣文甲集十卷乙集十卷詩集二十卷更生齋文
甲集四卷乙集四卷詩集十卷詩餘二卷清洪亮吉撰卷施閣集係
嘉慶四年遣戍以前所作更生齋集係嘉慶五年賜圜以後所作洪

氏不喜浮屠氏學凡雜家異氏之說文字中悉屏絕不採用其詩尤爲當時推重王昶蒲褐山房詩話稱稚存作文具體魏晉作詩五古仿康樂次仿少陵七古仿太白嘔心鏤肺總不欲拾人牙慧至於經史注疏說文地理靡不參稽鉤貫蓋匪僅以詞章名世者畢沅吳會英才集稱洪稚存奇思獨創遠出常情五古歌行傑立一世早年與仲則齊名江左號爲洪黃後沈研經術著書盈篋與季逑論學相長人又稱爲孫洪張維屏聽松廬詩話稱先生未達以前名山勝游詩多奇警及登上第持使節所爲詩轉遜於前至萬里荷戈身歷奇險又復奇氣噴溢信乎山川能助人也云云此皆一時公論蓋洪氏寖饋於漢魏唐宋諸大家者甚深洵不愧爲乾嘉文壇健將即以駢文論朴質若中郎遒宕若參軍肅穆若燕公蓋其素所蓄積有以舉其詞劉勰所謂英華出於性情也吳鼒題其乙集之詞如此可謂傾倒備致譚獻曾謂北江文琢句最工而淵雅之氣漸減然由澀得厚亦

第一義梁啟超亦謂北江之學長於地理其小品駢體文描寫景物尤美不可言

〔卷目〕卷施閣文集甲集（十）乙集（八）詩集（二十）　更生齋文集甲集（四）乙集（四）詩集（八）詩餘（二）

儀鄭堂駢體文 三卷

〔著者小傳〕孔廣森清曲阜人字衆仲又字撝約號顨軒乾隆進士官檢討性恬淡耽著述告養歸不復出年三十五居大母與父喪以哀卒少受經於戴震所學在公羊春秋著公羊通義大戴禮記注詩聲類禮巵言經學巵言少廣正負術內外篇又喜屬文著儀鄭堂駢儷文江都汪中歎爲絕手

〔本書略述〕儀鄭堂駢體文三卷清孔廣森撰吳鼒謂顨軒太史四六文兼有漢魏六朝初唐之勝嘗從戴震受經治春秋三禮多精言故其文託體尊而去古近惜奔走家難勞思夭年所藝不傳傳者不

一珍倣宋版印

及十之三四孫星衍謂嘗見孔氏與其甥朱文翰書暢論作文宗旨略云駢體文以達意明事爲主六朝文無非駢體但縱橫開闔一與散體文同也又云任徐庾三家必須熟讀此外四傑即當擇取須避其平實之弊至於玉谿已不可宗尚又云第一取音節近古又云不可用經典與衍之詞又不可雜制舉文柔滑之句其所得於古人者如此宜其爲文有六朝風格足與邵齊燾袁枚媲美以二氏之言觀之則孔氏之文其品格已可概見雖所作不多然姚燮輯駢文類苑曾燠輯駢體正宗吳鼒輯八家四六均以孔氏之文入選崑山片玉圭臬具存亦足以遺傳不朽矣

〔卷目〕(一)賦頌摺子呈文書札(二)序記(三)書後論連珠誄哀辭祭文

惜抱軒全集 四十九卷

〔著者小傳〕姚鼐清安徽桐城人薑塢先生從子字姬傳一字夢穀

乾隆二十八年進士性恬淡以郎中告歸主講鍾山書院卒年八十五桐城自方苞劉大櫆倡爲古文而鼐繼之選古文辭類篹以明義法世因目爲桐城派著有惜抱軒全集等書學者稱惜抱先生

（本書略述）惜抱軒文集十六卷文後十卷詩集十卷詩後一卷詩外一卷法帖題跋三卷筆記八卷清姚鼐撰按曾文正歐陽生文集序曰乾隆之末桐城姚姬傳先生鼐善爲古文辭慕效其鄉先輩方望溪侍郎之所爲而受法於劉君大櫆及其世父編修君範可知姚氏古文學之所自出桐城自方侍郎後二百餘年以來以古文獨據壇席不得不以姚氏爲承先啓後之鉅子吳德旋初月樓古文緒論曰姚氏文雖上繼望溪而迂迴蕩漾餘味曲包又望溪之所無論者稱爲碻當詩亦出於劉氏大櫆者居多尤長於五七言近體聲調音格不失師法曾文正嘗稱之所撰法帖題跋精於鑒核足與王澍法帖考正媲美至筆記八卷時有古人所未嘗言者姚氏獨能抉其微

而發其蘊其學術大體已具於此不獨足供瀏覽已也

（卷目）文集（十六）文後集（十）詩集（十）詩後集（一）詩外集（一）法帖題跋（三）筆記（八）

大雲山房全集十一卷

（著者小傳）惲敬清陽湖人字子居號簡堂乾隆舉人歷知富陽江山二縣遷江西吳城同知以事去官爲人負氣矜尚名節所至以振與文學爲務自言其學非漢非宋不主故常治古文得力於韓非李斯與蘇明允相上下近法家言世稱陽湖派有大雲山房文集

（本書略述）大雲山房初集四卷二集四卷言事二卷補編一卷清惲敬撰惲氏古文世稱爲陽湖派之祖吳德旋撰惲氏行狀稱先生之治古文得力於韓非李斯與蘇明允相上下近法家言敘事似班孟堅陳承祚而先生自稱其文自司馬子長而外無北面其上曹儷笙侍郎書有與同州張皋文吳仲倫桐城王悔生游始知姚姬傳之

學出於劉海峯劉海峯之學出於方望溪及求三人之文觀之又未足以饜其心之所欲乃由本朝推之於明推之於宋唐推之於漢與秦斷斷焉析其正變區其長短等語是知惲氏陽湖之學其根本實出於桐城並無與桐城派有角立門戶之見也李氏慈銘謂惲氏之學出入漢宋而雜於佛氏善爲高古簡奧之文頗盛自標置詆詈明以後諸家無一當意其文其學殆與姚姬傳並時驂靳而碑誌諸作峭潔精嚴自成一子乃遠非姬傳所及所作大庾戴文端碑文尤極用意固近世之奇作等語李氏讀書獨具特識其言自當不誣至與惲氏同時亦以陽湖派卓然成家者尚有張氏惠言

茗柯文編　五卷　附詞一卷

（卷目）初集（四）二集（四）言事（二）補編（一）

（著者小傳）張惠言清武進人字臯文少爲詞賦嘗擬司馬相如楊雄之文及壯又效韓愈歐陽修其學深於易禮主鄭康成易主虞

翻尤爲孤經絕學嘉慶中以進士官編修卒惠言貌清羸鬚眉作青紺色工篆書有周易虞氏義虞氏消息虞氏易禮易候易事易言周易鄭荀義易義別錄易圖條辨儀禮圖說文諧聲譜茗柯詩文集

（本書略述）茗柯文初編一卷二編二卷三編一卷四編一卷詞一卷清張惠言撰張氏與惲敬同以陽湖派古文並稱於時惲敬撰張氏墓志銘稱皋文少爲辭賦擬司馬相如楊雄之言及壯爲古文效韓氏愈歐陽修言易主虞氏翻言禮主鄭氏玄阮文達序其集稱張氏雖治漢學而不闢宋儒並喜以經術爲古文曾文正序其集稱張氏文詞温潤無考證辨駁之風盡取古人之長又吳德旋初月樓古文緒論稱張氏惜不永年故摹古之痕尚未盡化然淳雅無有能及之者早年雖講漢學而仍不薄程朱所以入理甚深云至詩餘一道清初以來之浙派至乾嘉而漸敝張氏起而改革之振北宋名家之緒闡意內言外之旨而常州派始著於時所輯詞選皆屬倚聲正鵠

其自著詞亦沈著醇厚譚氏獻擬廣孫月坡七家詞選爲後七家以茗柯首列又評周濟味雋齋詞謂精密純正與茗柯把臂入林其傾倒於茗柯有如此者

唐確愼集 十卷

〔卷目〕初編（一）二編（二）三編（一）四編（一）附詞（一）

〔著者小傳〕唐鑑清善化人字鏡海仲冕子嘉慶進士由檢討歷官江寧布政使有惠績入爲太常卿海疆事起劾總督琦善耆英等直聲聞天下咸豐初召對加二品銜命回江南主書院講席卒謚確愼其學力闢陽明不爲調停兩可之說著國朝學案小識以示宗旨又有畿輔水利書

〔本書略述〕唐確愼公集十卷訓俗俚歌幼學口語一卷清唐鑑撰唐氏潛研性道宗尙洛閩諸賢力闢陽明不爲調停兩可之說賀熙齡稱唐氏之文如布帛菽粟讀之者各得其所適至以周程張朱之

文相況賀瑗稱公究心性理繫懷民物故發爲文章無非內聖外王之道詩亦直抒懷抱不假雕飾曾文正爲有清一代大儒而於唐氏獨深服膺則其生平之品學可概見已

〔卷目〕(一)序(二)序說論議(三)記碑箴題跋書(四)傳墓誌銘墓碑墓碣哀辭(五)稟移示論(六至十)詩附歌語

定盦全集 十六卷 附增補

〔著者小傳〕龔自珍清仁和人字璱人號定盦更名鞏祚道光進士官禮部主事博學負才氣於經通公羊春秋於史長西北輿地晚尤好佛乘其文導源周秦諸子沈博奧衍自成一家同光之際盛行一時有定盦集

〔本書略述〕清龔自珍撰定盦文集三卷續集四卷文集補五卷文集補編四卷又本局另以丁輔之所藏墨蹟令壇方言小記等三篇增補集後龔氏爲段玉裁外孫小學多得自段氏經義則挹自莊存

與劉逢祿兼好治史憙章實齋學說有六經皆史之言又好學佛而於治春秋尤有心得能以恢詭淵眇之思證衍古誼生平於專制政體疾之滋甚故集中如古史鈎沈論乙丙之際著議京師樂籍說尊任尊隱撰四等十儀壬癸之際胎觀等篇於民權之義闡明頗詳而近世泰西社會學家言龔氏亦已具有此觀念爲文瑰瑋連犿淺學或往往不得其指之所在梁啓超始極推重之謂近世思想自由之嚮導必數定盦詩詞才氣橫溢其藻采復足以相副蓋龔氏爲近代文學革命家此固天下之公言而非一人之私言也

（卷目）文集上中下（三）續集（一至四）續錄（一）古今體詩上下（二）雜詩（一）詞選（一）補編（一至四）附增補

曾文正詩文集 六卷

（著者小傳）曾國藩清湖南湘鄉人字伯涵號滌生道光進士授檢討洪楊事起督辦團練遂編制鄉勇連復沿江諸地以大學士任兩

江總督爲同治中興功臣第一卒謚文正治軍居官皆粹然有儒者氣象樂與當時賢士大夫以學問文章相切劘並奏派青年留學外洋造就甚多所爲古文深宏駿邁以戴段之學力發爲班馬之文章嘗欲合道與文而爲一其論學剷除漢宋門戶之見謂義理考據詞章三者闕一不可有曾文正全集

（本書略述）曾文正公詩集三卷文集三卷清曾國藩撰按薛福成寄龕文存序曰桐城派流衍益廣不能無窳弱之病曾文正出而振之文正一代偉人以理學經濟發爲文章其閱歷親切迥出諸先生上早嘗師義法於桐城得其峻潔之誼平時論文必導源六經兩漢故其爲文氣清體閎不名一家足與方姚諸公並峙其尤峣然者幾欲跨越前輩黎庶昌論述文正尤爲盡致其言曰曾氏盡取儒者之多識格物博辨訓詁一內諸雄奇萬變之中以矯桐城末流虛車之飾本朝文章至曾文正始變化以臻於大曾氏亦自云以戴段錢王

之訓詁發爲班張左郭之文章蓋曾氏以調和漢宋爲宗旨故兼備數長造詣極高桐城派經此一振遺緒乃得賴以不墜曾氏用力極勤雖軍書旁午猶日課經史百家之言故文章淵雅閎闊超過方姚黎庶昌稱爲自歐陽氏以來一人而已其餘事發爲詩章亦能棄故攬新約言豐義雖曾氏不以詩自鳴而其詩自足以傳世字句鍛鍊格律謹嚴固可與姚氏並美也

〔卷目〕詩集（三）文集（三）

巢經巢集二十卷附附錄暨逸詩一卷

〔著者小傳〕鄭珍清遵義人字子尹晚號柴翁道光舉人學宗許鄭精通聲音文字之原與古宮室冠服車輿之制兼長詩古文辭同治間以荔波訓導補江蘇知縣未赴而卒有儀禮私箋輪輿私箋說文新附考說文逸字汗簡箋正鄭學錄巢經巢經說巢經巢詩鈔等書

〔本書略述〕巢經巢文集六卷詩集九卷詩後集四卷遺詩一卷清

鄭珍撰鄭氏邃於經學於小學研究尤深故張文襄編書目答問特爲列入小學家其文恪守韓柳家法謹嚴峭潔不落宋以後體勢高培穀謂經生家讀書既多根柢磐深卽其議論之文亦非常人所能規仿殊非虛譽於貴州一省地理水利考證辨析尤爲精碻詩亦爲時流所宗尙陳衍石遺室詩話云子尹先生以道光乙酉選拔貢及程春海侍郎之門侍郎詔之曰爲學不先識字何以讀三代秦漢之書乃致力於許鄭二家之學已而從侍郎於湖南故其爲詩濡染於侍郎者甚深侍郎私淑昌黎雙井在有清詩人幾欲方駕籜石齋天不假年而子尹與道州從而光大之壽陽湘鄉又相先後其間爲道咸以來詩家一變局莫子偲序子尹詩謂盤盤之氣熊熊之光瀏灕頓挫不主故常以視楦釀篇牘自張風雅者其貴賤何如也竊謂子尹歷前人所未歷之境狀人所難狀之狀學杜韓而非摹倣杜韓則多讀書故也此可與知者道耳蓋石遺寢饋於鄭氏者甚深故能言

之親切如此

〔卷目〕文集（一至六）詩集（一至九）詩後集（一至四）遺詩（一）附附錄暨近人盧前校刊逸詩一卷

定山堂詩餘 四卷

〔著者小傳〕龔鼎孳清合肥人字孝升號芝麓明崇禎進士授兵科給事中李自成陷京師受僞直指使順治初迎降以原官起用屢起屢仆康熙間官至禮部尚書卒諡端毅爲人放曠頗爲時所譏而洽聞博學詩古文並工清初與吳偉業錢謙益齊名稱爲江左三大家有定山堂集

〔本書略述〕定山堂詩餘四卷清龔端毅公鼎孳撰孫默選十六家詞以龔端毅詞首列四庫著錄刪去端毅一家而以十五家詞標名按端毅博聞洽記以詩古文名於時與吳偉業錢謙益稱爲江左三大家其詩餘體格亦不乖風雅之旨尤氏侗云先生詞如花間美人

自覺娬媚當與宋子京紅杏枝頭晏同叔桃花扇底並豔千古王文簡云龔尚書蘄山溪詞重來門巷盡日飛紅雨不知其何以佳但覺神馳心醉王氏昶國朝詞綜譚氏獻篋中詞亦無不以端毅之詞入選茲本局特據端毅全集本精校讀者可以窺龔詞之全豹而孫氏十六家詞四庫刪去龔詞之缺憾亦可以彌補矣

（卷目）共四卷

珂雪詞 二卷 附補遺

（著者小傳）曹貞吉清山東安邱人字升六號實庵康熙三年進士官至禮部郎中生而嗜書以歌詩爲性命詩格遒練宋犖極推許之王士禎選十子詩略貞吉與焉閒倚聲作詞追蹤宋人吳綺名家詞選以爲壓卷有實庵詩略珂雪詩詞

（本書略述）珂雪詞二卷補遺一卷清曹貞吉撰已入四庫著錄稱其詞風華掩映寄託遙深古調之中緯以新意不必模周範柳學步

邯鄲而自不失為雅製陳廷焯白雨齋詞話謂珂雪詞在國初諸老中最為大雅才力不逮朱陳而取徑較正故國朝不乏詞家而四庫獨收珂雪云云此外友朋推挹之詞具詳卷首各家序文及題辭詞話詞評中所稱均非溢量四庫著錄本無補遺卜算子等八闋此本完全未佚可稱足本

〔卷目〕分上下兩卷附補遺

湖海樓詞集三十卷

〔著者小傳〕陳維崧清江蘇宜興人字其年號迦陵少以諸生負盛名貌清癯而多鬚時稱陳髯康熙中舉鴻博授檢討與修明史越四年而卒其駢體文才力富健汪琬謂開寶以後七百年無此等作詞尤淩厲光怪變化若神所著有兩晉南北史集珍六卷湖海樓詩八卷迦陵文集十六卷詞三十卷

〔本書略述〕湖海樓詞集三十卷清陳維崧撰曹秋嶽云其年與錫

邕並負軼世才同舉博學鴻詞其爲詞亦工力悉敵烏絲載酒一時未易軒輊陳廷焯白雨齋詞話稱迦陵詞沈雄俊爽論其氣魄古今無敵手若能加以渾厚沈鬱便可突過蘇辛獨步千古又稱國初詞家斷以迦陵爲巨擘朱彊村雜題清代諸家詞集望江南詞其題湖海樓集云迦陵語哀樂過人多跋扈頗參青兕意清揚恰稱紫雲歌不管秀師訶云云其傾倒之意見於言外綜計全集小令中調長調得四百一十六調得詞一千六百二十九闋其富且工亦堪推古今倚聲家獨步

〔卷目〕（一至五）小令（六至十一）中調（十二至三十）長調

彈指詞 二卷

〔著者小傳〕顧貞觀清無錫人字華峯號梁汾康熙舉人官祕書院典籍善填詞與吳江吳兆騫交極篤兆騫以順治丁酉科場案謫戍寧古塔貞觀爲之求援於明珠之子性德未即許貞觀作金縷曲二

闋以寄兆騫性德見之泣下爲言於明珠兆騫遂得生還有積書巖

集彈指詞纑塘詩宋詩刪

（本書略述）彈指詞二卷清顧貞觀撰杜紫綸云彈指詞極情之至出入南北兩宋而奄有衆長況蕙風云容若與梁汾交誼甚深詞亦齊名而梁汾稍不逮容若論者曰失之脃陳廷焯白雨齋詞話稱顧華峯詞全以情勝是高人一著處至其用筆亦甚圓朗又寄吳漢槎賀新郎兩闋只如家常說話而痛快淋漓宛轉反覆兩人心迹一一如見雖非正聲亦千秋絕調也朱彊村以望江南詞題梁汾集有雲海約明鏡已秋霜但願生還吳季子何曾形穢漢田郎（原注田紫綸詞序有自顧形穢語梁汾詞休教看殺風流京北漢田郎）歸我有纑塘之句蓋每當風清月夜歌季子平安否二闋激昂慷慨其情詞入人甚深迨歸老纑塘究心理學視平時才調已如落花飛絮不留色相宜彊村之低徊不絕備致纏綿也

〔卷目〕分上下兩卷

納蘭詞五卷附補遺

〔著者小傳〕納蘭性德清滿洲正黃旗人大學士明珠子初名成德字容若故世多稱爲成容若康熙進士官侍衛愛才好客所與游皆一時名士嘗集宋元以來諸儒說經之書刻爲通志堂經解一千八百餘卷精鑒藏善書能詩尤工倚聲所著飲水側帽詞清新秀雋海內善爲詞者皆歸之卒年三十有一有通志堂集陳氏禮記集說補正刪補大學集義粹言

〔本書略述〕納蘭詞清納蘭容若撰清初之詞最著者爲朱彝尊陳維崧繼之而起名重一時者實惟納蘭容若門地才華直越北宋之晏小山而上之其詞纏綿婉約能極其致南唐墜緒絕而復續倘天假以年所造當不止此王國維人閒詞話稱容若以自然之眼觀物以自然之舌言情此由初入中原未染漢人風氣故能真切如此爲

北宋以來一人此本係汪仲安以顧梁汾原輯本及楊蓉裳鈔本袁蘭邨刊本昭代詞選名家詞鈔詞匯詞綜詞雅艸堂嗣響亦園詞選等書彙鈔得二百七十餘闋都爲五卷並補遺一卷其前後之次則按體編之字句異同悉加注明復采詞評詞話錄於卷首凡飲水側帽各詞咸具於是光緒間許增重刻列入榆園叢書可稱容若詞之最完足本

〔卷目〕共五卷附補遺

靈芬館詞四種七卷

〔著者小傳〕郭麐清吳江人字祥伯號頻伽嘉慶間貢生工詩古文辭醉後畫竹石別有天趣晚年僑居嘉善以終有金石例補靈芬館全集

〔本書略述〕靈芬館詞清郭麐撰浙派之詞竹垞開其端樊榭振其緒頻伽暢其風疏俊少年每以頻伽之名傳多篤嗜之論者謂詞宜

深澀頻伽失之滑詞宜柔厚頻伽失之薄然其詞奉白石玉田爲圭臬自有一種清疏朗秀之致足以捄嘽緩淫曼之弊固卓然爲浙派後勁此本亦係許增輯刊列入榆園叢書都凡四種一曰蘅夢詞二卷二曰浮眉樓詞二卷三曰懺餘綺語二卷四曰爨餘詞一卷至蘅夢浮眉懺餘三種以外之詞因於道光壬午冬燬於火後從友好鈔集而成故名爨餘原鈔本爲仁和高氏保康所藏許氏乃爲補入以成完璧

（卷目）蘅夢詞（二）浮眉樓詞（二）懺餘綺語（二）爨餘詞（一）

文選李善注 六十卷 攷異十卷

（著者小傳）蕭統（見前）李善唐江都人有雅行淹貫古今不能屬辭故人號爲書簏顯慶中擢崇賢館直學士兼沛王侍讀爲文選注敷析淵洽表上之後居汴鄭閒講授傳其業者號文選學　胡克家清江西鄱陽人字果泉乾隆進士官至江蘇巡撫

〔四庫提要〕案文選舊本三十卷梁昭明太子蕭統撰唐文林郎守太子右內率府錄事參軍事崇賢館直學士江都李善爲之註始每卷各分爲二新唐書李邕傳稱其父善始註文選釋事而忘義書成以問邕邕意欲有所更善因令補益之邕乃附事見義故兩書並行今本事義兼釋似爲邕所改定然傳稱善註文選在顯慶中與今本所載進表題顯慶三年者合而舊唐書邕傳稱天寶五載坐柳勣事杖殺年七十餘上距顯慶三年凡八十九年是時邕尚未生安得有助善註書之事且自天寶五載上推七十餘年當在高宗總章咸亨閒而舊書稱善文選之學受之曹憲計在隋末年已弱冠至生邕之時當七十餘歲亦決無伏生之壽待其長而著書考李匡乂資暇錄曰李氏文選有初註成者有覆註有三註四註者當時旋被傳寫其絕筆之本皆釋音訓義註解甚多是善之定本本事義兼釋不由於邕匡乂唐人時代相近其言當必有徵知新唐書喜采小說未詳考

也其書自南宋以來皆與五臣註合刊名曰六臣註文選而善註單行之本世遂罕傳此本爲毛晉所刻雖稱從宋本校正今考其第二十五卷陸雲答兄機詩註中有向曰一條濟曰一條又答張士然詩註中有翰曰銑曰向曰濟曰各一條殆因六臣之本削去五臣獨留善註故刊除不盡未必真見單行本也他如班固兩都賦誤以註列目錄下左思三都賦善明稱劉逵註蜀都吳都張載註魏都乃三篇俱題劉淵林字又如楚辭用王逸註子虛上林賦用郭璞註兩京賦用薛綜註思玄賦用舊註魯靈光殿賦用張載註詠懷詩用顏延年沈約註射雉賦用徐爰註皆題本名而補註則別稱善曰於薛綜條下發例甚明乃於揚雄羽獵賦用顏師古註之類則竟漏本名於班固幽通賦用曹大家註之類則散標句下又文選之例於作者皆書其字而杜預春秋傳序則獨題名豈非從六臣本中摘出善註以意排纂故體例互殊歟至二十七卷末附載樂府君子行一篇註曰李

善本古詞止三首無此一篇五臣本有今附於後其非善原書尤爲顯證以是例之其孔安國尚書序杜預春秋傳序二篇僅刻原文絕無一字之註疑亦從五臣本勦入非其舊矣惟是此本之外更無別本故仍而錄之而附著其舛互如右

（卷目）（一至十八）賦（十九）賦詩（二十至三十一）詩（三十二）（三十三）騷（三十四）（三十五）七（三十六）令教文（三十七）（三十八）表（三十九）上書啓（四十）彈事牋奏記（四十一至四十三）書（四十四）檄（四十五）對問設論辭序（四十六）序（四十七）頌贊（四十八）符命（四十九）（五十）史論史述贊（五十一至五十五）論（五十六）箴銘誄（五十七）誄哀（五十八）哀碑文（五十九）碑文（六十）行狀弔文祭文附考異（十）

六朝文絜 四卷

（著者小傳）許槤清浙江海寧人字叔夏號珊林道光進士官江蘇

釐儲道明律學吏事精敏硏精說文解字好金石文字工篆隸書嘗纂說文解字統箋遭亂散佚別纂識字略又有古均閣寶刻錄古均閣遺著

（本書略述）六朝文絜四卷清許槤輯文章至六朝上承秦漢下啓唐宋實爲文體變遷上一大關鍵不特主駢偶者固當以秦六朝爲宗即主散行者亦必先胎息六朝始能上泝秦漢此編所選僅七十餘篇至爲簡約凡措詞淫豔之病隸事繁冗之病爲蕭子顯南齊書文學傳贊所指陳者悉擯不選錄劉勰之言曰析詞尙絜是選足以當之所評各語窮源竟委啓發頗多圈點亦極精當學者拳服揣摩可由此窺尋古人文章精采所在並可以引起興趣爲六朝文讀本中之最佳者

（卷目）（一）賦（二）詔敕令教策問表疏啓牋（三）書（四）移文序論銘碑誄祭文

古文辭類纂 七十五卷

〔著者小傳〕姚鼐（見前）

〔本書略述〕桐城統緒相承一派盛於姚鼐姚氏義法具於所選古文辭類纂朱琦怡志堂文初編自記所藏古文辭類纂舊本其言曰是選爲類十三凡一類內而爲用不同又別之爲上下篇先生嘗云文無所謂古今也惟其當而已知其所以當則於古雖遠而於今取法如衣食之不可釋又云神理氣味者文之精也格律聲色者文之粗也苟舍其粗則精者胡以寓學者之於古文必始而遇其粗中而遇其精終則御其精而遺其粗先生每類自爲之說分隸篇首自明去取之義甚當而於先秦兩漢自唐宋諸家以及本朝尤究極端委綜覈正變故曰學而至者神合焉學而不至者貌存焉學者守是猶工之有繩墨法家之有律令也無可疑者案姚氏之說爲學古文次第要法亦爲讀古文辭類纂要法故朱氏特舉之此本係光緒間李

承淵得姚氏家藏先生晚年圈點本乃錄於所校本上付諸剞劂另以校勘記附於卷尾實勝康紹鏞吳啓昌二本圈點而外李氏復增加句讀俾便學者諷誦亦未始非文字上之一助也

（卷目）（一至五）論辨類（六至十）序跋類（十一至二十）奏議類上編（二十一至二十四）奏議類下編（二十五至三十一）書說類（三十二至三十四）贈序類（三十五至三十七）詔令類（三十八）（三十九）傳狀類（四十）（四十一）碑志類上編（四十二至五十一）碑志類下編（五十二至五十九）雜記類（六十）箴銘類（六十一）頌贊類（六十二至七十二）辭賦類（七十三至七十五）哀祭類

駢體文鈔三十一卷

（著者小傳）李兆洛（見史部）譚廷獻清浙江仁和人後更名獻字仲脩號復堂同治舉人官安徽含山知縣著有復堂類稿等

〔本書略述〕駢體文鈔三十一卷分上中下三編清李兆洛輯李氏於古今文辭之行世者靡不披覽嘉慶末康紹鏞在粵東以吳山子所藏姚氏古文辭類篹本校閱付梓李氏時為康客因謂唐以下始有古文之稱而別對偶之文為駢體乃更選先秦兩漢下及於隋為是鈔以便學者沿流而溯源說者乃謂是鈔實為姚選而輯當時其門弟子莊綬甲頗有論難以鈔中報任安書出師表等不應入選既入選則不應以駢體標名李氏覆書大致謂唐宋傳作皆導源於秦漢秦漢之駢偶實唐宋散行之祖報任安書為謝朓江淹諸書藍本出師表為晉宋諸奏疏藍本皆從流溯源之所不能不及焉者可篇篇以此意求之其主張駢散合一之旨表示已極明顯仁和譚氏獻亦主駢散合一復堂日記中有吾輩文字不分駢散不能就當世古文家範圍亦未必有意抉此藩籬之語其生平饜饋於此書者最久丹黃雜題每篇皆有評識圈點稿經數易大致不殊李氏亦時有獨

標新誼之處玆本局覓得譚氏最後手批原本精校印行以成合璧而廣流傳

（卷目）（上編）（一）銘刻（二）頌（三）雜颺頌（四）箴（五）謚誄哀策（六）詔書（七）策命（八）告祭（九）教令（十）策對（十一）奏事（十二）駁議（十三）勸進（十四）賀慶（十五）薦達（十六）陳謝（十七）檄移（十八）彈劾（中編）（十九）書（二十）論（二十一）序（二十二）雜頌贊箴銘（二十三）碑記（二十四）墓碑（二十五）誌狀（二十六）誄祭（下編）（二十七）設辭（二十八）七（二十九）連珠（三十）牋牘（三十一）雜文

續古文辭類纂二十八卷

（著者小傳）黎庶昌清貴州遵義人字蒓齋廪貢生同治間上萬言書以縣令發兩江官至川東道兩使日本影鈔唐宋舊籍成古逸叢書皆中土不傳之本自著有拙尊園叢稿

〔本書略述〕續古文辭類纂二十八卷清黎庶昌輯黎氏親炙古文義法於曾文正此編皆以補姚氏類纂所未備其分類則采用姚曾二氏之例而變化之凡神理氣味格律聲色有一不備者文雖佳不入選四者具備者人雖存亦入選編輯主旨一以姚曾爲依歸與王氏先謙所輯續纂僅及方苞劉大櫆以後之文者不同蓋體例嚴於王纂而範圍又廣於王纂畫段圈點悉援康刻類纂之例另增句讀

〔卷目〕〔上編〕（一）論辨類（二）序跋類奏議類書說類詔令類（三）傳狀類雜記類箴銘類頌贊類辭賦類哀祭類（四）敘記類（五）典志類（中編）（六至十四）傳狀類（十五）序跋類（十六）奏議類書說類詔令類辭賦類哀祭類（十七）敘記類（十八）典志類（下編）（十九）論辨類序跋類（二十）奏議類（二十一）書說類（二十二）贈序類（二十三）傳狀類（二十四）碑誌類（二十五）雜誌類 （三十六）箴銘類頌贊類辭賦類哀祭類（二十七）敘記類上 （二十

八）敘記類下

經史百家雜鈔二十六卷

（著者小傳）曾國藩（見前）

（本書略述）經史百家雜鈔二十六卷清曾文正公國藩輯是鈔約分氣勢識度情韻趣味四屬與姚氏類纂宗旨不甚相遠而論次則微有異同自姚氏與魯絜非書始縷舉陽剛陰柔之象以論文文正遂本之以析各家文體謂文之陽剛者約得四家曰莊子揚雄韓愈柳宗元陰柔者約得四家曰司馬遷劉向歐陽修曾鞏韓無陰柔之美歐無陽剛之美也以之析各體之宜謂陽剛者氣勢浩瀚陰柔者味韻深美浩瀚者噴薄而出之深美者吞吐而出之就所分十一類言則論著類詞賦類宜噴薄序跋類宜吞吐奏議類哀祭類宜噴薄詔令類書牘類宜吞吐傳誌類序記類宜噴薄典志類雜記類宜吞吐其一類中微有區別者如哀祭類雖宜噴薄而祭郊社祖宗則宜

吞吐詔令類雖宜吞吐而檄文則宜噴薄書牘類雖宜吞吐而論事則宜噴薄皆可以是意推之以之敍各品之妙謂嘗慕古人文境之美者有八字訣而陽剛之美莫要於雄直怪麗陰柔之美莫要於茹遠潔適其於輯選此書之宗旨大致已盡於是歸納言之要不出氣勢識度情韻趣味四屬此實爲談藝總要之術百世不易之道足與姚氏類簒並傳也

（卷目）（一）（二）論著之屬（三至七）詞賦之屬（八）（九）序跋之屬（十）詔令之屬（十一至十三）奏議之屬（十四）（十五）書牘之屬（十六）哀祭之屬（十七至二十一）傳誌之屬（二十二）（二十三）敍記之屬（二十四）（二十五）典志之屬（二十六）雜記之屬

樂府詩集　一百卷

（著者小傳）郭茂倩宋須城人所著樂府詩集其解題徵引浩博援據精審宋以來考樂府者無能出其範圍

〔四庫提要〕宋郭茂倩撰建炎以來繫年要錄載茂倩爲侍讀學士郭褒之孫源中之子其仕履未詳本渾州須城人此本題曰太原蓋署郡望也是集總括歷代樂府上起陶唐下迄五代凡郊廟歌詞十二卷燕射歌詞三卷鼓吹曲詞五卷橫吹曲詞五卷相和歌詞十八卷清商曲詞八卷舞曲歌詞五卷琴曲歌詞四卷雜曲歌詞十八卷近代曲詞四卷雜謠歌詞七卷新樂府詞十一卷其解題徵引浩博援據精審宋以來考樂府者無能出其範圍每題以古詞居前擬作居後使同一曲調而諸格畢備不相沿襲可以藥剽竊形似之失其古詞多前列本詞後列入樂所改得以考知孰爲側孰爲趨孰爲豔孰爲增字減字其聲詞合寫不可訓詁者亦皆題下註明尤可以藥摹擬聱牙之弊誠樂府中第一善本明梅鼎祚古樂苑曰郭氏意務博擥閱有詩題悉列樂府如採桑則劉邈萬山見採桑人從軍行則王粲從軍詩梁元帝同王僧辯從軍江淹擬李都尉從軍張正見星

名從軍詩庾信同盧記室從軍之類有取詩首一二語竄入前題如
自君之出矣則鮑令暉題詩後寄行人長安少年行則何遜學古詩
長安美少年之類有辭類前題原未名爲歌曲如苦熱行任昉何遜
但云苦熱鬭鷄篇梁簡文但云鬭鷄之類有賦詩爲題而其本辭實
非樂府若張正見晨鷄高樹鳴本阮籍咏懷詩晨鷄鳴高樹命駕起
旋歸張率雀乳空井中本傅玄雜詩鵲巢邱城側雀乳空井中之類
亦有全不相蒙如善哉行則江淹擬魏文遊宴秋風則吳邁遠古意
贈今人之類有一題數篇半爲牽合如楊方合歡詩後三首爲雜詩
採蓮曲則梁簡文後一首本蓮花賦中歌之類並當刪正云云其說
亦頗中理然卷帙既繁牴牾難保司馬光通鑑猶病之何況茂倩斯
集要之大廈之材終不以寸朽棄也

（卷目）（一至十二）郊廟歌辭（十三至十五）燕射歌辭（十六至二
十）鼓吹曲辭（二十一至二十五）橫吹曲辭（二十六至四十三）

相和歌辭（四十四至五十一）清商曲辭（五十二至五十六）舞曲歌辭（五十七至六十）琴曲歌辭（六十一至七十八）雜曲歌辭（七十九至八十二）近代曲辭（八十三至八十九）雜歌謠辭（九十至九十六）新樂府辭（九十七）雜樂府辭（九十八至一百）新樂府辭

玉臺新詠十卷

（著者小傳）徐陵（見前） 吳兆宜（見前） 程際盛清長洲人原名琰字煥若號東冶乾隆進士官至御史有說文古語考禮記古訓考周禮古書考儀禮古文今文考駢字分箋續方言補清河偶鈔稻香樓集

（四庫提要）陳徐陵撰陵有文集已著錄此所選梁以前詩也案劉肅大唐新語曰梁簡文爲太子好作豔詩境內化之晚年欲改作追之不及乃令徐陵爲玉臺集以大其體據此則是書作於梁時故簡

文稱皇太子元帝稱湘東王今本題陳尚書左僕射太子少傅東海
徐陵撰殆後人之所追改如劉勰文心雕龍本作於齊而題梁通事
舍人耳其梁武帝書諡書國號邵陵王等並書名亦出於追改也其
書前八卷爲自漢至梁五言詩第九卷爲歌行第十卷爲五言二韻
之詩雖皆取綺羅脂粉之詞而去古未遠猶有講於溫柔敦厚之遺
未可概以淫豔斥之其中如曹植棄婦篇庾信七夕詩今本集皆失
載據此可補闕佚又如馮惟訥詩紀載蘇伯玉妻盤中詩作漢人據
此知爲晉代梅鼎祚詩乘載蘇武妻答外詩據此知爲魏文帝作古
詩西北有高樓等九首文選無名氏據此知爲枚乘作飲馬長城窟
行文選亦無名氏據此知爲蔡邕作其有資考證者亦不一明代刻
本妄有增益故馮舒疑庾信有入北之作江總濫擘牋之什茅元禎
本顛倒改竄更甚此本爲趙宧光家所傳宋刻有嘉定乙亥永嘉陳
玉父重刻跋最爲完善閒有後人附入之作如武陵王閨妾寄征人

詩沈約八詠之六諸篇皆一一註明尤爲精審然玉父跋稱初從外家李氏得舊京本闕多錯謬復得石氏所藏錄本以補亡校脫如五言詩中入李延年歌一首陳琳飲馬長城窟行一首沈約六憶詩四首皆自亂其例七言詩中移東飛伯勞歌於越人歌之前亦乖世次疑石氏本有所竄亂而玉父因之未察也觀劉克莊後村詩話所引玉臺新詠一一與此本脗合而嚴羽滄浪詩話謂古詩行行重行行篇玉臺新詠以越鳥巢南枝以下另爲一首此本仍聯爲一首又謂盤中詩爲蘇伯玉妻作見玉臺集此本乃溷列傅玄詩中邢凱坦齋通編引玉臺新詠以誰言去婦薄一首爲曹植作此本乃題爲王宋自作蓋克莊所見卽此本羽等所見者又一別本是宋刻已有異同非陵之舊矣特不如明人變亂之甚爲尚有典型耳其書大唐新語稱玉臺集元和姓纂亦稱梁有聞人蒨詩載玉臺集然隋志已稱玉臺新詠則玉臺集乃相沿之省文今仍以其本名著錄焉

玉臺新詠箋註十卷國朝吳兆宜撰兆宜有庾開府集註已著錄是書引證頗博然繁而無當又多以後代之書註前代之事尤爲未允惟每卷以明人濫增之作退之卷末註曰以下宋本所無較諸本爲善

（卷目）共十卷

古詩選三十二卷

（著者小傳）王士禎（見前）

（四庫提要）國朝王士禎編士禎有古懽錄已著錄此編凡五言詩十七卷七言詩十五卷五言自漢魏六朝以下唐代惟載陳子昂張九齡李白韋應物柳宗元五人七言古逸一卷漢魏六朝一卷唐則李嶠宋之問張說王翰四人爲一卷王維李頎高適岑參李白爲一卷而王昌齡崔顥二人則稱附錄五卷以下則唐杜甫韓愈宋歐陽修王安石蘇軾黃庭堅晁說之晁補之陸游金元好問元虞集吳萊

十三人之詩而李商隱蘇轍劉迎劉因四人稱附錄夫五言肇於漢氏歷代沿流晉宋齊梁業已遞變其體格何以武德之後不容其音響少殊使生於隋者如侯夫人怨詞之類以正調而得存生於唐者如杜甫之流亦以變聲而見廢且王粲七哀何異杜甫之三別乃以生有先後使詩有去留揆以公心亦何異李攀龍唐無五言古詩而有其古詩之說乎至七言歌行惟鮑照先爲別調其餘六朝諸作大抵皆轉韻抑揚故初唐諸人多轉韻而李白以下始遙追鮑照之體終唐之世兩派並行今初唐所錄寥寥數章亦未免拘於一格蓋一家之書不足以盡古今之變也至於越人歌惟存二句之類則校刊者之疎或以是而議士禎則過矣

古詩源十四卷

〔卷目〕五言詩（十七）七言詩（十五）

〔著者小傳〕沈德潛清江蘇長洲人字確士號歸愚乾隆間舉鴻博

未遇及成進士年已將七十高宗稱爲老名士召對論歷代詩源流升降大賞之命值上書房擢禮部侍郎以年力就衰許告歸原銜食俸高宗賜詩極多入都祝嘏與錢陳羣並預香山九老會稱大老卒年九十七贈太子太師謚文慤後以徐述夔一柱樓集詩詞悖逆集內載德潛爲述夔作傳追奪階銜祠謚仆其墓碑所輯有古詩源唐朝詩別裁等所著有竹嘯軒詩鈔歸愚詩文鈔等

（本書略述）古詩源十四卷清沈文慤公德潛輯文慤少從學於吳江葉星期葉居橫山故阮亭云橫山門下尙有詩人然文慤獨綜今古無藉而成本源漢魏效法盛唐先宗老杜次及昌黎義山東坡遺山下至青邱崆峒大復臥子阮亭皆能兼綜條貫乾隆御序詩集曾以高王爲比所輯詩甚多此編溯隋陳而上極乎黃軒凡三百篇楚騷而外自郊廟樂章迄童謠里諺無不備采每篇均爲疏釋大義並附評語圈點自謂古詩之雅者已盡於此足爲學詩者導其源聽松

廬詩話謂文慤所選諸集自好高愛奇者觀之或有嫌其近平熟者抑知好高愛奇或出於獨嗜而失之偏或暫足驚人而不能久究不若文慤所選爲出於中正和平使學者有軌轍可尋而流弊尙少其持論至爲平允文慤耄年備極知遇之隆身後因徐述夔文字獄牽累追奪階銜祠謚以至當時四庫開館編纂諸臣不敢以所著及選輯各書入於著錄然文慤詩學淳正誠不愧爲一代大宗如此編歷久不磨自有其可傳者在固不在一時之著錄與否也

（卷目）（一）古逸詩（二至四）漢詩（五）（六）魏詩（七至九）晉詩（十）（十一）宋詩（十二）齊詩（十三）梁詩（十四）陳詩

今體詩鈔十八卷

（著者小傳）姚鼐（見前）

（本書略述）今體詩鈔十八卷清姚鼐輯詩家選本甚多有主從讀瀛奎律髓入手者多學山谷江西一派其失也俚有主從讀二馮所

批才調集入手者多學晚唐纖麗一派其失也浮是鈔五言今體自初唐至晚唐止七言近體自初唐至南宋止嚴於持擇辨格最正一切旁門外道芟除殆盡足救乾嘉以來詩學不振之弊以之啓導後學足爲雅宗其弁言數則尤資津逮雖與王氏士禎所輯古詩選意趣不甚相合而維持詩教之宗旨則同故讀今體詩選當以姚氏是鈔爲最善本

（卷目）五言詩七言詩各（九）

十八家詩鈔　二十八卷

（著者小傳）曾國藩（見前）

（本書略述）曾文正既輯經史百家雜鈔分氣勢識度情韻趣味爲四屬復鈔古近體詩名曰十八家詩鈔者亦分爲四屬而別增一神機之屬求闕齋日記云機者無心遇之偶然觸之姚惜抱謂文王周公繫易彖辭爻辭其取象亦偶觸於其機假令易一日而爲之其機

之所觸少變則其辭之取象亦少異矣余嘗歎爲知言神者人功與天機相湊泊如卜筮之有繇辭如左傳諸史之有童謠如佛書之有偈語其義在可解不可解之閒古人有所託諷如阮嗣宗之類故作神語以亂其辭唐人如太白之豪少陵之雄龍標之逸昌谷之奇及元白張王之樂府亦往往多神到機到之語卽宋世名家之詩亦皆人巧極而天工錯徑路絕而風雲通蓋必可與言機可與言神而後極詩之能事文正之言如此故與所選古文微有異同又文正晚年讀詩其旨復從簡約五古主專讀陶潛謝朓兩家七古主專讀韓愈蘇軾兩家五律主專讀杜甫七律主專讀黃庭堅七絕主專讀陸游以一二家爲主而他家則參觀互證謂惟用志不紛乃能抗手入古此又讀是鈔者所不可不知者也是鈔凡二十八卷都古近體詩六千五百九十九首

〔卷目〕（一）曹子建阮嗣宗五古（二）陶淵明謝康樂五古（三）鮑明

遠謝玄暉五古(四至六)李太白五古(七)(八)杜工部五古(九)韓昌黎五古(十)李太白七古(十一)杜工部七古(十二)韓昌黎白香山七古(十三)白香山蘇東坡七古(十四)(十五)蘇東坡七古(十六)黃山谷七古(十七)王右丞孟襄陽李太白五律(十八)(十九)杜工部五律(二十)杜工部李義山杜牧之七律(二十一)(二十二)蘇東坡七律(二十三)黃山谷七律(二十四)陸放翁七律(二十五)陸放翁元遺山七律(二十六)李太白杜工部蘇東坡七絕(二十七)蘇東坡陸放翁七絕(二十八)陸放翁七絕

花閒集十卷

(著者小傳)趙崇祚後蜀人字宏基事孟昶爲衞尉少卿編有花間集

(四庫提要)後蜀趙崇祚編崇祚字宏基事孟昶爲衞尉少卿而不詳其里貫十國春秋亦無傳案蜀有趙崇韜爲中書令廷隱之子崇

祚疑即其兄弟行也詩餘體變自唐而盛行於五代自宋以後體製益繁選錄益衆而溯源星宿當以此集爲最古唐末名家詞曲俱賴以僅存其中漁父詞楊柳枝浪淘沙諸調唐人仍載入詩集蓋詩與詞之轉變在此數調故也於作者不題名而題官蓋即文選書字之遺意惟一人之詞時割數首入前後卷以就每卷五十首之數則體例爲古所未有耳陳振孫謂所錄自温庭筠而下十八人凡五百首今逸其二坊刻妄有增加殊失其舊此爲明毛晉重刊宋本猶爲精審前有蜀翰林學士中書舍人歐陽炯序作於孟昶之廣政三年乃晉高祖之天福五年也後有陸游二跋其一稱斯時天下岌岌士大夫乃流宕如此或者出於無聊不知惟士大夫流宕如此天下所以岌岌游未反思其本耳其二稱唐季五代詩愈卑而倚聲者輒簡古可愛能此不能彼未易以理推也不知文之體格有高卑人之學力有強弱學力不足副其體格則舉之不足學力足以副其體格則舉

之有餘律詩降於古詩故中晚唐古詩多不工而律詩則時有佳作詞又降於律詩故五季人詩不及唐詞乃獨勝此猶能舉七十斤者舉百斤則蹶舉五十斤則運掉自如有何不可理推乎

（卷目）（一）五十首（二）四十九首（三）五十首（四）五十首（五）五十首（六）五十一首（七）五十首（八）四十九首（九）四十九首（十）五十首

草堂詩餘 四卷

（著者小傳）不著撰者姓氏

（本書略述）艸堂詩餘四卷不著編輯者名氏曾列四庫著錄略稱舊傳南宋人所編考王楙野客叢書作於慶元間已引艸堂詩餘張仲宗滿江紅詞證蝶粉蜂黃之語則此書在慶元以前矣詞家小令中調長調之分自此書始後來詞譜依其字數以爲定式未免稍拘故爲萬樹詞律所譏然填詞家終不廢其名則亦倚聲之格律也朱

彝尊作詞綜稱艸堂選詞可謂無目其詬之甚至今觀所錄雖未免雜而不純不及花間諸集之精善然利鈍互陳瑕瑜不掩名章俊句亦錯出其間一概詆排未爲公論以上四庫提要語 譚獻復堂日記有艸堂所選但芟去柳耆卿黃山谷胡浩然康伯可僧仲殊諸人惡札則兩宋名家迥句傳誦人間者略具之語與四庫著錄所稱若合符契蓋歷來倚聲家雖多詬病此選而其佳處究不能概爲末殺故能與花間諸集並傳也此本係據因樹樓詞苑英華重刊汲古閣本校刊極爲精善

〈卷目〉(一)小令(二)中調(三)(四)長調

絕妙好詞箋七卷續鈔一卷續鈔補錄一卷

〈著者小傳〉周密(見前) 查爲仁清宛平人字心穀號蓮坡康熙舉人以被訐得罪既而獲昭雪因發憤讀書居天津水西莊貯書萬卷往來名士多主其家有蔗堂未定稿 厲鶚(見前) 余集清仁

和人號秋室乾隆進士官至侍講學士善畫山水尤工美人著有秋室詩鈔　徐楙清錢唐人字仲繇號問蘧諸生嗜書畫金石精篆刻著有問蘧廬詩詞漱玉詞箋

〔本書略述〕絕妙好詞箋七卷宋周密編其箋則清查爲仁厲鶚所同撰也已見四庫著錄略稱密所編南宋歌詞始於張孝祥終於仇遠凡一百三十二家去取謹嚴猶在曾慥樂府雅詞黃昇花菴詞選之上又宋人詞集今多不傳併作者姓名亦不盡見於世零璣碎玉皆賴此以存於詞選中最爲善本初爲仁採摭諸書以爲之箋各詳其里居出處或因詞而考證其本事或因人而附載其佚聞以及諸家評論之語與其人之名篇秀句不見於此集者咸附錄之會鶚亦方箋此集尚未脫稿適遊天津見爲仁所箋遂舉以付之刪複補漏合爲一書今簡端竝題二人之名不沒其助成之力也所箋多泛濫旁涉不盡切於本詞未免有嗜博之弊然宋詞多不標題讀者每不

詳其事如陸游之瑞鶴仙韓元吉之水龍吟辛棄疾之祝英臺近尹煥之唐多令楊恢之二郎神非參以他書得其源委有不解爲何語者其疎通證明之功亦有不可泯者矣以上四庫提要語 此本係會稽章氏照錢唐徐楙刊本重刊者原附余集續鈔一卷徐楙續鈔補錄一卷並採密說部詩話所錄足以上繼草窗之志其章氏所附詞選等三種則另述之

（卷目）共七卷附續鈔（一）補錄（一）

詞選七卷 附董毅續詞選二卷鄭善長九家詞選

（著者小傳）張惠言（見前） 董毅淸陽湖人字子遠 鄭善長淸歙縣人名掄元以字行著有自橋詞

（本書略述）詞選七卷淸張惠言輯惠言詞大雅遒逸意內言外實啓倚聲家未有之境此編所選雖町畦未闢而奧窔已開嘉慶以來名家大抵自此而出譚氏獻謂潘德輿於張氏詞選頗有異議譏其

抗志希古高標潔己宏音雅調多被擯斥五代北宋有自昔傳誦非徒隻句之警者張氏亦多恝然置之未始不持之有故但不求立言宗旨而以迹論則亦何異明中葉詩人之侈口盛唐然其鍼砭張氏亦是益友云云持論最爲平允後附董毅續詞選鄭善長九家詞選造微踵美述作斐然雖所錄不多要亦足以張其宗風也

（卷目）共（二）附續詞選（二）九家詞選（一）

詞綜三十八卷

（著者小傳）朱彝尊（見經部）

（本書略述）詞綜清朱彝尊輯已入四庫著錄略稱是編錄唐宋金元詞通五百餘家於諸專集及選本外凡稗官野紀中有片詞足錄者輒爲採掇故多他選未見之作其詞名句讀爲他選所淆舛及姓氏爵里之誤皆詳攷而訂正之其去取亦具有鑒別蓋彝尊本工於填詞平日嘗以姜夔爲詞家正宗而張輯盧祖臯史達祖吳文英蔣

捷王沂孫張炎周密爲之羽翼謂自此以後得其門者或寡又謂小令當法汴京以前慢詞則取諸南渡又謂論詞必出於雅正故曾慥錄雅詞鮦陽居士輯復雅又盛稱絶妙好詞甄錄之當其立說大抵精碻故其所選能簡擇不苟如此以視花間艸堂諸編勝之遠矣以上四庫提要語此本即四庫著錄之本而以王昶補人二卷附於詞後

（卷目）（一）唐詞（二）（三）五代十國詞（四至二十五）宋詞（二十六）金詞（二十七至三十）元詞（三十一）（三十二）宋詞補人（三十三）金元詞補人（三十四）（三十五）宋詞補詞（三十六）宋金元詞補詞（三十七）（三十八）補人

明詞綜十二卷

（著者小傳）王昶清江蘇青浦人字德甫號述庵學者稱蘭泉先生乾隆十九年進士從征緬甸及兩金川前後在軍九年官至刑部右侍郎湛深經學精考證達於政事韜略研窮性理詩宗杜韓蘇陸詞

擬姜夔張炎古文宗昌黎眉山時稱通儒有春融堂詩文集金石萃編青浦詩傳湖海詩傳湖海文傳明詞綜清詞綜等書

（本書略述）明詞綜清王昶輯填詞之學至南宋季年幾成絕響知比興者元之張翥而已明初作家猶沾虞集張翥之舊不乖風雅永樂以後南宋諸名家詞皆不顯於世盛行者爲花間艸堂二選楊慎王世貞之小令中調猶有可取長調皆失之俚惟陳子龍之湘真閣離檻詞直接唐人得天獨厚周之琦論詞絕句其詠蛻巖詞云兩淋一鶴沖霄去寂寞騷辭五百年蓋亦歎蛻巖而後之繼起者絕無僅有也彝尊輯詞綜旣竣謂明初作手若楊孟載高季迪劉伯溫輩皆溫雅芊麗咀宮含商李昌祺王達善瞿宗吉之流亦能接武至錢塘馬浩瀾以詞名東南陳言穢語俗氣熏入骨髓殆不可醫周白川夏公謹諸老間有硬語楊用修王元美則強作解事均與樂章未諧然三百年中豈無合作當遍搜文集發其幽光以繼其後稿未成而卒

嘉慶閒王氏昶得朱氏遺稿於汪小海所乃合以生平所輯得三百八十家都爲十二卷以成朱氏未成之志其選擇之旨亦悉以南宋名家爲宗有明一代詞人傑作大致已盡於此

（卷目）（一）二十一家（二）三十八家（三）三十一家（四）三十五家（五）四十三家（六）二十九家（七）三十家（八）二十六家（九）二十一家（十）三十二家（十一）四十家（十二）四十四家

國朝詞綜四十八卷　國朝詞綜二集八卷

（著者小傳）王昶（見前）

（本書略述）國朝詞綜四十八卷二集八卷清王昶輯自清初至嘉慶初年止都凡七百餘家所選極爲宏富其去取宗旨悉本朱氏以白石玉田爲正軌論者謂不獨珠玉六一淮海清真皆成絕響卽中仙夢窗深處亦未窺見於此編頗致不滿然南宋詞流精粹本與清空一派異流同源且比與深遠辭旨高奇可以觸類引伸尤可通知

人論世之學當時承明詞極敝以後固不得不以白石玉田一派救嘽緩之病洗淫曼之陋所謂起衰振靡此中消息不可不知非卽以此爲登峯造極之境也紀文達謂朱氏詞綜勝於花閒艸堂諸編此編導源既正亦不得以其標格僅在南宋而少之

（卷目）（一）四十家（二）二十七家（三）三十二家（四）二十家（五）十九家（六）十五家（七）十五家（八）一家（九）十家（十）二家（十一）二十八家（十二）二十九家（十三）二十八家（十四）二十三家（十五）十二家（十六）十七家（十七）三十六家（十八）二十七家（十九）十八家（二十）九家（二十一）一家（二十二）二十家（二十三）十四家（二十四）二家（二十五）四家（二十六）二家（二十七）十六家（二十八）十八家（二十九）二家（三十）六家（三十一）二家（三十二）四家（三十三）八家（三十四）八家（三十五）八家（三十六）十一家（三十七）四家（三十八）十家（三

十九）六家（四十）五家（四十一）十五家（四十二）十一家（四十三）十四家（四十四）十二家（四十五）二十二家（四十六）三十四家（四十七）二十一家（四十八）三十四家

二集（一）十三家（二）三家（三）五家（四）十家（五）六家（六）八家（七）四家（八）十三家

國朝詞綜續編二十四卷

（著者小傳）黃燮清清海鹽人原名憲清字韻珊別號吟香詩舫主人道光舉人官宜都松滋知縣有政聲工樂府有倚琴樓集拙宜園詞國朝詞綜續編

（本書略述）國朝詞綜續編二十四卷清黃燮清輯都凡五百八十餘家譚獻復堂日記云閱黃燮清韻珊選詞綜續編填詞至嘉慶俳諧之病已淨即蔓衍嘽緩貌似南宋之習明者亦漸知其非常州派興雖不無皮傅而比興漸盛故以浙派洗明代淫曼之陋而流爲江

湖以常派挽朱厲吳郭佻染餖飣之失而流為學究近時頗有人講
南唐北宋清真夢窗中仙之緒既昌玉田石帚漸為已陳之芻狗周
介存有從有寄託入以無寄託出之論然後體益尊學益大近世經
師惠定宇江艮庭段懋堂焦里堂宋于庭張皋文龔定庵多工小詞
其理可悟論有清一代詞學變遷極為明晰雖於此編去取宗旨未
加軒輊固已莫逆於心相視而笑矣又復堂所選篋中詞續二注云
三十年前客閩與無錫丁君杏舲相識君方箋詞綜補編予告以黃
霽青觀察屬艸已有成書韵珊大令益之搜討亂定以來鉛槧日出
黃氏續詞綜已刻於漢上云云然則此編殆黃氏霽青所輯而黃氏
燮清就其稿增益而成者也

(卷目)共(二十四)

宋六十名家詞 八十九卷

(著者小傳)毛晉明常熟人原名鳳苞字子晉家富圖籍世所傳影

宋精本多所藏收家有汲古閣傳刻古書流布天下在明季以博雅
好事名一時刻津逮祕書十五集皆宋元以前舊帙自編者有毛詩
陸疏廣要蘇米志林海虞古今文苑毛詩名物考明詩紀事
〔四庫提要〕明毛晉編晉有毛詩陸疏廣要已著錄詞萌於唐而盛
於宋當時伎樂惟以是爲歌曲而士大夫亦多知音律如今日之用
南北曲也金元以後院本雜劇盛而歌詞之法失傳然音節婉轉較
詩易於言情故好之者終不絕也於是音律之事變爲吟咏之事詞
遂爲文章之一種其宗宋也亦猶詩之宗唐明常熟吳訥曾彙宋元
百家詞而卷帙頗重鈔傳絕少惟晉此刻蒐羅頗廣倚聲家咸資採
掇其所錄分爲六集自晏殊珠玉詞至盧炳哄堂詞共六十一家每
家之後各附以跋語其次序先後以得詞付雕爲準未嘗差以時代
且隨得隨雕亦未嘗有所去取故此外如王安石半山老人詞張先
子野詞賀鑄東山寓聲以暨范成大石湖詞楊萬里誠齋樂府王沂

孫碧山樂府張炎玉田詞之類雖尚有傳本而均未載入蓋以次開雕適先成此六集遂以六十家詞傳非謂宋詞止於此也其中名姓之錯互篇章字句之譌異雖不能免而於諸本之誤甲爲乙考證釐訂者亦復不少故諸家詞集雖各分著於錄仍附存其目以不沒晉蒐輯校刊之功焉

（卷目）珠玉詞（一）六一詞（一）樂章集（一）東坡詞（一） 山谷詞（一）淮海詞（一）小山詞（一）東堂詞（一）放翁詞 （一） 稼軒詞（四）片玉詞（二）補遺（一）梅溪詞（一）白石詞（一）石林詞（一）酒邊詞（二）溪堂詞（一）樵隱詞（一）竹山詞（一）書舟詞（一）坦菴詞（一）惜香樂府（十）西樵語業（一）竹屋癡語 （一） 夢窗稿（四）補遺（一）近體樂府（一）竹齋詩餘（一）金谷遺音（一）散花菴詞（一）和清真詞（一）後村別調（一）蘆川詞（一）于湖詞（三）洺水詞（一）歸愚詞（一）龍洲詞（一）初寮詞（一）龍川詞（一）姑

溪詞(一)友古詞(一)石屏詞(一)海野詞(一)逃禪詞(一)空同詞(一)介菴詞(一)平齋詞(一)文溪詞(一)丹陽詞(一)孏窟詞(一)克齋詞(一)芸窗詞(一)竹坡詞(三)聖求詞(一)壽域詞(一)審齋詞(一)東浦詞(一)知稼翁詞(一)無住詞(一)後山詞(一)蒲江詞(一)琴趣外篇(六)哄堂詞(一)

十五家詞 三十七卷

(著者小傳)孫默清休寧人字無言號桴菴客廣陵貧而好客其歸黃山以詩文贈行者徧海內有留松閣集

(四庫提要)國朝孫默編默字無言休寧人是編所輯國朝詞共十五家吳偉業梅村詞二卷梁清標棠村詞三卷宋琬二鄉亭詞二卷曹爾堪南溪詞二卷王士祿炊聞詞三卷尤侗百末詞二卷陳世祥含影詞二卷黃永溪南詞二卷陸求可月湄詞四卷鄒祗謨麗農詞二卷彭孫遹延露詞三卷王士禛衍波詞二卷董以寧蓉渡詞三卷

陳維崧烏絲詞四卷董俞玉鳧詞二卷各家以小令中調長調爲次載其本集原序於前弁錄其同時人評點案王士禎居易錄曰新安孫布衣默居廣陵貧而好客四方名士至者必徒步訪之嘗告予欲渡江往海鹽詢以有底急則云欲訪彭十羨門索其新詞與予及鄒程村作合刻爲三家耳陳其年維崧贈以詩曰秦七黃九自佳耳此事何與卿饑寒指此也云云蓋其初刻在康熙甲辰爲鄒祗謨彭孫遹王士禎三家卽居易錄所云杜濬爲之序至丁未續以曹爾堪王士祿尤侗三家是爲六家孫金礪爲之序戊申又續以陳世祥陳維崧董以寧董俞四家汪懋麟爲之序十五家之本定於丁巳鄧漢儀爲之序凡閱十四年始彙成之雖標榜聲氣尚沿明末積習而一時倚聲佳製實略備於此存之可以見國初諸人文采風流之盛至其每篇之末必附以評語有類選刻詩文殊爲惡道今並刪除不使穢亂簡牘焉

〈卷目〉(一)(二)吳偉業梅村詞(三至五)梁清標棠邨詞(六)(七)宋琬二鄉亭詞(八)(九)曹爾堪南溪詞(十)(十一)王士祿炊聞詞(十二)(十三)尤侗百末詞(十四)(十五)陳世祥含影詞(十六)(十七)黃永溪南詞(十八至二十一)陸求可月湄詞(二十二)(二十三)鄒祇謨麗農詞(二十四至二十六)彭孫遹延露詞(二十七)(二十八)王士禎衍波詞(二十九至三十一)董以寧蓉渡詞(三十二至三十五)陳維崧烏絲詞(三十六)(三十七)董俞玉鳧詞

白香詞譜四卷

〈著者小傳〉舒夢蘭清靖安人字白香

〈本書略述〉白香詞譜四卷清舒夢蘭輯爲之箋注者則謝朝徵章庵也宮調之墜不可復續今之學者亦惟致力於四聲以爲慰情勝無稍盡填詞能事有清倚聲家之能確守詞律使一聲一字剖析無

遺如方千里之和清真者道咸間有王嘉祿所著桐月修簫譜四聲嚴密幾無一不與古人相合求之近人中僅朱祖謀況周頤之詞尚能根據宋元舊譜四聲相依一字不易蓋通解聲律之難如是舒氏留心聲律此編所選百篇篇各異調每調於四聲所宜舉堪會意謝氏箋注則悉仿查爲仁厲鶚箋絕妙好詞體例於本事窮源竟委繁簡得宜絕無支離瑣碎之弊誠詞壇初步必需之書也

（卷目）共四卷無分目

元曲選

十集每種首附繪圖

（著者小傳）臧懋循明吳興人字晉叔萬曆進士官南國子監博士博聞強識畋漁百氏官南中時與名人覽六朝遺跡命題分賦或至丙夜忌者以沈湎中之遂歸輯古詩所唐詩所元曲選自著者名曰負苞堂集

（本書略述）元曲選十集都百種明臧晉叔輯元代文學以曲爲盛

風會所趨作家蠭起所惜原書多佚至今流傳人間者絕少據近人賀昌羣所著元曲概論謂元曲至今完全存在者祇有臧氏元曲選一百種黃丕烈所藏元刊古今雜劇乙種三十種內有十三種與元曲選重複又元明雜劇二十一種其中祇五種爲今世刊本所無則實存不過一百二十二種王玉章元劇聯套述例跋亦謂元曲流傳人間者當有一百二十一種與賀氏之說相合故臧氏此選實已集元曲之大成朱彝尊靜志居詩話謂此書所錄不盡元人之作中如王子一谷子敬賈仲名楊文奎據太和正音譜皆明初人然元末明初時代距離尚不甚遠且卽除此四家要悉屬元人絕唱其菁華固已盡萃於是也

（卷目）共十集每集各十種每種首附繪圖

文心雕龍輯注十卷

（著者小傳）劉勰梁莒人字彥和篤志好學博通經論天監中以東

宮通事舍人遷步兵校尉後啓求出家改名慧地未幾卒有文集及
所撰文心雕龍　黃叔琳淸順天大興人字崑圃康熙進士累官詹
事以重赴瓊林加侍郎銜世稱北平黃先生有硯北易鈔詩經統說
夏小正傳註史通訓故補註文心雕龍輯註顏氏家訓節錄硯北雜
錄等書　紀昀淸直隸獻縣人字曉嵐一字春帆晚號石雲乾隆十
九年進士官至協辦大學士昀貫澈儒籍旁通百家任四庫全書總
纂每書悉作提要冠諸簡首稱大手筆又詔撰簡明目錄評騭精審
一生精力備注於此卒年八十二謚文達有遺集行於世
〔四庫提要〕國朝黃叔琳撰叔琳有研北易鈔已著錄考宋史藝文
志有辛處信文心雕龍註十卷其書不傳明梅慶生註麤具梗概多
所未備叔琳因其舊本重爲刪補以成此編其譌脫字句皆據諸家
校本改正惟宗經篇末附註極論梅本之舛誤謂宜從王惟儉本而
篇中所載乃仍用梅本非用王本殊自相矛盾所註如宗經篇中書

實紀言而訓詁茫昧通乎爾雅則文義曉然句謂爾雅本以釋詩無關書之訓詁案爾雅開卷第二字郭註即引尚書哉生魄爲證其他釋書者不一而足安得謂與書無關詮賦篇中拓宇於楚詞句拓宇字出顏延年宋郊祀歌而改爲括宇引西京雜記所載司馬相如賦家之心包括宇宙語爲證割裂牽合亦爲未協史傳篇中徵賄鬻筆之愆公理辨之究矣句公理爲仲長統字此必所著昌言中有辨班固徵賄之事今原書已佚遂無可考觀劉知幾史通亦載班固受金事與此書同蓋昌言唐時尚存故知幾見之也乃不引史通互證而引陳壽索米事爲註與前漢書何預乎又時序篇中論齊無太祖中宗序志篇中論李充不字宏範皆不附和本書而指瑕篇中西京賦稱中黃賁獲之疇薛綜謬註謂之閹尹句今文選薛綜註中實無此語乃獨不糾彈小小舛誤亦所不免至於徵聖篇中四象精義以曲隱句註引易有四象所以示也又引朱子本義曰四象謂陰陽老少

案繫辭易有四象孔疏引莊氏曰四象謂六十四卦之中有實象有
假象有義象有用象爲四象也又引何氏說以天生神物八句爲四
象其解兩儀生四象則謂金木水火秉天地而有是自唐以前均無
陰陽老少之說劉勰梁人豈知後有邵子易乎又秉文之金科句引
揚雄劇秦美新金科玉條又引註曰謂法令也言金玉佞詞也案李
善註曰金科玉條謂法令言金玉貴之也此云佞詞不知所據何本
且在劇秦美新猶可謂之佞詞此引註徵聖篇而用此註不與本意
刺謬乎其他如註宗經篇三墳五典八索九丘不引左傳而引僞孔
安國書序註諧讔篇荀卿蠶賦不引荀子賦篇而引明人賦苑尤多
不得其根柢然較之梅註則詳備多矣

（卷目）（一）原道徵聖宗經正緯辯騷（二）明詩樂府詮賦頌讚祝盟
（三）銘箴誄碑哀弔雜文諧讔（四）史傳諸子論說詔策檄移（五）
封禪章表奏啓議對書記（六）神思體性風骨通變定勢（七）情采

鎔裁聲律章句麗辭(八)比興夸飾事類練字隱秀(九)指瑕養氣
附會總術時序(十)物色才略知音程器序志

鍾嶸詩品 三卷

(著者小傳)鍾嶸梁潁川長社人字仲偉與兄岏弟嶼並好學有思理明於周易仕齊爲南康王國侍郎天監中官西中郎晉安王記室著詩品三卷

(四庫提要)梁鍾嶸撰嶸字仲偉潁川長社人與兄岏弟嶼並好學有名齊永明中爲國子生王儉舉本州秀才起家王國侍郎入梁仕至晉安王記室卒於官嶸學通周易詞藻兼長所品古今五言詩自漢魏以來一百有三人論其優劣分爲上中下三品每品之首各冠以序皆妙達文理可與文心雕龍並稱近時王士禎極論其品第之閎多所違失然梁代迄今邈踰千祀遺篇舊製什九不存未可以掇拾殘文定當日全集之優劣惟其論某人源出某人若一一親見其

師承者則不免附會耳史稱嶸嘗求譽於沈約約弗爲獎借故嶸怨之列約中品案約詩列之中品未爲排抑惟序中深詆聲律之學謂蜂腰鶴膝僕病未能雙聲疊韻里俗已具是則攻擊約說顯然可見言亦不盡無因也又一百三人之中惟王融稱王元長不著其名或疑其有所私尊然徐陵玉臺新詠亦惟融書字蓋齊梁之間避齊和帝之諱故以字行實無他故今亦姑仍原本以存其舊焉

〔卷目〕分上中下(三)

司空詩品 一卷

〔著者小傳〕司空圖唐虞鄉人字表聖咸通進士累官禮部郎中避亂隱居中條山王官谷作休休亭號耐辱居士時寇盜所過殘暴獨不入王官谷士人多依以避難朱全忠已篡召爲禮部尚書不起哀帝被弒圖不食卒著詩品二十四以四言韻語寫其意境平淡濃奇無體不備

〔四庫提要〕唐司空圖撰圖有文集已著錄唐人詩格傳於世者王昌齡杜甫賈島諸書率皆依託即皎然杼山詩式亦在疑似之閒惟此一編眞出圖手其一鳴集中有與李秀才論詩書謂詩貫六義諷諭抑揚渟蓄淵雅皆在其中惟近而不浮遠而不盡然後可言意外之致又謂梅止於酸鹽止於鹹而味在酸鹹之外其持論非晚唐所及故是書亦深解詩理凡分二十四品曰雄渾曰沖淡曰纖穠曰沈著曰高古曰典雅曰洗鍊曰勁健曰綺麗曰自然曰含蓄曰豪放曰精神曰縝密曰疎野曰清奇曰委曲曰實境曰悲慨曰形容曰超詣曰飄逸曰曠達曰流動各以韻語十二句體貌之所列諸體畢備不主一格王士禎但取其采采流水蓬蓬遠春二語又取其不著一字盡得風流二語以爲詩家之極則其實非圖意也

〔卷目〕分二十四品

苕溪漁隱叢話　一百卷

〔著者小傳〕胡仔見四庫提要

〔四庫提要〕宋胡仔撰仔字元任績溪人舜陟之子以蔭授迪功郎兩浙轉運司幹辦公事官至奉議郎知常州晉陵縣後卜居湖州自號苕溪漁隱其書繼阮閱詩話總龜而作前有自序稱閱所載者皆不錄二書相輔而行北宋以前之詩話大抵略備矣然閱書多錄雜事頗近小說此則論文考義者居多去取較爲謹嚴閱書分類編輯多立門目此則惟以作者時代爲先後能成家者列其名瑣聞軼句則或附錄之或類聚之體例亦較爲明晰閱書惟採摭舊文無所考正此則多附辨證之語尤足以資參訂故閱書不甚見重於世而此書則諸家援據多所取資焉新安文獻志引方回漁隱叢話考曰元任寓居霅上謂阮閱閎休詩總成於宣和癸卯遺落元祐諸公乃增纂集自國風漢魏六朝以至南渡之初最大家數特出其名餘入雜紀以年代爲後先回幼好之學詩實自此始元任以閎休分門爲未

然有湯嚴起者閔休鄉人著詩海遺珠又以元任爲不然回聞之吾州羅任臣穀卿所病者元任紀其自作之詩不甚佳耳其以歷代詩人爲先後於諸家詩話有去有取閒斷以己意視皇朝類苑中概而並書者豈不爲優云云雖鄉曲之言要亦不失公論也

（卷目）前集（六十）後集（四十）

說詩晬語 二卷

（著者小傳）沈德潛（見前）

（本書略述）說詩晬語二卷沈文愨公德潛撰文愨謂讀詩者心平氣和涵泳浸漬則意味自出不宜自立意見勉強求合況古人之言包含無盡後人讀之隨其性情淺深高下各有會心如好晨風而慈父感悟講鹿鳴而兄弟同食斯爲得之董子云詩無達詁此物此志也文愨一生論詩宗旨已盡於此數語中此編於詩之紀律體裁音節神韻窮流溯源指示極爲詳晰而大要一歸於中正和平學者取

是書而研究之庶於作詩之道不難得其三昧入手塗徑既正自無歧路之惑矣

〔卷目〕分上下兩卷

古文緒論 不分卷

〔著者小傳〕呂璜清廣西永福人字禮北號月滄嘉慶進士官浙江西塘海防同知有月滄文集

〔本書略述〕此編係吳氏德旋答呂璜所問之語經呂氏一一條記時適蔣光煦刻別下齋叢書遂附梓以廣其傳按吳氏初與張惠言惲敬切磨論難學爲古文後於鍾山見姚鼐卽請受業謂姚氏以禪喻文須得法外意聞之而若有證姚氏亦許其可與言文故其生平所極推崇者厥惟姚氏次張氏次惲氏而於張惲兩氏之文論斷亦允蓋吳氏往來於桐城陽湖之間其中甘苦喻之深故能道之切如此其餘所論各條亦多甘苦有得之言

〔卷目〕不分卷

鳴原堂論文 二卷

〔著者小傳〕曾國藩（見前）

〔本書略述〕鳴原堂論文二卷清曾文正國藩輯曾文正謂奏議如時文以典淺顯三字爲要古今超絕者推賈長沙陸宣公蘇文忠三人長沙明於利害宣公明於義理文忠明於人情陳言之道縱不能兼明此三者要亦須有一二端明達深透庶無格格不吐之病按明達卽第二種明於人情者有此深透卽第一種明於利害者有此惟明於義理者則兩種能兼有之此選於各篇後均有評語讀者宜細細體會庶於作公牘文時自有一種曲盡事理之趣又浦起龍云古今章疏無過賈生劉向後此惟宣公一人與曾文正所論大同小異亦足以備參考

〔卷目〕分上下兩卷

詞律二十卷拾遺八卷補遺一卷

〔著者小傳〕萬樹清宜興人字花農一字紅友佐兩廣總督吳興祚幕以才稱尤工詞曲塡樂府二十餘種以詩餘譜舊圖多紊亂成詞律一書士林珍之又有堆絮園集香膽詞璇璣碎錦　杜文瀾清秀水人字小舫官至江蘇道員署兩淮鹽運使曾國藩甚重其才有曼陀羅華閣瑣記采香詞詞律校勘記古謠諺平定粵寇記略　徐本立清德清人字子堅號誠菴道光舉人官南匯知縣工詩詞有詞律拾遺

〔本書略述〕詞律二十卷清萬樹輯詞律拾遺八卷徐本立輯詞律補遺一卷杜文瀾輯萬氏詞律已入四庫著錄略稱是編糾正嘯餘譜及塡詞圖譜之譌以及諸家詞集之舛異如草堂詩餘有小令中調長調之目舊譜遂謂五十八字以內爲小令五十九字至九十字爲中調九十一字以外爲長調樹則謂七娘子有五十八字者有六

十字者將爲小令乎中調乎雪獅兒有八十九字者有九十二字者將爲中調乎長調乎故但列諸調而不立三等之名又舊譜於一調而長短不同者皆定爲第一第二體樹則謂調有異同體無先後所列次第既不以時代爲差何由知孰爲第幾故但以字數多寡爲序而不列名目皆精確不刊其最入微者以爲舊譜不分句讀往往據平仄混填樹則謂七字有上三下四句如唐多令燕辭歸客尙淹留之類五字有上一下四句如桂華明遇廣寒宮女之類四字有橫擔之句如風流子倚欄杆處上琴臺去之類一爲詞字平仄舊譜但據字而填樹則謂上聲入聲有時可以代平而名詞轉折跌宕處多用去聲一爲舊譜五七字之句所註可平可仄多改爲詩句樹則謂古詞抑揚頓挫多在拗字其論最爲細密至於考調名之新舊證傳寫之舛譌辨元人曲詞之分斥明人自度腔之謬考證尤一一有據雖其考核偶疎亦所不免如綠意之卽爲疎影樹方斷斷辨之連章累

幅力攻朱彝尊之疎而不知疎影之前爲八寶妝疎影之後爲八犯玉交枝卽已一調復收試取李甲仇遠詞合之契若符節至其論燕臺春夏初臨爲一調乃謂嘯餘譜顛倒復收貽笑千古因欲於張子野詞探芳菲走馬下添入歸來二字爲韻而不知其上韻已用當時去燕還來一韻兩用其謬較一調兩收爲更甚如斯之類千慮而一失者雖閒亦有之要之唐宋以來倚聲度曲之法久已失傳如樹者固已十得八九矣以上四庫提要語 按萬氏詞律一書允爲詞家正鵠惟其時欽定詞譜未出無所依據故考訂不免尚有疎漏之處道光閒戈氏順卿王氏寬甫均擬增訂卒未成書杜氏文瀾究心詞學始有詞律校勘記之作凡萬氏原文有誤叶者有失分段落者有脫漏至廿餘字者有幷作者姓名而誤之者皆一一爲之釐正因萬氏原刊版本漫漶已甚恩氏錫杜氏文瀾乃重校刊之卽將杜氏所作校勘記散附於各闋之下另編韻目及詞人姓名錄各一卷列入卷首以便

學者同時又購得徐氏本立所輯拾遺原版使附詞律之後以行於世徐輯後二卷補注已經杜氏采入校勘記中前六卷爲補調補體凡補調三百一十有六補體一百六十有五杜氏復爲掇拾得調五十附爲補遺一卷總名曰校刊詞律內容完善勝於萬氏原刊不啻倍蓰其津逮後學之功實匪淺尠譚獻篋中詞稱誠庵撰詞律拾遺搜采極博審音矜愼倚聲家功臣也杜觀察踵武成書校勘益密近人況周頤詞學講義亦云詞律爲詞學初步必需之書而此書之刊本當以恩杜校刊本爲最善

（卷目）詞律（二十）詞律拾遺（八）補遺（一）

佩文詩韻釋要 五卷

（著者小傳）周兆基清湖北江夏人字廉堂號蓮塘乾隆四十九年進士官至禮部尚書

（本書略述）佩文詩韻釋要五卷清周兆基輯古今聲音遞變或相

因或迥不相近以迥不相近之音施於歌詠於古雖有徵而於今不能悉協故唐人作詩大抵皆用相近之音清康熙間命儒臣纂定佩文詩韻求其不戾於古而可行於今惟全書卷帙繁重周氏乃輯爲釋要以便學者簡括明通韻書中最爲善本

（卷目）（一）上平聲（二）下平聲（三）上聲（四）去聲（五）入聲

詞林韻釋 不分卷

（著者小傳）不著撰者姓氏

（本書略述）宋無名氏撰厲鶚樊榭山房集論詞絕句欲呼南渡諸公起韻本重雕菉斐軒自注云紹興二年菉斐軒刊本詞林韻釋分東紅邦陽等十九韻與元周德清中原音韻略同以上去入三聲配隸平聲與宋沈義父樂府指迷相合江都秦恩復詞林韻釋跋疑此書出於元明之季謬託南宋初年刊本又疑專爲北曲而設或卽大晟樂府之遺意而王國維曲錄則謂今日所存宋人大曲如王明清

玉照新志所載曾布水調歌頭曾慥樂府雅詞所選董穎道宮薄媚亦有四聲通押者此書殆爲大曲而設證爲宋人所編自當以王說爲是況確有宋本足資根據也

〔卷目〕不分卷

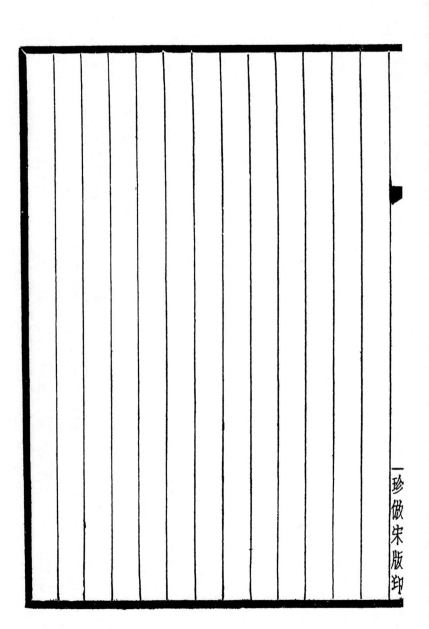

校印四部備要緣起

吾國學術統於四部然四庫著錄之書浩如烟海坊肆流傳之籍棼若亂絲承學之士別擇維艱善本價昂購置匪易本局同人有鑒於此爰於前年擇吾人應讀之書求通行善本彙而集之顏曰四部備要提綱絜領取便研求廉價發行以廣傳佈惟是普通鉛字既欠美觀照相影印更難清晰適杭州丁氏創製聚珍倣宋版歸諸本局方形歐體古雅動人以之刊行古書當可與宋槧元刊媲美茲將第一集至第五集分年校刊共計二千餘冊經史子集最要之書大略備矣張文襄嘗言讀書不知要領勞而無功知某書宜讀而不得善本事倍功半今有四部備要庶幾可免此大蔽歟

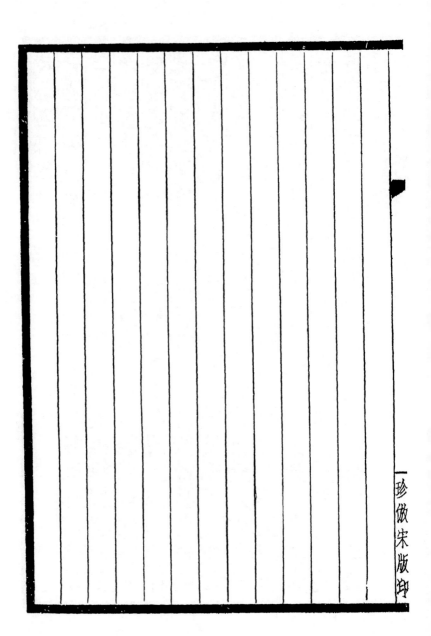

西元二〇一六年四月一日重製一版

四部備要書目提要（本局編輯部輯）

平裝一冊基本定價壹仟貳佰元正
（郵運匯費另加）

發行人　張　敏　君
發行處　中　華　書　局
臺北市內湖區舊宗路二段一八一巷八號五樓（5FL., No. 8, Lane 181, JIOU-TZUNG Rd., Sec 2, NEI HU, TAIPEI, 11494, TAIWAN）
客服電話：886-8797-8396
公司傳真：886-8797-8909
匯款帳戶：華南商業銀行西湖分行
179100026931
印　刷：維中科技有限公司
海瑞印刷品有限公司

No. A1005

國家圖書館出版品預行編目（CIP）資料

四部備要書目提要 / 中華書局編輯部輯. --
重製一版. -- 臺北市:中華書局, 民105.04
面 ; 公分
ISBN 978-957-43-3259-5(平裝)

1.四庫全書 2.分類目錄

030.82 105001727